Anne Butterfield

Ich bin da noch mal hin

Anne Butterfield

Ich bin da noch mal hin

Mit Gott und Hape auf dem Jakobsweg

Aus dem Englischen von
Katharina Förs und Thomas Wollermann,
Kollektiv Druck-Reif

Mit einem Vorwort von Hape Kerkeling

Mit 30 farbigen Fotos und 9 Karten

MALIK NATIONAL GEOGRAPHIC

Mehr Bäume.
Weniger CO₂.
www.cpibooks.de/klimaneutral

Mehr über unsere Autoren und Bücher:
www.malik.de

Der Verlag dankt für die Genehmigung zum Abdruck aus:
David Wesson (Hrsg.): *Pilgrim Guides to Spain. 1. The Camino Francés 2001*; William Bisset (Hrsg.):
Pilgrim Guides to Spain. 1. Camino Francés. Saint-Jean-Pied-de-Port to Santiago de Compostela. Holy Year 2010.
© 2001 und 2010 Confraternity of Saint James, London SE1 8NY, www.csj.org.uk
Millán Bravo Lozano: *Praktischer Pilgerführer: Der Jakobsweg.* Übersetzt von Guillermo Raebel.
(ISBN 84-241-3835-X) © Edition Everest, Madrid, 1998
Friedhelm Kemp / Werner von Koppenfels (Hrsg.): *Englische und amerikanische Dichtung.* Übersetzt von
Werner von Koppenfels, C.H. Beck 2000. Für das Gedicht »Das glückliche Leben« von Henry Howard
© Werner von Koppenfels
Patricia Blanco, *Sin saberlo, se volvió famosa.* © La Voz de Galizia S.A., Polígono de Sabón, Arteixo,
a Coruña (España), 10. Juli 2010

Bibliografische Information der Deutschen Nationalbibliothek
Die Deutsche Nationalbibliothek verzeichnet diese Publikation in der
Deutschen Nationalbibliografie; detaillierte bibliografische Daten
sind im Internet über http://dnb.d-nb.de abrufbar.

MALIK NATIONAL GEOGRAPHIC

Erstmals im Taschenbuch
Februar 2014
© Piper Verlag GmbH, München 2012
Redaktion: Antje Steinhäuser
Umschlaggestaltung: Dorkenwald Grafik-Design, München
Umschlagfotos: Archiv Anne Butterfield außer: Jane Butterfield (Autorenfoto);
Archiv Hape Kerkeling (vorne: oben rechts)
Fotos im Bildteil: Anne Butterfield außer: S. 4 unten, S. 12 (unbekannt,
Archiv Anne Butterfield); S. 15 unten (Liz MacGarvey)
Karten: Eckehard Radehose, Schliersee
Layout & Satz: Sieveking print & digital, München
Papier: Naturoffset ECF
Druck und Bindung: CPI – Clausen & Bosse, Leck
Printed in Germany   ISBN 978-3-492-40497-6

Dieses Buch sei all den *hospitaleros* und *hospitaleras* in den Herbergen entlang des Camino Francés und mit ihnen dem ganzen spanischen Volk gewidmet, das die Pilger so gastfreundlich aufnimmt.

Inhalt

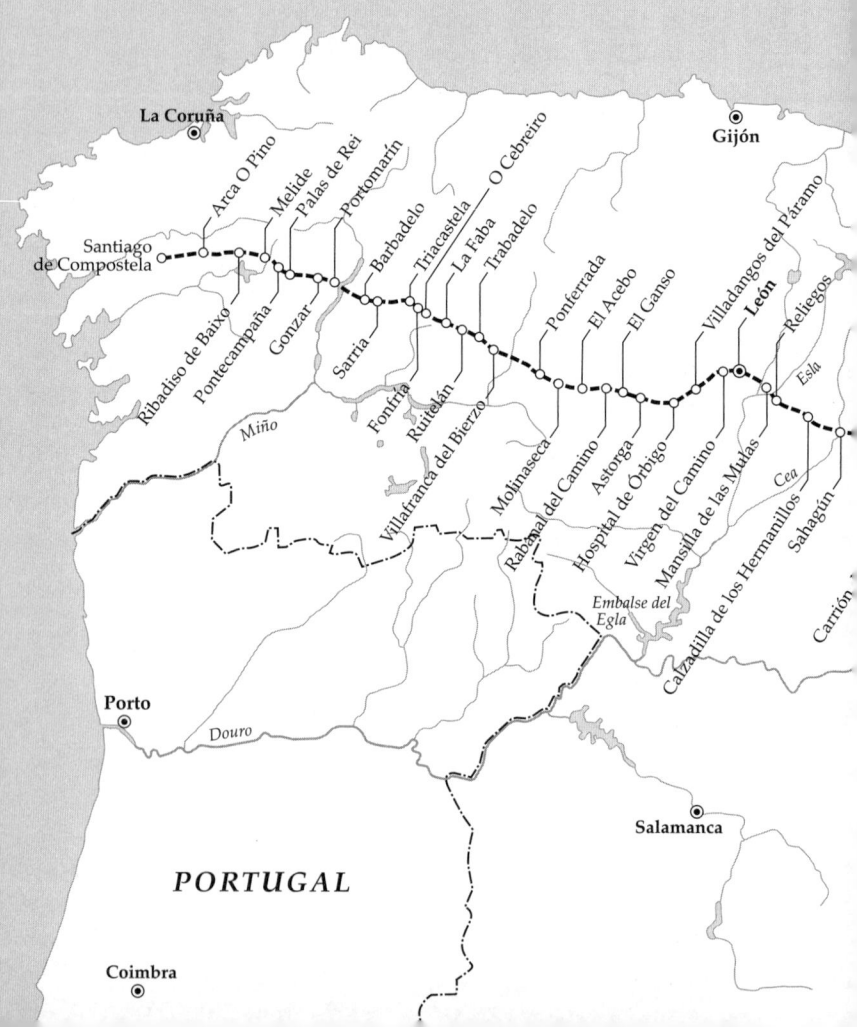

La Coruña

Gijón

Santiago
de Compostela

Arca O Pino
Melide
Palas de Rei
Portomarín
Barbadelo
Triacastela
O Cebreiro
La Faba
Trabadelo

Ribadiso de Baixo
Pontecampaña
Gonzar
Sarria
Fonfría
Ruitelán
Villafranca del Bierzo

Ponferrada
El Acebo
El Ganso

Villadangos del Páramo
León
Reliegos

Molinaseca
Rabanal del Camino
Astorga
Hospital de Órbigo
Virgen del Camino
Mansilla de las Mulas
Calzadilla de los Hermanillos
Sahagún

Miño

Esla

Cea

Carrión

Embalse del
Egla

Porto

Douro

Salamanca

PORTUGAL

Coimbra

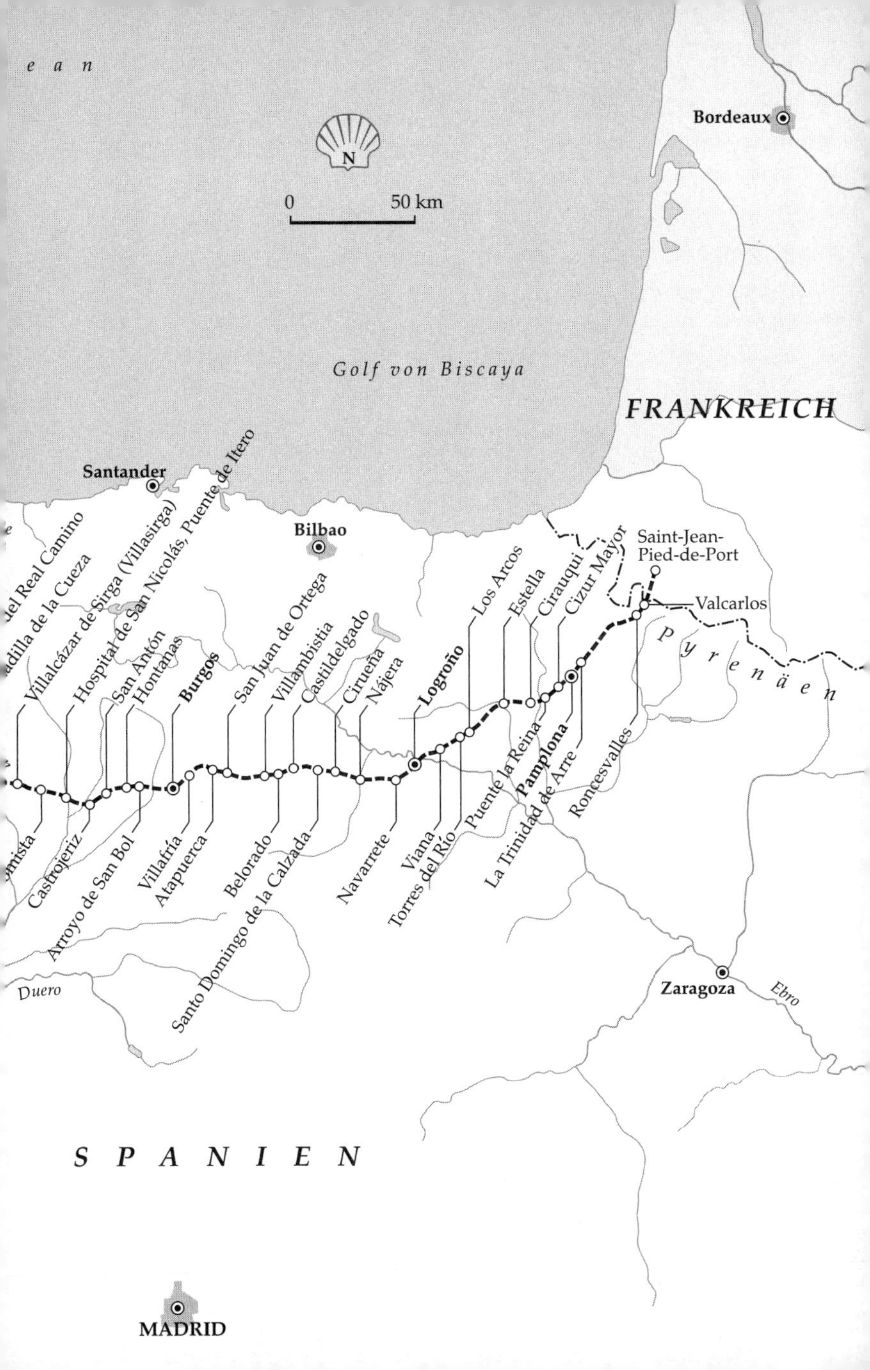

e a n
N
0
50 km
Bordeaux
Golf von Biscaya
FRANKREICH
Santander
Bilbao
Saint-Jean-Pied-de-Port
Valcarlos
Pyrenäen
del Real Camino
adilla de la Cueza
Villalcázar de Sirga (Villasirga)
Hospital de San Nicolás, Puente de Itero
San Antón
Hontanas
Burgos
San Juan de Ortega
Villambistia
Castildelgado
Cirueña
Nájera
Logroño
Los Arcos
Estella
Cirauqui
Cizur Mayor
omista
Castrojeriz
Arroyo de San Bol
Villafría
Atapuerca
Belorado
Santo Domingo de la Calzada
Navarrete
Viana
Torres del Río
Puente la Reina
Pamplona
La Trinidad de Arre
Roncesvalles
Duero
Zaragoza
Ebro
SPANIEN
MADRID

Vorwort

Im Jahr 2001, als ich mich erschöpft fühlte und eine Ruhepause brauchte, spendierte ich mir eine Auszeit und machte mich auf den Jakobsweg von Saint-Jean-Pied-de-Port bis Santiago de Compostela. Ich hatte keinerlei Vorstellung, welche Strapazen mich erwarteten, und wusste auch nicht, wie viele Pilger vor dem Ziel aufgeben. Zwar war ich guter Dinge, es zu schaffen, doch viel mehr als eine kleine Atempause in meinem hektischen Leben erwartete ich mir nicht. Aus dieser Pilgerwanderung entstand mein Buch »Ich bin dann mal weg«, das 2006 erschien.

Dass ich schließlich tatsächlich in Santiago ankam, verdanke ich dem Gemeinschaftsgefühl, das auf dem Camino herrscht, aber vor allem Anne Butterfield, deren liebenswertes Buch nun seinen Platz neben meinem einnehmen wird – in gewisser Weise als literarische Nachzeichnung unseres gemeinsamen Camino. Annes Gesellschaft war das Gegengift, das mich aus meiner gelegentlich etwas trübseligen Innenschau riss. Ihre ansteckende Begeisterung half mir über so manche schwierige Etappe hinweg.

Umso mehr erfüllt es mich mit Stolz, dass ich zur Entstehung von »Ich bin da noch mal hin« beitragen konnte: »Anne, du solltest schreiben!«, riet ich ihr im Jahr 2001, als sie mir die ein oder andere lange Wanderstunde mit ihren fesselnden Erzählungen verkürzte. Und ich freue mich sehr, dass die Leser meines Buches nun das Vergnügen haben werden, Annes Sichtweise kennenzulernen. Sie empfand den Camino im Jahr 2010, als sie sich ein zweites Mal auf den Weg nach Santiago de Compostela machte, belebter und schreibt das verstärkte Wanderaufkommen zum großen Teil der Veröffentlichung von »Ich bin dann mal weg« zu – sollte das wirklich der Fall sein, so wird ihr faszinierendes Buch sicherlich für ein weiteres Ansteigen der Pilgerzahl sorgen. 2010 war außerdem ein Fußball-WM-Jahr, und so wurde ihre Pilgerwanderung eine Mischung aus Tragödie, Komödie, Sinnsuche und irdischem Vergnügen in Gestalt von Fußball, guten Gesprächen und Wein.

Die Lektüre von »Ich bin da noch mal hin« hat mir unsere gemeinsame Wanderung und die vielen Freuden, die der Camino dem müden Wanderer zu bieten hat, in Erinnerung gerufen. Ich musste immer wieder laut auflachen, so wie Anne und ich 2001 oft über die Torheiten des Lebens gelacht haben, die einem auf dem schmalen Pfad des Camino in konzentrierterer Form begegnen als auf der breiten Straße des normalen Lebens. Dieses Erlebnis hat uns beide spirituell bereichert, wobei wir unsere philosophischen Diskussionen ebenso gern bei einer Tasse Kaffee wie auf dem Wanderweg führten. Es beruhigt mich, dass Cafés und Bars für Anne auf ihrem Camino 2010 noch genauso wichtig waren wie 2001. Ich habe auch Shelagh nicht vergessen, eine andere treue Gefährtin, die uns immerzu antrieb, als wären wir zwei verwöhnte Kinder. Bei Annes Rückblicken auf diese Begebenheiten muss auch ich lächeln.

Im Jahr 2001 wurde Annes Bereitschaft, jederzeit über einem Kaffee herumzutrödeln, nur noch von ihrer Entschlossenheit übertroffen, sich keine Sehenswürdigkeit des Camino entgehen zu lassen. Annes profunde Kenntnisse der Geschichte und Architektur des Camino haben mich damals beeindruckt – diese Kenntnisse und ihre anschaulichen Beschreibungen der Landschaft sowie ihrer Begegnungen mit den verschiedensten Pilgern verschmelzen in ihrem Buch zu einer lebendigen Schilderung dessen, was wir beide »einen langen Spaziergang mit viel Rotwein« nannten.

Mit Anne auf ihrer zweiten Reise nach Santiago (die sie zunächst mit dem Fahrrad begann – wozu ich ihr sicher nicht geraten hätte!) in Kontakt zu bleiben, war für mich eine Art Ersatz dafür, diesmal nicht an ihrer Seite sein zu können. Es berührt mich sehr, wie ihre Wanderung im Jahr 2010 von den freundlichen Schatten unserer damaligen Erlebnisse erfüllt wurde. Manchmal rätsele ich noch immer, wie es gelingen konnte, dass ich, eine bekennende Couch-Potato von 1 Meter 88, und Anne, eine erfahrene Wanderin von kaum 1 Meter 50, so ohne Weiteres auf dem Camino zusammen Seite and Seite marschiert sind und eine Freundschaft schlossen, die bis zum heutigen Tag Bestand hat.

Ich muss natürlich darauf hinweisen, dass Anne, wie alle geborenen Geschichtenerzähler, von Zeit zu Zeit etwas übertreibt. So habe ich beispielsweise diesen Hund nicht etwa *gestohlen*, sondern ihn *gerettet*. Doch meistens zeigt ihre Version dieser nun schon länger zurückliegenden Begebenheiten, die sie mit ihrem herzerfrischenden Humor schildert, unsere sehr ähnliche Sichtweise auf das Leben.

Meine Pilgerreise des Jahres 2001 zählt für mich zu den großen Leistungen meines Lebens, und die »lustige kleine Pilgerin mit dem Barcelona-T-Shirt«, die mir dort über den Weg lief, hat daran einen großen Anteil. Doch die Wanderung des Jahres 2010 gehört Anne, und ihr allein. Das Buch, das daraus entstanden ist, lege ich allen Lesern und Leserinnen ans Herz. Ich bin sicher, Annes Witz und ihre tiefen Einsichten werden alle Leser, die sich ihr auf diesem Weg anschließen, bezaubern und bestens unterhalten.

Ultreya, Pilger!   *Hape Kerkeling*
                                                    Dezember 2011

Einleitung

Am 9. Juni 2001 kam in der kleinen Stadt Saint-Jean-Pied-de-Port in den französischen Pyrenäen ein sechsunddreißigjähriger Mann an, der sich freimütig dazu bekannte, eine Couch-Potato zu sein. Er mietete sich im Hôtel les Pyrénées ein und ging ungewöhnlich früh zu Bett, um für die vor ihm liegenden Aufgaben gerüstet zu sein. Dieser bescheidene, aber sehr bekannte Deutsche plante, am folgenden Tag die Pyrenäen zu überschreiten und anschließend von Roncesvalles aus fast achthundert Kilometer bis nach Santiago de Compostela in der nordwestlichen Ecke Spaniens zu gehen. Für Freunde, die ihn als einen Menschen kannten, der am liebsten auf dem Sofa hockte, war das überraschendste Merkmal dieser Reise, dass er *zu Fuß* nach Santiago gehen wollte. Was hatte diesen Mann, der das Wandern hasste, bewogen, einen solchen Kraftakt zu wagen? Er war erschöpft und brauchte körperlich wie seelisch Erholung. Und er war neugierig. Zwar ist jeder Fernwanderweg eine ganz eigene Sache, doch dieser spezielle Pfad stand in einem außergewöhnlichen Ruf, und er wollte die ihm zugeschriebenen einzigartigen Vorzüge selbst erleben.

Es handelte sich um keinen Geringeren als Hans-Peter (Hape) Kerkeling, den schon damals in Deutschland sehr bekannten Fernsehkomiker.

Ohne dass der Deutsche es wusste, war bereits vier Tage zuvor, am 5. Juni, eine dreiundvierzigjährige Engländerin aus Liverpool in Saint-Jean-Pied-de-Port eingetroffen, um den gleichen Weg anzutreten. Sie verbrachte eine unruhige Nacht in ihrem Zelt oberhalb der Stadt, und am 6. Juni kraxelte sie über die Pyrenäen nach Roncesvalles. Auch sie war von ihrer anstrengenden Arbeit erschöpft und hoffte, auf dem Weg nach Santiago de Compostela zu ihrer vollen Kraft zurückzufinden. Im Gegensatz zu Hans-Peter wanderte sie sehr gern und hatte steile Bergpfade stets einem Strandurlaub vorgezogen. Gemeinsam hatte sie mit ihm, dass auch ihre Neugier auf die kulturellen und spirituellen Dimensionen des legendären Weges durch Nordspanien erwacht war. So wurde sie wie Hans-Peter und

Tausende anderer Menschen Pilgerin auf dem Camino nach Santiago de Compostela.

Es handelte sich um Anne Butterfield, eine einigermaßen unbekannte Biologielehrerin aus England.

Obwohl Anne ein paar Tage vor Hans-Peter aufgebrochen war, hätte er weit vor ihr sein müssen, da er zunächst häufig öffentliche Verkehrsmittel benutzte. Erstaunlicherweise kreuzten sich dennoch am 14. Juni in Logroño, am 17. Juni in Santo Domingo und am 1. Juli in León ihre Pfade. Später konnte keiner von beiden erklären, warum sie erst in Astorga am 4. Juli wirklich in Kontakt kamen. Von diesem Tag an bildeten sie zusammen mit einer anderen neuen Freundin, Shelagh (oder Sheelagh, wie Hans-Peter den Namen später schreibt) aus Neuseeland, ein unzertrennliches Trio. Da die beiden Frauen zunächst nichts von Hans-Peters Berühmtheit wussten – beide nannten ihn seit dem Tag ihrer ersten Begegnung einfach nur Hans –, konnte er sich in ihrer rechtschaffen unbeeindruckten Gesellschaft entspannen. Am 20. Juli 2001 erreichten sie das Grab des heiligen Jakob in Santiago de Compostela, nahmen voneinander Abschied und kehrten in ihr normales, so unterschiedliches Leben zurück.

Ihre Freundschaft hatte Bestand, doch ihre Abenteuer erlitten das gleiche Schicksal wie die der meisten Pilger im Laufe der Jahrhunderte – sie verblassten zu Erinnerungen einer segensreichen Auszeit vom richtigen Leben. Doch vier Jahre nach ihrer Ankunft in Santiago geschah etwas, das alles verändern sollte.

2005 war Hans-Peter im deutschen Fernsehen in der Talkshow von Sandra Maischberger zu Gast. Vor der Sendung hörte Frau Maischberger im Flur ein Gespräch zwischen ihm und ihrem anderen Gast, dem Südtiroler Bergsteiger und Autor Reinhold Messner mit. Sie überredete Hans-Peter, die gleiche Geschichte auch den Zuschauern zu erzählen – die Geschichte seiner Pilgerreise nach Santiago de Compostela. Mitarbeiter des Münchner Piper Verlags, der auch Messners Bücher herausbringt, sahen die Sendung ebenfalls. Sie kontaktierten den Fernsehkomiker und regten eine Veröffentlichung seiner Aufzeichnungen an, die er während seiner Pilgerreise gemacht hatte.

»Ich bin dann mal weg« erreichte bereits in den ersten Wochen rekordverdächtige Verkaufszahlen. Das Buch blieb zwei

Jahre lang die Nummer eins in der Sachbuch-Bestsellerliste, nur zwei Wochen durch Papst Benedikts Jesus-Biografie von diesem Spitzenplatz verdrängt. Inzwischen hat sich »Ich bin dann mal weg« allein auf Deutsch vier Millionen Mal verkauft.

Shelagh und Anne wurden in Deutschland berühmt und Hans-Peter international gefeiert. Ein anonymer Pilger aus Liverpool veröffentlichte 2008 auf der Website der New York Times einen Kommentar zum Phänomen »Ich bin dann mal weg«:

»Hape Kerkeling freundet sich mit einer Frau namens Anne aus Liverpool an, die Biologin ist und eine Brille trägt wie Harry Potter. Ich bin vor Kurzem den Camino gegangen und wurde häufig gefragt, ob ich Anne kenne. Seltsam, dass eine Frau aus Liverpool in Deutschland berühmter sein soll als Kevin Keegan, Kenny Dalglish und Ken Dodd. Sehr wahrscheinlich ist sie sogar berühmter als John, Paul, George und Ringo. Und vermutlich weiß sie es noch nicht einmal.«

Inzwischen weiß sie es. Ich kann es Ihnen mit Gewissheit sagen, denn ich bin Anne.

Doch warum traf Hans' Bericht unserer Pilgerreise nach Santiago de Compostela in Deutschland einen Nerv und bewog so viele seiner Landsleute, es uns nachzutun? Meine Erinnerung an eine lange Wanderung durch ein heißes, brettebenes Weizenfeld kann diese Frage nicht beantworten. Um den Reiz des Camino zu begreifen, würde ich ihn noch einmal gehen müssen. Ich würde in meine eigenen Fußstapfen treten und dieses Mal dem kulturellen, spirituellen und legendären Zauber des Camino mehr Aufmerksamkeit widmen. Ich würde selbst Tagebuch führen und, sofern die Fußballweltmeisterschaft 2010 es erlaubte, meine Abenteuer ganz bewusst wahrnehmen, um meine Frage beantworten zu können.

Dieses Buch ist die Geschichte meiner Rückkehr auf den Camino und meiner Suche nach seinem Sinn. Ich werde Ihnen verraten, was er für mich war und ist, mit und ohne meinen guten Freund Hans-Peter Kerkeling.

Anne Butterfield
Liverpool, Dezember 2011

Besonderer Dank an meine Reiseführer

Den Weg nach Santiago finden die Pilger ganz einfach: Sie brauchen nur den gelben Pfeilen zu folgen. Aber sie müssen natürlich etwas mehr wissen als bloß, in welche Richtung es geht. Daher möchte ich auch den beiden Pilgerführern danken, die ich 2001 und 2010 benutzt habe und die mir unterwegs hervorragende Dienste leisteten.

»Praktischer Pilgerführer: Der Jakobsweg« von Millán Bravo Lozano ist mir ein unentbehrlicher Weggefährte gewesen. Professor Millán Bravo hat Wegbeschreibungen, Fotos und Hintergrundinformationen gekonnt zu einem herausragenden Buch zusammengestellt. Einen besonderen Reiz des Werkes stellen die spannenden Auszüge aus den Tagebüchern von vier historischen gläubigen Pilgern dar: Aymeric Picaud, Hermann Künig von Vach, Arnold von Harff und Domenico Laffi gingen zwischen 1130 und 1673 auf Pilgerreise, aber ihre höchst amüsanten und anschaulichen Berichte spiegeln Erfahrungen, die auch die Pilger von heute noch machen.

Ich möchte Editorial Everest, Professor Millán Bravos Verlagshaus in León, Spanien, dafür danken, dass ich die Worte dieser historischen Pilger und auch Millán Bravos eigene Beschreibungen zitieren durfte. Immer, wenn ich aus dem gelehrten Text des Professors geschöpft habe, um meine eigenen Schilderungen zu ergänzen, habe ich den »Lozano« eigens erwähnt.

»Pilgrim Guides to Spain, 1: The Camino Francés« ist eine ganz andere Art von Buch, aber ebenso nützlich. In dem zierlichen, gelben Band sind alle kleinen und großen Dörfer und Städte zwischen Saint-Jean-Pied-de-Port und Santiago de Compostela aufgelistet. Es finden sich darin sowohl die Entfernungen zwischen den einzelnen Orten als auch Informationen über Nachtquartiere, diverse öffentliche Einrichtungen und Sehenswürdigkeiten. Veröffentlicht und regelmäßig aktualisiert wird dieser Führer von der Confraternity of Saint James (Jakobus-Gesellschaft) in London, einer Gesellschaft begeisterter Camino-Anhänger. Auf meiner ersten Pilgerreise hatte ich die Ausgabe aus dem Jahr 2001 dabei, beim zweiten Mal erwarb ich die Ausgabe zum heiligen Jahr 2010.

In meinem Buch bezeichne ich den Führer der Confraternity immer als mein »Gelbes Buch«. Ganz herzlich danke ich der Confraternity of Saint James und den Herausgebern der beiden Büchlein für die Erlaubnis, wichtige Hinweise, denen ich 2001 wie 2010 treu gefolgt bin, zu zitieren. Alle diesen Büchern entnommenen Zeilen und Passagen sind entsprechend gekennzeichnet.

Detaillierte Angaben zu diesen Reiseführern finden sich in den Quellenangaben.

Abreise und Ankunft

Yorkshire in England –
Saint-Jean-Pied-de-Port in Frankreich

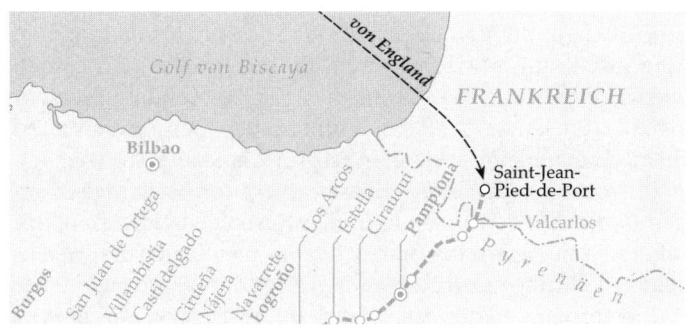

Dienstag, 8. Juni 2010
**Abreise: Yorkshire in England per Bus –
Bayonne in Frankreich**

Mittwoch, 9. Juni 2010
Ankunft: Bayonne – Saint-Jean-Pied-de-Port

Dienstag, 8. Juni 2010 – Abreise

Ich reise von Yorkshire in England per Bus nach
Bayonne in Frankreich

Es ist vier Uhr morgens und noch dunkel, als ich das Fahrrad aus seinem Übernachtungsquartier in der Küche meiner Eltern hole und in meinen Fiat Punto verfrachte. Dann hole ich die drei Taschen, die von Saint-Jean-Pied-de-Port bis Santiago de Compostela am Fahrrad befestigt sein werden. Ich mache mich wieder auf den Camino, diesmal nicht zu Fuß, sondern mit dem Fahrrad. Die ganze Strecke, hin und zurück. Wenn ich radle, so meine Logik, bleibt mir mehr Zeit für die Städte am Weg. Ich werde mehr Kirchen und Sehenswürdigkeiten besichtigen können *und* abends früh genug in den Herbergen eintreffen, um mit anderen Pilgern in Kontakt zu kommen. Da ich den Weg in beiden Richtungen zurücklege, werde ich doppelt so viele Leute kennenlernen und doppelt so viele Informationen aufnehmen können. Und dadurch wird sich mir, so meine Hoffnung, die Bedeutung des Camino ein für alle Mal erschließen.

Rückblickend ist es erstaunlich, dass jemand, der den Camino schon einmal – wenn auch vor neun Jahren – komplett durchwandert hat, ein fundamentales Prinzip seiner Philosophie derart aus den Augen verlieren konnte: Der Weg ist wichtiger als das Ziel. Es ist eine Pilgerreise, also eine längere körperliche Anstrengung, die zur spirituellen Läuterung des Pilgers beitragen soll. Doch in meiner Hast, aus England wegzukommen, war mir dieser grobe Denkfehler gar nicht aufgefallen. Ich war im Vorfeld so sehr mit dem Zusammentragen der Fahrradausrüstung beschäftigt gewesen, dass klare Gedanken über den Zweck des Camino gar keinen Platz mehr fanden.

Auf der Fahrt von Birstall, wo ich meine Kindheit verbracht habe und meine Eltern heute noch leben, zur Bushaltestelle nahe der Autobahn kann ich nur an das Zeug in meinen Gepäcktaschen denken. Was ist da bloß alles drin? Warum brauche ich das? Zu Hause in Liverpool habe ich eine Serie von Postkarten, auf denen Familien aus verschiedenen Kulturen vor ihren ärmlichen Behausungen stehen und stolz ihre gesamte weltliche

Habe präsentieren. Väter und Mütter lächeln neben ihrem Schrank und dem Wollteppich, die sie für das Foto auf den Hof geschleppt haben. Kinder halten freudestrahlend ihr geliebtes Haustier oder Musikinstrument im Arm. Mir ist bewusst, dass ich den Camino mit einer Last von mehr weltlichen Besitztümern antrete, als einige der Familien auf den Postkarten je besessen haben.

Wie soll ich es bloß den Col de Lepoeder – mit 1410 Metern Höhe höchster Punkt auf der Strecke von Saint-Jean-Pied-de-Port nach Roncesvalles auf der traditionsgemäß ersten Etappe des Camino Francés – bewältigen? In Liverpool radle ich maximal die knapp drei Kilometer zum Kino an der Wood Street. Die längste Strecke, die ich jemals an einem Tag geradelt bin, waren knapp neunzig Kilometer von Amsterdam nach Rotterdam. Reicht es zur Vorbereitung auf mein Vorhaben, den Hügel an der Liverpool Cathedral hinaufzufahren oder einmal im flachsten Land der Welt unterwegs gewesen zu sein? Nein, tut es nicht. Aber das ist mir jetzt noch nicht klar.

Um in Spanien beim Packen den Überblick nicht zu verlieren, habe ich in meinem Notizbuch eine Liste des Inhalts von den beiden bauchigen Fahrradtaschen erstellt. Außerdem habe ich noch eine dritte, kleinere Tasche, die hinter dem Sattel befestigt ist. Was ich da reingepackt habe, steht auf keiner Liste, also werde ich jeden Morgen Gefahr laufen, ihn in der Herberge zu vergessen, da mein Gehirn »keine Liste« mit »kein Inhalt« gleichsetzt. Die Tatsache, dass die *leere* Satteltasche mehr wiegt als ihr Inhalt, ärgert mich maßlos. Ob ich es wohl am Donnerstag überhaupt auf den Col de Lepoeder schaffe? Irgendetwas stimmt nicht mit dem Fahrrad, denke ich, als ich durch das Tor der Broadcut Farm fahre, wo mein Auto die sieben Wochen meiner Pilgerfahrt verbringen wird.

Als ich im Hof der Farm das Fahrrad aus dem Auto zerre, kommt durch den Schlamm eine richtige Radfahrerin herangestapft und hilft mir.

»Aha, ich sehe, Sie setzen auf Tempo«, meint sie, ganz Expertin.

Wie bitte? Was meint sie bloß? Mich oder das Fahrrad? Jedenfalls bestimmt nicht die fünfzehn Kilo Gepäck, die noch im Auto versteckt sind. Ich folge ihrem Blick und sehe, dass sie die *Reifen* bewundert, die schmaler sind als bei ihrem Mountainbike.

Ich unterdrücke einen weiteren Anflug von Selbstzweifel, befestige die Taschen am Fahrrad und schiebe das Monstrum über die Straße, um auf den Bus nach Bayonne warten.

Mit mir stehen neun weitere Menschen im Nieselregen unter den Bäumen. Die Fahrräder liegen im nassen Gras – eine letzte Verschnaufpause vor der großen Bewährungsprobe. Meine Doc Martens leiten die Feuchtigkeit bereits durch meine Aldi-Fahrradsocken. All meine Radfahrerkollegen, sämtlich mit anständigen Fahrradschuhen ausgestattet, werden morgen irgendwo in Frankreich aussteigen, um auf Landstraßen oder an Kanälen entlang in ihr Ferienabenteuer zu starten. Ich bin die Einzige im Bus, die vorhat, nach Santiago zu radeln. Angesichts der zahlreichen widrigen Faktoren – das viele Gepäck, die mangelnde Gesellschaft, meine Unerfahrenheit als Radfahrerin – nehme ich etwas besorgt und nervös in dem Doppeldeckerbus Platz. Ich komme mir wie eine Außenseiterin vor und blinzle angestrengt in den Regen hinaus, als wir über die M 1 Richtung Dover zur Fähre nach Frankreich losfahren.

Nach ganzen zehn Minuten Fahrt durch das miese Wetter halten wir an der Raststätte Woolley Edge zum Frühstücken an. In meiner gelben, wasserdichten Fahrradjacke versuche ich, zünftig auszusehen, und blättere ganz lässig im Sportteil des *Guardian*, als die Radlerin aus dem Bauernhof mich fragt, wohin meine Reise geht.

»Ich fahre den Camino nach Santiago de Compostela«, antworte ich.

Auf ihren verständnislosen Blick hin beschreibe ich ihr die Route, doch auch das hilft nichts. Sie hat noch nie vom Camino gehört. Typisch. Seitdem ich den Weg vor neun Jahren zum ersten Mal zurückgelegt habe, machte die bloße Erwähnung immer wieder langatmige geografische Beschreibungen und einen Abriss der Biografie des heiligen Jakob notwendig. Am Ende war ich jedes Mal total erledigt, darum spreche ich nur darüber, wenn es sich nicht vermeiden lässt.

Von ein paar *aficionados* einmal abgesehen kennt kaum jemand in England den Camino. Spanien verbinden Engländer vor allem mit zwei Dingen: mit Benidorm und den Balearen, wo wir uns gegen die Deutschen im Handtuchkrieg behaupten müssen, also jeden Morgen in aller Herrgottsfrühe Liegestühle am Pool besetzen, um unser Revier abzustecken. Als Teenager mussten meine Schwester Jane und ich das jeden Sommer während der Familienferien in Ca'n Picafort oder Cala Millor übernehmen. Meine Eltern wollten sich nicht selbst dazu herablassen, legten aber trotzdem größten Wert darauf, den Deutschen bei den besten Liegestühlen am Pool zuvorzukommen. In ihrer von englischen Boulevardzeitungen geprägten Sicht der Welt waren die Deutschen eine aggressive Meute ungehobelter Rüpel, denen Widerstand zu leisten unsere patriotische Pflicht war. Als ich sechzehn und Jane fünfzehn wurde, war uns dieses primitive Manöver so peinlich geworden, dass wir die Aufgabe unseren kleineren Geschwistern Elizabeth und Robert übertrugen und so morgens länger liegen bleiben konnten. Wir hatten unsere Pflicht fürs englische Mutterland getan.

Von der Liege aus, die ich morgens »erobert« hatte, verfolgte ich den Kampf der Kulturen. Zwischen halb geschlossenen Lidern hindurch beobachtete ich die Deutschen und kam zu dem Schluss, dass sie, nun ja, genau so waren wie wir. Genau so. Sie tranken jede Menge Bier und lachten permanent sehr laut. Leider hatte ich in der Schule Latein gewählt und nicht Deutsch. Warum? Hatte ich geglaubt, es sei wahrscheinlicher, in den Ferien einen römischen Zenturio kennenzulernen als einen deutschen Jugendlichen? Erst 2001 konnte ich dieses Versäumnis beheben, indem ich mich, auf dem Camino unterwegs in Richtung Santo Domingo de la Calzada, mit einem dieser inzwischen schon deutlich reifer gewordenen deutschen Jugendlichen in Gestalt von Hans-Peter Kerkeling anfreundete.

Unser nächster Halt ist Sheffield, wo ein verkrampfter Radfahrer in der allgegenwärtigen gelben Jacke sich im Buswartehäuschen vor dem Regen versteckt hat. Er wirkt verschreckt, als er mit seinen sechs Taschen in den Bus steigt – mehr Zeug, als eine typische Familie in Bhutan überhaupt besitzt. Nachdem er neben mir Platz genommen hat, gesteht er, dass er sein kanadisches Fahrrad eben erst im Internet erstanden hat und er sich kaum vorstellen kann, was ihm bevorsteht. Sein Entschluss, sich künftig mit Radfahren fit zu halten, sei noch sehr frisch. Wir erkennen einander als Nicht-Radfahrer, entspannen uns und gestehen uns gegenseitig unser Entsetzen darüber, wie viel Organisation und Ausrüstung für so eine Fahrradreise vonnöten ist. Ich ziehe meine Satteltasche vom Boden hoch, wobei ich mir fast einen Bizepsriss hole, und fördere das Multi-Tool zutage.

»Weißt du, was das ist?«, frage ich Steve.

»Äh, vielleicht zum Reparieren eines kaputten Kettenglieds?«, schlägt er vorsichtig vor.

»Ja. Das hat man mir im Laden gesagt. Aber wie es funktioniert, weiß ich nicht, du vielleicht?«

»Ungefähr. Nicht so richtig.«

Wir sehen einander ins Gesicht und brechen in schallendes Gelächter aus.

»Ach, Steve, was soll bloß aus uns werden?«, stöhne ich.

»Weiß Gott, das müssen wir einfach unterwegs herausfinden«, gibt er zurück.

Nachdem wir uns auf diese Weise Mut gemacht haben, fühlen wir uns besser und plaudern noch lange, bis wir um Mitternacht irgendwo in der Nähe von Paris in den Schlaf sinken.

Aber vorher, in Leicester, liest der Doppeldeckerbus noch weitere Fahrradfreaks auf. Darunter auch eine Frau, die beim Einsteigen schreit: »Bloß nichts auf meine Hose, das ist meine einzige!«

Blut rinnt hinter ihrem rechten Ohr herunter, läuft ihr den Nacken entlang und landet auf dem Boden. Als sie einsteigen wollte, war vom Anhänger eine Leiter gefallen und hatte sie am Hinterkopf getroffen. Mike, der eine Reihe vor mir sitzt, ist Arzt. Er springt auf, wischt das Blut mit einem Taschentuch ab und versichert ihr, die Wunde sei nicht so dramatisch, wie sie aussieht. Steves Kopf hat sich zu meiner Seite geneigt und sein Gesicht eine graugrüne Farbe angenommen. Mit glasigem Blick gleitet er von seinem Sitz.

»Mike, Mike!«, rufe ich den Arzt, der gerade die blutende Frau in die obere Etage des Busses begleitet. »Steve wird ohnmächtig!«

Mike springt die Treppe wieder herunter und zieht Steve vorsichtig in den Gang. Dort soll Steve, so ordnet er an, liegen bleiben, bis er sich ein wenig erholt hat, und Gary, der für die heruntergefallene Leiter verantwortlich ist, muss über ihn hinwegsteigen, um für die Verletzte, Steve und den Arzt Tee zu machen. Gary stolpert nicht, also nimmt das kleine Drama nun wohl eine glücklichere Wendung. Wir sind doch erst in Leicester! Das wird bestimmt ein ereignisreicher Camino, schließe ich daraus.

Die weitere Reise verläuft ohne Zwischenfälle. Die weißen Klippen von Dover stürzen nicht ins Meer, unsere Fähre sinkt nicht auf dem Weg über den Ärmelkanal, und in Frankreich gibt es zumindest heute keinen Streik gegen die Sparmaßnahmen, mit denen Europa überzogen wird. Allerdings schürt Steve meine Ausrüstungsängste, als wir nebeneinander auf dem sonnenbeschienenen Deck sitzen und er meine Schuhe entdeckt.

»Was sind denn das für Latschen?«, erkundigt er sich und blickt dabei auf meine Füße. Ich wünschte, er würde unserer berühmten Küste mit den Kalkfelsen mehr Aufmerksamkeit widmen.

»Was soll das heißen, ›Latschen‹? Schuhe eben.«

»Aber was für welche?«, beharrt er.

»Doc Martens.«

»In denen willst du ja wohl nicht Rad fahren, oder?«

»Wieso nicht? Es sind meine bequemsten Schuhe. Sie haben sich schon in Holland beim Radeln bewährt.«

»Wie sollen deine Füße da drin atmen? Da kriegst du ja die Fußfäule«, behauptet er hartnäckig.

Inzwischen geht Steve mir auf die Nerven. Ich atme ja schließlich mit meinen Lungen und nicht mit den Füßen.

Mit einem missbilligenden Blick verschwindet Steve ins Restaurant und lässt mich in einem Zustand der Ausrüstungsneurose vor mich hin brüten. Ich gehe in Gedanken neun Jahre zurück und versuche das Bild eines Fahrradladens in Saint-Jean-Pied-de-Port heraufzubeschwören, wo ich ein Paar wasserdichte, atmungsaktive Fahrradschuhe in Blau und Gold (den

Farben meiner bevorzugten Fußballmannschaft Leeds United) erstehen kann. Fast sehe ich sie schon an meinen glücklichen, atmenden Füßen, aber an Saint-Jean-Pied-de-Port habe ich keinerlei Erinnerung. Wie sieht es bloß dort aus? Ich entsinne mich nur eines Mannes, der mir mein *credencial* (den Pilgerausweis) über einen kleinen Tisch reicht, bevor ich aus einer Schachtel meine Muschel aussuche.

Die Nacht senkt sich über den European Bike Express, der durch Frankreich auf Bayonne zusteuert. Die Passagiere bestellen Lasagne aus der Mikrowelle und Rotwein, Gary bringt uns alles an den Platz. Wir lesen unsere Sportteile, Fahrradzeitschriften und Romane, bis wir einer nach dem anderen in den Schlaf gleiten. Ich frage mich, wo ich wohl sein werde, wenn am kommenden Samstag Englands erstes Weltmeisterschaftsspiel gegen die USA stattfindet? Mein Reiseplan sieht lediglich vor, dass ich bis Santiago kommen und am 25. Juli wieder in Bayonne sein möchte, um dort den Bus zurück nach Yorkshire zu nehmen. Sechs Wochen und fünf Tage, um den Camino hin und zurück mit dem Fahrrad zu bewältigen. Also mehr Zeit als genug ...

Mittwoch, 9. Juni 2010 – Ankunft

Ich reise per Bus von Bayonne in Frankreich nach Saint-Jean-Pied-de-Port

Um acht Uhr weckt mich Garys Ankündigung, dass wir in zwanzig Minuten an einer *aire*, einem Rastplatz, halten werden. Ich habe mich fest in den Schlafsack gerollt, den ich am Abend hinter meinem Sitz gefunden hatte. Steve ist fort. Er ist um vier Uhr morgens in Poitiers ausgestiegen, ohne dass ich irgendetwas davon mitbekommen hätte, obwohl es wie eine Stockhausen-Symphonie geklungen haben muss, als er all seine Plastiktüten und Fahrradtaschen zusammengesucht hat. Ich ziehe die Frühstückskarte aus der Tasche vor meinem Sitz und sehe, dass aus dem Netz auch ein Zettel von Steve ragt:

»Liebe Anne – war nett, dich kennenzulernen – melde dich doch mal, wenn du willst, wäre nett, zu hören, wie du vorankommst. Pass auf dich auf – alles Gute – Steve.

PS. Bitte grüß auch Mike von mir und wünsch ihm alles Gute. Danke.«

Ich richte Mike sofort die Grüße aus. Solche Kameradschaft, wie sie schon hier im Bus entstanden ist, ist einer der Gründe, warum ich so oft in die Ferne reise. Schon jetzt fühle ich mich als Teil einer Gemeinschaft, diesmal der Bruderschaft der Radfahrer, und das gibt meinem Selbstvertrauen ein wenig Auftrieb und ermutigt mich, Mike zu fragen, wie man das Multi-Tool benutzt. Er startet eine pantomimische Vorstellung, die von Jacques Tati stammen könnte. Einen Finger krümmt er als Kettenglied, an dem er sich mit diesem Reparaturdings mit weit ausholenden Gesten zu schaffen macht. Sein technischer Monolog hätte eine größere Zuhörerschaft verdient. Ich bin fasziniert, gebe aber nicht zu, dass ich kein Wort davon verstehe. Ich versuche es, strenge mich wirklich an, doch in meinem Hirn gibt es einfach keine Neuronalverbindungen für das Reparieren von Ketten. Zwar registriere ich das Grundprinzip, aber falls mir morgen auf halbem Weg den Col hinauf die Kette reißt, werde ich das Fahrrad schieben müssen, bis echte Radfahrer vorbeikommen und mir helfen – wenn mir überhaupt jemand begegnet. Ich ahne noch nichts von den Schwierigkeiten, mit denen ich morgen tatsächlich konfrontiert sein werde und bei denen mir das Multi-Tool rein gar nichts bringen wird. Dieses Nichtwissen ist letztendlich doch ein Segen, denn wenn ich auch nur ansatzweise wüsste, was mir bevorsteht, würde ich in diesem Bus sitzen bleiben, bis er in Bayonne wieder umkehrt und nach England zurückfährt.

Da ich aber keine Ahnung habe, steige ich wie geplant in Bayonne beim Hotel Formule 1 aus und befestige meine drei Fahrradtaschen am Gepäckträger. Es regnet, und so kann ich nicht einmal dieses Ritual durchführen, ehe ich die Aldi-Überhose aus der Satteltasche gekramt habe. Ich ziehe sie verkehrt herum an, weil sie an den Knienähten nicht *hundertprozentig* wasserdicht ist. Es dauert eine halbe Ewigkeit, und als ich aufblicke, lehnt nur noch mein Fahrrad einsam am Hotelzaun. Alle anderen Radfahrer, die ebenfalls in Bayonne ausgestiegen sind, haben sich längst aus dem Staub gemacht und sind wahrscheinlich schon auf halbem Weg über die Pyrenäen. Nein, doch nicht. Als ich die hässliche Ansammlung von Motels und Lagerhallen hinter mir habe, sehe ich zu meiner Erleichterung eine Gruppe der Mitreisenden vor dem ersten Café an der Hauptstraße Kaffee trinken und Croissants essen. Ist es mein Schicksal, immer die Letzte zu sein? 2001 hatte mich in Roncesvalles, wo ich morgen hoffentlich ankomme, der *hospitalero* durch den Schlafsack in die Zehen gezwickt, um mich aufzuwecken. Als ich zu mir kam, hatten alle anderen Pilger die Herberge bereits verlassen. Damals war ich am zweiten Tag meines Camino als Letzte aufgebrochen, und so war es bis zum Schluss geblieben.

»Ich werde als Letzte in Santiago de Compostela ankommen«, hatte ich dem *hospitalero* erklärt und versucht, ihm nicht im Weg zu stehen, denn er schwang bereits den Besen, während ich noch hektisch meinen Rucksack packte.

»Oh nein«, hatte er überzeugt geantwortet. »Es kommt immer noch jemand nach dir. Immer.«

Diese Erinnerung spornt mich an, und ich winke meinen Landsleuten zu, die zurückwinken. Ich bin eine richtige Radfahrerin! Auf dem Weg zum Bahnhof werde ich immer optimistischer. Und dort gibt es gute Neuigkeiten: Der Bus um 11 Uhr 47, der den ausgefallenen Zug nach Saint-Jean-Pied-de-Port ersetzt, nimmt auch Fahrräder mit. Wäre da nicht die Glasscheibe zwischen dem Fahrkartenverkäufer und mir, ich würde ihn küssen. Seit meiner Abreise aus England hatte mir der Gedanke, es könnte vielleicht keinen Fahrradtransport nach Saint-Jean geben, keine Ruhe gelassen. Bis jetzt, um 10 Uhr 20 am Bahnhof von Bayonne, klappt alles, einfach alles.

Ich gehe durch die Bahnhofshalle zum Café, wo eine junge Frau allein sitzt und in ihrem Notizbuch liest. Ihre kurzen grauen Wollsocken sind ordentlich über den Rand der Wanderstiefel geschlagen, die farblich mit ihrer braunen Fleecejacke harmonieren. Voller Neid betrachte ich ihren Rucksack, der an der Wand lehnt. *Ein* Gepäckstück. Mehr hat sie nicht dabei.

Die Schlagzeile der *Le Monde* am Kiosk lautet »Berlin. Madrid. Paris. Europe à l'heure de la rigueur« und erinnert mich an die Wirtschaftskrise, die uns alle betrifft. Welchen Einfluss das auf meine Reise haben könnte, kann ich nicht voraussehen, aber ich nehme an, dass ich mich auf dem Camino von weltlichen Problemen abgeschottet fühlen werde. Auf jeden Fall aber von den politischen Angelegenheiten, die Europa bewegen. Dem Alltagsleben den Rücken zu kehren, liegt natürlich im Wesen des Camino. Ich hoffe allerdings, dass dies nicht für die Fußballweltmeisterschaft gilt. Das Titelblatt der wöchentlich erscheinenden Fernsehzeitschrift verkündet: »Die WM-Spieler mit dem größten Sex-Appeal.« Daneben prangen Fotos von Yoann Gourcuff (Frankreich), Roque Santa Cruz (Paraguay) und Cristiano Ronaldo (Portugal). Mir fällt auf, dass Gourcuffs Wimpern getuscht sind. Die Belanglosigkeit des Titelblatts ärgert mich. Sollte sich die Presse nicht mit den *besten* WM-Spielern befassen? Dann müssten Philipp Lahm und Lionel Messi Wimperntusche tragen. Spricht Philipp Lahm Englisch? Wahrscheinlich schon, wie alle Deutschen, außer Helmut Kohl oder Angela Merkel. Ich verbanne Philipp Lahm und Angela Merkel eine Weile aus meinem Kopf, während ich mein Fahrrad in den Gepäckraum des Busses nach Saint-Jean verfrachte und es mir auf dem vordersten Sitz bequem mache.

Vielleicht war es ungeschickt, mich ausgerechnet während der WM noch einmal auf den Jakobsweg zu machen. Wer weiß, ob ich einen Fernseher finde, wenn ein wichtiges Spiel läuft, oder ob ich überhaupt in der Lage sein werde, die beiden bedeutenden Projekte unter einen Hut zu bringen. Wenn sich nun die innere Einkehr auf einer Pilgerreise als unvereinbar mit dem trivialen Fußball erweist? Oder wenn ein spirituelles Erwachen mich von der WM ablenkt? Die WM ist, wie der Camino, überall. Man trägt sie mit sich. Ich bin nicht sicher, in welcher Tasche, aber ich habe den *Guardian World Cup 2010 Guide* dabei, um meine Reise mit den entscheidenden Spielen abstimmen zu können. Ich werde das Turnier in wahrhaft internationalistischem, unparteiischem Geist genießen, wo immer ich kann. Wer gewinnt, ist mir egal – ich bin jetzt eine Pilgerin.

Ja, wo werde ich wohl am Samstag sein? Mir fällt ein, dass ich mir nun doch ein paar Gedanken zum Wegverlauf machen sollte. Ich dachte, es wäre befreiend, keinen festen Plan zu haben, nicht zu einer bestimmten Zeit an einem bestimmten Ort sein zu wollen, merke jetzt aber, dass ich so vielleicht in entscheidenden Augenblicken aufgeschmissen sein werde. Ich will nicht gerade durch Weizenfelder radeln, während England im WM-Halbfinale Deutschland beim Elfmeterschießen besiegt. 2001 hatte ich Daten und Entfernungen gänzlich ignoriert, und offenbar habe ich mich in dieser Hinsicht kaum geändert. Vor neun Jahren folgte ich einfach nur den gelben Pfeilen und machte jeden Abend in einer Stadt Station, die in meinem Handbuch – »Praktischer Pilgerführer. Der Jakobsweg« von Millán Bravo Lozano – angegeben war. Dieses Mal, das ahne ich schon jetzt im Bus nach Saint-Jean-Pied-de-Port, wird es so nicht gehen, denn alles ist noch komplizierter: das Fahrrad, die Tatsache, dass ich den Weg in beide Richtungen gehe, die WM und meine Suche nach dem schwer fassbaren Sinn des Camino.

In dem baskischen Dorf Uhart-Cize, wo sich ziegelgedeckte weiße Häuser mit geschlossenen grünen und roten Fensterläden zwischen die Hügel schmiegen, tauche ich aus meinen Gedanken auf. Hügel! Als der Bus kurz darauf am Bahnhof von Saint-Jean-Pied-de-Port eintrifft, realisiere ich, dass ich morgen über diese Hügel (oder mindestens einen davon) radeln werde. Ich hole mein Fahrrad aus dem Gepäckraum und schiebe es zur nächsten Bank, wo ein österreichischer Radfahrer gerade sein Gefährt aus einer Kartonschachtel befreit.

»Hallo!«, sagt er und sieht mir dabei zu, wie ich meine Packtaschen auf die Bank fallen lasse. »Fährst du nach Santiago?«

»Ja«, entgegne ich verwundert – wo sonst sollte man von hier aus hinfahren?

»Den ganzen Weg?«

»Ja, hin und zurück. Und du?«

»Auch den ganzen Weg, mit meinem Mountainbike, auf dem Weg der Wanderer.«

»Ich auch!«, sage ich und denke mir, ja und? Klar, auf dem Weg der Wanderer. Wo sonst? Wer würde als Radler schon auf den Gedanken kommen, auf der Straße zu fahren? Ich bestimmt nicht.

Er bittet mich, kurz auf sein Fahrrad aufzupassen, während er sich an der Tankstelle die Hände wäscht. Aber ich kann kein

Fahrrad erkennen, denn es ist noch nicht fertig zusammengebaut. Also betrachte ich den Rahmen, die Räder, die Pedale und den Sattel, die am Boden verstreut liegen. Bis er zurückkommt, habe ich mein eigenes Fahrrad beladen und bin bereit für die ersten Meter auf dem Camino.

»¡Buen Camino!«, wünscht mir der Österreicher zum Abschied.

»¡Buen Camino!«, gebe ich zurück – zum ersten Mal spreche ich den Gruß aus, den wir Pilger uns unterwegs entbieten.

Ich stelle fest, dass die Schaltung einwandfrei funktioniert, als ich den steilen Hügel vom Bahnhof ins Stadtzentrum hinaufstrample. Ich schalte einmal durch alle Gänge und halte den Atem an: Wird die Kette in den leichtesten Gang wechseln, ohne abzuspringen? Ja! Trotzdem muss ich auf dem Kopfsteinpflaster unter dem Bogen, der in die Altstadt führt, absteigen. Pilger mit Rucksäcken schreiten auf der ansteigenden Rue de la Citadelle mit großen Schritten an mir vorbei, und Touristen mit lässig über die Schulter gehängten Pullovern ignorieren mich – die Schaufenster der Souvenirläden sind einfach interessanter. Das städtische Pilgerbüro befindet sich nur wenige Meter unterhalb vom höchsten Punkt des Hügels. Warum liegt es ganz oben? Wie sollen Radfahrer da hinaufgelangen? Vielleicht ist das Befahren des Camino so wenig herausfordernd, dass zusätzliche Hindernisse notwendig sind, um die Leidensschwelle zu erreichen, die Voraussetzung für eine innere Wandlung ist?

Mit einigen Schwierigkeiten lehne ich das schwere Fahrrad an die Mauer des Gebäudes, in dem sich das Büro befindet. Die Sohlen meiner Doc Martens rutschen auf dem blanken Pflaster. Drinnen im Büro, einem großen Raum, den ich nicht wiedererkenne, kann ich besser gehen. Zur Linken stehen einige Tische, hinter denen vier Freiwillige sitzen, ihnen gegenüber jeweils ein Pilger. Zwei junge Pilger erheben sich, jeder einen Stapel Papiere, ein *credencial* und eine weiße Muschel in der Hand. Ich setze mich an einen der frei gewordenen Tische und reiche Wim aus den Niederlanden meinen britischen Pass. Nachdem er meinen Namen und meine Nationalität in sein Register eingetragen hat und ich acht Euro bezahlt habe, übergibt er mir eine orangefarbene Karte, der ich entnehme, dass ich heute Nacht das Bett 112 habe. 112? Das hat mir gerade noch gefehlt! Über hundert Schläfer in einem einzigen Raum. Nach einer schlaflosen Nacht in einem stickigen Schlafsaal voller Pilger, die unruhig ihrem ersten Tag auf dem Camino entgegenfiebern, wird der Col de Lepoeder morgen noch schwerer zu bezwingen sein.

Wim reicht mir einen nagelneuen Pilgerausweis – eine weiße Karte mit der Aufschrift »CARNET DE PÈLERIN DE SAINT-JAC-QUES Credencial del Peregrino« und dem fett aufgedruckten Umriss einer Muschel. Der Ausweis lässt sich wie ein Akkordeon auseinanderziehen. Dann hat man sieben doppelseitige Blätter, von denen neun Seiten unbedruckt sind – für die Stempel (*sellos*) der Herbergen, Hotels, Cafés und Kirchen am Weg. Ich trage meine persönlichen Angaben sowie das morgige Datum ein und kreuze das Kästchen an, das für Reisende »*à bicyclette*« vorgesehen ist. Ein wenig schuldbewusst betrachte ich das freie »*à pied*«-Kästchen und erwarte schon fast einen Tadel von Wim, denn das Rad zu benutzen ist sicher die einfachere Variante. Aber er bringt in mein *credencial* den ersten *sello* dieses Camino an, ein grünes Quadrat, in dem »ACCUEIL SAINT JACQUES St. Jean-Pied de Port« steht, dazu die symbolischen Darstellungen eines Schlosses, eines Schafs und eines Pilgers, der etwas trägt, das wie ein Köcher voller Pfeile aussieht. Ein anderer Pilger, vielleicht der heilige Jakob persönlich, hat ein Totenkopfgesicht und steht, einen Stab in der Hand, vor einer Bergkette.

Wim reicht mir weitere Papiere sowie eine weiße Jakobsmuschel an einem Stück Schnur. Diese Muschel identifiziert mich als echte Pilgerin und muss an meiner Satteltasche befestigt werden, damit Autofahrer mich nicht irrtümlich für eine weltliche Berufspendlerin oder eine Tour-de-France-Teilnehmerin halten, die sich verfranzt hat. Wanderer befestigen die Muscheln an ihren Rucksäcken, um *en route* von ihren Pilgerkameraden erkannt zu werden, auch wenn es unwahrscheinlich ist, dass jemand, der mit Rucksack den gelben Pfeilen durch einen Buchenwald folgt, nicht nach Santiago de Compostela pilgert.

»Wie bist du unterwegs?«, fragt Wim und wirft einen Blick auf mein *credencial.*

»Mit dem Fahrrad.«

»Wo ist es?«

»Draußen.«

Er besteht darauf, mich zu begleiten, um mein Gefährt sicherheitshalber in einem verschlossenen Schuppen unterzubringen.

»Oh, ist das schwer!«, ächzt er. Beinahe kippt ihm das Rad um, als er es von der Wand wegschiebt.

Er ist der Erste, der diesen wenig hilfreichen Kommentar abgibt, und er wird nicht der Einzige bleiben.

»Ach, das geht schon«, entgegne ich, ohne selbst davon sonderlich überzeugt zu sein. »Beim Radeln spüre ich das Gewicht nicht.«

Er schiebt mein Rad den Hügel hinauf, am Eingang der Herberge in Haus Nummer 55 vorbei, durch ein Tor und einen Garten in einen steinernen Schuppen. Allerdings schafft er es erst, das Fahrrad hineinzumanövrieren, nachdem ich die drei Taschen abmontiert habe. Als er mich mit je einer Packtasche über meinen Schultern, der Satteltasche in der einen und den Papieren in der anderen Hand sieht, nimmt er mir beide Packtaschen ab und führt mich in den Schlafsaal der Herberge. Mehr Hirte als Verwalter, verkörpert er mit seiner pastoralen Fürsorge die Hilfe, auf die Pilger auf ihrem Weg zählen können.

»Bett 112, das ist deins, Anne«, sagt Wim und stellt die Packtaschen ab. »Falls du noch was brauchst, ich bin im Büro.«

Ich würde ihn am liebsten bitten, mich nach Santiago zu begleiten. Allerdings darf ich mir dabei die Schlange der Pilger, die ihn bei seiner Rückkehr vor dem Büro erwarten würden, gar nicht erst vorstellen. Nachdem er gegangen ist, inspiziere ich den Raum und bin beeindruckt. Durch die offenen Fenster zwischen acht metallenen, in lockerem Abstand auf dem blank gewienerten Holzboden platzierten Stockbetten flutet Licht herein. Meine Angst vor über hundert Mitschläfern erweist sich als grundlos. 112 bedeutet Schlafsaal eins, Bett Nummer zwölf. Ich kann mich nicht erinnern, dass die Herberge 2001 so schön gewesen wäre. Vielleicht ist sie renoviert worden. Jedenfalls ist diese Herberge nicht so »nasskalt« und »etwas zu gesellig«, wie sie Hans in »Ich bin dann mal weg« beschrieben hat.

In der gegenüberliegenden Ecke des halb leeren Schlafsaals richtet sich gerade ein deutsches Ehepaar ein, und in den Kojen neben mir dösen zwei junge Leute aus Korea. Gegenüber packt ein britisches Pärchen seine Rucksäcke aus und wieder ein – obwohl es noch nicht einmal zwei Uhr nachmittags ist, bereiten sie schon ihren morgigen Aufbruch vor. An ein Fensterbrett gelehnt beginne ich, Wims Unterlagen zu studieren. Auf einem Blatt sind in siebzehn Linien die Höhenprofile der ersten siebzehn Etappen des Camino dargestellt, von Saint-Jean-Pied-de-Port nach Carrión de los Condes. Ganz eben ist nur die letzte Linie von Frómista nach Carrión. Meine Stirn legt sich in tiefe Falten, während ich die Informationen überfliege. Mindestens elf der Profile zeigen Berge, die ich erklimmen muss. Einige von ihnen sind enorm hoch. Als ich umblättere, habe ich die Höhenprofile der nächsten siebzehn Etappen von Carrión nach Santiago vor Augen. Sechs der Linien sind flach, zwei gehen bergab und die übrigen neun ziehen sich ungleichmäßig auf- und abwärts. Von vierunddreißig Etappen gibt es auf dem Camino geschätzte zwölf ohne Steigung. Das kann doch nicht wahr sein. Hat man den Camino verlegt? Dieses Blatt habe ich vor neun Jahren nicht bekommen, und ehrlich gesagt möchte ich es jetzt auch nicht haben. Von der Tour 2001 sind mir vor allem drei Dinge im Gedächtnis geblieben: flache Landschaft, brütende Hitze und Weizen ohne Ende. Klar, ich weiß noch, wie ich mich im Nebel nach Roncesvalles hinaufgekämpft habe und dass es in Galicien, schon in der Nähe von Santiago, ein paar grüne Hügel gab. Aber mit den Jahren hat mein Gedächtnis den Camino auf eine monotone Getreidewüste zusammengeschrumpft. Wenn Freunde in England mich fragen, wie der Camino ist – was selten genug vorkommt –, reduziere ich die Erfahrung auf: »Es ist eine lange Wanderung durch ein heißes, brettebenes Weizenfeld. Wenn du tolle Landschaften sehen willst, fahr nach Nepal.« Auf diesen Profilen sieht es allerdings aus, als wäre der Camino in Nepal.

Um nicht sofort meinen offenkundigen Gedächtnisverlust ergründen zu müssen, lege ich Wims nächstes Blatt (eine Liste aller Herbergen entlang des Camino) beiseite und studiere meine eigenen Listen. Ich sehe, dass ich beide Packtaschen öffnen muss, um aus Tasche 1 ein frisches T-Shirt und aus Tasche 2 saubere Unterwäsche zu holen. In Tasche 2 kann ich gleich auch noch meinen Schlafsack und das Seideninlet dazu suchen, die Sandalen hingegen wieder in Tasche 1. Die Auspackerei ist erst abgeschlossen, als ich aus Tasche 2 meinen Kulturbeutel gekramt und alles, was ich jetzt herausgefischt habe, in eine Plastiktüte gesteckt habe. Und das ab jetzt jeden Tag? Ich will doch nur mal duschen.

Die Sonne und der leichte Wind auf meiner Haut hellen meine Stimmung auf, als ich meine frisch gewaschenen Klamotten im Garten auf die Leine hänge. Aber ich bin immer noch ein wenig erschrocken über meine beängstigenden Erinnerungslücken zur Topografie des Camino. Seit ich hier war, sind doch erst neun Jahre vergangen, nicht neunzig. Bin ich vielleicht mit allen Ereignissen in meinem Leben so verfahren, habe ich sie zu statischen Szenen destilliert, die nur einen Bruchteil der emotionalen und sinnlichen Erfahrungen beinhalten? Wenn ich eines Tages im Sterben liege und mein Leben an mir vorüberzieht, werde ich dann unbewegte, stumme und verblasste Schwarz-Weiß-Fotos sehen statt der farbenfrohen, lauten und bewegten 3D- und HD-Filme, die jenen vergönnt sind, die ihrer Umgebung mehr Aufmerksamkeit geschenkt haben? Wozu erlebe ich überhaupt etwas, wenn ich so wenig davon in Erinnerung behalte? Saint-Jean-Pied-de-Port ist eine Stadt, die in meinem Leben bereits eine wichtige Rolle gespielt hat, und doch erinnere ich mich weder an das Pilgerbüro noch an den Garten oder den Schlafsaal. Wie viel wird mir auf dem Camino überhaupt vertraut vorkommen?

Ich gehe die Straße entlang bis zum Büro in Haus Nummer 39, um die riesige laminierte Darstellung der morgigen Route über den Cize-Pass nach Roncesvalles zu studieren, die dort an der Wand hängt. Es gibt zwei Möglichkeiten: Die traditionelle Route Napoléon steigt auf dreiundzwanzig Kilometer Länge (Luftlinie) von 163 Meter über dem Meeresspiegel in Saint-Jean-Pied-de-Port auf 1410 Meter am Col de Lepoeder an. Dann verläuft sie vier Kilometer lang bergab durch Buchenwald nach Roncesvalles, das 952 Meter über dem Meer liegt. Die Alternativroute durch das Valcarlos-Tal im Westen zähmt die Steigung durch Serpentinen, und die Straße ist geteert. Der Col de Lepoeder wird ganz vermieden, höchster Punkt ist der vergleichsweise niedrige Col d'Ibañeta. Von dort geht es in kurzer Abfahrt zum Kloster in Roncesvalles.

Während ich mit düsterer Miene diesen Aushang studiere, gesellt sich Wim mit zwei Radfahrern zu mir, die ich bereits kenne. Es sind Mike und Ken aus Blackburn, die mir zuletzt vor dem Café in Bayonne zugewinkt haben. Ich schätze sie beide auf Ende sechzig und bin nicht überrascht, dass sie schwitzen und ihre Gesichter gerötet sind – schließlich mussten auch sie ihre Fahrräder die Kopfsteinstraße hinaufschieben.

»Gemein, was«, kommentiere ich, »dass diese Herberge am höchsten Punkt der Straße liegt?«

»Kannst du laut sagen«, stimmt Ken keuchend zu. »Schrecklich.«

»Ihr kommt spät. Welchen Bus habt ihr in Bayonne genommen?«, frage ich.

»Bus? Wir sind hergeradelt und gerade angekommen.«

Ich bin sprachlos. Diese beiden Rentner haben Hügel und Kurven der Pyrenäenausläufer durchradelt, während ich im Bus an Philipp Lahm gedacht habe. Und zudem muss ich mich jetzt, unmittelbar vor Antritt meiner Reise, mit der Erkenntnis herumschlagen, dass ich morgen nicht die Route Napoléon nehmen kann. Die ersten achtzehn Kilometer wären kein Problem, denn der Abschnitt bis zum Steinmännchen auf 1350 Meter verläuft auf der Straße. Aber wird der anschließende Fußweg nach dem Regen gestern nicht zu aufgeweicht sein, um die restlichen fünf Kilometer bis zum Col de Lepoeder hinaufzuradeln? Und dann bergab durch den Buchenwald ... Ich wende mich Rat suchend an Wim.

»Wim, ich sollte wahrscheinlich die Valcarlos-Route nehmen, oder?«

»Natürlich! Du bist ja mit dem Fahrrad unterwegs!«

Ken und Mike stehen immer noch hinter mir und studieren eingehend die Karte.

»Nehmt ihr auch die Valcarlos?«, frage ich, um Zustimmung fast schon bettelnd.

»Na klar. Da kommt man mit dem Rad nicht rauf«, erwidert Mike mit einer Kopfbewegung zur Route Napoléon hin.

Ich sehe ihn dankbar an und atme tief durch. Diese strammen Radler fahren morgen den gleichen Weg wie ich. Nein, es ist keine Niederlage, wenn wir den Col de Lepoeder umfahren, schließlich heißt es doch in dem mittelalterlichen Pilgerhandbuch »Codex Calixtinus« über so manchen Gipfel, er sei »... so hoch, dass jene, die hier heraufsteigen, den Himmel zu berühren glauben«. Wir nehmen also die Alternativroute durch das Valcarlos-Tal, »... die man nimmt, um die Bergbesteigung zu vermeiden.« Das einzig Vernünftige für Radpilger, die es im Mittelalter natürlich nicht gab und die es, so fürchte ich, vielleicht auch heute nicht geben sollte.

Wim führt mich zum Supermarkt, wo ich belegte Brötchen und Bananen für unterwegs kaufe. Im Ausrüstungsladen nebenan steht das britische Pärchen aus meinem Schlafsaal und schwingt Golfschläger, wie mir scheint. Alle Achtung! Es ist sehr löblich, Aspekte des Alltagslebens in den Camino zu integrieren, damit sich der Pilger nicht in Frömmelei verliert. Ich will ja schließlich auch verfolgen, wie sich England in der WM schlägt. Ich gehe hinein, um mich Alison und Ian vorzustellen, die zwischen schnell trocknenden Shorts und Wollsocken in Wirklichkeit mit Graphit-Wanderstöcken herumfuchteln.

»Sieht aus, als würde das morgen ein ziemlich harter Aufstieg, vom Abstieg ganz zu schweigen, darum werden wir uns so was zulegen müssen. In Frankreich war es immer flach, da haben wir keine gebraucht«, erklärt Alison.

»Ja, ich hab in Frankreich auch keinen Stock gebraucht. Ich saß im Bus«, versuche ich zu scherzen. »Heißt das, dass ihr schon durch Frankreich gewandert seid?«

»Ja, wir sind sogar in England gestartet, dann rüber mit der Fähre von Portsmouth nach Caen und weiter durch Frankreich«, erzählt Ian.

»Von wo aus in England?«, frage ich.

»Von unserem Haus in Surrey aus«, entgegnet Alison lächelnd. Ihr Gesicht ist rosarot wie ein Macintosh-Apfel. Nicht zum ersten Mal am heutigen Tag nötigen mir Landsleute Hochachtung ab. Ich bin noch nicht einmal gestartet und fühle mich bereits von Pilgern gedemütigt, die viel mehr hinter sich haben, als ich noch vor mir habe.

Es kommt immer noch jemand nach dir. Immer.

Schon jetzt offenbart mir der Camino etliche universelle Wahrheiten. Dass immer jemand vor uns sein wird. Dass immer jemand hinter uns sein wird. Wie sollen wir damit umgehen?

»Großartig! Und was führt euch hierher?«

Da bemerke ich das Kreuz, das Alison an einer Kette um den Hals trägt.

»Aha! Ihr macht den Weg aus religiösen Gründen?«

Wie sich herausstellt, sind Alison und Ian gläubige Katholiken, die schon oft mit einem Holzkreuz auf dem Rücken nach Walsingham in England gepilgert sind, wo 1061 die Jungfrau Maria Richeldis de Faverches befohlen hatte, eine Nachbildung des Hauses der Heiligen Familie in Nazareth zu erbauen.

»Glaubt ihr denn wirklich, dass in Santiago die sterblichen Überreste des heiligen Jakob liegen?«, erkundige ich mich.

»Na ja, wäre doch möglich, oder?«, antwortet Ian nachdenklich.

»Hm. Da kenne ich mich, ehrlich gesagt, nicht aus. Ich bin den Weg schon mal gegangen, vor neun Jahren. Als ich nach all der Lauferei in Santiago ankam, war ich bereit, alles zu glauben. Ich hatte mich mit einem Deutschen angefreundet und in der Kathedrale haben wir auch gesagt: ›Er könnte es doch sein, oder?‹ Und wir waren uns einig gewesen: ›Ja, könnte er!‹ Aber nach ein paar Minuten haben wir uns angesehen und gesagt: ›Nein, er kann es nicht sein.‹ Was mein Freund heute darüber denkt, weiß ich nicht. Ich muss ihn mal fragen. Aber es ist doch bloß eine Legende, oder?«

»Und warum bist du dann wieder hier?«, will Alison wissen.

»Also, wenn ich ehrlich bin, habe ich die Erkenntnisse vergessen, die ich damals gewonnen hatte. Ich bin zurückgekommen, um mir über den Sinn des Ganzen klar zu werden.«

Alison und Ian kaufen ihre Wanderstöcke, und ich erkunde die kleine Stadt, in der ich vor neun Jahren ein paar Stunden verbracht habe. Eine steile, aber kurze Straße auf dem Weg hinauf zur Porte d'Espagne, einem der Stadttore, kommt mir bekannt vor. Ich gehe durch das Tor und so lange weiter, bis ich auf eine Rechtskurve neben einem weißen Gebäude stoße – den Anfang der Valcarlos-Route, die ich morgen einschlagen werde. Die Route Napoléon zweigt nach links ab, und obwohl sie viel steiler beginnt als die Straße nach Valcarlos, betrachte ich sie voller Sehnsucht.

Ich stehe ganz still, bis ich mich schließlich an diesen Ort erinnere. Mir fällt ein, welchen Verdruss ich 2001 darüber empfunden habe, dass der Camino gleich zu Beginn so stark ansteigt. Das war nicht fair, fand ich. Doch gleichzeitig ist da unleugbar ein Anflug von Bedauern, weil ich morgen nicht den gleichen Weg einschlagen werde. Nicht in meinen wildesten Träumen hätte ich in Betracht gezogen, dass ich eine ganze Tagesetappe auf der Straße radeln werde. Egal, es wird nur dieser eine Tag sein. Erfüllt von der Hoffnung, es werde nicht allzu lange dauern, bis ich mit den anderen Radfahrern wieder auf dem Weg der Wanderer fahren kann, gehe ich zurück in die Stadt. Auf einer Straße, die ich zu erkennen glaube. Sie verläuft an einer Mauer entlang, hinter der Pilger neben ihren Zelten unter Platanen im Gras sitzen und ihr Abendessen zubereiten. *Darum* also habe ich keinerlei Erinnerung an die Herberge – weil ich vor neun Jahren gar nicht dort war. Ich habe gezeltet, hier, auf dieser Wiese!

Mike und Ken sitzen vor dem Restaurant Lizarra Ostatua am Place Floquet und essen Pizza. Ich geselle mich zu ihnen und lausche aufmerksam ihren unumstößlichen Plänen. Sie werden nach Santiago zwei Wochen brauchen und wissen ganz genau, wo sie welche Nacht verbringen werden. Kens Frau, die daheim in Lancashire geblieben ist, hat jedes Detail ausgearbeitet, sogar die einzelnen Straßen, die sie benutzen werden.

»Ich war schon mal hier«, erkläre ich ihnen. »Also werde ich einfach den gelben Pfeilen folgen. Beeilen muss ich mich nicht, weil ich sieben Wochen für den Hin- und Rückweg habe. Ich nehme es einfach, wie es kommt.« Ich frage nicht, ob ich am nächsten Morgen mit ihnen radeln kann, obwohl ich mehr als alles in der Welt darauf hoffe, gemeinsam mit ihnen aufbrechen zu können.

Die beiden Rentner aus Blackburn mit zusammen einhundertzwanzig Jahren Radfahrerfahrung lassen mich mein Bier allein austrinken und gehen zurück in die Herberge, um genügend Schlaf zu bekommen. Ich studiere das offizielle Wappen der pyrenäischen Freunde des heiligen Jakobus auf meinem *credencial*. Kühe, Löwen, eine heraldische Lilie und noch einiges andere vor dem Hintergrund einer Jakobsmuschel. Dann betrachte ich auf der nächsten Seite das heutige *sello*, das den Totenkopf des heiligen Jakob neben Schafen und einem köcherbewehrten Pilger zeigt. Waren die Herausforderungen für mittelalterliche Pilger so groß, dass sie sich bewaffnen mussten, um dem Tode zu trotzen? Das Memento mori in Gestalt des Schädels des heiligen Jakob und der Pfeile des Pilgers gehören freilich einem vergangenen Zeitalter an: Gefahr für Leib und Leben sind nicht Gegenstand meiner Gedanken. Jedenfalls noch nicht.

Navarra bis La Rioja

Saint-Jean-Pied-de-Port – Logroño

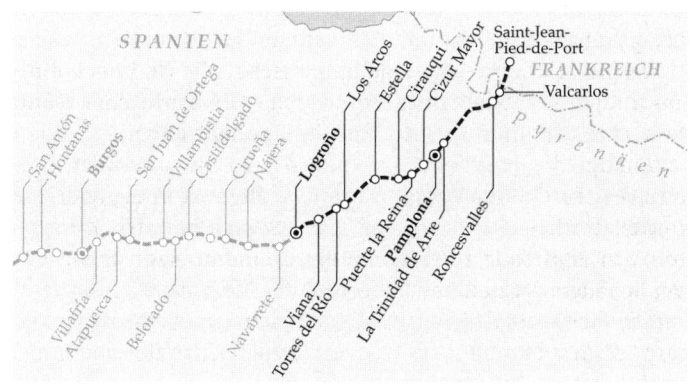

Donnerstag, 10. Juni 2010
**Saint-Jean-Pied-de-Port – La Trinidad
de Arre in Spanien | 66,6 Kilometer**

Freitag, 11. Juni 2010
**La Trinidad de Arre – Cirauqui |
34,2 Kilometer**

Samstag, 12. Juni 2010
Cirauqui – Los Arcos | 37 Kilometer

Sonntag, 13. Juni 2010
Los Arcos

Montag, 14. Juni 2010
Los Arcos – Logroño | 28 Kilometer

Dienstag, 15. Juni 2010
Logroño

Donnerstag, 10. Juni 2010

Ich radle 66,6 Kilometer von Saint-Jean-Pied-de-Port nach
La Trinidad de Arre in Spanien

Meine Schlafmaske und die Ohrstöpsel halten so effizient Helligkeit und Geräusche ab, dass mich an diesem Morgen weder das Licht der Morgendämmerung noch das Auf- und Zuziehen von Reißverschlüssen, weder das Aufreißen von Klettverschlüssen noch das Öffnen von Türen und Fenstern weckt. Als ich um halb sieben langsam zu mir komme, sind alle anderen Schlafstellen bereits leer. Die am Fußende der Betten ordentlich aufgereihten Rucksäcke verraten mir allerdings, dass die anderen Pilger noch irgendwo in der Nähe sein müssen. Ich klettere vom Stockbett Nummer 112 hinunter auf den blank gewienerten Fußboden und ziehe Fahrradshirt und Shorts unter dem Bett hervor. Am Abend zuvor hatte ich sie in einem Anfall vorbildlicher Planung aus Tasche 2 gezogen, um für einen frühen Aufbruch gerüstet zu sein. Leider liegt auch fast der gesamte übrige Inhalt beider Fahrradtaschen auf dem Boden und wartet darauf, nach dem Frühstück zusammengepackt zu werden. Schon jetzt begreife ich, dass ich mich besser organisieren und mir die Technik des »Packens am Vorabend« zur Gewohnheit machen muss, die hier im Raum allenthalben so schön zu beobachten ist.

Ich durchquere den Schlafraum und öffne die Tür zum Speisesaal. Da sitzen sie alle dicht gedrängt an den Tischen, kauen Toast und trinken Kaffee aus Duralex-Glasschalen, wie wir sie in der Grundschule hatten. Ich bekomme ein Getränk gereicht und quetsche mich auf den einzigen freien Platz. Mir gegenüber sitzen Alison und Ian. Während ich Marmelade- und Butterreste auf meinen Toast kratze, fragt mich Alison, wie weit ich heute fahren will. Ohne eine bestimmte Route im Kopf zu haben, nenne ich den erstbesten Ort, der mir gerade einfällt.

»Bis Pamplona. Na ja, so weit wie möglich Richtung Pamplona. Oder vielleicht sogar weiter bis Cizur.« Diesen Ortsnamen habe ich gestern Abend im Gespräch mit Ken und Mike aufgeschnappt. Wenn das die Entfernung ist, die richtige Radler als

Tagesetappe in Betracht ziehen, dann soll es auch mein Ziel sein.

Die Reihen der Pilger am Tisch lichten sich rasch. Zu zweit holen sie ihre Rucksäcke und gehen hinaus auf die Rue de la Citadelle. Sie nehmen ihren Camino auf, bevor ich auch nur fertig gefrühstückt habe. Als Ken und Mike ebenfalls aufstehen, werde ich unruhig.

»Wir sehen uns«, sagt Ken strahlend.

»Mmm. Ja, bestimmt«, antworte ich, schon halb in Panik.

Wo werden wir uns sehen? Da ich erst noch alles packen muss, kann ich unmöglich mit ihnen fahren. Als Nächstes brechen Alison und Ian auf, und nun bin ich wirklich die Letzte. Es ist erst sieben Uhr, wozu die Eile? Die Entdeckung, dass Pilger noch genauso sind wie vor zehn Jahren und morgens immer noch zu einer für meinen Geschmack unchristlichen Zeit aufbrechen, schlägt mir aufs Gemüt. Was, so hatte ich mich 2001 bereits gefragt, hat dieses »Rasen auf Blasen« für einen Sinn? Unterwegs nichts zu sehen und im nächsten Ort anzukommen, bevor die Cafés und Kirchen geöffnet haben? Der Grund, so erfuhr ich später, ist, dass die meisten die Mittagshitze meiden und früh genug in der nächsten Unterkunft eintreffen wollen, um sich ein Bett zu sichern. In meinen Augen war das eher zweitrangig verglichen mit der Möglichkeit, bei Tageslicht unterwegs zu sein und den Camino wirklich zu *sehen*. Klar, damals war ich mit dem Zelt unterwegs, brauchte mir also keine Gedanken über volle Herbergen zu machen. Dieses Mal ist für ein Zelt kein Platz, aber überfüllte Schlafquartiere bereiten mir trotzdem kein Kopfzerbrechen, schließlich kann ich, wenn nötig, immer noch die nächste Stadt ansteuern. Trotzdem fühle ich mich ein bisschen einsam und verlassen, als ich mein Frühstück allein beende. Also werde ich mir in Zukunft Mühe geben, auch um sieben startklar zu sein – und sei es nur, um ein wenig Gesellschaft zu haben.

Nach einer weiteren Stunde Listenkontrolle habe ich es geschafft, alle Sachen, die unter meinem Bett lagen, in die richtigen Taschen zurückzustecken. Ich lasse meine drei schweren Gepäckstücke neben dem Gartentor fallen, hole das Fahrrad aus dem Schuppen und belade es. Ein farbenprächtiger Teppich aus rotem Baldrian und weißen Gänseblümchen an der gegenüberliegenden Mauer erinnert mich an Jeff Koons Skulptur »Puppy« in Bilbao, und daran, dass ich heute Spanien erreichen werde.

Schon mit neunzehn hatte ich den Wunsch, über die Pyrenäen zu radeln. Der Gedanke kam mir während des Studiums bei einem unerträglich langweiligen Ferienjob. Meine Freundin Jane und ich fanden es toll, zum ersten Mal in unserem Leben richtiges Geld zu verdienen. Doch am Fließband, wo wir wie Roboter Tuben mit Gel gegen Schleimhautentzündung, die für den Export nach Australien bestimmt waren, in kleine Pappschachteln steckten, waren wir bald trübsinnig geworden. Ich fühlte mich, als steckte ich wie die Tuben in einer engen Schachtel, und begann davon zu träumen, über die Pyrenäen zu radeln, sobald ich dort rauskam. Das erwies sich als einfacher als gedacht – dort rauszukommen, meine ich, nicht, über die Pyrenäen zu radeln. Einige von uns (die Idee stammte zugegebenermaßen von mir) schrieben ihre Namen und Adressen auf Papierschnipsel, die wir zu den Tuben in die Schachteln steckten, wenn der Vorarbeiter nicht hinsah. Auf den Zetteln stand etwa: »Ich bin die Sklavin, die diese Tube eingepackt hat. Willst du mein Brieffreund werden?« Eine Woche später wurde ich gefeuert, angeblich, weil ich nach der Mittagspause zu spät zur Arbeit zurückgekommen war, wahrscheinlich aber eher wegen meines trotzkistischen Einflusses auf die Belegschaft. Seitdem sind mir Firmenleitungen suspekt.

Um ehrlich zu sein, war ich sogar froh, der nervtötenden Monotonie entkommen zu sein, und trug meinen Lohn sofort zu Hargreaves Cycles, einem Fahrradgeschäft in Dewsbury. Das Fahrrad, das ich dort erstand, brachte mich zwar nicht über die Pyrenäen, aber immerhin durch die nahe gelegenen North Yorkshire Moors. Wie man zu den Pyrenäen kam, wusste ich nicht, an meinen Ausgangspunkt York hingegen konnte meine Mutter mich mit dem Auto bringen. Und nun, dreiunddreißig Jahre später, stehe ich endlich kurz davor, meinen Traum zu verwirklichen. Eine Tafel mit Aushängen für Touristen an der Porte d'Espagne beschreibt, wie es losgehen soll: »Auch heute noch sind am frühen Morgen auf dem Kopfsteinpflaster der Rue d'Espagne die Schritte von Pilgern zu hören. Wie im Mittelalter verlassen die Pilger nach der Nachtruhe entschlossen die Stadt, bereit für den gefürchteten Weg über die Pyrenäen.« Jetzt, um 8 Uhr 35, ist der frühe Morgen schon vorüber und die Schritte der Pilger sind bereits verklungen.

Die Straße ist auf den acht Kilometern bis Arnéguy so eben, dass ich mir gar nicht vorstellen kann, wie ich auf ihr jemals die Pyrenäen überqueren soll. An einer Stelle geht es sogar abwärts, hinunter nach Las Ventas, einem höchst weltlichen Komplex von riesigen Duty-free-Läden mit Werbeplakaten für sämtliche Whiskeymarken, die je destilliert worden sind. Ich schieße an den Alkoholika vorbei hinunter zur Brücke bei Arnéguy, wo ein großformatiges Schild mich im Königreich Navarra, dem Land der Vielfalt, willkommen heißt. Ich bin in Spanien! Die Vielfalt ist nicht gleich offenkundig, vorerst radle ich zwischen einer Repsol-Tankstelle und einem Laubwald hindurch. Und dann passiert etwas, worauf ich gewartet habe: Die Straße beginnt anzusteigen. Einigermaßen gemächlich zunächst, sodass sogar *ich* Gang um Gang zurückschalten kann. Ich erreiche Valcarlos und parke im zweiten Gang bei einem Laden, neben dessen Eingang handgeschnitzte hölzerne Heugabeln lehnen. Ich brauche eine Tasse Kaffee, kein Arbeitsgerät für die Heuernte, also mache ich mich zielstrebig auf den Weg hügelabwärts ins Dorf.

Als ich *al fresco* meinen *café con leche* mit einem *pain au chocolat* genieße, fährt ein Ehrfurcht gebietender Radfahrer in den Hof des Cafés. »¡Hola!«, grüßt er und verschwindet im Café. Während er drinnen ist, studiere ich sein robustes schwarzes Fahrrad, das von einem richtigen, am Rahmen befestigten Ständer aufrecht gehalten wird. Hm. Vier Packtaschen, zwei vorne, zwei hinten. Statt der Satteltasche ein Zelt. Eine Lenkertasche vervollständigt das Gepäcksortiment. Es ist die Harley Davidson unter den Fahrrädern.

Er setzt sich an den Nebentisch und erzählt mir, dass er in Den Haag gestartet ist. Ich werde noch kleiner, als ich erfahre, dass er oft nachts radelt – als wären fünfzehn Stunden Tageslicht für die Riesenentfernungen, die er zurücklegt, nicht ausreichend.

»Ich habe dich heute schon mal gesehen«, sagt er, » du hast dein Fahrrad einen Hügel hinaufgeschoben.«

Ausgerechnet das *eine* Mal, das *einzige* Mal an diesem Vormittag, als ich es nicht geschafft habe, rechtzeitig zu schalten, musste jemand mich sehen. (Der Hügel vor dem Restaurant Lizarra Ostatua ist tödlich.)

»Hm, ja, ich musste mich erst an die Schaltung gewöhnen«, sage ich zu meiner Verteidigung. »Wo fährst du heute hin?«

»Nach Pamplona, und du?«

»Auch nach Pamplona. Hoffe ich.«

Werde ich es heute bis Pamplona schaffen? Für die elf Kilometer von Valcarlos nach Saint-Jean habe ich zwei Stunden gebraucht. Zwei Stunden? Das heißt, ich fahre mit fünfeinhalb Kilometer pro Stunde; und habe noch mehr als sechzig Kilometer vor mir. Bis Pamplona werde ich zwölf Stunden brauchen. Jetzt ist es zehn vor elf. Wenn ich so weitermache, bin ich heute Nacht um elf in Pamplona. *Darum* also radelt der Holländer nachts. Das passiert eben. Na, mir nicht. Wie bin ich bloß auf die Idee gekommen, ich könnte es an einem Tag von Saint-Jean nach Pamplona schaffen? Wessen Idee war das überhaupt? Die von Ken und Mike? Jetzt erinnere ich mich. Es war ihre Idee. Tja, ich muss es ihnen ja nicht nachmachen. Ich kenne sie nicht einmal. Der Col d'Ibañeta, mein nächstes Ziel, ist 1087 Meter hoch und sechzehn Kilometer entfernt. Das schaffe ich, zumindest da bin ich mir sicher. Und dann geht es bis Roncesvalles nur bergab.

»Also, tschüs dann«, sage ich munter zu dem Superradler aus Den Haag. »Man sieht sich!«

In Pamplona allerdings bestimmt nicht.

Ich schleppe mich hügelaufwärts zu meinem Fahrrad zurück, vorbei an einem Plakat, das das Kloster von Roncesvalles im Winter zeigt. Ein spektakulärer Anblick, wie es sich über dem schneebedeckten Wald erhebt. Und an diesem strahlenden Sommertag schwer so vorstellbar. Langsam radle ich bergauf und lasse die Heugabeln hinter mir zurück. Ruhig und rhythmisch trete ich in die Pedale. Wenn die Straße ebener verläuft, sitze ich auf dem Sattel, bei jeder kleinen Steigung stehe ich auf und übe kräftig Druck auf die Pedale aus. Mein Atem geht schnell und flach, so könnte ich ewig durchhalten, und meine Oberschenkel werden mit diesen höheren Anforderungen spielend fertig. Und nicht nur das, ich habe mir für den schlimmsten Fall sogar noch den ersten Gang aufgespart. Eine kaum merkliche Bewegung in den Zweigen macht mich auf einen Dompfaff aufmerksam, der in den dunklen Abgrund hinunterfliegt, aber ich lasse mich dadurch nicht aus dem Tritt bringen. Eine leichte Brise und der Schatten, den die Wälder zu beiden Seiten spenden, kühlen mich, während ich aufwärtsstrample, weiter und weiter weg von Valcarlos, höher und höher dem Col zu und näher und näher heran an das unbekannte Ziel des Abends. Ich tue etwas, das ich schon lange tun wollte – ich radle über die Pyrenäen.

Ich habe keine Ahnung, wie weit ich schon gekommen bin oder wie spät es ist. Eine Armbanduhr trage ich nicht, und mein Handy ist außer Reichweite in der Satteltasche. Ich bin entschlossen, erst anzuhalten, wenn ich den Col d'Ibañeta erreicht habe, bloß wo ist er? Ein Pfad zu meiner Linken bietet jedem, der diese Route zu Fuß absolviert, einen aussichtsreicheren Weg durch den Buchenwald hinauf zum Col. Für mich ist das keine Alternative, ebenso wenig wohl für die junge Pilgerin, die ich ein Stück weiter unten einen Kinderwagen habe schieben sehen. Ich weiß nicht, ob in dem Wagen ein Baby lag oder ob sie darin ihr Gepäck transportierte. Wahrscheinlich hätte ich ihr sagen sollen, dass es heutzutage Rucksäcke gibt, mit denen man während des Wanderns die Hände frei hat für wichtige Dinge, etwa, um den Reiseführer aufzuschlagen oder eine Banane zu schälen. Aber ich konnte nicht gleichzeitig reden und über die Pyrenäen radeln.

Der Wald um mich herum ist so ruhig, dass ich nur meinen eigenen Atem höre. Die Kurven sind enger geworden, seit ich den Dompfaff gesehen habe, und wenn ich mich nicht irre, wird die Straße steiler. Selbst im Stehen tritt es sich immer mühsamer. Es gibt keine flachen Abschnitte mehr, nur noch kurze, heftige Anstiege in Links- oder Rechtskurven. Jetzt ist es

Zeit, auf meine letzte Reserve zurückzugreifen und in den ersten Gang zu schalten. Ich betätige mit dem rechten Daumen den Schalter: Klick! Kratz! Ratter! Kratz kratz! Ratter ratter! Unheilvolle Geräusche. Die Kette befindet sich in irgendeinem Niemandsland zwischen erstem und zweitem Gang. Das ist die Ketten-Vorhölle. Mit jedem Pedaltritt entringt sich den Tiefen meiner Kehle ein lautes Stöhnen, als läge ich im Todeskampf. Mein Daumen bricht fast ab vor Anstrengung, den Hebel über seine Grenze hinaus zu zwingen. In dem winzigen Fensterchen am Schalthebel steht »1«, aber das ist gelogen. Ich weigere mich, vom Rad zu steigen, obwohl es schon fast steht. Stattdessen bewege ich mit dem rechten Zeigefinger den anderen Schalter, um der Kette aus ihrer misslichen Lage und zurück in den zweiten Gang zu verhelfen. Meine Oberschenkel versagen den Dienst, und ich steige ab. Was soll ich jetzt bloß tun?

Ich rolle die Straße wieder herunter bis zu einer grasbewachsenen Ausweichstelle an der nächsten Kurve, werfe Pack- und Satteltaschen zu Boden und stelle das Rad auf den Kopf. Warum bloß habe ich es heute Morgen nicht hingekriegt, mit Mike und Ken aufzubrechen? Sie wüssten bestimmt, was jetzt zu tun ist. Ich nicht. Ich lege mich ins Gras und starre auf der Suche nach einer Lösung in den Himmel. Das Multi-Tool! Wird es mich aus meiner misslichen Lage retten können? Ich fummle in der Satteltasche herum, finde das hübsche Werkzeug und entfalte all seine Einzelteile. Es enthält nichts weiter als eine Reihe Schraubenschlüssel. Das ist alles, abgesehen von dem überflüssigen Utensil zum Reparieren gebrochener Kettenglieder. Dafür habe ich zweiundzwanzig Pfund bezahlt? Was bringt es mir? Ich sitze im Schneidersitz im Gras und stütze den Kopf in die Hände. Fast breche ich in Tränen aus. Wo ist der Radler aus Den Haag? Oder irgendwer sonst? Das letzte Mal habe ich mich so verloren gefühlt, als mir mit fünf Jahren einmal all meine Smarties aus dem Röhrchen gefallen waren und mir einige der Eltern am Schultor mitleidig in mein rotes, verheultes Gesicht sahen.

»Ach, du Ärmste«, hatte eine Mutter gesagt.

Meine eigene Mutter war nicht da gewesen. Ebenso wenig wie jetzt.

»Herrgott noch mal! Jetzt werde mal erwachsen, reiß dich zusammen, es könnte alles viel schlimmer sein!«, sage ich zu mir selbst, während ich die nächsten Schritte überdenke.

Es könnte tatsächlich schlimmer sein. Es könnte Winter sein. Es könnte regnen. Ich könnte an Unterkühlung sterben, während ich hier sitze, aber es herrscht strahlender Sonnenschein, und es besteht immer noch die Chance, dass ich mich aus diesem Schlamassel befreien kann. Bloß wie? Ich kehre zu den Grundlagen zurück und bewege mit einem Ruck das Dingsbums nach vorn, dessen Namen ich mir noch nie merken konnte – das Teil in der Nähe des Hinterrads, das die Kette bewegt. Während ich das Dingsbums festhalte, nehme ich die Kette von den Ritzeln des zweiten Ganges und bugsiere sie mit den Fingern behutsam Glied für Glied auf die Ritzel des ersten Ganges. Ich habe *manuell* den ersten Gang eingelegt. Mit öligen, verschwitzten Händen, an denen gemähtes Gras klebt, drehe ich das Fahrrad wieder um und befestige die Packtaschen. Wenn das nicht funktioniert, so schwöre ich mir, dann werfe ich das Rad in den Abgrund und gehe *zu Fuß* über den Col nach Roncesvalles. Natürlich erst, nachdem ich meine Listen konsultiert und die wichtigsten Gepäckteile in die Satteltasche umgepackt habe.

Die Straße ist genauso leer wie schon den ganzen Tag – kein Verkehr, keine Pilger, keine Hilfe. Mein Herz schlägt bis zum Hals, als ich versuchsweise das rechte Pedal herunterdrücke, meinen linken Fuß von der Straße hebe, das linke Pedal herunterdrücke, das rechte Pedal, das linke Pedal, das rechte, das linke. Oh, ich kann es kaum glauben! Ich radle bergauf Richtung Col, den ich immer noch nicht sehen kann. Ich bin überglücklich über meinen Erfolg. *In Hochstimmung!* Das ist es doch, worum es im Leben geht: Problemen ins Auge sehen und sie lösen, nicht aufgeben, nicht in Selbstmitleid versinken, daran denken, dass alles schlimmer sein könnte. Erfolg ist der Lohn der Beharrlichkeit. Ein kalter Wind und schnell ziehende dunkle Wolken kündigen ein Unwetter an. Unmittelbar bevor es zu regnen beginnt, halte ich an, um meinen Kaschmirpullover und die gelbe Jacke anzuziehen. Drei Radfahrer gleiten wie mühelos vorbei, die ersten Menschen, die ich seit der »Kinderwagen-Pilgerin« zu Gesicht bekomme. Ich blicke ihnen nach, und als sie etwa hundert Meter weiter über die Bergkuppe verschwinden, merke ich, dass das der Gipfel ist. Ich bin fast da! Als ich das Fahrrad »reparierte«, hatte ich keine Ahnung, dass ich nur zwei Kilometer vom höchsten Punkt entfernt war. Ich hätte das Fahrrad, wenn nötig, doch ins Ziel schieben können. Aber es war nicht nötig gewesen. Ich werde radeln, den ganzen Weg über den Col d'Ibañeta. Jawohl!

Der Wind tut sein Bestes, um mich auszubremsen. Er weht mir den kalten Regen ins Gesicht und an die nackten Beine und fegt über mich hinweg, stößt mich hin und her und versucht, mich in den Straßengraben zu schleudern. Dann ändert er die Richtung und fährt mir direkt ins Gesicht. Entschlossen kämpfe ich gegen diesen unsichtbaren Widersacher an, der mein Fortkommen behindert.

»Na komm schon, Anne, komm schon! Du schaffst es. Du schaffst es. Komm schon!«

Trotzig brülle ich gegen den Sturm an. Ich lasse mich nicht besiegen. Da ist die Kapelle, die den Gipfel markiert – ich bin fast da, ich *bin* da. Ich habe es geschafft. Ich bin über die Pyrenäen geradelt!

Pilger, soweit das Auge reicht. Von der Route Napoléon kommend wuseln sie um die Kirche herum und fotografieren einander. Das ist die größte Menschenansammlung, der ich begegne, seit ich Saint-Jean verlassen habe, und ich hoffe, ein paar Kontakte knüpfen zu können. Aber sie halten sich nicht lange auf, sondern verschwinden gespenstergleich im Nieselregen Richtung Roncesvalles in den Wäldern. Gemessen an der übermenschlichen Anstrengung, die es mich gekostet hat, hierher zu gelangen, koste auch ich meinen persönlichen Triumph nicht sehr lange aus, sondern kauere mich gerade lang genug hinter der Kirche in den Windschatten, um meine pappigen belegten Brötchen aus dem Supermarkt zu essen. Dann ist es Zeit, mich den Haarnadelkurven der Abfahrt zu stellen. Ich schalte schnell hoch und trete auch abwärts noch in die Pedale, aber schon bald bin ich so in Fahrt, dass ich auch ohne Beinarbeit in voller Geschwindigkeit den Cize-Pass hinunterrase. Es ist beängstigend und aufregend zugleich. Wer glaube ich denn zu sein, Miguel Indurain? Nein, der ist aus Pamplona und hat angeblich acht Liter Lungenvolumen. Ich bin aus Leeds mit der entsprechenden Stadtlunge. Nachdem mir wieder eingefallen ist, wer ich bin, reduziere ich meine Geschwindigkeit, bevor ich noch gegen einen Baum knalle und die Dompfaffen erschrecke. Die Tücken des berüchtigten Cize-Passes ignoriert man nicht ungestraft. Hier blies der Sage nach in der Schlacht von Roncesvalles 778 Roland vergeblich in sein Horn Olifant, um den Heiligen Römischen Kaiser herbeizurufen, der den Truppen Karls des Großen, die sich den Sarazenen geschlagen geben mussten, hätten beispringen sollen. Und hier wurde im Jahr 2001 unser zeitgenössischer Held Hans-Peter Kerkeling von einem Bauern aus der Gegend mitgenommen und hat sich von einem Schaf über die linke Schulter kotzen lassen. Geschah ihm recht, warum ist er auch nicht gelaufen!

Binnen weniger Minuten, in denen ich abwechselnd in den Kurven bremse und das Rad auf den Geraden frei laufen lasse, erreiche ich das Kloster am Fuß des Passes. Das Gefühl beim Ankommen ist ganz anders, als ich es von 2001 in Erinnerung habe. Die Erinnerung an meine persönliche Schlacht von Roncesvalles an diesem Vormittag im Baskenland geht einen Augenblick lang in den Schuldgefühlen unter, die ich empfinde, weil ich so schnell vom Col d'Ibañeta hierher gelangt bin. So ist das eigentlich nicht gedacht. Vor neun Jahren bin ich stundenlang in der Einsamkeit eines unheimlich stillen Buchenwaldes gewandert und so spät angekommen, dass der Schlafsaal schon fast voll war. Jetzt hingegen sammeln sich die Pilger bereits an der Klosterpforte, um ihren Anspruch auf ein Bett anzumelden, sobald um 16 Uhr geöffnet wird. Ich erwäge, die Stunde zu warten und die Nacht ebenfalls hier zu verbringen. Aber wenn ich jeden Tag die gleiche Entfernung zurücklege wie die Pilger zu Fuß, wie will ich dann die Zeit haben, den Camino auch noch zurückzufahren? Soll ich auf die historischen Sehenswürdigkeiten von Roncesvalles verzichten, wo Mönche seit dem zwölften Jahrhundert Pilger bewirten? Lohnt es sich, die mittelalterliche Statue der Madonna von Roncesvalles nur um der zweifelhaften Befriedigung willen zu verpassen, mehr Kilometer zu machen?

Ich beantworte die Frage mit Ja und setze die Madonna auf meine geistige Liste der »unverzichtbaren Programmpunkte auf dem Rückweg«.

Ich lehne mein Fahrrad an die Mauer des Silo de Carlomagno, einer Grabkapelle aus dem zwölften Jahrhundert, und vertiefe mich in Lozanos Belehrungen. Offenbar wurden im Mittelalter hier Pilger beigesetzt, die das Pech hatten, in Roncesvalles zu sterben. (Ich wusste doch, es hätte heute noch viel schlimmer kommen können.) Ein paar wandernde Pilger ziehen ebenfalls weiter, auf einem Fußweg durch die Wälder, den ich vor neun Jahren selbst eingeschlagen habe. Larrasoaña, Endpunkt der von Lozano vorgeschlagenen zweiten Etappe, liegt siebenundzwanzig Kilometer entfernt. Ich bezweifle, dass sie dort heute noch ankommen werden, aber ich werde es schaffen. Allerdings diesmal nicht auf dem Fußweg, denn Lozano warnt: »Eine Etappe, die auf weiten Strecken für Fahrräder nicht geeignet ist. Um diese nicht befahrbaren Wegstrecken zu überwinden, kann man der Landstraße C-135 folgen, die durch Burguete, Espinal, Viscarret, Zubiri und Larrasoaña führt.« Ich versuche eine schlechte Vorahnung zu ignorieren, die ich nicht recht einordnen kann, und nehme meinen Weg wieder auf. Auf der C 135 durchfahre ich die hübschen Dörfer Espinal und Viscarret mit ihren weiß gekalkten Häusern, zwischen denen ich damals zu Fuß herumgeschlendert bin, um mir die *sellos* zu holen. Die anderen Pilger, das weiß ich, stapfen zu meiner Rechten durch Wälder und Felder, aber ich kann sie weder hören noch sehen. Ich bin allein in einer eigenen Welt.

Den Wanderweg sehe ich am Gipfel des Puerto de Erro wieder, wo er zwischen Eichen und Pinien die Straße kreuzt. Ich warte ein paar Minuten, bis sich mein Atem beruhigt hat, aber da sich kein Pilger zeigt, mit dem ich reden könnte, fahre ich nonstop weiter bis Larrasoaña. Inzwischen regnet es in Strömen, und ich lehne das Rad gegen eine Hausmauer, um in meinem englischen Pilgerführer, dem »Gelben Buch«, nach einer Unterkunft zu suchen. Gibt es in der Gegend was? Ja, einen Ort namens La Trinidad de Arre, dreizehn Kilometer von hier, mit einer Herberge im Kloster! Oh, das klingt wonnevoll, genau das Willkommen, das ich nach den Prüfungen des heutigen Tages brauche. Es ist bestimmt wunderschön. Klar, ich habe es noch nicht gesehen, aber schon allein der Name La Trinidad de Arre hat etwas Anheimelndes.

Die ebene, schnurgerade Straße dehnt sich schier endlos vor mir aus, doch ich konzentriere mich ausschließlich auf den schmalen Randstreifen, um nicht auf dem nassen Asphalt ins Rutschen zu kommen und vom nächsten überholenden Lastwagen überrollt zu werden. Ich halte erst an, als an einem riesigen Kreisverkehr Schilder nach Pamplona und Madrid weisen. Madrid? Wie weit bin ich eigentlich schon gefahren? Wo ist Trinidad? Ich muss es finden. Also mache ich kehrt und schiebe mein Fahrrad zurück zu dem LKW-Rastplatz, den ich ein paar Minuten zuvor passiert habe. »¡Hola! ¡Hola! Señor, por favor, me puede ayudar? He perdido mi carretera« (Hallo, mein Herr, können Sie mir bitte helfen? Ich habe mich verfahren), rufe ich einem Arbeiter zu, der heranschlendert und sich dabei die Hände an einem schmierigen Tuch abwischt. »Bin ich hier in der Nähe von Trinidad?«

»*Sí, sí*. Es ist nicht weit. Nur noch drei Kilometer.«

»Wie komme ich hin?«

»Fahren Sie am Kreisverkehr rechts ...«

»Am Kreisverkehr? Aber ich will nicht nach Pamplona.«

»Keine Sorge. Fahren Sie am Kreisverkehr rechts«, wiederholt er geduldig und hebt einen Stein auf, mit dem er seine Wegbeschreibung auf das Mäuerchen unter dem Stacheldraht zwischen uns aufzeichnet. Wir müssen aussehen wie zwei Gefangene, die ihre Flucht planen.

»Dann geht's bergauf, Richtung Pamplona ...«

»Bei dem Verkehr? Ist das nicht gefährlich?«, jammere ich.

»Nein, das geht schon. Halten Sie sich am Rand, es ist nur ein Kilometer. Dann biegen Sie rechts ab auf die Straßenüberführung nach Arre. Dort fragen Sie noch einmal und lassen sich die Unterführung nach Trinidad zeigen.«

Unterführung? Überführung? Das ist ein Albtraum. Bin ich hier auf dem Camino oder in Miami? Mit dem Rad die Überführung zu befahren ist mit Sicherheit der gruseligste Teil dieses Tages. Die Schwertransporter überholen in so knappem Abstand, dass sie fast meinen linken Ellbogen streifen. Ich bekämpfe die Anspannung mit der permanenten Wiederholung des heutigen Mantras: »Es könnte schlimmer sein.« Zum Beispiel regnet es nicht mehr, und ich bin meinem Ziel schon ganz nah, wenn der Arbeiter recht hat.

Der Rastplatzarbeiter behält in allem recht. Ein Tankwart in Arre zeigt mir, wo es zu der Unterführung geht, die fast sofort auf eine ruhige Straße beim Kloster führt. Die Überführung mit dem endlosen Verkehrsstrom liegt hinter mir und Trinidad de Arre entspricht genau meinen Hoffnungen. Ich bin inzwischen so müde, dass ich das Fahrrad auf der steilen Rampe zum Kloster hinunter kaum mehr halten kann. Was haben diese Herbergen eigentlich gegen uns Radfahrer, dass sie uns solche Hindernisparcours absolvieren lassen, um überhaupt den Eingang zu erreichen?

Ein kleiner, gepflegter Mann mit Glatzenansatz, der in seinem karierten Hemd und der rehbraunen Jacke sehr schick aussieht – ganz im Gegensatz zu meiner schlamm- und ölverschmierten Erscheinung –, begrüßt mich, führt mich ins Büro und stempelt mein *credencial* mit diesem einzigen *sello* des heutigen Tages: »Amigos del Camino de Santiago. Trinidad. Arre. Navarra.« Moisés, so heißt dieser *hospitalero*, ist ein pensionierter Lehrer, gehört dem Laienorden der Marianischen Bruderschaft an und tut während meines kurzen Aufenthalts hier in Trinidad sein Möglichstes, um sich den Titel Amigo zu verdienen.

Er führt mich durch den Garten, in dem ein Walnussbaum steht, und die Treppe hinauf in den Schlafsaal. Sein Angebot, meine Taschen zu tragen, schlage ich aus, obwohl ich kaum gehen kann; ich will nicht schon wieder hören, dass sie schwer sind. Auf den Betten lesen frisch geduschte Pilger in ihren Führern, andere packen bereits ihre Taschen, um am Morgen früh aufzubrechen. Der Raum ist nicht voll, aber Moisés geht an allen Betten vorbei und steckt mich in den Frauenschlafsaal, zu dem eine Tür am Ende der Bettreihen führt. Hier sind alle vier unteren Kojen mit über Schlafsäcken verstreuten Kleidungsstücken belegt. Ich kann also nur unter den vier leeren oberen

Betten wählen. So schwach, wie ich mich fühle, weiß ich kaum, wie ich dort hinaufkommen soll. Trotzdem schaffe ich es, meinen Schlafsack auszurollen, noch bevor ich meine feuchten Klamotten abstreife. Ich hänge sie an das Metallgestänge, das verhindern soll, dass ich aus dem Bett falle, bei meinem Grad von Erschöpfung jedoch möglicherweise verhindert, dass ich heute Abend überhaupt ins Bett komme.

So schnell ich kann – also im Schneckentempo –, dusche ich, ziehe mich um und mache mich dann durch die Hauptstraße auf den Weg, um noch das *menú del día del peregrino*, das täglich wechselnde Pilgermenü, zu ergattern. Moisés hat mich vorgewarnt, dass nur bis 20 Uhr 30 serviert wird, ich muss mich also beeilen.

Um 20 Uhr 15 betrete ich das Lokal, wo zu meiner bitteren Enttäuschung die Kellnerin ungehalten auf ihre Armbanduhr blickt, als ich nach dem *menú del día* frage. Erst als ich mein niedergeschlagenstes Gesicht mache, wird sie weich, und ihre mürrische Miene ist wie ausgewechselt.

»Bitte sehr«, sagt sie lächelnd und reicht mir die Karte. »Wählen Sie, ich bin in zwei Minuten wieder da.«

Wir stehen immer noch mitten im Gastraum, und ich suche mir eilig einen Platz zwischen den leeren Tischreihen, während sie auch schon mit einer halben Flasche Rotwein der Region und einem Glas zurückkommt. Ich bin übertrieben dankbar für alles, was die diensteifrige Kellnerin anzubieten hat – für das Backhähnchen, den Riesenteller Spaghetti bolognese und den Flan-Pudding. Schließlich bin ich wirklich kurz vor dem Verhungern, denn seit dem labberigen Sandwich am Col d'Ibañeta vor sechs Stunden und zweiundvierzig Kilometern habe ich nichts mehr zu mir genommen. Warum ist diese Gaststube leer? Haben all die anderen Pilger schon gegessen oder essen sie woanders? Ich kann mir momentan keinen schöneren Ort auf der Welt vorstellen.

Als ich um 22 Uhr zurückkehre, sind, wie gewöhnlich um diese Zeit, die Lichter bereits gelöscht. Die vier Pilgerinnen, mit denen ich den Schlafraum teile, liegen schon in ihren unteren Kojen. Ich benutze mein Fahrradlicht als Taschenlampe und sehe, dass die Pilgerin unter mir all meine Kleider über das

Gestänge auf mein Bett geworfen hat, damit sie nicht in ihren »Raum« hängen. Einen Augenblick lang stehe ich wie versteinert, erschüttert über diesen feindseligen Akt. Das ist nicht der Geist, der auf dem Camino herrschen sollte. Wer ist diese Frau? Wie sollen auf diese Weise meine Klamotten trocknen? Sie haben ja nicht ihr Bett berührt. Und überhaupt ist es nicht ihr Bett, sondern unseres. Ob sie überhaupt schon mal in Gemeinschaftsunterkünften geschlafen hat? Ich nehme die Kleidungsstücke von den Stangen und breite sie über meinen am Boden stehenden Packtaschen aus. Als ich schließlich ins Bett klettere, überlege ich, ob das wohl mein Stückchen Boden ist oder ihres.

Als hätte ich nicht schon genug Probleme – wo ist mein Handy geblieben? Ich stecke es nachts immer in das Fußteil meines Schlafsacks, aber wo ist es jetzt? Mir geht es nicht um den Geldwert – es hat beim Carphone Warehouse in Liverpool nur fünf Pfund gekostet –, sondern darum, Freunde und Angehörige daheim erreichen zu können. Da ich bisher keine Kontakte zu Pilgern geknüpft habe, könnte das Handy noch wichtig werden, falls meine Motivation nachlässt. Ich klettere die Leiter wieder hinunter und gehe den gleichen Weg zurück, den ich gekommen bin. Mit der Lampe suche ich den Boden im nächsten Schlafsaal, auf der Treppe und draußen im Garten ab. Dort stoße ich auf Moisés, der nicht etwa Unkraut jätet, sondern seine Runden dreht, um sicherzugehen, dass alles in Ordnung ist.

»Was suchst du denn, Anne?«, flüstert er.

»Mein Handy«, flüstere ich zurück. »Beim Essen hatte ich es noch, jetzt ist es weg. Vielleicht habe ich es auf dem Rückweg verloren.«

»¡Vamos! (Komm!) Wir suchen es«, sagt er und öffnet ohne Zögern die schwere Eichentür in der Klostermauer, um mit mir die Hauptstraße hinunterzugehen.

Dass ich nur eine Pyjamajacke und Boxershorts anhabe, scheint ihn nicht zu stören. Mich schon, sehr sogar, aber er war so schnell bei der Sache, dass ich mich nicht mehr umziehen konnte. Ich komme mir vor wie der Dorftrottel, als ich so halb nackt durch die spanische Nacht laufe, und kaschiere meine Verlegenheit, indem ich fieberhaft zu Boden starre. Wir finden das Handy nicht, aber immerhin hat Moisés' Hilfsbereitschaft nach der unerfreulichen Kleider-Umschichtung im Schlafraum mein Vertrauen in die Menschheit wieder hergestellt. Auf Zehenspitzen gehe ich in mein Zimmer und leuchte noch ein letztes Mal den Boden ab. Erfolglos. Also werde ich einfach morgen in Pamplona ein neues Handy kaufen, während hoffentlich ein Fahrradschrauber meine Gangschaltung instand setzt.

Im Bett richte ich den Lichtstrahl auf die Wand, bevor ich die Lampe ausschalte, wobei ich darauf achte, nicht dorthin zu leuchten, wo ich die Augen der Pilgerin unter mir vermute. Was ist das, auf der leeren oberen Koje neben meiner? Mein Handy. Wie ist es da hingekommen? Ich greife über die Lücke zwischen den Betten, um es wieder an mich zu nehmen. Im Himmel, da bin ich mir sicher, kann es keine größere Freude geben als die eines Pilgers, der sein verlorenes Handy wiederfindet.

Mit wem habe ich heute gesprochen? Ich zähle mir auf: Alison und Ian in Saint-Jean beim Frühstück, vor sechzehn Stunden und einer Ewigkeit; mit dem Radfahrer aus Den Haag; dem Rastplatzarbeiter; Moisés und der dienstseifrigen Kellnerin. Diese Menschen stellen meine gesamten Kontakte an meinem ersten Tag auf dem Camino im heiligen Jahr 2010 dar. Wird das ausreichen? Ist das genug Gesellschaft, um mich an einem normalen Tag bei der Stange zu halten? Alison und Ian in Saint-Jean haben mich inspiriert; der Rastplatzarbeiter war ausschlaggebend für meine sichere Ankunft an diesem wunderbaren Ort; Moisés hat mir geholfen wie ein Freund, und die dienstseifrige Kellnerin hat mich wirklich rührend umsorgt. Inwieweit der Radfahrer aus Den Haag zu meinem Wohlergehen beigetragen hat, kann ich nicht sagen, aber ich werde mir noch etwas einfallen lassen. Denn das ist die Lehre, die ich aus den heutigen Widrigkeiten gezogen habe – in allem das Gute zu sehen. Irgendwo steckt es immer. Die ärgerliche Gangschaltungsgeschichte, der strömende Regen, der beißende Wind, der furchterregende Verkehr, die überraschende Einsamkeit und die Suche nach dem Handy sind anstrengend gewesen, aber jetzt bin ich zufrieden, wohlbehalten hier zu sein. Dieser herausfordernde Tag hat dazu geführt, dass ich die kleinste

Freundlichkeit, jeden Schluck Wasser oder Wein, jedes Bröckchen Essen zu schätzen weiß. Ich beschließe, mein Motto »Es könnte schlimmer sein« in das positivere »Such das Gute darin« zu ändern – dazu werde ich in den vor mir liegenden Tagen noch oft Gelegenheit haben.

Freitag, 11. Juni 2010

Ich radle 34,2 Kilometer von La Trinidad de Arre
nach Cirauqui

»Willkommen, Brüder, zu dieser Messe auf unserer Pilgerfahrt nach Santiago de Compostela. Möge uns Gott auf unserem Weg begleiten und uns helfen, zu finden, was wir suchen.«

Bevor ich mir in Erinnerung rufen kann, was ich eigentlich suche, lädt uns der niederländische Pilger am Lesepult bereits zum gemeinsamen Gebet ein.

»Vater unser im Himmel, der du uns so reich beschenkst, und alles gibst, was wir sind und haben, lehre uns, mit dankbarem Herzen durchs Leben zu gehen und dich und unseren Nächsten zu lieben immerdar. Gelobt sei Jesus Christus, Amen.«

In den fünfzehn Minuten, die vergangen sind, seit ich aus dem Bett gesprungen und durch den Garten gesprintet bin, um rechtzeitig zum Morgengebet zu erscheinen, bin ich nicht wach genug geworden, um selbiges zu erfassen, aber ich nehme mir fest vor, später darüber nachzudenken. Nur vier Pilger und ein Bruder der Marianisten haben sich um 7 Uhr 30 in der Klosterkapelle zum Morgengebet für die Pilger eingefunden. Moisés ist nicht erschienen. Sabine aus Deutschland und ein hochgewachsener junger Mann stehen zwischen den Kirchenbänken, während der Niederländer und ich von dem kleinen Bruder sogleich nach vorn bugsiert worden sind, um beim Gottesdienst zu assistieren. Ich bin noch müde und alles andere als begeistert, aber als Engländerin dazu verdonnert, die kleine Schar der Gläubigen in der Lingua franca durch das Ereignis zu führen. Unter meinen hastig übergeworfenen Kleidern trage ich noch meinen Pyjama, in meiner Hosentasche spüre ich die nasse Zahnbürste. In Erinnerung an die Handy-Geschichte vom Vorabend danke ich Gott, dass ich überhaupt angezogen bin. So trete ich ans Mikrofon, als der Bruder mir mit einem Kopfnicken bedeutet, die Predigt zu verlesen:

»Hören wir nun das Wort Gottes, der uns erklärt, wie wir uns auf dem Weg nach Santiago verhalten sollen, und spüren wir die Anwesenheit von Jesus, dessen Ruf wir gefolgt sind.«

Wie wir uns verhalten sollen? Jetzt wird's ernst. Moisés hat keinen Ton davon gesagt, dass man einen Morgen lang Mitglied der Marianisten werden muss, nur weil man mal in diesem Refugium übernachtet. Ich halte mich an den Handzettel – ohne ihn würde ich mich niemals erdreisten, meinen Mitpilgern Verhaltensvorschriften zu machen, schon gar nicht im Pyjama. Unsere Anweisungen sind dem Markus-Evangelium entnommen, in dem die Geschichte des Bartimäus erzählt wird, die ich nun vorlese:

»Sie kamen nach Jericho, und als er von Jericho weiterzog mit seinen Jüngern und zahlreichem Volk, saß Bartimäus, ein blinder Bettler, am Weg. Als er hörte, es sei Jesus, der Nazarener, begann er zu schreien: ›Sohn Davids, Jesus, erbarme dich meiner!‹ Jesus blieb stehen und sagte: ›Ruft ihn her!‹ Und sie riefen den Blinden und sagten zu ihm: ›Sei guten Mutes; steh auf, er ruft dich.‹ Da warf er seinen Mantel ab, sprang auf und ging zu Jesus hin. Und Jesus wandte sich an ihn und sprach: ›Was willst du, was soll ich dir tun?‹ Der Blinde sagte zu ihm: ›Rabbuni, ich möchte wieder sehen.‹ Da sagte Jesus zu ihm: ›Geh hin, dein Glaube hat dir geholfen.‹ Und sogleich sah er wieder und folgte ihm auf dem Weg. Dies ist die Geschichte des Herrn.«

Als ich an der Stelle »Geh hin, dein Glaube hat dir geholfen« ankomme, muss ich ein paar Tränen wegblinzeln und hoffen, dass niemand die Rührung in meiner Stimme bemerkt. Was ist nur los mit mir? Ich kenne diese Geschichte aus meiner Schulzeit – damals glaubte ich noch an Wunder. Nun, als erwachsene (was immer das heißen mag) Wissenschaftlerin scheint es mir wahrscheinlicher, dass Bartimäus sich nur blind gestellt hat. Dennoch verstehe ich die Geschichte als Anregung, den Hilflosen Beistand zu leisten. Ich erinnere mich noch, wie gut mir die Aufmerksamkeit von Moisés und der diensteifrigen Kellnerin nach den Widrigkeiten des gestrigen Tages getan hat. Dass ich ohne die entschlossene Hilfe des Rastplatzarbeiters gar nicht hier angekommen wäre. So sollten wir uns verhalten, so wie diese Menschen. Das war im Eröffnungsgebet mit der Liebe zu den Nächsten gemeint gewesen.

Der Mönch beschließt den Gottesdienst mit dem Vaterunser auf Latein und gibt uns noch einige aufrüttelnde Abschiedsworte mit auf den Weg: »Gestärkt durch dieses Gebet, brechen wir zu einer neuen Etappe auf unserem Weg nach Santiago auf. Wir folgen dem Motto all der Pilger, die uns vorangegangen sind: ¡Ultreya a suseya!«

»Vorwärts und aufwärts!«, heißt unser Wahlspruch. »Vorwärts« steht für das Durchhaltevermögen, das wir unterwegs brauchen werden, »aufwärts« für den spirituellen Aspekt unserer Reise. Dazu gehört es offenbar, anderen zu helfen. Kann ich dem gerecht werden? Bisher sah es eher so aus, als bräuchte ich alle verfügbare fremde Hilfe. Mir fällt W.H. Auden, einer der großen Dichter Englands ein, der einmal meinte: »Wir sind hier auf Erden, um anderen Gutes zu tun. Wozu die anderen hier sind, kann ich nicht sagen.« Eine geistreiche Spitze gegen Leute wie mich.

Wie kommt es, dass ich im Jahr 2001 diese Ziele – mich zu wandeln und anderen Menschen zu helfen – nicht mit nach Hause nahm und nach ihnen lebte? Sieben lange Wochen war ich auf dem Camino unterwegs, aber seine Lehren sind nicht hängen geblieben. So viele Pilger glaubten, dass der Camino an sich schon eine magische Wirkung hat, wegen irgendwelcher Magnetfelder oder weil er direkt unter der Milchstraße verläuft, dass ich es aufgab, das Spirituelle vom Pseudo-Spirituellen unterscheiden zu wollen und einfach immer weiterwanderte. Hans und ich erklärten solchen gutgläubigen Pilgern gern, dass die ganze Erde unter der Milchstraße liegt, also natürlich auch der Camino.

Der kleine Mönch schaltet zum Zeichen, dass der Gottesdienst beendet ist, das Licht in der Kapelle aus, ein Hinweis auch darauf, dass wir laut Regelwerk Trinidad um acht Uhr verlassen haben müssen. Wie ist das möglich, wenn man duschen, sich anziehen, zur Kirche gehen und noch seine Sachen packen will? Mir bleiben ganze fünf Minuten, und ich habe noch keinen Bissen gefrühstückt. Daran werde ich mich nie gewöhnen. Der große Schlafsaal war schon verlassen, als ich ihn auf dem Weg zur Kapelle in Windeseile durchschritt – also sparten sich viele Pilger das Morgengebet, um möglichst früh aufzubrechen. Offenbar verlieren sie bereits den Sinn des Camino aus den Augen, vielleicht haben sie ihn auch noch gar nicht erfasst, auf jeden Fall aber verstehen sie mehr vom Multitasking als ich.

Die Klamottenaufräumerin hat ebenfalls auf das Morgengebet verzichtet und macht sich gerade mit einer älteren Frau auf den Weg, als Sabine und ich zu unserem Schlafsaal zurückkommen.

»¡Hola!«, rufe ich ihr fröhlich zu, um ihr zu zeigen, dass ich nicht nachtragend bin. Als Antwort blitzt sie mich nur kurz an. Ich versuche mein Glück bei anderen und frage sie, warum sie sich auf den Camino gemacht haben. Sabine, die bereits ihren Rucksack umschnallt, während ich noch Tasche Nr. 1 fülle, vertraut mir an, dass sie nach diversen Rückschlägen einen Neuanfang versucht. Die amerikanische Pilgerin verarbeitet den fünf Monate zurückliegenden Tod ihres Ehemanns. Da könnte es etwas oberflächlich erscheinen, wenn ich enthüllen würde, dass ich nichts anderes zu verkraften habe als den Camino vom Vortag, also schweige ich lieber.

Moisés scheint nicht im Geringsten verärgert darüber, dass ich morgens um neun Uhr Haferbrei koche. »¡Oh qué alegría! ¡Menos mal!« (Oh, wundervoll! Phantastisch!), ruft er aus, als ich mein Handy in die Höhe halte.

Er kann sich sehr spontan mit anderen identifizieren, etwas, woran ich seit Jahren arbeite, und ist einer jener Menschen, die ihre Herzlichkeit eher Gott und ihrem Glauben als sich selbst zuschreiben. Oder ist es einfach nur die für Navarra typische Herzlichkeit? Er betrachtet seine Aufgabe als mein persönlicher *hospitalero* noch nicht als erledigt und verschwindet, als ich ihm von meinen Problemen mit der Gangschaltung erzähle. Nach einer halben Stunde kommt er mit der Auskunft zurück, dass der Zweiradmechaniker des Ortes kürzlich verstorben ist, und rät mir, in der nächsten Stadt, dem an Pamplona angrenzenden Burlada, nach einem Fahrradladen Ausschau zu halten.

Damit verhilft mir der »barmherzige Samariter« Moisés zu einem hervorragenden Start in den Tag. Zehn Uhr ist ziemlich spät für den Aufbruch, aber das ist nicht seine Schuld, sondern meine.

In Burlada springen auf der Calle Mayor nach hundert Metern die Läden aus dem Pflaster wie die Skelettkrieger in dem Kostümschinken »Jason und die Argonauten«. Wo eben noch Wohnhäuser die Straße säumten, steht man auf einmal inmitten von Cafés und Läden. Hier hätten Hans und ich sicher gerne ein paar Stündchen verweilt, doch ich habe nur den »Fahrradschrauber« im Kopf. Eine freundliche Apothekerin kommt auf meine Frage hin hinter dem Ladentisch hervor, nimmt mich bei der Hand und zeigt mir ein rotes Gebäude bei einem Springbrunnen. Dort arbeitet er. Julio. Die Kette auf das große *plato* (Zahnrad) zu bringen war gestern ungefähr so schwer, wie einen Elefanten über die Alpen zu bugsieren, erkläre ich ihm. Aber er ist ein Profi und muss gar nicht erst durch Jammergeschichten motiviert werden. In Windeseile hat er den gerissenen Schaltungszug gegen einen neuen ausgetauscht. Die Kette springt nun wieder munter auf leichten Daumendruck von *plato* zu *plato*. Ein Wunder! Ich kann das Rad nicht schnell genug aus dem Laden rollen, um Julio davon abzuhalten, mir dabei zu helfen, die Satteltaschen zu befestigen. Herrje, nein, bitte, sag es nicht! Julio, bitte. Zu spät.

»¡Phugh! ¡Pesa mucho!« (Oh, ist das schwer!)

Mit derart gestärktem Selbstvertrauen radle ich die lange Einkaufsstraße von Burlada entlang. Eine scharfe Rechtskurve führt mich zu der hohen Mauer aus weißen Steinen, die die Stadt Pamplona umschließt. Es ist erst elf Uhr, Zeit genug, mir die Kathedrale anzuschauen und einen Happen zu essen, um dann die sechsundvierzig Kilometer nach Estella zu sausen. So hatte ich mir das Radeln vorgestellt – Kilometer *und* Kultur, und ich freue mich, dass es schon am zweiten Tag meiner Pilgerreise zu gelingen scheint.

Unter einem Fallgatter hindurch fahre ich nach Pamplona hinein. Ein *Fallgatter*! Typisch für den Camino. Alles ist hier so grandios, historisch und pittoresk, dass man sich wie im Märchen oder einer Erzählung aus dem mittelalterlichen Spanien vorkommt. Ich stürme allerdings keineswegs herein wie El Cid, denn das holprige Pflaster hinter dem Tor, offenbar eigens angelegt, um Feinde in schwerer Rüstung ins Stolpern zu bringen, zwingt mich sofort, von meinem Drahtesel abzusteigen. Also schiebe ich mal wieder mein schweres Gepäck, aber wenigstens schießt niemand auf mich oder gießt mir vom Turm herab siedendes Öl in den Nacken.

Pamplona ist ein Labyrinth lebhafter Gässchen, das sich mit einer Mischung aus Alt und Neu, Shoppern und Pilgern, Lieferwagen und Hunden um mich herum ausbreitet. Ich lande an einer verwirrenden Kreuzung mit fünf Straßeneinmündungen, kann zum Glück aber einen gelben Pfeil ausmachen, der Richtung Santiago weist. Weitere Pfeile führen mich schließlich durch das Gassengewirr zu einem Park – doch wo ist nun die Kathedrale? Ich spreche ein junges Paar an, das Händchen haltend Richtung Altstadt schlendert, die nun in meinem Rücken liegt.

»¡Hola! Entschuldigen Sie, wo ist denn bitte die Kathedrale?«, frage ich und komme mir etwas blöd vor, Pamplonas größte Sehenswürdigkeit übersehen zu haben.

»Da drüben«, antworten sie und zeigen über meine Schulter.

»Aber da komme ich doch her«, antworte ich verblüfft. »Das ist die Altstadt, oder?«

»Ja, genau dort, hinter ihnen«, geben sie lächelnd Auskunft.

»Die ganze Altstadt?«, frage ich, als ob ein Teil von ihr weggetrieben sein könnte. »Ich muss also dorthin zurück, wenn ich die Kathedrale sehen will?«

»Ja. Es ist nicht weit. Fragen Sie noch mal.«

Das hätte ich nicht erwartet, dass ich mich zur Kathedrale durchfragen muss. Am besten, ich suche mir erst mal ein Café. Da kommen mir immer die besten Ideen.

Auf einem Barhocker in einem Feinkostladen am Rand des Parks studiere ich die Karten in meinem Lozano. Sie haben mir 2001 gute Dienste geleistet, und wenn die Fahrradroute nicht inzwischen von einer Autobahn zugepflastert worden ist, werden sie es diesmal hoffentlich wieder tun. Die Kathedrale von Pamplona, stelle ich fest, liegt in der Altstadt, praktisch direkt neben dem Tor mit dem Fallgatter. Wie konnte ich sie bloß übersehen? Ich nippe an meinem *café con leche*, runzle die Stirn und ärgere mich. Es ist Mittag und ich habe 3,2 Kilometer von Trinidad bis hierher geschafft. Das sind 1,6 Kilometer pro Stunde. Mit dem Fahrrad! Ich bin geradewegs durch die Altstadt von Pamplona gezogen und wahrscheinlich der einzige nichtblinde Pilger in der Geschichte des Camino, der die Kathedrale nicht erblickt hat. Na gut, wenn das mit der Kultur nicht so klappen will, dann vielleicht wenigstens mit den Kilometern. Ich präge mir die Strecke der N 111 ein, die von Pamplona über das Pendlerstädtchen Cizur Mayor nach Puente la Reina führt. Es kann ja nicht so schwer sein, dieser schnurgeraden Straße zu folgen.

Doch nach drei Kilometern endet die schnurgerade Straße bei einem Wohnkomplex an einer Brücke. Ich starre über das Geländer auf die Autobahn. Das dort unten sollte die N 111 sein, sieht aber gar nicht so aus. Die Fahrradroute ist tatsächlich mit einer Autobahn zugepflastert. Sehr witzig.

Ein grünweißes Polizeiauto kommt über die Brücke, kurvt um eine Verkehrsinsel, fährt langsam an mir vorbei und hält an. Ich ziehe gerade meinen Lozano unter den Spanngummis hervor, als die beiden Polizisten auf mich zuschlendern.

»¡Buenos días!«, grüßen sie mich wie aus einem Mund.

»¡Buenos días!«, antworte ich so frohgemut, wie es mir in meiner jämmerlichen Lage möglich ist.

»Verfahren?«, fragt der eine energisch.

»Nein. Wo ich bin, weiß ich, danke schön«, antworte ich. »Das ist Cizur Mayor. Aber was ist das da?«, füge ich hinzu und deute auf die Autobahn unter uns.

»La Carretera A Doce«, (Die Autobahn A 12), antworten sie.

»Und was macht die hier?«, frage ich, als hätte das dumme Ding sich hierher verlaufen. »Wo ist die N 111 geblieben?«

»Wo wollen Sie denn hin?«

»Nach Puente la Reina, über die N 111. Wo verläuft die denn?«

Die Polizisten schauen mich an, als wäre ich ET und hätte sie gerade gefragt, wo's denn hier nach Hause geht. Und da wäre ich jetzt auch am liebsten: zu Hause.

»Kann ich mal in das Buch reinschaun?«, fragt der eine.

Sie studieren ausführlich den dort eingezeichneten Verlauf der N 111, der von Cizur Mayor nach Puente la Reina führt. »Wie alt ist denn dieser Führer?«, fragt der eine, angesichts der Umstände eine naheliegende Frage.

Zu dritt suchen wir auf den hinteren Seiten nach der Ursache meiner misslichen Lage.

»Oh, schauen Sie mal, 1999!«, sage ich schnoddrig. »Dann ist er also ... elf Jahre alt.«

Die beiden Polizisten, denen inzwischen klar geworden ist, dass es nichts bringt, mich weiter zu verhören, nehmen die Angelegenheit nun entschlossen in die Hand.

»Gute Frau, die N 111 gibt es nicht mehr. Sie müssen durch das Wohnviertel hier und runter auf die Autobahn ...«

»Was? Auf die Autobahn? Im Ernst?«

Ich stehe kurz vor einem Nervenzusammenbruch. Das kann nicht wahr sein.

»Ja, aber nur ein kleines Stück bis zur nächsten Ausfahrt, Nummer 6. Dort kommen Sie über eine Brücke auf die N 6004 Richtung Galar, von der Sie auf die Na 1110 nach Puente abbiegen können.«

Der Polizist zeichnet mir den Weg in die Karte ein und lässt mich seine Anweisungen wiederholen.

»¡Si! Das finden Sie schon. Kein Problem«, versichert er mir.

Kein Problem? Kein Problem für wen? Über die Schultern der Polizisten hinweg kann ich in der Ferne die Windmühlen auf dem Weg der Wanderer ausmachen und muss an den großen Klassiker der spanischen Literatur denken.

»Ich komme mir vor wie Don Quixote«, sage ich mit bemühter Tapferkeit.

»¡Buena suerte!« (Viel Glück!) »¡Buen Camino!«, verabschieden sie sich aufmunternd und mit Handschlag.

Mir wäre wohler gewesen, wenn sie mich samt meinem Rad in ihr Auto gepackt und nach Puente la Reina gefahren hätten. Aber auf die Idee sind sie nicht gekommen. Also radle ich durch die Wohnsiedlung und dann auf die Autobahn.

Wie sich herausstellt, muss ich nur etwa zweihundert Meter weit auf der A 12 entlangfahren. Ein Geheimtipp für Selbstmörder. Lastwagen und Ausflügler donnern links an mir vorbei, während ich krampfhaft versuche, mit dem Rad auf dem handtuchschmalen Seitenstreifen zu bleiben. Starr vor Panik halte ich den Blick auf die vor mir liegende Ausfahrt gerichtet, die mich bald aus dieser Gefahr erlösen wird. Ich mache es einfach wie das Kind, das sich angesichts seiner schimpfenden Mutter die Finger in die Ohren steckt und ruft: »Ich kann dich nicht hören, ich kann dich nicht hören!« Wenn ich den brausenden Verkehr einfach nicht beachte, kann er mir auch nichts antun, oder?

Meine Erleichterung über die Ausfahrt ist allerdings von kurzer Dauer. Wie ich feststellen muss, handelt es sich um eine einzige enge Spur, und ich kann mir nicht vorstellen, dass die Autos und Lastwagen, die hinter mir mit Überschallgeschwindigkeit herangedonnert kommen, mich hier nicht einfach über den Haufen fahren. Es gilt also, die Kreuzung am Ende der Ausfahrt zu erreichen, bevor mich ein Fahrzeug unsanft dort hinschiebt. Jetzt oder nie. In den Pedalen stehend breche ich den Weltrekord im Zeitfahren in der Kategorie »Frauen über fünfzig mit drei voll beladenen Gepäcktaschen«.

Ein modernes Brückenbauwerk mit hellroten Geländern spannt sich über die Autobahn, die N 6004 Richtung Galar. Dem Wahnsinn der Autovia del Camino de Santiago, wie dieses Asphaltband allen Ernstes heißt, entronnen, lehne ich mein Rad an ein Haus, das einsam und verlassen an der Kreuzung steht, und studiere die Liste der Herbergen, die Wim mir gegeben hat. Ungefähr vierzehn Kilometer dürfte ich bisher geschafft haben. Es ist drei Uhr. Vierzehn Kilometer in fünf Stunden, das heißt, dass ich 2,8 Kilometer pro Stunde zurückgelegt habe. Weniger als ein Fußgänger. Klar, das ist die *Durchschnittsgeschwindigkeit* unter Einrechnung der Pausen. Wenn ich erst mal losradle, bin ich ziemlich flott. Allerdings passiert das so selten. Es sind immer noch fast dreizehn Kilometer bis Puente la Reina und zwanzig weitere bis Estella. Ich schürze die Lippen, kneife die Augen zusammen und frage mich, ob Puente für heute nicht reichen würde. Das wären dann immer noch vier offizielle Etappen in zwei Tagen. Ich bin allerdings zu groggy, um mir noch zu überlegen, ob denn zwei Etappen pro Tag bis Santiago und wieder zurück genug sind, um am 25. Juli meinen Bus heim nach Yorkshire zu erreichen. Diese nicht ganz unwesentliche Berechnung verschiebe ich gerade auf den Abend, als etwas Unvorhergesehenes geschieht: Ich begegne einem anderen Pilger.

Ein Radfahrer nähert sich der Kreuzung. Um Haaresbreite hätte ich ihm gewunken wie einem Linienbus, aus Angst, dass er mich übersehen könnte. Aber er bremst ohnehin schon, und da erkenne ich ihn auch. Es ist einer der drei Radler, die mich gestern am Col d'Ibañeta überholt haben. Ich bin richtig glücklich, ihn hier zu treffen.

»Hallo!«, sage ich, bemüht, meinen Enthusiasmus etwas zu dämpfen, um nicht zu hilfsbedürftig zu klingen. »Du hast mich gestern überholt. Wo sind deine Freunde?«

»Das waren mein Sohn und meine Freundin. Sie sind mir voraus. Irgendwo treffe ich sie schon wieder.«

»Wieso kommst du aus dieser Richtung?«, frage ich. Meine Orientierung hat mich völlig verlassen.

»Frag mich nicht! Ich habe mich hinter Pamplona total verfahren.«

»Ich auch! Es war die Hölle!«, rufe ich aus. »Ich wusste nichts von dieser blöden A 12. Aber jetzt sind wir richtig, glaube ich. Zwei Polizisten haben mir erklärt, dass das die Straße nach Estella ist.«

»Du fährst also heute bis Estella?«

»Ich hoffe es. Nach all den Pannen bisher bin ich mir allerdings nicht mehr so sicher.«

»Probieren wir doch einfach, wie weit wir kommen«, meint Ben aus Los Angeles, und so radeln wir zusammen dem ungewissen Ziel unserer Tagesetappe entgegen.

Wir kommen den Windmühlen zur Linken näher, als wir auf glattem Asphalt die 734 Meter des Alto del Perdón erklimmen. Das sind nur zweihundertfünfzig Höhenmeter mehr als Cizur Menor, viel weniger, als ich gestern beim Weg über die Pyrenäen gemacht habe, aber ich schaffe es einfach nicht. Das heiße Stechen in meinem Knie ist zu einem lodernden Feuer geworden, jeder Tritt ins linke Pedal schürt die Flammen. Ben ist hinter mir und bemerkt, wie ich mich quäle.

»Schieben! Einfach absteigen und schieben. Das darf ruhig mal sein«, ruft er mir zu.

»Okay. Von mir aus«, antworte ich und lausche dem Surren der Windmühlen, dem einzigen Geräusch hier im Nadelwald.

Der Alto ist nur noch wenige Meter entfernt, als ich wieder aufsteige und Ben auf der Abfahrt folge. Links zweigt ein Sträßchen in den Wald ab, das mich zu einer Vollbremsung veranlasst.

»Halt! Stop! Ben, Stop!«, rufe ich.

»Was ist passiert?«

»Nichts. Da unten liegt Eunate. Wollen wir uns das nicht anschauen?«

»Was gibt es da?«

»Eine alte Kirche, die ganz allein mitten auf einem Feld steht. Sie gehört zu den schönsten Sehenswürdigkeiten des Camino. Die sollten wir uns nicht entgehen lassen.«

»Also gut. Nichts wie hin!«, ruft Ben begeistert.

Vor einem steinigen, gewundenen Pfad, der ins Tal führt, bleiben wir stehen. Die Fahrräder zwischen den Knien, schauen wir über die Äcker.

»Was meinst du?«, frage ich Ben.

»Könnte zu steinig sein für unsere Straßenbereifung.«

»Wollen wir es riskieren?«

»Klar. Wenn's sein muss, steigen wir eben ab.«

Wir lassen die Fahrräder den Kiesweg hinabrollen, der bald flacher wird. Der Belag ist derart steinig, dass meine Haut, mein Unterhautfettgewebe, meine Muskeln und meine Knochen so durchgeschüttelt werden, wie es zuletzt wohl Juri Gagarin beim Wiedereintritt in die Atmosphäre erlebt hat. Durch das Gerüttel sind meine Hände ganz taub geworden, und ich kann nur vermuten, dass sie noch den Lenker umklammert halten. Ein Sicherheitsgurt wäre jetzt nicht schlecht.

Doch so wundersam, wie Juri seine Erdumkreisung überstand, so überlebe auch ich die Abfahrt zur Kirche Santa María de Eunate. Und Ben ebenfalls. Ich ärgere mich, als ich feststelle, dass auch eine richtige Straße zur Kirche führt, auf der uns nicht derart die Eingeweide durchgeschüttelt worden wären. Doch das Gefühl, endlich sicheren Boden unter den Füßen zu haben, und die Stille ringsum bringen mich wieder ins Gleichgewicht. Die merkwürdig isolierte Lage der Kirche hier an diesem einsamen Ort löst in mir jedoch jenes Gefühl von Verlorenheit und Langeweile aus, das ich von Sonntagnachmittagen kenne. Mir ist bewusst, dass die kleine achteckige Kirche eines der großartigsten Zeugnisse romanischer Kultur in Navarra ist, und trotzdem fühle ich mich so hohl wie das Innere der Kirche. Eine moderne Statue der Jungfrau Maria mit dem Jesuskind auf den Knien ersetzt das verlorene Original hinter dem Altar. Jesus winkt uns mit einer Hand verhalten zu und umklammert mit der anderen eine Art Handtasche. Da hat er wohl seine Weihnachtsgeschenke drin – Gold, Weihrauch und Myrrhe. Ansonsten besaß er meines Wissens doch nichts.

Jetzt tut es mir leid, dass ich mich über die Straße geärgert habe, sie bringt uns nämlich ins ungefähr fünf Kilometer entfernte Puente la Reina. Dort wollen wir uns in der Herberge unseren *sello* holen, einen purpurfarbenen Stempel. Er stellt eine Muschel dar, die den Gekreuzigten vor einer Brücke einfasst. Das Bild bezieht sich auf die einzigartige deutsche Holzschnitzarbeit aus dem zwölften Jahrhundert in der Iglesia del Crucifijo (Kreuzkirche) und die sechsbögige mittelalterliche Brücke über den Fluss Arga. Ich kämpfe gegen das Verlangen an, hier eine Pause einzulegen und das schöne Städtchen zu besichtigen, das ich nicht erst 2001 lieben gelernt habe, sondern bereits bei einem Besuch im Jahr 1995. Ich hatte damals mit meiner Freundin Helen den Bus von Pamplona aus genommen. Wir wollten eine Woche lang dem Camino folgen, bevor wir uns in die Berge schlugen. Helen war damals felsenfest davon überzeugt, der *hospitalero* würde auf den ersten Blick erkennen, dass wir mit dem Bus gekommen waren, und uns nicht aufnehmen.

»Woher soll er denn das wissen?«, fragte ich sie.

»Weil wir seit Pamplona keinen einzigen Stempel mehr haben«, meinte sie kläglich.

»Na und?«, antwortete ich schnippisch. »Wir sagen einfach, wir haben keine gesammelt. Wenn er nicht an der Bushaltestelle war und uns hat aussteigen sehen, dann wird er denken, dass wir gewandert sind.«

»Bestimmt nicht. Aber er fragt ja schließlich dich, du bist diejenige, die hier Spanisch spricht.«

So musste ich also unsere beiden *credenciales* zum *hospitalero* bringen, während sich Helen irgendwo draußen versteckte. Der Mann sah auf die leeren Seiten, dann auf mich und spielte mit dem hölzernen Stempel in seiner Hand.

»Sind Sie hierher gewandert?«, fragte er und sah mich durchdringend an.

»Wir sind in Roncesvalles losgegangen«, antwortete ich möglichst unbestimmt.

Da knallte er seinen Stempel in unsere *credenciales*, und wir verbrachten die Nacht in der Herberge von Puente la Reina.

Doch diesmal halte ich mich nicht auf, Ben und ich erliegen der Versuchung des Radfahrers, jeden Tag so weit wie möglich zu kommen. Wir lassen die deutsche Holzschnitzerei ebenso links liegen wie die mittelalterliche Bogenbrücke, auf die wir nur einen kurzen Blick werfen, als wir über die moderne Version radeln. Die Hauptstraße von Puente la Reina wird von Lozano als »eine der markantesten und schönsten Ortsstraßen des gesamten Pilgerpfads« bezeichnet. Auf der Umfahrung, die wir nehmen, sehe ich diesmal allerdings nichts davon. Wir treten bis Mañeru kräftig in die Pedale, was das heiße Pochen in meinem Knie verstärkt. Der Schmerz und der hastige Aufbruch aus Puente la Reina stimmen mich plötzlich traurig. Tränen rollen mir übers Gesicht und benetzen meine Brille. Es dauert ein Weilchen, bis ich diesen kleinen Anfall von Nostalgie überwunden habe.

Wir radeln flott durch hügelige Weinfelder Richtung Estella. Doch irgendwann muss ich gestehen: »Ben, ich kann nicht mehr lange fahren, mein Knie!«

»Klar«, sagt er mitfühlend. »Du solltest weniger Strecke machen und richtige Ruhetage einplanen. Ich reise immer mit wenig Gepäck und nehme entzündungshemmende Mittel ein. Hast du so etwas dabei?«

»Nein. Das ist mir gar nicht in den Sinn gekommen«, antworte ich und füge es in Gedanken meiner Liste ungeahnter Umstände hinzu.

Da ich hinter Ben fahre, kann ich sehen, dass er sich wirklich daran hält. Die alten Fahrradtaschen hinter seiner großen, schlanken Gestalt, die scheinbar mühelos auf dem Ledersattel seines traditionellen, mit einem Rennlenker versehenen Tourenrads sitzt, sehen ziemlich leer aus. Er ist dreiundsiebzig Jahre alt und hat viel Erfahrung. Warum musste ich bloß so viel Gepäck mitschleppen? Da hätte ich genauso gut zwei Tage lang Kniebeugen mit Hanteln machen können. Wenn ich Ben einholen könnte, dann würde ich ihn jetzt fragen, wie viele Umdrehungen pro Kilometer mein Knie mitmachen muss. Ben wüsste das sicher. Er ist pensionierter Physiker und arbeitete früher an Steuerungssystemen für die Abwehr von Atomraketen.

Der prächtige Anblick von Cirauqui hoch oben auf einem Hügel veranlasst uns zu einer kleinen Verschnaufpause. Wir machen einen Abstecher nach links und erreichen die terrassenförmig ansteigenden Häuser, die sich wie eine rötlich-weiße Pyramide aus dem Boden Navarras erheben. Vor neun Jahren hat mich mein Weg durch Weinfelder in dieses mittelalterliche Städtchen geführt. Damals gab es dort keine Herberge, doch jetzt weist ein Schild auf die Albergue Maralotx hin. Der Weg zwischen den rötlich verputzten Häuser hindurch zur Kirche von San Román kommt mir steiler vor als mein Aufstieg zum Gipfel des Mount Kinabalu auf Borneo vom Dezember. Ich überlege, ob ich Hans eine SMS mit dem Vorschlag schicken soll, eine Kabelbahn für diese Straße zu spenden. Aber er würde sicher denken, ich will ihn auf den Arm nehmen. Eher geht ein Kamel durch ein Nadelöhr, als dass ich es schaffe, mein Fahrrad diese Straße auch nur hinaufzuschieben. Ben und ich tauschen auf seinen Vorschlag hin die Räder. Ich schiebe sein federleichtes Gefährt, mir ist, als könnte ich es mit dem kleinen Finger hochheben, und ziehe schon den Kopf ein, denn er sagt es bestimmt gleich. *Nein, bitte, bitte, nein, sag es nicht! Ben, nein!* Zu spät. Er sagt es.

»Oh, ist das schwer!«

Die schmucke Albergue Maralotx steht gegenüber der Kirche San Román am Rande eines kleinen Platzes auf dem höchsten Punkt des Dorfs. Beim Abendessen in einem von Laternen erleuchteten Keller herrscht nahezu babylonisches Sprachgewirr um uns herum. Ben und ich sitzen mit drei Französinnen am Tisch, hinter uns hat eine Gruppe deutscher Pilger Platz genommen, die sich angeregt die Tagesereignisse erzählen. Wir tun es ihnen zwischen Bohnensuppe, Fleischeintopf mit Nudeln und Flan gleich. Die entzündungshemmenden Tabletten, die ich auf Anraten von Ben gekauft habe, spüle ich mit etlichen Gläsern Rotwein hinunter. Sie versetzen mich in die richtige Stimmung, um mit unseren Reisegefährten ins Gespräch zu kommen. Wir reichen unsere Kameras herum. Ein schwer zu deutendes Foto weckt mein Interesse.

»Was ist das?«, frage ich die drei Frauen aus Marseille.

Sie schauen blinzelnd auf den Bildschirm und wundern sich über die Frage.

»Pfft!«, winkt Monique in dieser typisch französischen Art ab. »Je ne sais quoi. Isch 'abe kein Idee. Die sind 'ier überall.«

Die Frauen schauen mich komisch an, irgendwas scheint mit mir nicht zu stimmen.

»Ähm, die sind in all die Feld und 'ecken. Isch weiß nischt wie 'eißen auf Englisch«, erklärt Monique, ebenfalls verblüfft über meine Unwissenheit.

»Aha, das erklärt es schon. Ich bin nicht an Feldern und Hecken vorbeigekommen.«

Ben legt den Kopf schief, um einen Blick auf den Bildschirm der Kamera zu erhaschen.

»Meinst du etwa die Blumen da?«, fragt er.

»Blumen? Macht keine Witze! Wollt ihr etwa behaupten, es gibt *Blumen* am Camino? Das glaube ich nicht. Auf meinem Camino gibt es nur Autobahnen und brausenden Verkehr. Schaut!«

Zum Beweis zeige ich ihnen die Bilder von meiner Kamera, und sie lachen mitfühlend über meine Misshelligkeiten, aber auch ein wenig erleichtert darüber, dass ich doch nicht verrückt bin.

Eine der deutschen Frauen am Nebentisch hat im Schlafsaal das Bett neben mir. Ich ergreife die Gelegenheit, mich noch ein wenig zu unterhalten, denn wahrscheinlich werde ich morgen wieder kaum einem Pilger begegnen.

»Darf ich dich fragen, warum du den Camino machst?«, beginne ich etwas unvermittelt, ohne mich überhaupt vorgestellt zu haben.

»Gerne«, antwortet sie lächelnd. »Mein Mann ist ihn 2005 entlanggepilgert, nun bin ich an der Reihe.«

»Macht es dir Spaß?«

»Oh ja, es ist wunderbar. Heute war ich in Eunate, das war besonders toll.«

»Aha? Inwiefern?«

»Ich war barfuß und konnte die Energie all der Pilger spüren, die vor mir da gewesen waren.«

»Tatsächlich? Das kann ich von mir nicht behaupten«, meine ich bitter und wechsle das Thema: »Entschuldigung, wie heißt du eigentlich?«

»Barbara. Und du?«

»Anne. Ich bin Engländerin. Ich komme aus Liverpool.«

»Und ich komme aus Bayern.«

»Wie bist du auf die Idee gekommen, den Camino zu machen, Barbara? Hast du viel darüber gelesen?«

»Nein, gar nichts. Außer dem Buch von Hape Kerkeling natürlich, aber da stand mein Plan schon fest.«

»Ah, ich kenne das Buch. Hat es dir gefallen?«

»Es ist einfach phantastisch!«, fährt Barbara fort. »Er ist so ein großartiger Komiker, in Deutschland kennt ihn jeder. Er hat sich ganz allein auf den Camino gemacht und dort zwei Frauen kennengelernt, mit denen er dann zusammen bis nach Santiago de Compostela gewandert ist. Wirklich eine wunderschöne Geschichte.«

»Oh ja, wirklich! Ich glaube, es ist Zeit, schlafen zu gehen. Gute Nacht, Barbara.«

»Gute Nacht, Anne.«

Ich werde die ganze Nacht immer wieder aus dem Schlaf gerissen. Die beiden Kirchturmuhren schlagen alle fünfzehn Minuten, eine kurz nach der anderen, aber sie sind es nicht, die mich wach halten. »Eine wunderschöne Geschichte«, hat Barbara gesagt.

Warum ist es dieses Mal nicht so? Wie kann man es überhaupt fertigbringen, die Kathedrale von Pamplona *nicht* zu sehen? Mein Plan, wie er auch ausgesehen haben mag, funktioniert nicht. Konnte ich etwa deshalb in Eunate nicht die Energie der anderen Pilger spüren – weil die Idee, noch einmal den Camino zu machen, einfach nur ein Riesenfehler ist?

Samstag, 12. Juni 2010

Ich radle 37 Kilometer von Cirauqui nach Los Arcos und ...
England spielt in der WM gegen die USA

Unter meinem Balkon in Los Arcos tropft von den getrimmten *plátanos del paseo* noch der Regen vom Vormittag. Der Platz ist weitgehend leer, bis auf ein paar Wochenendzecher, die grölend aus dem Camel und dem Xauen stolpern, zwei krachvollen Bars in einer Nebenstraße. Wenn ich etwas den Hals verrenke, kann ich vom Balkon aus den Kirchturm sehen, auf dessen Kuppel ein Storchenpaar in seinem zerzausten Nest steht. Ist es bloß ein Versehen, dass der Laden, in dem man so gut wie alles kaufen kann, Cosi Todo heißt, und nicht Casi Todo, was »so gut wie alles« heißt?

Das Personal des Hotels Mónaco hat mein Fahrrad bereits sicher eingeschlossen und der Dusche warmes Wasser entlockt, nachdem ich viel zu groggy war, um mit den Wasserhähnen klarzukommen. Es ist erst drei Uhr nachmittags, aber ich fahre heute keinen Meter mehr. Es hat zwar zu regnen aufgehört, doch die Folgen der Sintflut sind in meinem Zimmer allgegenwärtig. Feuchte kurze Hosen, durchnässte Socken, pitschnasse Überschuhe und eine tropfende Regenhose hängen über Handtuchhaltern, Kleiderbügeln und an der Vorhangstange. Was bin ich froh, dass Steve nicht hier ist und die durchweichten Doc Martens sieht, die wie zwei begossene Maulwürfe auf dem Heizkörper liegen. Wenn ich nicht noch mal so einen Katastrophentag wie heute erleben will, werde ich wohl in Logroño ein kleines Vermögen für brauchbare Regenhosen und wasserdichte Schuhe ausgeben müssen.

Doch der Tag endet keineswegs im Trübsinn. Das Abascal an der Ecke der *plaza* ist an diesem Abend proppenvoll. Die Gäste unterhalten sich angeregt, trinken San Miguel, erzählen laut Geschichten und blasen sich gegenseitig Zigarettenqualm ins Gesicht. Fast alle rauchen, obwohl das doch seit Kurzem per

Gesetz in Kneipen verboten ist. Es ist mir ein Rätsel, wie Franco sich in diesem Land, in dem sich niemand um Vorschriften schert, so lange an der Macht halten konnte. Endlich kommt der Augenblick, dem ich seit meiner Abreise aus England entgegenfiebere – 19 Uhr 30, Englands erstes WM-Spiel, gegen die USA, wo Fußball eher als Kindervergnügen gilt und die Leidenschaft, die dieser Sport weltweit auslöst, eher unbekannt ist. Zuzuschauen, wie wir die USA im südafrikanischen Rustenburg schlagen, wird Balsam für meine geschundenen Knie und entzündeten Gelenke sein, und mir nach der heutigen Tortur die *joie de vivre* zurückgeben. Voller Vorfreude lasse ich meinen schmerzenden Körper auf einen leeren Stuhl am Fenster fallen und nippe an meinem Rotwein. Das Spiel beginnt.

Johnson macht Einwurf zu Lampard. »Lamps« passt zu Rooney, der erwischt den Ball nicht, doch zum Glück ist da Heskey. Da stürmt Gerrard (Liverpools »Stevie G«) an zwei amerikanischen Verteidigern vorbei in den Strafraum.

»Gib ab, mach schon!«, rufe ich.

Heskey spielt den Ball zu Gerrard, der ihn am Torhüter vorbei ins Netz bugsiert! Erst vier Minuten gespielt, und wir haben schon ein Tor geschossen! Wir gewinnen, Kinderspiel. Denen werden wir's zeigen.

»Oh nein, das darf doch nicht wahr sein!«, stöhnt jemand mit amerikanischem Akzent hinter mir.

Es ist ein junger, bärtiger Pilger. Ich versuche, meine Freude über den frühen Führungstreffer etwas im Zaum zu halten. »Kein schlechtes Tor, was?«, sage ich in der Erwartung, den Satz an diesem Abend noch öfter wiederholen zu können.

Der Amerikaner räumt es lächelnd ein. Doch bald schon verliert England die Initiative an die USA, deren Spiel weit gefährlicher und ideenreicher ist als das unserer Mannschaft. Fünf Minuten vor der Halbzeit erhebe ich mich von meinem Platz, um mir noch ein Glas zu holen, bevor alle zum Tresen stürzen. Doch da bleibe ich wie angenagelt stehen. Stevie G tänzelt wie die Zuckerfee vor dem Amerikaner Clint Dempsey herum. Dempsey schießt. Falls man das überhaupt einen »Schuss« nennen kann – es sieht mehr wie ein freundlicher Rückpass zu unserem Torwart Robert Green aus. Der Ball ist so langsam, dass er zwei kleine Hüpfer macht, bevor er Green erreicht. Doch das täuscht, seine Wirkung ist verheerend. Green geht in die Knie, um den Ball sicher zu erwischen, aber er springt ihm aus der rechten Hand Richtung Torlinie. Vergebens hechtet Green hinterher. Tor.

»Herrje, tut mir leid«, entschuldigt sich der Amerikaner hinter mir, als hätte er einen Fehler gemacht. »Was für ein lahmes Tor.«

»Tor ist Tor«, erwidere ich, zu geschockt, um mehr als eine Binsenweisheit zustande zu bringen.

Für die zweite Hälfte flüchte ich vor dem Zigarettenqualm in das nicht ganz so überfüllte Camel. Kaum habe ich mich mit meinem *vino tinto* niedergelassen, fangen drei Männer am Nebentisch an zu rauchen. Englands erbärmliche Vorstellung wird von Minute zu Minute schlechter. Hat Fabio Capello, unser Trainer, in der Halbzeit etwa Zigaretten ausgegeben? An diesem jämmerlichen Spiel ist vor allem seine Strategie schuld, mehr auf Spielerfahrung als auf Jugend zu setzen. Bei Capellos Faible für Rentner und angesichts der mangelnden Torchancen würde es mich nicht wundern, wenn er gleich unser Maskottchen David Beckham aus seinem sündhaft teuren Anzug holen und aufs Feld schicken würde.

Am Ende verlieren wir eins zu eins gegen ein Land, dessen Nationalsport Baseball ist. Habe ich das verdient? Mein langer Tag endet so kläglich, wie er begonnen hat. Es kann nur einen Engländer geben, der sich in diesem Augenblick so schlecht fühlt wie ich – Robert Green. Wie gern würde ich ihm jetzt tröstend sagen, dass nicht nur er mit dem quälenden Gedanken zu Bett geht, einen Fehler gemacht zu haben. Robert Green wünscht sich bestimmt, diesen Tag noch einmal ganz von vorn beginnen zu können. Ich selbst würde die Uhr gern noch viel weiter zurückdrehen.

War es heute Morgen in Cirauqui, dass mir dieser Gedanke erstmals gekommen ist? Ich wachte um vier Uhr in der Frühe auf und lauschte dem ruhigen Atmen der schlafenden Pilger und den zwei Kirchturmuhren, die meine Müdigkeit in Viertelstundenhäppchen einteilten. Als dann die Glocken sechs Uhr schlugen, sprangen alle so rasch in ihre Kleider, dass ich – die

Einzige, die schon wach gewesen war – als Letzte zum Frühstück kam. Ich saß neben Barbara, die mich fragte, ob es mir Spaß mache, auf dem Camino zu radeln.

»Hm«, sagte ich, »ich weiß nicht so recht, vielleicht war das Wandern doch besser.«

»Damals, als du Hape Kerkeling getroffen hast, oder?«

»Ja, genau. Tut mir leid, Barbara, ich war mir gestern Abend nicht sicher, ob ich das erwähnen soll.«

»Ich wusste es. Du bist Anne, nicht wahr?«

»Ja. Wann bist du darauf gekommen?«

»Nach unserem Gespräch begann ich mich zu fragen: Ist sie's, oder ist sie's nicht? Sie ist klein, Engländerin und heißt Anne. Und du bist sehr nett, er schreibt so freundlich über dich.«

Aber die Nette ist eigentlich Barbara. Als ich ihr die Geschichte mit meinen Autobahnfotos und Moniques Orchideen erzählte, tröstete sie mich sogleich.

»Ich bin meistens so in Gedanken versunken, dass mir Blumen gar nicht auffallen.«

Barbara, ihre Freundin Brigitte und die drei Frauen aus Marseille winkten zum Abschied und brachen zur »unbedingt sehenswerten« Römerstraße nach Estella auf. »Unbedingt sehenswert« gilt für Wanderer. Für Radfahrer heißt es »unbedingt vermeiden«.

»Nein, nein, Sie können unmöglich die Römerstraße nehmen«, warnte mich Oliver, der junge *hospitalero*, als ich schließlich mit meinen drei Taschen aus der Herberge trat. »Zu schlammig, zu steinig. Dafür braucht man viel dickere Reifen.«

»Werde ich später auf den richtigen Camino zurückkommen?«

»Nein, der Weg ist zu schwer passierbar. Sie müssen sich an die Straße halten.«

»Die ganze Strecke bis nach Santiago de Compostela? Immer nur auf der Straße?«

»Ja. Mit so einem Fahrrad geht es nicht anders.«

»Aber ich erinnere mich, dass vor neun Jahren jede Menge Radfahrer auf der Strecke unterwegs waren. Auf dem richtigen Camino.«

»*Si*, aber die hatten Mountainbikes und viel Erfahrung.«

Er hob das Rad ein paar Stufen hinunter. Nein, bitte, sag es nicht, bitte! Tu es nicht, Oliver. Er sagte es.

»¡Phugh! ¡Pesa!« (Oh, ist das schwer!)

Und so hielt ich mich den ganzen Tag an die Straße. Roncesvalles, Pamplona, Puente la Reina und Orchideen standen nun schon auf meiner Liste der »unverzichtbaren Programmpunkte auf dem Rückweg«, die inzwischen mit meinen anderen Listen in der Länge konkurrieren kann. Als Barbara und die anderen wandernden Pilger am Morgen das Flüsschen auf der Römerstraße überschritten, fuhr ich durch die Straßen von Cirauqui. Als sie die mittelalterliche Brücke bei Lorca bewundern konnten, radelte ich auf der NA 1110 entlang dem unübersehbaren Graben, den die A 12 durch Nordspanien zieht. Während meine Freunde zur Burg von Villamayor de Monjardín hinaufstiegen, stand ich an einem Kreisverkehr, der mich bis Logroño auf die A 12 leiten wollte. Irgendwo bei Lorca zog mich ein gelber Camino-Pfeil, der in eine Hecke zeigte, so sehr an, dass ich anhielt und mir den Pfad anschaute, der in sehr waldiges Gelände führte. Als gerade ein weißer Lieferwagen Richtung Logroño an mir vorbeizischte, rutschte mir das Fahrrad aus der Hand und kippte um. Der Lieferwagen bremste scharf, ein Typ in zünftiger Radlermontur sprang heraus und schoss über die dicht befahrene Straße, um der Radfahrerin in Not ritterlich beizustehen.

»Alles in Ordnung?«, fragte er, hob mein Fahrrad auf und lehnte es gegen den Schilderpfosten.

»Ja, danke«, log ich und achtete nicht weiter auf das Blut, das dort, wo mich das Fahrrad getroffen hatte, von meinem Knie tropfte.

Und dann, unvermeidlich – oh nein! Sag es nicht, bitte, sag es nicht! Retter aller Radlerinnen, bitte!

Er sagte es.

»¡Phugh! ¡Pesa!«

Ich versuche, mich zu erinnern, ob die heutige Etappe von Cirauqui mehr zu bieten gehabt hatte als verschwommen im Regen an mir vorbeiziehende Weizenfelder. Ich habe in Estella

Station gemacht, aber nicht, um den Palast der Könige von Navarra zu besichtigen oder die romanische Architektur zu bewundern. Ich saß allein in der Herberge der Gemeinde, wo der schüchterne *hospitalero* gerade die Böden wischte. Er unterbrach seine Arbeit, um mich mit Kaffee und Schokolade zu bewirten. Ich blätterte in meinem Lozano und entschied mich dafür, Torres del Río als Übernachtungsziel anzusteuern. Erreicht habe ich es nicht. Ich schaffte es kaum aus Estella hinaus. Entschlossen, wenigstens *einen Punkt* der Strecke mit den Wanderern zu teilen, entschied ich mich, auf meinem Weg zur ungeliebten NA 1110 die Puente de los Peregrinos zu überqueren. Diese sehenswerte Brücke über den Fluss Ega ist nicht weniger eindrucksvoll als die Brücke von Mostar in Bosnien. Ich hatte allerdings vergessen, dass die Steigung zur Flussmitte dreiunddreißig Prozent beträgt. Und dass sie dann zum anderen Ufer hin ebenso steil abfällt. Eine Touristengruppe hielt im Foto fest, wie ich tapfer mein Fahrrad zum Brückengipfel schob. Huldvoll erwiderte ich ihr schuldbewusstes Lächeln, das verriet, wie unterlegen sie sich mir gegenüber fühlten, einer *echten* Pilgerin auf einer Pilgerbrücke.

»¡Buen Camino!«, rief mir eine Frau im Anorak zu, die mich besonders mitleidig ansah.

»¡Muchas gracias!«, antwortete ich.

Erst als sie außer Sichtweite waren, schlitterte ich auf der anderen Seite hinunter. Jetzt weiß ich, wie sich Klaus Kinski gefühlt haben muss, als sie in »Fitzcarraldo« das Schiff über den Bergrücken schleppten.

Das schmale Sträßchen nach der Puente de los Peregrinos führt zu einem Kreisverkehr, der die Fahrzeuge stockend in die ungeliebte NA 1110 spuckt. Ich radelte den Hügel hinauf zu der riesigen Klosteranlage von Irache, die von ausgedehnten Tempranillo-Weinfeldern umgeben ist. Vor neun Jahren habe ich hier meine Wasserflasche mit dem Gratiswein gefüllt, den man sich aus den in die Wand des Klosters eingelassenen Hähnen zapfen kann, und mit zwei Londoner Pilgern darüber geschert, dass wir sicher betrunken in Los Arcos ankommen würden. Aber heute schaffte ich es nur mit Ach und Krach, den Berg zu der sehr beliebten Fuente del Vino (Weinbrunnen) zu erklimmen. Oben angekommen, kostete ich nicht einmal von dem Wein. Was mir damals so gefallen hatte, fand ich jetzt nur noch enttäuschend. Wieder zurück auf der NA 1110, schob ich das Rad auf dem Seitenstreifen. Ich konnte mir nicht helfen, der Camino wirkte diesmal ganz anders auf mich.

Nicht nur von dem Fußballspiel musste ich mich nach meinem Abend in der Camel Bar erholen. Der Nieselregen, die Kälte, die Einsamkeit und die unablässig an mir vorbeibrausenden Autos waren ein Klacks, verglichen mit dem Azqueta-Tunnel-Vorfall kurz hinter dem Kloster Irache. Die Straße verlief nun flach, sodass ich mir schon Hoffnungen machte, zügig nach Arcos zu kommen. Bis ich vor mir den dunklen Schlund des Tunnels erblickte. Ich stieg vom Rad und kramte meine Lampen aus den Satteltaschen. Hätte mich in diesem Moment ein Lastwagen überfahren, wäre es die letzte Tat meines Lebens gewesen, ein rotes Rücklicht in seine Halterung zu schieben. Statt einen solch banalen Tod zu riskieren, hätte ich besser einen anderen Weg wählen sollen, schoss es mir durch den Kopf, aber da war ich schon längst dabei, so schnell ich konnte durch die schwarze Röhre zu rasen. Dabei schrie ich einen Pilgerruf, der sich meiner Kehle ganz von selbst ohne bewusste Beteiligung meines Gehirns entrang: »¡Qué Dios me ayude! ¡Qué Dios me ayude! ¡Qué Dios me ayude! ¡Qué Dios me ayude!« (Gott steh mir bei!) Ich schrie so lange, bis ich am anderen Ende des Tunnels wieder ins Tageslicht kam, wo ich mein Rad als Erstes neben der Straße in die Grasböschung warf.

Sicherlich hat Gott mein Leben allein deshalb verschont, weil mir in einem solchen Moment höchster Lebensgefahr der spanische *subjuntivo* eingefallen ist. Kein einziges Auto kam in diesen wenigen Sekunden durch den Tunnel gebraust. Trotzdem saß mir die Angst so in den Knochen, dass ich mich schluchzend wie in einer *Pietà*-Darstellung über mein Fahrrad warf. Der Schreck wich aber bald dem Zorn, und statt Gott für mein Überleben zu danken, stieg in mir eine nicht ganz unwichtige und aufschlussreiche Frage auf. »Warum tue ich mir das eigentlich an?«

Auf dem folgenden ruhigen Straßenabschnitt konnte ich mich ein wenig von meinem kleinen Nervenzusammenbruch erholen. Im strömenden Regen machte ich auf einem Hügel in etwa zwei Kilometern Entfernung die düstere Burgruine von Villamayor aus, aber ein seit dem Azqueta-Tunnel neu hinzugekommenes Stechen in meiner Hüfte hielt mich davon ab, einen Umweg zu machen. Bei Urbiola hielt ich auf einem Scheitelpunkt der Straße für eine kurze Pause an. Als ich vom Rad stieg, um es gegen die Mauer eines wegen Renovierung geschlossenen Cafés zu lehnen, spürte ich, wie in meinen untauglichen Doc Martens das Wasser um meine Füße schwappte. Ich riss mich zusammen und konzentrierte mich auf das Gute – das Wasser, in dem gerade meine Zehen verschrumpelten, war wenigstens warm.

Ich hatte keine andere Wahl, als nach Los Arcos weiterzufahren. Das einlullende Auf und Ab der Weizenfelder erinnerte mich an eine andere Straße, auf der ich einst durch die amerikanische Prärie gefahren war. Dies schien ein sehr privater, aber auch sehr einsamer Camino zu werden.

Sonntag, 13. Juni 2010

Los Arcos

Graue Wolken hängen über dem Platz. Schwalben streichen dicht an meinem Gesicht vorbei und lassen sich in den *plátanos del paseo* unter meinem Balkon nieder. Ein dritter Schnabel lugt aus dem *cigüeña*-Nest auf dem Kirchendach. Das Storchenbaby und das bereits geöffnete Café auf der anderen Straßenseite verlocken dazu, länger in Los Arcos zu verweilen. Der stechende Schmerz, der sich schon auf der ersten Treppe bemerkbar macht, lässt mir nur zwei Möglichkeiten – ein künstliches Kniegelenk oder einen Tag Ruhepause. Also gehe ich zur Rezeption und buche eine weitere Nacht im Hotel Mónaco. Die Erleichterung, die mir diese kleine Aktion verschafft, ist Beweis genug, wie sehr mein Körper sich nach Ruhe sehnt. Sie enthält noch eine weitergehende Botschaft, der Gehör zu schenken ich in diesem Augenblick aber noch nicht bereit bin.

In der Hoffnung, dass die frische Luft den Zigarettenqualm vom gestrigen Abend samt der Niederlage Englands aus meinen Kleidern bläst, schlendere ich zum Café hinüber. Eigentlich war es ja ein Unentschieden, aber es fühlt sich wie eine Niederlage an. »Der englische Torhüter steht unter einem Fluch«, titelt *El País* über einem fesselnden Spielbericht von Cayetano Ros, der aus dem unglücklichen Robert Green den Helden einer Lorca-Tragödie macht. Auch wenn man viel von Fußball versteht, so Ros, bleibt immer ein Geheimnis, das sich jeder Erklärung entzieht. Und das zeigte sich gestern mal wieder in Greens Fehler: »... einer jener Patzer, die das Ende einer Karriere bedeuten können.« Ich will nicht an den Untergang von Robert Green denken, also humple ich erst einmal zum Tresen und bitte um einen Beutel Eiswürfel. Der Kellner gibt ihn mir, ohne Fragen zu stellen. Wahrscheinlich wirke ich nun wie eine Ein-Mann-Band: Einen Eisbeutel zwischen die Knie geklemmt, nippe ich an meinem Kaffee, esse ein mit Vanillecreme gefülltes Croissant, krame Schmerztabletten aus meiner Tasche und lese dazu *El País*. Robert Green musste gestern Abend nur eines tun, diesen lahmen Ball stoppen, doch er versagte. Sein Schicksal verdüstert sich während seines kläglichen Gangs in die Kabine zur Halbzeit: »Un viacrucis para él, enfocado por todas las cámaras del estadio.« Un viacrucis? Ein Kreuzweg? In Ros' dramatischer Schilderung wird Robert Greens Agonie gar zur Passion Christi stilisiert. Sämtliche Kameras des Stadions sind auf seine »tränennassen grünen Augen« gerichtet, in denen sich eine »nicht enden wollende Qual« ausdrückt. Am Ende des Berichts habe ich selbst Tränen in den Augen. Zum Glück ist er nicht noch länger. Ich fühle mich wie Roberts Mutter. Tatsächlich habe ich angefangen, ihn in Gedanken »Robert« zu nennen. Einfach nur »Robert«.

Die Ladeninhaberin im Cosi Todo schaut auf die Postkarte, die ich ausgesucht habe – sie zeigt die Barockorgel –, und tippt den Preis in die Kasse.

»Die ist wirklich was ganz Besonderes«, sagt sie. »Wenn Sie jetzt gleich hingehen, können Sie sie bei der Mittagsmesse in Aktion erleben.«

Die prächtige Renaissancekirche Santa María ist bis auf den letzten Platz mit Gläubigen im Sonntagsstaat gefüllt. Man kann den Organisten, der den frommen Gesang der Gemeinde mit dem kraftvollen Spiel der Orgel begleitet, vor dem reich geschmückten Instrument kaum ausmachen. Die Kirche begnügt sich auch nicht mit nur einem einzigen *retablo* (Altargemälde). Vom funkelnden *retablo mayor* im Altarraum lächeln und winken freundlich eine Maria und ihr Jesuskind aus dem 13. Jahrhundert. Direkt rechts von mir ist ein weiteres *retablo*, das die ganze Seitenwand der Kirche einnimmt. Seine golden schimmernden Säulen scheinen die ganze Kirche zu tragen. Er ist von mehr Heiligen bevölkert, als man im Himmel vermutet. Wie heißen die bloß alle? Die *cognoscenti* erkennen sie an ihren Attributen: Eine große Pfeilspitze, ein Zweig oder eine Zange. Ich habe keine Ahnung, wen die Figuren darstellen, bete aber insgeheim zur »Heiligen der Radfahrer« (das ist die mit der Zange) und bitte sie um Durchhaltevermögen. Ich stemple mein *credencial* mit dem *sello* von Los Arcos und freue mich, dass er den *retablo* mit Maria und dem aufmunternd winkenden Jesus darstellt.

Hinter meinem Hotel entdecke ich einen zweiten Platz. Dieses kleine Städtchen besitzt offenbar alles in doppelter Ausführung: zwei *retablos*, zwei *plazas*, zwei Hotels. Ich setze mich mit meinem Kaffee zu drei schick gekleideten Spanierinnen an den Tisch. Sie sind so herausgeputzt, dass man sie eher für Hochzeitsgäste als für Pilger halten würde, wären da nicht ihre Wanderschuhe. Ihre gute Laune wirkt ansteckend, also spreche ich sie an.

»¡Hola! Zieht ihr heute noch weiter?«

»Nein, hier ist für uns Endstation. Wir warten auf den Bus nach Logroño«, sagt eine der Frauen, die eine ordentlich gebügelte cremefarbene Hose und eine Safarijacke trägt.

»Ach, ihr kommt aus Logroño?«

»Nein. Ich bin aus Toledo und meine beiden Freundinnen hier stammen aus Cádiz.«

»Warst du dort schon mal?«, fragt eine der drei.

»Ja. Ich bin nach meinem letzten Camino mit dem Zug nach Toledo gefahren, um mir die Bilder von El Greco anzuschauen.«

»Wir fahren morgen alle von Logroño aus nach Hause«, erklärt die Frau aus Cadiz. »Machst du etwa den ganzen Weg bis Santiago?«

Sie sieht mir tief in die Augen, als könnte sie meine Gedanken lesen.

»*Bueno* ...«, stottere ich, fast unhörbar.

Sie beugt sich vor und schaut mich so eindringlich an, dass ich das Gefühl habe, splitternackt vor ihr zu stehen. Sie weiß, dass etwas nicht stimmt. Ihre beiden Freundinnen blicken mich mitfühlend und neugierig an. Es hat keinen Sinn, ihnen etwas vorzumachen. Ohne jedes Selbstmitleid platze ich heraus: »Ich lege heute einen Ruhetag ein. Meine Knie tun mir schon weh, seit ich von Roncesvalles aus über die Pyrenäen geradelt bin. Außerdem kann ich sowieso nicht weg, weil meine Kleider vom Regen gestern noch ganz nass sind.«

»Du bist also mit dem Fahrrad unterwegs? Und, macht es Spaß?«

»Es ist nicht ganz einfach. Mein Knie macht mir jetzt noch mehr zu schaffen als in den Bergen.«

Die drei Freundinnen schauen mich schweigend an. Sie spüren, dass ich mehr Probleme habe als nur ein entzündetes Kniegelenk.

»Als ich das erste Mal über den Camino gewandert bin, kamen mir die Radler so unbeschwert vor. Aber jetzt bin ich dauernd auf der Hauptstraße unterwegs, nicht auf dem Weg der Wanderer, und ich muss immer Umwege machen, um nicht alle Sehenswürdigkeiten zu verpassen.«

»Welche Sehenswürdigkeiten denn?«

»Alles, was man eben auf dem Weg der Wanderer so mitbekommt: Römerstaßen, malerische Städtchen, den Weinbrunnen in Irache ...«

»Da haben wir unseren Wein her!«, rufen sie und schwenken ihre Wasserflaschen. »Die haben wir dort gefüllt, um hier das Ende unserer Reise zu feiern!«

Nun lächeln wir alle, ich allerdings bloß aus nachempfundener Freude. Offenbar wirke ich niedergeschlagen, denn die hellsichtige Pilgerin aus Cádiz stellt ihr Weinglas ab, ohne zu trinken.

»¡Déjala!«, sagt sie. »Lass es stehen. Lass das Fahrrad zurück. Geh zu Fuß.«

»Schick es mit der Post von Logroño aus nach Hause«, fügt ihre Freundin aus Toledo hinzu.

Ich bin geneigt zu glauben, dass jemand, der aus der Stadt von El Greco stammt, mit mystischem Tiefblick ausgestattet sein muss und man einfach auf ihn hören sollte.

»Meint ihr wirklich?«

»Hör zu«, antwortet die Pilgerin aus Toledo bestimmt, »der Mensch muss sich immer wieder neu einstellen. Nur wer sich immer wieder neu einstellt, kommt im Leben zurecht. Wer sich nicht anpasst, fängt irgendwann an, alles im Leben anzufauchen.«

Und sie faucht mich wie eine Katze an, nur für den Fall, dass ich nicht verstanden habe. Aber ich habe verstanden.

Sie heben ihre Flaschen mit dem Wein aus Irache, und ich gehe, ihre Worte im Herzen, ins Hotel zurück. Das Rad mit der Post nach England schicken? Wie viele Briefmarken da wohl draufkommen?

Montag, 14. Juni 2010

Ich radle 28 Kilometer von Los Arcos nach Logroño

War es hier?, frage ich mich. Ich stehe auf dem Paseo del Príncipe de Vergara und blicke hinauf zur Statue des Prinzen von Vergara, Baldomero Espartero, auf seinem überlebensgroßen Pferd. Oder hier, auf der Plaza de San Bartolomé? Als keine der *plazas* in meinem Kopf irgendeine Erinnerung heraufbeschwört, setze ich meinen Weg durch die Calle de los Portales fort. Ich suche den Platz in Logroño, an dem Hans mich 2001 zum ersten Mal bemerkt hat. Vielleicht hier, auf der Plaza del Mercado? Momentan ist kein Markt, aber damals war auch keiner. Stattdessen ragt auf einer Seite des Platzes die Kathedrale von Santa María de la Redonda auf. Finster blickt sie über die an den anderen drei Seiten aufgereihten Bars hinweg. Der Platz ist verlassen, und ich bin immer noch nicht sicher, ob dieser unbelebte Ort das ist, was ich suche. Es ist erst sieben

Uhr abends, aber alle Cafés sind geschlossen. Die Rollläden sind mit Vorhängeschlössern gesichert. Erst als ich mir Tische und Stühle auf dem Kopfsteinpflaster vor dem Falstaff und dem La Negrita vorstelle, wird mir klar, dass tatsächlich *hier* Hans vor neun Jahren versucht hat, meine Aufmerksamkeit auf sich zu ziehen.

Ich weiß bloß noch, dass ich an einem Tisch draußen vor dem Café Falstaff gerade eine Postkarte an meinen Bruder schrieb. Hans berichtet über die Episode, er habe mich am Nebentisch entdeckt, »eine lustige kleine Pilgerin, mit kurz geschorenen roten Haaren«, mit der er »zu gerne ... ins Gespräch kommen« wollte. Offenbar habe ich sein Lächeln die ersten beiden Male ganz freundlich erwidert, ihm jedoch auf den dritten Blick hin den Rücken zugekehrt, als wäre er der schmierige Horst Schlämmer, die Figur, die er später geschaffen hat. Eigentlich stimmt es nicht, dass ich ihn abgewiesen habe, wie Hans es beschreibt. In Wahrheit ging mir zu viel im Kopf herum, als dass ich ihn überhaupt wahrgenommen hätte. Und dabei wollte ich so gerne nette Menschen kennenlernen.

Wenn Hans an diesem Abend in Logroño ein Gespräch mit mir beginnen wollte, warum hat er es nicht einfach getan? Dann hätten wir uns gleich zusammengefügt wie zwei Puzzleteile, anstatt noch drei Wochen warten zu müssen, bis wir uns dann schließlich in Astorga fanden. Ein Mann, der verkleidet als Königin Beatrix der Niederlande versucht, ins Schloss Bellevue zu kommen, kann doch nicht so schüchtern sein, oder? Also warum hat er mich nicht wenigstens gegrüßt? Englisch spricht er genauso gut wie ich, an der Sprachbarriere kann es nicht gelegen haben. Sein einleitendes Gegrinse hinterließ bei mir keinen bleibenden Eindruck, und seine zaghaften Versuche, nonverbal zu kommunizieren, sind mir immer ein Rätsel geblieben. Dass ich ihn vermeintlich vor den Kopf gestoßen hatte, hätte eine der besten Freundschaften meines Lebens im Keim erstickt, wenn sich unsere Pfade, die der Kaffeesüchtigen, nicht wieder gekreuzt hätten.

Die Leere auf der Plaza del Mercado spiegelt mir meine eigene Leere, also gehe ich lieber zurück zu den Portales, um mich unter die Abendspaziergänger zu mischen. Als plötzlich jemand meinen Namen ruft, mache ich einen Satz wie ein erschrockenes Kaninchen.

»Hallo, Anne!«

Es sind Barbara und Brigitte. Wie können sie schon in Logroño sein? Ich habe mich am Samstagmorgen in Cirauqui von ihnen verabschiedet, aber wenn sie zu Fuß unterwegs sind und ich mit dem Fahrrad und sie schon hier sind, müsste ich dann nicht längst in Burgos sein? Sie fragen, wie es mir geht, und ich kämpfe um eine schlüssige Erklärung.

»Hallo«, stammle ich und suche nach einer Rechtfertigung für mein schleppendes Vorankommen. »Äh, ich musste in Arcos zwei Tage Pause einlegen, um mein Knie zu kurieren und meine Sachen zu trocknen.«

Ich schäme mich so für mein erbärmliches Gejammer, dass ich am liebsten gar nichts sagen und mir einfach nur anhören würde, wie Barbara von der »ganz besonderen Erfahrung« erzählt, die der Aufenthalt in Villamayor de Monjarín für sie gewesen ist.

»Hast du auch dort übernachtet?«, fragt sie.

»Nein, nein. Leider nicht«, entgegne ich lächelnd und äußerst bemüht, fröhlich zu klingen. »Es lag zu weit abseits von der Straße, ich bin gleich nach Los Arcos durchgefahren.«

Dann trennen sich unsere Wege, und ich gehe auf der Suche nach einem abgeschiedenen Ort, an dem ich klare Gedanken fassen kann, bis ans Ende des Casco Antiguo, der Altstadt. Im Café Parlamento an der Calle Barriocepo lehne ich mich an die glänzende Holztheke – so verwirrt von dem Gespräch mit Barbara und der Suche nach dem Ort, an dem Hans mich zum ersten Mal bemerkt hat, dass ich mein Getränk auf Deutsch bestelle.

»Guten Abend. Was für ein Weißbier haben Sie, bitte?«, frage ich den Kellner, der das Schlüsselwort versteht und mir ein belgisches Bier einschenkt.

Die Begegnung mit Barbara und Brigitte hat mich aufgewühlt. Nicht nur, dass ich wichtige Sehenswürdigkeiten des Camino verpasse, nein, ich komme nicht mal schneller voran als die Wanderer. Ich hieve mich auf einen hohen Hocker, nippe an meinem Weißbier und versuche meine Lage zu analysieren.

Kann ich guten Gewissens behaupten, dass die heutige Etappe besser war als die vom Samstag? Die Tatsache, dass ich allein in dieser Bar sitze, spricht nicht dafür. Außer in Cirauqui hatte ich keine Begegnungen mit anderen Pilgern, obwohl ich heute wenigstens einige gesehen habe. Zwei Radfahrer und eine Horde Schulkinder saßen auf der Mauer vor der Heiliggrabkirche in Torres del Río. Die Wächterin der im Mudéjar-Stil erbauten Kirche kam heraus, um der kreischenden Schar zu verkünden, sie sollten entweder einen Euro bezahlen und hereinkommen oder die Schnäbel halten und endlich abziehen. Angesichts ihrer autoritären Art, die mich irgendwie an die ehemalige amerikanische Außenministerin Madeleine Albright erinnerte, überlegte ich noch einmal, ob ich wirklich hineingehen sollte, und versuchte, die Radfahrer als Gesellschaft zu gewinnen.

»Geht ihr rein?«

»Nein«, entgegneten die beiden, die Brot und Käse auf der Mauer ausgebreitet hatten.

»Aber es kostet bloß einen Euro«, sagte ich, um Unterstützung für Madeleine Albright zu gewinnen.

»Ja, aber wir kommen aus Portugal«, gaben sie zurück. Aha. Die Kirche mit dem achteckigen Grundriss hatte angeblich ihre von den Kreuzfahrern errichtete Namensvetterin in Jerusalem zum Vorbild. Ofelia (Madeleine Albright) wies auf das sternförmige Laternengewölbe hoch über unseren Köpfen hin, und auf den mittelalterlichen Jesus, der im goldenen Lendenschurz am Kreuz hing, offenbar schlafend. Sie schlug ihren riesigen, reich bebilderten Führer auf und zeigte mir die Details einer Kreuzabnahme Jesu an einem Kapitell. Ich kaufte ihr eine muschelförmige Plakette ab, um meinen erfolgreichen Besuch einer Sehenswürdigkeit am Camino auch beweisen zu können. Sie ähnelt der Tätowierung, die ich mir in Madrid nach meinem ersten Camino machen ließ und die eher dem Markenzeichen von Shell gleicht als dem des heiligen Jakob. Nur wenige Auserwählte wissen von dem verunglückten Kunstwerk unter meiner linken Socke, doch wenn man bedenkt, an wie vielen Tankstellen ich diese Woche vorbeigekommen bin, ist es letztendlich doch das perfekte Souvenir.

Ich spüle mit dem Weißbier noch zwei Entzündungshemmer runter, frage mich aber, was das eigentlich bringt. Die stechenden Schmerzen in meinem Knie, die sich bei jeder Pedalumdrehung bemerkbar machen, haben den ganzen Tag über nicht nachgelassen. Beim ersten kurvenreichen Anstieg hinter Torres del Río bin ich zusammengezuckt, als ich versuchte, zwei wandernde Pilger zu erwischen, deren Pfad durch die Weizenfelder verlief und an der Kuppe auf meine Straße traf. In der letzten Kurve, bevor ich sie eingeholt hatte, überquerten sie vor meinen Augen die Straße und verschwanden in den Feldern hinter der gelben, steinernen Einsiedelei Santa María del Poyo. Die Tür war verriegelt, also habe ich auch die wunderbare Statue der Muttergottes nicht zu Gesicht bekommen, die hier vor fünf Jahrhunderten erschienen sein soll.

Die Plaza de los Fueros hoch oben in der reizenden Altstadt von Viana, die ich dann schließlich erreichte, lag vor mir wie ein Traum. Ich erkannte sie sofort als den Platz, an dem 2001 ein junger Kanadier, der in der Tür des Cafés San Juan lehnte, mir von seiner Arbeit erzählte.

»Was arbeitest du?«, hatte ich gefragt.

»Ich bin Schriftsteller.«

»Hast du etwas veröffentlicht? Etwas, das ich kenne?«

»Na ja, mein erster Roman heißt ›Selbst‹, und dann gibt es noch eine Sammlung von Kurzgeschichten, ›Die Hintergründe zu den Helsinki-Roccamatios‹. Hast du vielleicht schon einmal davon gehört?«

Ich musste zugeben, dass dies nicht der Fall war, und wandte mich in der Hoffnung auf interessantere Themen der Zukunft zu.

»Hast du etwas in Vorbereitung?«

»Allerdings. Mein nächster Roman, ›Schiffbruch mit Tiger‹, erscheint nächstes Frühjahr in England. Halt Ausschau danach.«

»Mache ich, versprochen. Wie heißt du?«

»Yann Martel.«

»Schiffbruch mit Tiger« gewann 2002 den hoch angesehenen Booker Prize.

Heute stand Yann natürlich nicht auf dem Platz, dafür aber Sabine. Wie machen sie das bloß, diese Wanderer? Ich lehnte mein Fahrrad an eine Bank und setzte mich zu ihr an den Tisch vor dem Café San Juan.

»Hallo. Du siehst echt wie eine Profiradlerin aus, Anne«, bemerkte sie und zog gelassen an ihrer Zigarette.

»Das soll ein Scherz sein, oder?«

»Nein. Du siehst wirklich so aus, mit all den Klamotten und dem schön bepackten Fahrrad.«

»Sabine, der Eindruck täuscht. Ich habe keine Ahnung von nichts.«

Sie nahm mich auch dann noch nicht ernst, als ich ihr meine zusammengeschrumpelten Doc Martens zeigte.

»Kauf dir einfach neue Schuhe«, riet sie. »Ich hatte eine schreckliche Blase von den alten Wanderstiefeln, also habe ich sie weggeworfen und die hier gekauft.«

»Kommt eigentlich aus diesem Café jemals irgendwer raus?«

»Nein, niemals!«, gab sie so trocken zurück, dass wir beide laut über unsere nicht zu leugnende Bedeutungslosigkeit im großen Weltzusammenhang lachen mussten.

Sabines gute Laune ließ mich hoffen, dass der Camino auf mich schon bald die gleiche Wirkung haben würde. Aber sobald ich den Ort verlassen hatte und mich wieder auf der Straße befand, wurde ich grausam daran erinnert, dass ich mich nicht auf dem echten Camino befand. Ein überdimensionierter Geländewagenpanzer kreuzte beim Linksabbiegen meine Spur und verfehlte um Haaresbreite mein Vorderrad. Fünf Minuten später schwebte ich erneut in akuter Lebensgefahr, als die Straße ohne jede Vorwarnung in die Autobahn A 13 nach Logroño überging.

Ein Zufahrtsweg zu einem Rastplatz rettete mich, und ein weiterer hilfsbereiter Rastplatzarbeiter wies mir schließlich den richtigen Weg. Ein rot gepflastertes Sträßchen, endlich der echte Camino, wand sich durch die funkelnden Weingärten von La Rioja, und sofort sah die ganze Welt schon viel freundlicher aus. Die Sonne schien. Sechs Pilger antworteten mir in amerikanischem Akzent, als ich sie nach dem Weg nach Logroño fragte. Ich ging lieber auf Nummer sicher, denn keinesfalls wollte ich in die falsche Richtung fahren und erneut in Pamplona landen.

Das unverwechselbare und einzigartige Markenzeichen von Logroño sind nicht die über rötlichen und weißen Mietshäusern aufragenden Turmspitzen der Kathedrale, sondern Doña Felisas selbst geschaffener und unumgänglicher Kontrollpunkt. Der Tisch aus verblichenem und abblätterndem Holz stand wie damals neben dem Weg vor dem knorrigen Baum, der ihr Haus aufrecht hielt. Allerdings war die grauhaarige, kräftige Frau, die die *credenciales* abstempelte, nicht Doña Felisa, sondern ihre Tochter María. Zwei rote Herzen in einem Kranz gelber Sonnenstrahlen zierten ein lackiertes Holzbrett, das an einen kurzen Pflock montiert war. Das Schild warb: »Feigen, Wasser und Liebe«, doch unter einem gezeichneten Krug Wasser mit Feigenblatt waren Neuigkeiten gekritzelt: »Früher Felisa. Jetzt Maria. Brot, Feigen und Liebe«. Was mochte mit Doña Felisa geschehen sein? Ich hoffte, sie war eines natürlichen Todes gestorben und nicht etwa der A 13 zu nahe gekommen. Und was war mit dem Wasser passiert? Nach den Softdrinks in Dosen zu schließen, die an einer Schnur vom Baum baumelten, hatte sich die Privatisierung der Betriebsmittel zwar auf Marías Freigebigkeit ausgewirkt, nicht aber auf ihr Erbe. Sie stempelte mein *credencial* mit der gleichen Autorität und *gravitas* wie ihre verstorbene Mutter, deren Name immer noch und wahrscheinlich bis in alle Ewigkeit den *sello* ziert.

Einst habe ich mich gefragt, welchen Sinn Felisas, heute Marías, eigentümliche Straßensperre hat. Jetzt nicht mehr. Logroños Hauptunterkunft an der Rúa Vieja war rappelvoll mit frisch aussehenden Pilgern, die ihre Füße in den Brunnen im Hof hängten. Dank Felisas, heute Marías Werbung war ich mit einer Alternative gerüstet. Auf Felisas, heute Marías Tisch war mir ein Stapel leuchtend gelber Werbezettel einer Herberge ins Auge gefallen, und ich hatte nur für den Fall des Falles einen in meine Satteltasche gesteckt. Der Fall war eingetreten, und so radelte ich hoffnungsfroh die Calle San Francisco entlang zu der Adresse, die auf dem kostbaren Faltblatt angegeben war.

Die Albergue Puerta del Revellín an der Plaza Martínez Flamarique 4 ist ein Geschenk des Himmels – eine nagelneue Herberge auf dem Gelände der ehemaligen Stierkampfarena, vom Himmel gesandt, um den Pilgerüberschuss in Logroño aufzunehmen. Betrieben wird sie von einer kleinen, äußerst energischen Unternehmerin, Blanca. Unter ihrem Anorak muss eine Bullenhitze herrschen, denn sie geht ihren Verrichtungen mit halsbrecherischer Geschwindigkeit nach. Innerhalb von zehn Minuten nach meiner Ankunft hat sie mein Fahrrad in der *bodega* verstaut, mir ein Bett an der Wand zugewiesen, mich durch die Duschanlage geführt, mein *credencial* gestempelt, mir am Tresen einen Stadtplan herausgekramt, ihre persönlichen Empfehlungen, wo man hingehen, was man sich ansehen und was man tun sollte, heruntergespult, mir ein Stück Kuchen serviert und mir erklärt, ich sei wirklich tapfer, allein zu radeln, aber ich sähe so müde aus, dass ich, wenn ich wollte, auch eine Nacht länger bleiben könne.

Ich bin tatsächlich müde, sehr, sehr müde. Die Hocker und Tische um mich her in der Bar Parlamento füllen sich mit Arbeitern, die sich nach einem langen Tag entspannen. Nur zu gern würde ich mich länger in ihrer anonymen Gesellschaft aufhalten, aber ich muss irgendwo in der Nähe der Herberge essen. Also trinke ich mein Weißbier aus, lese den jüngsten Verriss der Leistung unseres Torhüters Robert Green und mache mich dann auf in Richtung von Blancas Herberge. Die Lokalzeitung *Qué Es La Rioja* berichtet, die englische Presse habe »›Calamity Green‹ (den Katastrophen-Green)« nach seinem »kapitalen und schrecklichen Fehler gekreuzigt«. Kapital? Schrecklich? Ach, wirklich? Er hat einen Ball ins Netz gelassen, mehr nicht. England hat das blöde Spiel noch nicht einmal verloren. Warum schiebt man Robert alle Schuld zu? Für dieses spektakuläre Versagen ist das gesamte Team verantwortlich, nicht er allein.

Im Restaurant El Albero in der Nähe von Blancas Herberge sehe ich ein unverdientes Unentschieden zwischen Italien und dem glücklosen Paraguay und frage mich, wem die italienische Presse wohl dafür die Schuld geben wird. Und wen kann *ich* für meinen persönlichen *viacrucis*, den Kreuzweg, der mein Camino bislang war, verantwortlich machen? Niemanden. Es ist alles ganz allein meine Schuld.

Dienstag, 15. Juni 2010

Tag der Entscheidung in Logroño

Ich liege in der unteren Koje eines Doppelbetts im einzigen Schlafsaal von Blancas Herberge, finde keinen Schlaf und habe das Gefühl, überhaupt nie wieder schlafen zu können. Mir ist viel zu heiß in meinem Schlafsack, aber ich rühre mich nicht, um Sabine im Nachbarbett nicht zu wecken. Eigentlich bräuchte ich dringend eine kalte Dusche, doch mit der Aktion würde ich vierzig schlummernde Pilger aufstören. Wie spät es wohl ist? Da ich unmöglich mein piepsendes Handy einschalten kann, habe ich keine Ahnung, wie viel von dieser quälenden Nacht noch vor mir liegt.

Wie kann es bloß sein, dass im Nachbarbett Sabine liegt? Aber so ist es. Und irgendwo in der Nähe der Calle de los Portales schlummern zweifellos Barbara und Brigitte tief und fest in ihrer *pensión*. Sie alle werden am Morgen nach Navarrete oder sogar nach Nájera aufbrechen und mich zurücklassen. Denn eines weiß ich heute Nacht ganz sicher: Ich werde nirgendwohin aufbrechen, wenn es dämmert. Bevor ich nicht eine ganze Nacht lang durchgeschlafen habe – wann immer das auch sein mag –, weigere ich mich, irgendwo hinzuradeln. Ich werde noch mindestens einen Tag hierbleiben, wie Blanca schon geahnt hat. Deprimiert wegen der unleugbaren Tatsache, dass ich hinter die Wanderer zurückfallen werde, drücke ich mit einem tiefen Seufzer beide Handflächen gegen meine Stirn und hoffe, dass Sabine ihn nicht hört.

Wie kann es bloß sein, dass die Wanderer, die ich seit Trinidad kenne, mich überholt haben? Wo sind Alison und Ian? Ist dieses furchtlose Abenteurerpaar ebenfalls vor mir, auf dem Weg der Wanderer? Ich bewege mich nicht auf dem Weg der Wanderer fort, noch nicht einmal in der Nähe. Stattdessen trete ich gegen die geballte Macht der spanischen Speditionsunternehmen an, ob auf der N 110, der A 12 oder der A 13. Wenn es bloß das wäre, doch hinzu kommen Herkulesaufgaben wie steile kopfsteingepflasterte Anstiege, dunkle Tunnel und Brücken im Stile der von Mostar. Und die Belohnung für diesen Hindernisparcours ist was? Womit genau kann ich angeben?

Damit, dass ich an Römerstraßen vorbeigekommen bin? Dass ich aus dem Augenwinkel einen Blick auf Puente la Reina erhascht habe? Dass Estella ein Reinfall war? Dass ich die Kathedrale von Pamplona, die hinter mir dräute wie ein Schurke im Stummfilm, nicht einmal *bemerkt* habe? Was hat das alles für einen Sinn? Ich dachte, das Radeln würde mir mehr Zeit lassen, die Sehenswürdigkeiten zu besichtigen und andere Pilger kennenzulernen, doch Pustekuchen. Zwischen meiner Route und dem Weg der Wanderer liegen Welten. Wenn ich einmal einen Pilger auf dem Weg der Wanderer sehe, so sieht er mich nicht. Ich bin wie ein Geist in einer Geisterwelt, dessen flehentliche Bitten, ihn ins Reich der Lebenden zurückkehren zu lassen, ungehört verhallen.

Meine dunkle Nacht der Seele endet, als die Pilger sich auf den Weg machen. *Die Pilger.* Ich rechne mich nicht einmal mehr dazu. Das muss aufhören. Mein Bett ist das Einzige, das voller Gepäck liegt, als um acht Uhr die Putzfrau kommt, um für die nächsten müden Wanderer die Bettwäsche zu wechseln. Ich schnappe mir den Lozano und mache mich auf den Weg zum Pilgerinformationsbüro am anderen Ende der Puente de Piedra, die sich über den breiten Fluss Ebro spannt. Vielleicht gibt es dort jemanden, der mir helfen kann, mich auf dieser *viacrucis* zurechtzufinden.

»¡Buenos días, señora! En qué puedo ayudarle?« (Guten Morgen, gnädige Frau! Wie kann ich Ihnen helfen?), fragt lächelnd der Angestellte im Informationsbüro, der sich als Gonzalo vorstellt.

»Ich bin mit dem Fahrrad auf dem Weg nach Santiago«, erwidere ich heiser. »Ich bin von Saint-Jean aus über die Pyrenäen gefahren«, (wozu mein Licht unter den Scheffel stellen), »und gestern in Logroño angekommen. Aber ich habe ein paar Probleme. Schauen Sie, ich zeige es Ihnen.«

Meine klammen Hände schlagen den Lozano an der Stelle auf, an der die Strecke zwischen Los Arcos und Viana aufgezeichnet ist. »Ich bin auf dieser Straße, der alten N 111, die heute die N 1110 ist. Das ist doch nicht der richtige Camino, oder?«

»Nein«, sagt er.

»Und manchmal wird aus der Straße plötzlich die A 12. Und sehen Sie, wie weit diese Straße vom eigentlichen Camino entfernt ist?«

Gonzalo blickt auf die gepunktete rosa Linie, die den echten Camino zwischen Pamplona und Puente la Reina markiert. Zwischen ihr und der N 1110 klafft eine große Lücke.

»Sí«, stimmt er zu. »Sie liegen weit auseinander.«

Nachdem die Fakten also geklärt sind, ist es Zeit, um seinen Rat zu bitten.

»Wird das noch anders? In La Rioja vielleicht?«

»Moment mal, Ana«, sagt er. »Der Straßenverlauf ist inzwischen ganz anders. Haben Sie keine Karten dabei?«

»Nein. Ich dachte nicht, dass ich welche brauche. Ich bin den Camino vor neun Jahren gegangen, und die Radfahrer fuhren den gleichen Weg wie ich. Ich dachte, ich würde mit meinem Fahrrad auch den richtigen Camino fahren, einfach den gelben Pfeilen folgen. Aber es ist alles anders.«

Wenn Gonzalo nun irgendein Zeichen von Verdruss oder Geringschätzung zeigt, werde ich augenblicklich in Tränen ausbrechen. Aber er bückt sich hinter seinem Tresen und taucht mit Landkarten der Provinzen La Rioja und Burgos wieder auf. Er faltet die beiden Karten auseinander, legt sie übereinander und wir studieren gemeinsam den aktuellen Verlauf des Camino in La Rioja.

»Die Straße, die Sie von Logroño aus nehmen müssen, ist die N 120«, erklärt er.

Selbst mit meinem leicht vernebelten Blick erkenne ich, dass große Strecken der wichtigen Route A 12 heißen.

»Aber ...«, platze ich heraus und drücke meinen Finger fest auf eine gefährlich dicke Linie.

»Sí«, unterbricht mich Gonzalo. »Die A 12 hat inzwischen an mehreren Stellen die N 120 ersetzt. Diese Abschnitte werden Sie umfahren müssen.«

»Und wie soll ich das anstellen?«

»Bitten Sie jeden Morgen den *hospitalero*, Ihnen die beste Fahrradstrecke für den jeweiligen Tag zu beschreiben. Die kennen sich in der Umgebung aus.«

»Und Burgos? Wie ist es dort?«

Gonzalo schwenkt die obere Karte beiseite wie ein Matador den roten *capote de paseo*, und darunter kommt Burgos zum Vorschein.

»Ja, da sieht es besser aus. Dort wurde mit dem Bau der A 12 gerade erst begonnen, die N 120 existiert fast überall noch. Da werden Sie viel besser zurechtkommen.«

»Aber der Camino, wo ist der?«

»Hm. Hier.«

Meine Hoffnung, in der nächsten Provinz könnte alles besser werden, zerschlagen sich, als ich die riesige Entfernung zwischen der N 120 und dem Camino erkenne. Unüberbrückbar wie der Grand Canyon.

»Ja, das bleibt ein Problem für Sie. Der Camino liegt stellenweise zwanzig Kilometer von der Straße entfernt.«

»Eine Fahrradroute ist schon mal nicht schlecht. Aber das ist nicht der Camino, richtig?«

»Genau. Der Weg für die Fahrräder ist *distinto* (ein ganz anderer).«

»Die einzige Lösung wäre, auf dem Camino selbst zu radeln, oder? Aber mein Fahrrad taugt nur für die Straße und mein Gepäck ist viel zu schwer.«

»Und Sie sind jetzt zehn Jahre älter.«

»Neun.«

Wir schütteln einander die Hand und ich danke ihm für seine wertvolle Hilfe.

»Das ist mein Job«, wehrt er bescheiden ab.

»Na, Sie machen ihn jedenfalls großartig. Ich werde heute eine schwerwiegende Entscheidung treffen müssen. Ich glaube, ich weiß schon, was ich tun werde.«

»Viel Glück. ¡Buen Camino!«

Ich könnte mir die Haare raufen und mit den Zähnen knirschen, so wütend bin ich über meine Riesenblödheit. Voll Trauer um meinen verlorenen Camino schleppe ich mich vorwärts. Bei Planeta Agua, einem Laden an der Avenida Navarra, der Wanderer mit »allem, was man für einen buen Camino braucht« ausrüstet, bleibe ich stehen, um mir die Öffnungszeiten zu merken. Ich werde zu Fuß weitergehen. Jetzt oder nie. Gleich von hier aus, denn Logroño ist eine große Stadt, in der ich alles kaufen kann, was ich für einen »buen Camino« brauche, und wo ich das Fahrrad in Blancas *bodega* abstellen kann. Bei unserer kurzen Begegnung gestern Abend schien sie Radfahrern gegenüber aufgeschlossen – zum Beispiel müssen wir nicht auf ein Bett warten, bis alle Wanderer bedient sind. Außerdem hat sie mir eine weitere Übernachtung angeboten, so als wüsste sie, dass ich mit mir kämpfe. Wenn nötig, werde ich vor ihr auf die Knie sinken. Dabei kann ich die momentan nicht einmal beugen.

Ich marschiere direkt in die Calle de los Portales, um mir in einem Buchladen namens Cerezo Inspiration zu holen. Seltsamerweise fühle ich mich nämlich nach meiner folgenschweren Entscheidung keineswegs erleichtert.

»Wo ist die Abteilung über den Camino?«, frage ich einen Angestellten, der, den Arm voller Bücher, auf einer Leiter steht.

Er führt mich zu den Reiseführern und beginnt sie aus dem Regal zu ziehen. Aber die Hilfe, die ich brauche, werde ich nicht in einem weiteren Führer finden. Ich habe ein spezielles Buch im Kopf.

»Entschuldigen Sie, ich meinte nicht die Führer. Haben Sie ein Buch von Hans-Peter Kerkeling? Über seine Pilgerreise auf dem Camino?«

»Mehr so ein Roman?«

»Ja, so was Ähnliches.«

»Bitte, hier ist es. Der Autor ist Deutscher, nicht wahr?«

»Ja, das ist er.«

Ich habe noch nie eine spanische Ausgabe von Hans' Buch – es heißt hier »Bueno, me largo« – in der Hand gehabt, und er vielleicht auch nicht. Auf dem Einband geht ein Pilger eine Straße entlang auf ein Schild mit dem Muschelsymbol zu. Der breite Rücken des Manns kommt mir bekannt vor, aber alles andere erscheint mir seltsam. Ich kenne keine lolliförmigen Camino-Schilder. Der Rucksack, den Hans trägt, ist nagelneu und wäre mit den elf Kilo überflüssigen Gepäcks, die er 2001 herumschleppte, geplatzt. Und er hat sich zwar Mühe gegeben, auf der Reise inkognito zu bleiben, sich aber nicht so einen Army-Sonnenhut aufgesetzt. Dieses unechte kleine Camino-Idyll hat so wenig mit meinem harten Kampf zu tun und macht mich so wütend, dass ich das Buch rasch aufschlage, um mich an die wahren Begebenheiten zu erinnern.

»Agradezco a Anne y a Sheelagh [sic] las experiencias compartidas« (Anne und Sheelagh danke ich für die gemeinsamen Erfahrungen) stellt Hans dem Buch voran. Gemeinsame Erfahrungen? Die zu machen ist dieses Jahr so unrealistisch wie das Cover und ebenso außer meiner Reichweite, wie es der echte Camino bisher gewesen ist. Es tut mir weh, diese Worte auch nur anzusehen, und ich blättere nach einem Foto, das mich vielleicht mehr motiviert. Hier ist eins: Shelagh und ich stehen im Regen in Galicien und starren mit grimmigen Mienen in die Kamera. Wir sehen genauso erbärmlich aus, wie ich mich jetzt fühle, und trotzdem machen mir die alten Fotos Mut. Typisch und wenig schmeichelhaft für mich ist, dass ich in dem uralten Regenmantel meiner Mutter dastehe, den Rucksack mit einer Plastiktüte abgedeckt, während sich in Shelaghs wasserdichtem Poncho, der auch über den Rucksack hängt, ihr vorausschauendes und umsichtiges Denken zeigt. Hätte ich doch nur diesmal vor dem Start über planerische Fähigkeiten verfügt. Doch immerhin hatten wir es beide bis nach Santiago geschafft, oder etwa nicht? Die Bildunterschrift jedoch, »Unschätzbare Bereicherung: Freunde auf dem Weg zu haben«, streut noch mehr Salz in meine Radfahrerwunden. Was für Freunde? Unter einem anderen Bild, auf dem Hans und ich Lippenstift zu tragen scheinen (was nicht der Fall war!), steht: *Compañeros peregrinos* (Pilgerweggefährten*)*. Meine Stimmung sinkt unter den Nullpunkt. Gefährten? Wo sind sie jetzt? Shelagh ist mit ihren Töchtern in Irland und Hans wahrscheinlich im Winterpalais in Sankt Petersburg, wo er dem deutschen Fernsehpublikum seine Weltgeschichte vorstellt.

Ich wende mich dem Foto von Hans auf der Umschlagklappe zu. Diese Aufnahme, die ich vor einem *hórreo*, einem Getreidespeicher, in Galicien gemacht habe, kennen auch seine deutschen Leser. Er trägt darauf sein ewiges hellblaues Jeanshemd, und hält einen jener schweren, unpraktischen Wanderstöcke in der Hand, die sich deutsche Pilger gern an die Schlafzimmerwand hängen. Sein Gesichtsausdruck strotzt vor guter Laune. Wenn ich mich aus diesem Schlamassel retten und irgendetwas von dieser schlecht geplanten Odyssee mitnehmen kann, werde ich dann auch diesen inneren Frieden finden? Ob ich überhaupt noch mal aus dem Sumpf dieser Niedergeschlagenheit herauskomme? Hans scheint mir mit der letzten, herausfordernden Behauptung, die ich lese, genau diese Frage zu stellen: »El camino te plantea sólo una pregunta: ›¿Quién eres?‹« (Der Weg stellt jedem nur eine Frage: »Wer bist du?«) Ich weiß es nicht. Ich weiß überhaupt nicht, wer ich bin.

Ich nehme das Buch nicht mit – ich brauche die zwanzig Euro nötiger als Hans, denn ich muss jetzt alles kaufen, was ich für einen »buen Camino« benötige. Immerhin zweifle ich nicht mehr daran, dass ich einst eine Pilgerin war. Ich versuche mich wieder als solche zu fühlen und schlendere durch den Regen zur Kirche Santiago el Real. Mein Handy piepst in meiner Tasche, und ich bleibe auf der engen Calle Santiago stehen, um nachzusehen, wer sich da meldet. Es ist Hans-Peter Kerkeling.

»What's up pilgrim? Wie geht's? Hast du Spaß? Gott segne dich. Hans.« Hat er telepathische Fähigkeiten? Spürt er in Sankt Petersburg, was für Probleme ich habe? Oder ist es einfach ein Riesenzufall? »Was ist los, Pilgerin?« Alles ist los. »Wie geht's?« Scheiße geht's. »Hast du Spaß?« Natürlich nicht. Ich gebe den Kampf gegen die Tränen auf, den ich schon den ganzen Morgen führe. Zwei Möpse, die in den Rinnstein urinieren, blicken zu mir hoch, als sie mein ersticktes Schluchzen hören. Der Besitzer, der in dem starken Nieselregen seelenruhig eine Zigarette raucht, sieht ihnen ohne jede Spur von schlechtem Gewissen zu. Wenn es so weitergeht, wird die Straße bald von Urin, Regen und Tränen überschwemmt sein. Am liebsten würde ich Hans die berühmte Verszeile von Stevie Smith schicken: »I'm drowning, not waving« (Ich ertrinke, ich winke nicht), gebe aber schließlich dem Melodram den Vorzug und tippe:

»Ich stecke in einer Krise. Radfahren zu gefährlich. Ich gebe auf.«

Die Hunde und ihr Besitzer sind um eine Ecke verschwunden und haben mich unter dem riesigen Steinrelief über der Kirchentür, das Santiago Matamoros (was so viel wie Maurentöter heißt) darstellt, allein gelassen. Die Kirche ist leer, und keiner hört, dass von Hans eine SMS zurückkommt.

»Ok ... ruhig Blut! Lass dir nur Zeit ... mach ein paar Tage Pause! Erzwing es nicht ... lass es laufen. Und denk bloß nicht daran aufzugeben!«

Ein paar Tage pausieren? Das geht nicht! Ich habe schon so oft unterbrochen, dass ich das Gefühl habe, hinter meinen Ausgangsort zurückgefallen zu sein. Das kann Hans natürlich nicht wissen, denn ich habe ihm bisher nichts von dem »Fahrraddebakel« erzählt, sondern gehofft, dass das Blatt sich wendet.

»I'll let you have all the outcomes of the England plays. (Ich lasse dich immer wissen, wie die England-Spiele ausgegangen sind.) Werden aber nicht allzu viele Ergebnisse sein, denn ... Deutschland wird die WM gewinnen! Ultreya Pilgerin! Alles Liebe, Hans.«

Was Deutschlands WM-Sieg betrifft – was versteht er schon von Fußball? Mein nächster Versuch, vernünftig zu klingen, steht in krassem Widerspruch zu meiner Behauptung, schon so gut wie tot zu sein. Aber ich kann es mir einfach nicht verkneifen, zum Abschluss noch ein bisschen zu jammern.

»Ok. Ich werde heute Pause machen. Das Fahrrad stehen lassen und morgen zu Fuß weitergehen. War schrecklich. Muss dauernd weinen.«

»Stell dir vor, ich wäre da ... :-) Lächle! Sofort! England wird die WM gewinnen! Ok?!«

Es ist unmöglich, mir Hans hier vorzustellen – das einzige Fahrrad, auf dem ich ihn je gesehen habe, ist das Fitnessgerät in seiner Wohnung, auf dem er ein paar Minuten in die Pedale tritt, um dann abzuspringen und mit einer Zigarette wieder zu Atem zu kommen. Aber sein grotesker Scherz über England ringt mir eine bittersüße Grimasse ab. Zwar lächle ich nicht sofort, wie er es verlangt, aber immerhin habe ich aufgehört zu weinen. Im Unterschied zu der verzweifelten Frau in der Bibel, die auf dem Lesepult unter den Altartreppen liegt. Auf dem kolorierten Bild fließen ihre Tränen so reichlich, dass sie mit ihnen Jesu Füße waschen kann.

»Dein Vertrauen hat dich gerettet; geh hin in Frieden«, spricht Jesus und vergibt ihr ihre Sünden.

Das ist es! Ich muss Vertrauen haben. Aber in was? In mich selbst, aber auch in andere. Alles, was ich bis hierher erreicht habe, ist durch die Hilfe anderer möglich geworden, und das Vertrauen in sie darf ich jetzt nicht verlieren. Der heilige Jakob auf dem *retablo* hinter dem Altar grüßt mich aus seiner gemütlichen Nische. Irgendetwas an seinem Stab lässt ahnen, dass man den Camino *zu Fuß* bereisen sollte. Es ist Zeit zu gehen.

Auf dem Weg nach draußen bleibe ich vor einer Mater dolorosa stehen. Wie können Katholiken angesichts so unbarmherziger Qual ihren Humor bewahren? Ich zünde eine Kerze an und frage mich dann, warum es so verbrannt riecht. Der Ärmel meiner Jacke, des einzigen echten Fahrradbekleidungsstücks, das ich besitze, ist versengt. Dort, wo unbemerkt eine Flamme ihn angeleckt hat, zeigt sich eine kleine Brandspur. Maria tut ganz unschuldig, aber wenn das nicht ein Zeichen des Himmels ist, dass meine Fahrradtage vorbei sind, dann weiß ich auch nicht.

Planeta Agua hat noch geöffnet, aber bevor ich hineingehe, brauche ich unbedingt einen Kaffee. Das Eingeständnis einer Niederlage erfordert Vorbereitung. Cafés und Kirchen gibt es in Spanien überall, wo man sie braucht, und so übe ich in der Eisdiele Chup Chup ein paar Türen weiter eine würdige Stellungnahme über meine Gründe ein, nicht mehr mit dem Fahrrad weiterzufahren. Der gut aussehende Angestellte im Planeta Agua ist nicht Jake Gyllenhaal, wie mir erst scheint, sondern heißt Guillermo. Dass er wie ein Filmstar aussieht und mein tränenverschmiertes Gesicht verhärmt wirkt, bringt mein Selbstvertrauen in den Keller. Zumal meine ehemals schicke Jacke, inzwischen mit Fahrradöl verschmiert und jetzt auch noch angekokelt, aussieht wie ein verknitterter Lumpen. Jedenfalls habe ich den angenehmeren Anblick, solange wir uns sprachlos anstarren und ich die nötigen spanischen Sätze hervorkrame.

»¡Buenos días!«, beginne ich und versuche, meine zitternde Stimme fest klingen zu lassen.

»¡Buenos días!«, entgegnet er lächelnd. »Was kann ich für Sie tun?«

Eine umfassende Antwort auf diese Frage würde ihn den ganzen Tag in Anspruch nehmen. Da ich kein Wort herausbringe, drehe ich mich nur um und zeige auf das Regal mit den Wanderstiefeln hinter mir. Nach seiner sachverständigen Interpretation meiner Zeichensprache zu schließen hat Guillermo schon öfter Frauen am Rande eines Nervenzusammenbruchs Wanderstiefel verkauft.

»Welche Schuhgröße haben Sie?«, fragt er, während er mit mir zu den Regalen geht.

»Also, diese Schuhe sind Größe 37«, entgegne ich mit Blick auf meine pelzbesetzten Doc Martens mit dem weißen Wasserrand, der meine Dummheit grausam zur Schau stellt.

Er knallt vier Paar Synthetikstiefel auf den Tisch, und dann beginnt meine Wandlung. Mit jedem Paar, das ich probiere, wird ein Stück weit realer, dass ich eigentlich eine Wanderin bin. Um meine Wiedergeburt komplett zu machen, empfiehlt Guillermo einen Dreißig-Liter-Rucksack.

»Da werden meine Sachen kaum reinpassen«, erkläre ich.

»Was da nicht reinpasst, sollten Sie nicht mitnehmen«, antwortet er trocken.

Als ich in die Albergue Puerta del Revellín zurückkehre, wirft Blanca einen Blick in meine riesige Einkaufstüte, schaut dann in meine trüben Augen und ergreift meine Hände.

»Setzen Sie sich! Setzen Sie sich!«, befiehlt sie.

Dann nimmt sie mir die Tüte ab, zieht einen Stuhl herbei, holt für sich selbst auch einen und setzt sich mir gegenüber. Dabei lässt sie mich diese ganze Zeit über nicht los. Selbst als ich Platz nehme, hält sie immer noch meine Hände. Das ist Blancas erstes Wunder.

»Ich wollte Ihnen schon nahelegen, das Fahrrad hier zu lassen«, verrät sie, »aber ich sehe, Sie haben selbst diese Entscheidung getroffen.«

»Woher wussten Sie ...?« Ich schniefe, nehme meine Brille ab und wische meine Tränen weg.

»Wenn Sie wüssten, wie viele traurige, einsame Radfahrer hier schon angekommen sind!«

»Ach! Wirklich viele?«

»¡Si! Und auch viele junge!«

»Junge? Tatsächlich?«

»¡Si, hay muchos! (Ja, viele!) Sie fahren mit ganz bestimmten Vorstellungen los und müssen dann feststellen, dass alles ganz anders ist.«

»Genau das ist mir passiert! Ich dachte, den Camino mit dem Rad zu machen, wäre einfacher, als zu laufen wie damals. Aber es ist schwerer, *viel* schwerer.«

»Das stimmt. Die Radfahrer haben viel mehr Probleme als die Wanderer. Und wenn sie allein sind, ist es noch schlimmer. Nicht viele Frauen radeln allein wie Sie. Da muss man in einer Gruppe sein, in der man einander helfen kann.«

»Das weiß ich jetzt auch. Und noch etwas, Blanca – es ist ja nicht mal der Camino! Wissen Sie, wie weit abseits des Camino die Straße verläuft? Gonzalo hat mir erklärt, in Burgos wird es noch schlimmer!«

»Ach, Sie waren bei Gonzalo? Gut gemacht. Er ist sehr hilfsbereit. Aber jetzt brauchen Sie sich keine Sorgen mehr zu machen. Sie haben sich richtig entschieden.«

»Aber Blanca, ich bin zweiundfünfzig. Ich hätte das vorhersehen müssen. Warum mache ich immer wieder so blöde Fehler?«

»Sehen Sie doch mich an! Ich bin dreiundsechzig und mache immer noch Fehler! Und ich bin froh darüber! Wissen Sie, warum?«

»Warum denn?«

»Weil das bedeutet, dass ich noch lebe!«

»Aber ich bin den Camino doch schon gegangen. *Diesen* Fehler hätte es nicht gebraucht!«

»Das ist egal. Die einzigen Menschen, die nie Fehler machen, sind die, die überhaupt nichts tun. Ich habe diese Herberge vor einem Jahr eröffnet, weil ich nicht sein will wie sie. Wir müssen aktiv bleiben. Ich werde Fehler machen, bis ich sterbe.«

Blancas Worte erfüllen mich mit dem Optimismus, der mir unterwegs, irgendwo zwischen Trinidad und Logroño, abhandengekommen war. Das ist Blancas zweites Wunder.

»Also«, meint sie dann, »packen Sie in ihren neuen Rucksack, was reinpasst, und lassen Sie den Rest mit dem Fahrrad zusammen hier.«

Zwei Stunden später befestigen wir die schweren Packtaschen und die Satteltasche in der dunklen *bodega* an meinem Fahrrad und schließen die Tür hinter uns. Tasche 1 und 2 mit den umfangreichen Listen existieren nicht mehr. Die Satteltasche ist Geschichte. Und das Fahrrad, na ja …

»¡Hasta la vista!« (Bis dann!)

Blanca ist noch nicht fertig mit mir. Sie schickt mich zum Busbahnhof, damit ich erkunde, welche Gesellschaft mich und das Fahrrad am Ende meines Camino von Logroño nach Bayonne bringen wird. Den ganzen Nachmittag über jagt sie mich herum wie ein Tischfußballfigürchen, aber ich bin eine gefügige Spielerin. Ihre Freundlichkeit hat meinen gewohnten Widerstand Autoritäten gegenüber so mühelos aufgeweicht wie eine Kerzenflamme einen Ärmel verbrennt. Als ich mit den hochwichtigen Auskünften des Busunternehmens Estellesa zurückkomme, reicht sie mir eine Liste von Telefonnummern, damit ich meine Hotelübernachtung in Logroño im Juli buchen kann. An der Wand hinter ihrem Rezeptionstisch steht auf einem handgeschriebenen Schild »Hospitalera: Blanca«. Besser wäre »Santa: Blanca«.

»Gracias por todo«, sage ich.

»Ich habe gar nichts gemacht. Jetzt gehen Sie was essen und schauen ein bisschen Fußball«, sagt sie, scheucht mich fort und widmet sich wieder ihrer Arbeit, bereit, heute Abend neue Pilger willkommen zu heißen.

Im El Albero verfolge ich auf dem Bildschirm, wie Nordkorea Brasilien im Fußball zu schlagen versucht – ein noch unrealistischeres Unterfangen als meine hirnverbrannte Idee, nach Santiago zu radeln. Die Trennwand des *comedor,* des Gastraums, ist mit Fotos der Beatles und Marilyn Monroe gepflastert. Alle strahlen so glücklich, als würde ihr zauberhaftes Leben nie zu Ende gehen. Und doch sind drei dieser Leben bereits vorbei, endeten zu früh und zu tragisch. Ich hole tief Luft und freue mich daran, dass ich ohne das Fahrrad länger leben werde.

»Auf das Leben«, denke ich, als ich mein Glas Rioja hebe und über Blancas Bescheidenheit nachgrüble. »Ich habe gar nichts gemacht«, hat sie gesagt. Blanca hat (unter Mithilfe von Gonzalo und Guillermo) alles getan, um meine Hoffnung wieder aufkeimen zu lassen. Der Camino hat mir die Frage gestellt: »Wer bist du?« Sicher bin ich mir immer noch nicht, aber eines weiß ich – dass ich morgen mit den anderen Pilgern zusammen den gelben Pfeilen folgen werde, auf dem Weg der Wanderer.

La Rioja

Logroño – Santo Domingo de la Calzada

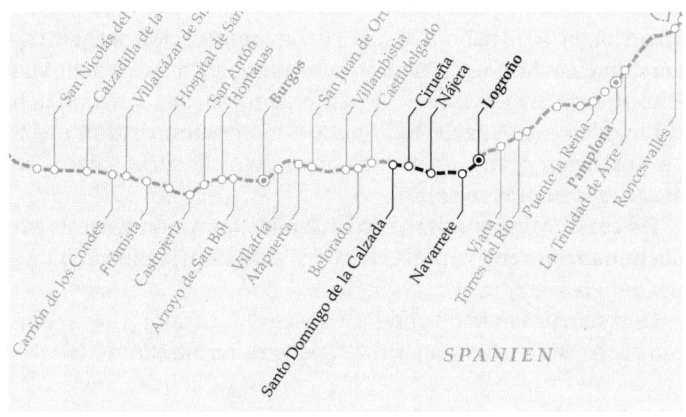

Mittwoch, 16. Juni 2010
Logroño – Navarrete | 13 Kilometer

Freitag, 18. Juni 2010
**Nájera – Santo Domingo de la Calzada |
20,8 Kilometer**

Samstag, 19. Juni 2010
Santo Domingo de la Calzada

Mittwoch, 16. Juni 2010

Ich wandere 13 Kilometer von Logroño nach Navarrete

Als an diesem Morgen die deutschen Christen aus meinem Schlafsaal vor Blancas Herberge Lieder anstimmen, mache ich gerade meine ersten Schritte auf dem Camino. *Meine ersten Schritte.* Endlich habe ich zu einer aufrechten Körperhaltung zurückgefunden, und meine Füße scheinen in den weichen Socken und elastischen Schuhen regelrecht zu schweben. Ich fühle mich wie neugeboren. So muss es unserer berühmtesten zweibeinigen Ahnfrau Lucy ergangen sein, als sie aus dem Geäst auf festen Boden sprang.

Diese Bäume behindern nur unser Fortkommen, wird sie gedacht haben. Wenn wir im Leben was erreichen wollen, müssen wir gehen.

Und so wurden Lucy und ihre Spezies, Australopithecus afarensis, zu den ersten Pilgern. Was sehr zu ihrem Vorteil war.

Erstes Opfer meines Jagdtriebs ist ein Kaffee – das hätte Lucy vor drei Millionen Jahren in der afrikanischen Savanne sicherlich genauso gehalten. Um neun Uhr betrete ich das Café Moderno, eine Stunde später sitze ich immer noch dort. Die Kellnerin hat alle Hände voll zu tun. Ich bin an diesem trüben Morgen so glücklich darüber, einfach nur am Leben zu sein, dass ich still meinen Kaffee genieße und ohne Murren auf mein Thunfisch-Brötchen warte. Ich kann es mir leisten, geduldig zu sein, denn ich habe beschlossen, meinen ersten Tag als Wanderpilgerin geruhsam anzugehen und nicht weiter als bis Navarrete zu marschieren, das dreizehn Kilometer von Logroño entfernt liegt.

Das Café Moderno ist alles andere als modern. Die Holzvertäfelung und der Marmor stammen noch aus dem Jahr 1914, als es unter dem Namen Café Madrid eröffnete. Die Uhr mit der runden Walnusseinfassung, die von der Decke hängt, nervt mich. Ihre Ziffern und Zeiger sind so groß, dass ich das Verstreichen der Zeit nicht ignorieren kann. Wäre das Frühstück noch ein wenig später gekommen, hätte ich das Gefühl gehabt, seit Beginn des Ersten Weltkriegs darauf zu warten. Auf einmal habe ich es mit dem Losgehen so eilig, dass ich die eine Hälfte des Brötchens für später in den Rucksack stopfe und die andere so schnell hinunterwürge, wie Lucy dereinst wahrscheinlich ihre Früchte verschlungen hat.

Bevor ich das »Fahrraddebakel« und Logroño hinter mir lasse, statte ich der Kirche Santiago el Real einen letzten Besuch ab. Die Sünderin aus der Bibelgeschichte weint immer noch ihre heißen Tränen. Ich weiß aus eigener Erfahrung, dass sie sich wieder fangen wird – auch mein Kummer vom Vortag ist verflogen. Wie merkwürdig – die Spitze des Wanderstabs des heiligen Jakob im *retablo* scheint zu leuchten. Das muss ein Sonnenstrahl sein, der irgendwo von oben durch das Dachgebälk dringt. Ich kann aber beim besten Willen nicht ausmachen, woher der Sonnenstrahl kommt. Was ist das bloß? Das war gestern noch nicht zu sehen, ganz bestimmt nicht. Es funkelt wie ein Stern. Jetzt muss ich wirklich gehen, sonst fange ich noch an, an Zeichen und Wunder zu glauben.

Kaum schreite ich durch die Puerta del Camino, das Tor der Stadtmauer, das in den modernen Teil des Ortes führt, da beginnt es zu regnen. Zwei Stunden lang prasseln Regentropfen wie scharfe, kalte Pfeile in mein Gesicht. Doch mit jedem Schritt lasse ich die Stadt weiter hinter mir, und allmählich lässt auch der Regen nach. Nun sehe ich die Hügel links und rechts des Wegs, adrett mit Reihen von Weinreben bepflanzt. Die Trauben sind zum Greifen nahe. Ich wandere durch die Weinfelder von La Rioja, endlich auf dem Weg der Wanderer.

Einige durchnässte Pilger haben sich unter einer Plane zu einem Picknick inmitten der Weinstöcke versammelt. Ich knabbere an einem Keks und verfolge, wie *El Peregrino Pasante*, ein Mann mit weißem Rauschebart, vor den tropfnassen Zuhörern seine Gedanken entwickelt. Niemand spricht mich an, und einen Augenblick lang frage ich mich, ob man mich überhaupt bemerkt hat. Meine Angst, immer noch so geisterhaft zu sein wie als Radfahrerin, verfliegt im Nu, als eine Frau mich mit einer freundlichen Geste einlädt, Platz zu nehmen und mitzuessen. Zufrieden, mit der flüchtigen Welt der Pilger in Kontakt gekommen zu sein, schlage ich ihr Angebot aus und steige auf die kleine Anhöhe, einem Geräusch entgegen, das nur eine Ursache haben kann – die A 12. Ein Maschendrahtzaun trennt mich vom Verkehr, der dort in einem Graben durch den Nieselregen rauscht. Ich beschaue mir die Autos von oben, als entstammten sie einer ganz anderen Dimension. Und so ist es ja auch.

Navarrete liegt jenseits der Weinfelder auf der anderen Seite der Straße. Bibbernde Pilger schälen sich im Foyer der Herberge aus ihren tropfnassen Ponchos und nesteln aufgeweichte Schnürsenkel auf. Unser ehrenamtlicher *hospitalero* Paco besteht vernünftigerweise darauf, dass wir alle unsere Stiefel mit den dicken Lehmklumpen aus den Weinfeldern auf den Schuhregalen abstellen, bevor wir die uns zugewiesenen Betten ein Stockwerk höher aufsuchen. Meins ist die Nummer 7 in Schlafsaal 1. Dort angekommen stelle ich fest, dass sämtliche Kleider in meinem Rucksack feucht geworden sind. Ich sage es Paco, als ich unter Vorlage meines gestempelten *credencials* die fünf Euro Übernachtungsgebühr entrichte, und der geht mit mir zum Trockenraum. Auf dem Weg dorthin kommen wir an einem großen, schlanken Mann vorbei, der im Esssaal eine Schaumstoffmatte ausgerollt hat und auf dem Kopf stehend inmitten der kauenden und schlürfenden Pilger gelenkig Yogaübungen vollführt. Ich beschließe, dass *ich* in der Kneipe nebenan zu Abend essen werde.

Es gehörte gewiss nie zu meinen Lieblingsbeschäftigungen, neben einem Wäschetrockner zu sitzen, doch im Augenblick beobachte ich die herumwirbelnde Wäsche ebenso zufrieden wie eine andere Pilgerin, Kim aus Korea.

»Wie haben Sie denn das gemacht?«, fragt Paco Kim auf Spanisch, halb überrascht, halb verärgert.

Die junge Pilgerin schaut ihn erschrocken an. Auch ich frage mich, was Kim wohl angestellt haben kann.

»Er möchte wissen, wie du die Maschine angestellt hast«, sage ich zu ihr auf Englisch.

»Nur der *hospitalero* darf den Trockner einschalten. Und überhaupt, wie haben Sie das bloß hingekriegt?«, fährt Paco fort und beugt sich über das Schaltbrett, als hätte Kim den Zugang zu Narnia gefunden. »Ein Wunder auf dem Camino«, würde ich am liebsten rufen, um Kim aus der Klemme zu helfen. »Sie hat bloß mit den Fingern geschnippt, und schon lief wie von Zauberhand das Trockenprogramm 4 an. Ich habe es mit eigenen Augen gesehen.«

»Er sagt, dass nur er die Maschinen bedienen darf. Wie hast du das überhaupt gemacht?«, frage ich sie stattdessen.

»Oh, äh, nun ... ich habe das da gedrückt. War das nicht in Ordnung?«, fragt Kim ängstlich.

Paco und ich betrachten »das da«. Es ist eine Schalttafel ohne Blende mit blanken Drähten, der ich mich nicht einmal in Gummistiefeln und Gummihandschuhen mit einem Holzstöckchen nähern würde. Daneben klebt ein Zettel mit der englischen Aufschrift: »Don't touch!« (Nicht berühren!)

»Da steht ›Nicht berühren‹!«, erklärt Paco auf Englisch.

»Ich dachte, damit ist was anderes gemeint«, sagt Kim kläglich unter dem Stirnrunzeln von Paco.

Was anderes? Was denn?

Paco stempelt gerade die *credenciales* der Neuankömmlinge ab, als ich auf dem Weg zum Lokal nebenan an der Rezeption vorbeikomme.

»Um wie viel Uhr ist denn heute die Abendmesse, Paco?«, frage ich.

»Keine Ahnung. Ich bin aus Barcelona.«

Darüber muss ich noch lachen, als ich auf die gepflasterte Passage unter der Kolonnade trete. In der Bar Los Arcos erkenne ich eine Frau wieder, die mit dem heutigen Tag ebenso zufrieden zu sein scheint wie ich. Ich habe sie unter der Plane mit dem *El Peregrino Pasante* gesehen. Das Weltmeisterschaftsspiel im Fernsehen läuft erst seit fünf Minuten, als ich mich mit meinem Bier an den rauchenden Fußballfans von Navarrete vorbeischiebe und mich an den Tisch dieser freundlichen Pilgerin setze.

»Hallo! Wir kennen uns doch! Hast du mir nicht dort draußen im Weinfeld Schinken angeboten?«

»Ja, das war ich. Und ich kenne dich auch.«

Klar kennt sie mich, wir haben uns doch erst vor drei Stunden gesehen.

»Freut mich, dich hier zu treffen. Ich heiße Anne.«

»Ich weiß.«

»So?«

»Ja. Hast du den Camino nicht schon mal 2004 gemacht?«

»Nein, 2001.«

»Mit Hape Kerkeling?«

»Ja! Das bin ich.«

Ewelina stammt aus Stuttgart und ist genauso erpicht darauf wie ich, ihren Camino mit der Weltmeisterschaft unter einen Hut zu bringen. Ich gehe wie selbstverständlich davon aus, dass sie in diesem Spiel für Spanien ist, weshalb ich nicht mit ihrer Reaktion auf das absurde Tor der Schweiz gegen unser Gastland in der zweiten Halbzeit rechne.

»Hurra!«, ruft sie, verschluckt den Freudenschrei aber aus Respekt vor den bestürzten Dorfbewohnern.

»Ewelina! Du bist für die Schweiz?«

»Ich wohne nur hundertfünfzig Kilometer von der Schweiz entfernt«, antwortet sie. Ihre Augen leuchten immer noch.

»Nach dieser Logik müsste ich für Frankreich sein. Von mir aus sind es kaum fünfzig Kilometer über den Kanal«, stelle ich fest, und dann stoßen wir auf die Schweiz an.

Der Sieg der Schweiz über Spanien ist die bislang größte Überraschung der WM. War es bloß ein Glückstreffer, vielleicht gar ein Wunder, oder doch nur der gerechte Lohn dafür, dass die Schweizer dem Angriff der Spanier so lange standgehalten haben? Ich bevorzuge letztere Interpretation, weil sie so gut mit meiner übereinstimmt und zu meiner Erfahrung dieses Tages passt: Gib niemals vor dem Schlusspfiff auf. Vielleicht stellst du fest, dass der Erfolg die ganze Zeit zum Greifen nahe war und nur auf dich gewartet hat. Nicht am Anfang, nicht mittendrin, aber am Ende. Wozu ist es dann überhaupt gut, mittendrin zu sein? Ich beschließe, einen Camino-Priester danach zu fragen und lasse Ewelina mit Brigitte aus München, die sich auch zu uns gesetzt hat, am Tisch zurück.

Es regnet wieder, aber die Kirche bietet mir keinen Schutz, weil ich nicht hineinkomme. Ich stehe vor der Treppe unter meinem Regenschirm und warte ab, bis die gefühlt gesamte Einwohnerschaft von Navarrete aus der Kirche geströmt ist. Sie drängen sich um einen Leichenwagen, in den Träger gerade einen braunen, rautenförmigen Sarg hineinschieben. Langsam setzt sich der Leichenzug in Bewegung, und ich bleibe allein auf der Schwelle zurück, sehr beeindruckt davon, wie viele gekommen sind, um dem Verstorbenen die letzte Ehre zu erweisen. Ich kann nur hoffen, dass auch zu meiner Beerdigung eines Tages so viele Menschen erscheinen werden. Gar nicht so einfach, in einer einzigen Lebensspanne ein paar Hundert Freunde zusammenzubekommen, aber nun, da ich endlich auf dem Weg der Wanderer unterwegs bin, habe ich eine Chance auf ein langes Leben und darauf, noch viele Menschen kennenzulernen.

Der Friedhof liegt am Ortsrand, wohin man den Tod gerne verbannt, um seine Allgegenwart verdrängen zu können. Ich beschließe, mein Abendessen zu verschieben, bis die Trauergäste zur Abendmesse zurückkommen, und sitze noch ein wenig auf einer Kirchenbank. Allmählich gewöhnen sich meine Augen an die Dunkelheit. Die gewaltige Kirche aus dem 16. Jahrhundert ist Marias Himmelfahrt gewidmet. Ganz oben auf dem *retablo* nähert sie sich, von ziemlich rosigen Cherubim umringt, den himmlischen Gefilden. Mit Schrecken stelle ich fest, dass dieses riesige barocke Meisterwerk, das bis hoch hinauf zur Kirchendecke mit Blattgold überzogen ist, keine Spur in meiner Erinnerung hinterlassen hat. Dass ich mich nicht mehr an das Interieur der Bar in Los Arcos erinnere, mag noch angehen, aber das hier vergessen zu haben, grenzt schon an Beschränktheit. Ein Kunstwerk dieser Art wäre in England so berühmt wie Stonehenge oder der Londoner Tower und würde von überall her Besucher anlocken. Aber auf dem Camino und in ganz Spanien schmücken die prächtigsten *retablos* noch die kleinste Dorfkirche. Meine protestantischen Neigungen gehen nicht so weit, die Zerstörung all dieser unschätzbaren Meisterwerke in meinem Land gutzuheißen. Ich bin sogar beinahe froh, dass die Reformation sich nicht in allen Teilen Europas durchgesetzt hat und freue mich über die Altäre des Camino, wo immer ich ihnen begegne.

Direkt vor dem *retablo* sitzt eine Gruppe betender Frauen. Ich lasse mich in ihrer Nähe nieder und warte auf die Rückkehr des Trauerzugs – vergebens. Der Priester nimmt sich offenbar viel Zeit, den Bewohnern der Stadt über ihren Verlust und unser aller Sterblichkeit hinwegzuhelfen. Die Frauen stimmen ein Lied an.

»Santa María, Madre de Dios, ruega por nosotros, pecadores, ahora y en la hora de nuestra muerte. Amen.« (Heilige Maria, Muter Gottes, bete für uns Sünder jetzt und in der Stunde unseres Todes. Amen.)

Es ist ein Rosenkranzgebet, das vom Tod handelt. Ausgerechnet an dem Tag, an dem meine Lebensfreude zurückgekehrt ist, macht Navarrete den Tod zum Tagesthema. Ich öffne mein »Gelbes Buch«, um vor Beginn der Messe noch ein wenig zu lesen, und stoße auf diese tragische Stelle: »Die modern gestaltete Tafel an der [Friedhofsmauer] erinnert an die belgische Pilgerin Alice de Craemer, die hier im Jahr 1986 ums Leben kam, als sie mit dem Fahrrad nach Santiago unterwegs war.«

»Alice! Oh nein!« Mir läuft ein Schauder über den Rücken. »Hättest du nur dein Fahrrad in Logroño gelassen und wärst zu Fuß weitergegangen, dann würdest du heute noch unter uns weilen.«

Hochblickend sehe ich Maria, die immer noch gen Himmel steigt, und hoffe ernsthaft, dass sie für Alice in der Stunde ihres Todes gebetet hat. Inzwischen glaube ich, dass jeder Pilger, der sich auf den Weg nach Santiago macht, ganz gleich, ob er dort ankommt oder nicht, sich einen Platz im Himmel verdient hat.

Die einlullenden Rosenkranzgebete wirken auf mich wie das Gesumme der Insekten an einem Sommertag und versetzen mich in einen tranceähnlichen Zustand. Da verlässt eine der Frauen den Gebetskreis und begrüßt den Priester, der endlich doch vom Friedhof zurückkehrt ist. Die Frauen gehen aus der Kirche, woraus ich schließe, dass die Abendmesse heute wohl aufgrund des Begräbnisses ausfällt. Der Priester nimmt in einem Holzverschlag Platz, schaltet das Licht ein und vertieft sich in ein Buch, das vor ihm auf einem Lesepult liegt. Die kleine Kabine sieht nicht wie ein Beichtstuhl aus, sie hat eine Halbtür, die den Blick auf den Oberkörper des Priesters freilässt. Wäre da nicht das Priestergewand, man könnte ihn glatt für einen Parkplatzwärter in seinem Häuschen halten.

Der Priester achtet zunächst nicht auf mich. Erst als ich der Kabine so nah bin, dass ich sie berühren könnte, klappt er sein Buch zu und schaut auf.

»Entschuldigen Sie«, spreche ich ihn vertrauensvoll an. »Wenn es so ist, dass der heilige Jakob wahrscheinlich nie in Spanien war und die ganze Geschichte nur eine Legende ist, was ist dann der eigentliche Sinn des Camino?«

Er antwortet nicht, sondern schaut mich nur eine halbe Ewigkeit mit unverhohlenem Verdruss an. Was mache ich da schon wieder? Mein erster Tag als Wanderin, und schon bringe ich mich in eine peinliche Situation.

Wir starren uns lange genug an, dass ich das komplizierte Muster seines Priesterrocks studieren kann. Das prunkvolle cremefarbene Gewand ist in Handarbeit reich mit Baumwoll- oder vielleicht sogar Seidenfäden bestickt. Gut zu wissen, dass die katholische Kirche weiterhin auf Naturstoffe und nicht auf billige Synthetikgewebe setzt. Der Priester würde nicht annähernd so viel Würde ausstrahlen, wenn er in billige Kunstfaser gekleidet wäre. Sein Eau-de-Cologne erfüllt die Holzkabine mit dem Duft von Lavendel und freier Natur. Da wäre ich jetzt auch gerne, in der freien Natur. Hätte ich doch bloß nicht eine solch plumpe Frage gestellt!

»Es ist keine Legende«, antwortet er schließlich. »Er war in Spanien, in Compostela und Saragossa.«

Offenbar ist der heilige Jakob weiter herumgekommen, als mir bekannt ist. Ich hole tief Luft und versuche, mich auf Zehenspitzen aus dieser überraschenden Meinungsverschiedenheit zu schleichen. Mir war völlig entfallen, dass viele Christen die Legende vom heiligen Jakob wörtlich nehmen. Ich bin einfach davon ausgegangen, dass es sich nur um eine Legende handeln kann – ein Gleichnis, das den leseunkundigen Schäfchen des Mittelalters eine spirituelle Wahrheit vermitteln sollte. So überrascht es mich nun, dass ein vielleicht in Rom ausgebildeter Priester, der vermutlich fließend Lateinisch spricht und in theologischen Debatten geschult ist, die Legende von Santiago als historische Wahrheit betrachtet.

»Saragossa?«, sage ich. »Das ist mir neu, dass Santiago in Saragossa war. Hat er dort gelehrt?«

»¡Sí! In Saragossa ist ihm die Jungfrau Maria auf einer Säule erschienen und hat zu ihm gesprochen.«

»Die Jungfrau Maria war in Saragossa?«

»Ist das Ihr Ernst?«, liegt es mir auf der Zunge.

»¡Sí! So steht es in der Bibel«, sagt er gewichtig und legt die gesamte Autorität der katholischen Kirche in diese Antwort.

Ich kenne das Neue Testament eigentlich recht gut, aber ich erinnere mich nicht, irgendwo gelesen zu haben: »Und es geschah, dass sich die Jungfrau Maria nach Saragossa begab.« Nach Bethlehem zur Geburt Jesu – ja. Nach Ägypten auf der Flucht vor Herodes – ja. Nach Saragossa, um sich dort mit dem heiligen Jakob zu treffen – ganz bestimmt nicht. Überhaupt – lebte die Jungfrau denn nicht noch, als der heilige Jakob als Apostel in Spanien missionierte? Wie konnte sie da in Saragossa erschienen sein? Das kann ich dann doch nicht einfach so stehen lassen.

»Hm. Also ich habe noch nie etwas davon in der Bibel gelesen, dass Santiago die Jungfrau Maria in Saragossa getroffen hat. Wo steht das denn?«

»Es wird dort prophezeit«, erwidert der Priester.

Ich brummele vielsagend vor mich hin und beschließe, mich damit eingehender zu befassen, wenn ich wieder in England bin. Besser, ich bringe das Gespräch auf mein ursprüngliches Anliegen zurück.

»Bueno«, sage ich freundlich. »Worin liegt denn Ihrer Meinung nach, señor, der eigentliche Sinn des Camino?«

»Warum machen Sie denn den Camino?«, fragt er und zwingt mich damit, mir meine ursprünglichen Motive für diese Reise zu vergegenwärtigen.

»Eigentlich komme ich diesmal, um seinen Sinn zu ergründen. Ich bin den Camino schon einmal gegangen, aber mein Leben hat sich dadurch nicht verändert, und ich weiß auch nicht mehr, was ich von hier mitgenommen habe. Vielleicht haben sie einen Rat für mich?« Ich würde es verstehen, wenn der Mann in dem teuren Zwirn mir nun aufgeben würde, unterwegs tagtäglich gründlich meine Seele zu erforschen. Er scheint ernsthaft nachzudenken, bevor er mir, dem verirrten Lamm am Rand der Klippe, mit höchster Umsicht den richtigen Pfad weist.

»Vor allem bietet der Camino den Pilgern Gelegenheit, in Compostela direkt zum heiligen Jakob selbst an seinem Grab zu beten.«

Eigentlich kann ich mich glücklich schätzen, überhaupt noch hier zu stehen, nachdem ich so ungeschickt in das Gespräch mit dem Priester eingestiegen bin, und so halte ich mich an die zeitlose Weisheit aus dem biblischen Buch »Prediger«: »Es gibt eine Zeit für jegliche Sache unter der Sonne ... eine Zeit zu schweigen und eine Zeit zu reden ...« Ich finde, jetzt ist eine Zeit zu schweigen.

»Eine solch lange Wanderung gibt Ihnen Gelegenheit, über sich selbst nachzudenken und zu prüfen, was Sie in Ihrem Leben ändern sollten, wenn Sie wieder zu Hause sind. Sie ermöglicht innere Auseinandersetzung und einen Neubeginn.«

Ich nicke zustimmend, zucke aber insgeheim zusammen: Was werde ich da finden?

»Es ist eine Reise, bei der man Gott begegnet. Es geht in erster Linie um Buße. Was hat Sie anfangs motiviert?«

»Ich bin letzte Woche mit dem Fahrrad gestartet. Als ich gestartet bin, wollte ich diese Reise mit meinem ersten Camino vergleichen, den ich vor neun Jahren gemacht habe. Aber ich konnte das Spirituelle nicht finden, weil ich nie auf dem richtigen Pilgerpfad unterwegs war und zwischen all den Autos ständig nur Angst hatte. Also habe ich mein Fahrrad gestern in Logroño zurückgelassen. Heute ist der erste Tag, an dem ich zu Fuß unterwegs bin.«

Er lächelt! Ich lächle zurück. Dass ich eine Schwäche zugegeben habe, hat das Eis gebrochen.

»Der Camino ist wie das richtige Leben«, erklärt er leidenschaftlich. »Das lässt sich gar nicht vermeiden. Er stellt die Pilger vor Probleme, die sie lösen müssen, genau wie das richtige Leben. Und der Camino sollte auch Spaß machen. Wer keinen Spaß daran hat, der macht besser Strandurlaub!«

»Ich weiß. Ich war auf dem Fahrrad so unglücklich, dass es keinen Sinn hatte weiterzufahren.«

»Und jetzt, als Wanderin, geht es Ihnen da besser?«

»Oh ja, danke. Ich fühle mich wie neugeboren. Es hat den ganzen Weg bis nach Navarrete geregnet, aber es hat mich überhaupt nicht gestört. Ich weiß jetzt, dass ich es bis Santiago schaffen werde.«

Der Priester scheint erleichtert, weil sich diese Pilgerin doch in die richtige Richtung entwickelt, gibt mir aber noch eine Warnung mit auf den Weg, sicherlich aufgrund des kleinen Ketzeraufstands, den ich zuvor gewagt habe.

»Manche Leute«, flüstert er bedeutungsvoll, »gehen den Camino wie Kulturtouristen an. Das ist durchaus in Ordnung, aber mit einer Pilgerreise hat das nichts zu tun.«

»Das stimmt. Ich bin allerdings froh, jetzt, da ich nicht mehr mit dem Fahrrad unterwegs bin, mehr Kultur sehen zu können«, sage ich ihm und denke an die verpasste Kathedrale in Pamplona.

»Darf ich Sie etwas fragen?«, sagt der Priester, der sich auf seinem winzigen Brettchen während des ganzen Gesprächs nicht gerührt hat.

»Ja, bitte«, antworte ich in Erwartung einer bohrenden Frage über meine religiösen Überzeugungen.

»Aus welchem Land kommen Sie?«

Was für eine Enttäuschung. Eine solch banale Frage.

»Aus England.«

»Wo haben Sie Spanisch gelernt?«

»Ich war vor vielen Jahren als freiwillige Helferin in Nicaragua.«

Dass ich als Rattenfängerin für die Sandinisten gearbeitet habe, verschweige ich, um nicht das zarte Pflänzchen Respekt zu gefährden, das zwischen uns aufgekeimt ist.

»¡Buen Camino!«, sagt er und streckt mir herzlich die Hand entgegen.

»Gracias, señor. Y muchas gracias por hablar conmigo.«

(Vielen Dank, Señor. Und vielen Dank auch, dass Sie mit mir gesprochen haben.)

Wir schütteln uns die Hände, und ich verlasse die Kirche mit dem erhebenden Gefühl, dass der Priester von Navarrete sich doch noch auf ein Gespräch eingelassen hat, nachdem ich selbiges so ungeschickt angefangen hatte. Selbsterforschung scheint mir eine gute Aufgabe für unterwegs. Nun, da ich mich vom Fahrrad befreit habe, wird der »innere Neubeginn« vielleicht auf wundersame Weise folgen. Ob ich aber auch Gott finden werde – das scheint mir weniger garantiert.

Freitag, 18. Juni 2010

Ich wandere 20,8 Kilometer von Nájera nach Santo Domingo de la Calzada

»Der Camino ist wie das richtige Leben!«, hatte der Priester in Navarrete mir erklärt.

Aber im »richtigen Leben« betrete ich niemals ein Lokal und setze mich an einen Tisch mit vollkommen fremden Leuten. Ebenso wenig mische ich mich in die Gespräche anderer Gäste ein. Doch genau das habe ich an den letzten beiden Abenden getan. Auf dem Camino haben die Mahlzeiten in Restaurants eine ganz andere Funktion als sonst in der Gesellschaft. Sie dienen zwei Hauptzwecken: Nach einem langen Tagesmarsch die Energiespeicher wieder aufzufüllen und einander kennenzulernen. Es wäre ungewöhnlicher, allein zu essen, als sich zusammen mit unbekannten Pilgern zu Tisch zu setzen.

Am Mittwoch, nach meinem Gespräch mit dem Priester von Navarrete, trottete ich in die Bar Deportivo und quetschte mich neben eine junge Schweizer Pilgerin, Mara, auf eine ledergepolsterte Bank. Die Kichererbsensuppe und die gefüllten Paprika sorgten dafür, dass ich ihr schweigend zuhörte.

»Ich bleibe morgen auch noch in Navarrete. Das Pferd braucht ein neues Hufeisen, und ich muss warten, bis der Schmied kommt.«

Das Pferd?

»Reitest du etwa nach Santiago?«, platzte ich heraus. »Ist das nicht schwierig?«

(Mit dem Fahrrad hatte ich Probleme genug gehabt, aber wenigstens brauchte es kein Futter.)

»Nein, die Bauern geben dem Pferd Mais, und es frisst Gras. Manchmal schlafe ich nachts neben ihm. Unter dem Sternenzelt.«

»Es gibt eine alte Frau, die mit dem Fahrrad nach Santiago fährt«, warf ein Holländer aus der gegenüberliegenden Ecke ein.

»Den ganzen Weg!«, fügte seine Frau hinzu.

»Hm. Wie alt ist sie denn?«, fragte ich.

»Ziemlich alt. Vielleicht so an die siebzig«, sagte die Frau. »Eine schwedische Journalistin.«

»Das wäre nichts für mich«, beschied ich, während ich die Nachricht verdaute, dass schwedische Journalistinnen sehr viel zäher sind als ich.

Mara war der einzige Mensch, den ich am nächsten Morgen um acht Uhr in der Bar Los Arcos antraf. Sie las in Paulo Coelhos »Auf dem Jakobsweg« und trank Tee, während sie auf den Hufschmied wartete.

»Hallo. Taugt das was?«, fragte ich und stellte meinen Kaffee und mein *pain au chocolat* auf ihren Tisch.

»Ich habe erst ein paar Seiten gelesen. Aber ich werde noch ein wenig vorankommen, das Pferd darf sich auf seinem neuen Hufeisen einen Tag lang nicht rühren.«

»Wie oft braucht es neue Hufeisen?«

»Das sind jetzt die dritten«, sagte Mara und betrachtete mich neugierig. »Bist du eigentlich die, die mit Hape Kerkeling gewandert ist?«

»Genau.«

»Heute Morgen dachte ich mir ... Anne ... aus England ... deine Brille. Könnte sie sein.«

»Hat Hans' Buch dich hergebracht?«

»Nein, das habe ich gelesen, nachdem ich schon beschlossen hatte, den Camino zu machen. Eigentlich bin ich hier, weil ich mein Leben ändern möchte. Zu viel Party.«

»Zu viel Party? Wie alt bist du denn?«

»Zweiundzwanzig.«

»In dem Alter hat man doch das Recht zu feiern!«

»Nein. Auf Partys lerne ich überhaupt nichts. Ich muss das ändern, wenn ich zurück bin. Weißt du ...«, sagte Mara langsam, »es gibt etwas in dem Buch von deinem Freund, womit ich nicht einverstanden bin. Die Herbergen – sie sind nicht dreckig, oder? Mir gefallen sie.«

»Mir auch«, stimmte ich zu. »Aber vergiss nicht – er hat nur in einer einzigen übernachtet.«

»Die sind nicht nach jedermanns Geschmack, nicht wahr?«

»Nein. Und Hans brauchte seine Privatsphäre, glaube ich. Ach, übrigens, wie heißt es? Dein Pferd?«

»Secret.«

Ich verabschiedete mich von Mara, die geduldig auf Secrets neues Hufeisen wartete, und wanderte allein durch die Weingärten, Olivenhaine und Weizenfelder von La Rioja nach Nájera – der arabische Ortsname bedeutet »Ort zwischen den Felsen«. »Da ist ein sehr hoher Berg, reiner Felsen ...«, schrieb der Bologneser Priester Domenico Laffi während seiner Pilgerreise 1673, um dann zu berichten: »Hier sind sie ständig mit dem Bau von Häusern und Kirchen beschäftigt.« Eines dieser bemerkenswerten Bauwerke, das riesengroße Kloster Santa María la Real, ist ganz an die roten Felsen von Nájera angebaut. Ich nahm gerade im Café IV Cantones ein frühes Abendessen zu mir und beobachtete dabei durchs Fenster die Touristen, die das Kloster besuchten, als eine Frau ihr rotes Fahrrad an die Mauer des Cafés lehnte. Sie war sonnengebräunt, durchtrainiert und zielstrebig, aber keinesfalls eine Touristin.

Das ist sie!, dachte ich.

Ich aß mein Steak und meine Pommes frites auf und ging mit der Weinkaraffe nach draußen, um herauszufinden, ob es wirklich die schwedische Journalistin war, die nach Santiago radelte.

»Hallo«, sagte ich und blieb schüchtern in der Nähe ihres Tisches auf dem Gehweg stehen. »Dürfte ich mich zu dir setzen?«

»Klar, bitte sehr.«

»Danke. Ich heiße Anne.«

»Und ich bin Britte.«

»Ist das dein Fahrrad?«, frage ich und recke den Hals in Richtung des schlammbespritzten Drahtesels hinter uns.

»Ja. Ich bin am zwölften Mai in Paris losgefahren.«

»In Paris? Unglaublich! Ich muss zugeben, dass ich, äh, den Camino auch auf dem Fahrrad angetreten habe. Von Saint-Jean aus. Es war so höllisch schwierig, dass ich aufgeben musste. Wie findest du denn den Weg?«

»Ich folge einfach dem Pfad, den auch die Wanderer nehmen.«

»Ach, wirklich? Aber was machst du an den unpassierbaren Stellen, zum Beispiel bei den Windmühlen hinter Pamplona?«

»Ja, ich erinnere mich. Da ist mein Fahrrad im Schlamm versunken, aber ein paar Pilger haben gezogen, und ich habe gleichzeitig geschoben. Die Hilfe kommt immer dann, wenn ich sie brauche. Das ist eben der Gemeinschaftsgeist des Camino.«

»Aber trotzdem, was du machst, ist so schwierig. Ich könnte das nicht. Darf ich fragen, wie alt du bist?«

»Achtundsechzig. Aber ich bin ein sehr konsequenter Mensch. Wenn ich mir etwas in den Kopf gesetzt habe, gebe ich nicht auf.«

»Wie bist du überhaupt darauf gekommen?«, fragte ich.

»Ich werde dir die Wahrheit sagen. Ich bin Journalistin und schreibe normalerweise Kunstkritiken. Ich habe mit einer schwedischen Zeitschrift vereinbart, dass ich dieses Abenteuer wage und darüber einen Artikel schreibe.«

»Viel Glück! Du bist aus härterem Holz geschnitzt als ich.«

Eine Stunde später lag ich in der städtischen Herberge von Nájera in der oberen Etage des Stockbetts Nummer 40 und starrte die Decke an. Zu dem schnarchenden Mann im Bett neben mir sah ich nicht hinüber. Er war jedenfalls heute keiner Superheldin begegnet, die ihm nun den Schlaf raubte.

Die Uhr unter den Störchen auf dem Glockenturm des Klosters zeigte 8 Uhr 35, als ich Nájera morgens verließ.

»Und der Camino soll auch Spaß machen«, hatte der Priester in Navarrete erklärt.

Beim Wandern durch Spanien keinen Spaß zu haben, wäre mir unmöglich. Weder der bewölkte Morgen noch meine schmerzende Achillessehne kann meiner Erleichterung darüber, dass ich nun zu den Wandernden zähle, Abbruch tun. Die irrsinnigen Straßennummern, Autobahnen und Verkehrskreisel sind verschwunden, und ich wandere durch Weingärten, gesäumt von Schlüsselblumen und Riedgras. So ist es jedenfalls, bis ich aus dem Café El Descanso Peregrino in Azofra, sechs Kilometer nach Nájera, trete.

Nicht nur der tote Dompfaff auf dem Pfad kurz nach dem Café hat den Geist aufgegeben. Die Weingärten haben die Schlacht gegen die sie bedrängenden Weizenfelder verloren, von nun an bestimmt das siegreiche Getreide die von kleinen Hügeln durchsetzte Ebene. Neun Kilometer marschiere ich durch diese Landschaft, die erst ein Vorgeschmack auf das ist, was noch kommen wird, in strahlendem Sonnenschein, der meinen Camino von nun an begleiten wird. Hinter dem Weizenmeer liegen die rötlichen Dächer von Cirueña, doch ich mache schon an dem Rastplatz vor der Stadt Halt, an dem ich am 17. Juni 2001 Hans zum ersten Mal richtig wahrnahm. Ich saß auf einer Holzbank am Weg, als mich ein strammer Pilger in hellblauem Hemd und Jeans einholte. Da er wie ich allein war und zudem sympathisch schüchtern, weckte er mein Interesse. Er verlangsamte sein Tempo, grüßte, und stolperte dann fast, als er mit seltsam auswärts gesetzten Füßen vorbeimarschierte. Offenbar war er innerlich sehr mit irgendetwas beschäftigt, jedenfalls ging er ohne mich weiter. Schon wenige Minuten später trafen wir uns am Tresen eines Cafés in Cirueña wieder ...

»Hallo«, sagte er und schüttelte mir die Hand. »Ich bin Hans-Peter.«

»Hans-Peter? Hm, du hast zwei Namen? Stammst du aus der Königlichen Familie oder so was? Ich heiße Anne, einfach nur Anne.«

»Hallo Anne«, antwortete er mit melodischem Akzent. »Dein Name klingt, mit Verlaub, königlicher als meiner. Bist du Engländerin?«

»Ja. Und du bist Deutscher?«

»Ja. Aber mein Vater ist Holländer, daher mein Nachname.«

»Welcher lautet?«

»Kerkeling. Und deiner?«

»Butterfield.«

Ich ziehe ohne ihn weiter, denn offenbar braucht er einen Kaffee und eine Zigarette noch dringender als ein Bett in Santo Domingo. Weit ist er aber nicht hinter mir, und noch während ich im Zisterzienserinnenkloster meinen Schlafsack ausrolle, trifft er auch dort ein. Zwei amerikanische Pilger, die ich kenne, betreten den Schlafsaal, und ich stelle alle einander vor.

»Hi! Lori, Brad, das ist Hans-Peter. Er hat zwei Namen, weil er aus der deutschen Königsfamilie stammt. Hans-Peter, das sind Lori und Brad aus Seattle.«

Hans verschwindet, während ich in fliegender Hast meinen Rucksack umpacke. Wenig später treffe ich ihn in der Kathedrale wieder. Die Messe hat schon begonnen, als ich mich ein paar Reihen hinter Hans verstohlen in eine Kirchenbank setze. Ich sehe, wie er lacht und sich an der Bank vor ihm festhält, um im Gleichgewicht zu bleiben. Offenbar neigt er zum Hinfallen, dieser Pilger, aber diesmal gibt es gute Gründe für seine mangelnde Stabilität. Alle anwesenden Pilger stehen vornübergebeugt, um sich ihr Lachen über den Hahn, dessen penetrantes Krähen die Predigt übertönt, nicht anmerken zu lassen. Der Hahn ist nicht zufällig in die Kathedrale spaziert, er befindet sich zusammen mit einer Henne in einem gläsernen Hühnerhaus in einer Seitenkapelle, zum Gedenken an das mittelalterliche »Hühnerwunder«.

Später, als ich bereits schlafe, betritt Hans den Schlafsaal und rumort derart laut, dass ich wieder aufwache.

»Anne! Anne! Möchtest du diese Isomatte?«, flüstert er und hält eine selbstaufblasbare Hightech-Matte empor.

»Deine Therm-A-Rest? Im Ernst? Du willst mir deine Therm-A-Rest schenken?«

»Äh, ja, ich würde mich freuen, wenn du sie nimmst. Ich benutze sie nie, und du zeltest doch, oder?«

»Ja, das stimmt. Mensch, Hans, vielen Dank!«

Ich springe aus dem Bett und rolle das Luxusteil auf den Dielenbrettern zwischen unseren Kojen auseinander. Beide sehen wir in stillem Respekt für die Wunder der Technik zu, wie sie sich ganz von allein prall mit Luft füllt, und ich lege mich ein paar Minuten darauf, um zu testen, was für ein Gefühl das ist.

»Tolles Ding!«, sage ich, während ich wieder in mein Bett krabble. »Bequemer als dieses Bett! Danke, Hans! Das ist wirklich nett von dir.«

»Gern geschehen. Ich freue mich wirklich, dass du dafür Verwendung hast. Gute Nacht, Anne.«

»Gute Nacht, Hans.«

Als ich am nächsten Morgen erwachte, war Hans verschwunden. Sein Bett war leer, und er hatte mir nicht einmal einen Abschiedsgruß hinterlassen. Ich war zutiefst enttäuscht – in dem großzügigen deutschen Pilger meinte ich, endlich eine verwandte Seele gefunden zu haben, und war sicher gewesen, dass wir ab Santo Domingo zusammen weiterwandern würden. Doch wenn auch er beim »Rasen mit Blasen« mitmachte, würde ich ihm wohl nicht wieder begegnen. Unsere gemeinsame Pause in Cirueña hatte mich zu der Annahme verleitet, er sei ein Trödler wie ich. Offenbar hatte ich mich getäuscht – Hans-Peter war sehr viel ehrgeiziger, als man meinen mochte.

Heute gibt es in Cirueña natürlich keinen Hans. Aber ich erkenne eine andere Stimme, als ich im gleichen Café wie damals auf den Tresen zusteuere.

»Anne! Hallo!«

Ich drehe mich um und blicke in Ians bärtiges Gesicht. Er strahlt mich an und bemerkt gleich den Rucksack auf meinem Rücken. Jetzt werde ich ihm einiges erklären müssen.

»Ian! Hi! Isst du hier zu Mittag?«

»Ja. Alison sitzt draußen. Und du?«

»Ich will sehen, wie es im Spiel Deutschland gegen Serbien weitergeht. Schau nur!« Ich deute auf den Bildschirm hinter dem Tresen. »Es steht eins zu null für Serbien!«

»Na dann viel Spaß. Wenn wir fertig sind, hole ich dich ab. Okay?«

»Wunderbar. Grüß Alison!«

»Wo hast du denn dein Fahrrad gelassen, Anne?«

»In Logroño. Erzähle ich dir gleich. Geht bloß nicht ohne mich!«

Es steht immer noch eins zu null für Serbien, als wir uns zusammen auf die verbleibenden sechs Kilometer nach Santo Domingo begeben. Wir gehen auf rötlichem Boden zwischen endlos wogenden Feldern mit grünem Weizen und roten Mohnblumen dahin. Alison und Ian erzählen mir von ihren Berufen und ihren erwachsenen Kindern in England, und ich erzähle ihnen von meinem Fahrraddebakel. Ab und zu streckt Ian den Arm horizontal aus und drückt, ohne auch nur den Schritt zu verlangsamen ‚auf den Auslöser seiner Kamera.

»Fotografierst du immer so?«, frage ich ihn.

»Ja. Macht keinen Unterschied, werden trotzdem gut.«

Wahrscheinlich hat Ian recht. Was soll die sorgfältige Wahl des Bildausschnitts bei einem Weizenfeld für einen Unterschied machen?

Wir schlafen in benachbarten Betten in der hübschen, modernen Herberge von Santo Domingo, der Casa del Santo. Im Zisterzienserinnenkloster war kein Platz mehr, als wir um fünf Uhr eintrafen. Ich frage mich, wessen Köpfe wohl heute Nacht auf den Kissen der Betten sechs und sieben liegen werden. Für einen Moment habe ich Hans' leeres Bett vor neun Jahren vor Augen und erinnere mich an den Augenblick in León zwei Wochen später, als ich endlich erfuhr, warum er aufgebrochen war – jedenfalls nicht, weil er sich am »Rasen mit Blasen« beteiligt hätte.

Aber das ist, wie man so sagt, eine andere Geschichte ...

Samstag, 19. Juni 2010

Santo Domingo de la Calzada

Das glückliche Leben
Die Dinge, Freund, die (wie mir scheint)
Des Lebens Glück bestimmen, sind:
Besitz ererbt, und mühlos dein,
Fruchtbarer Grund, friedvoller Sinn;
Der rechte Freund, kein Groll, kein Streit,
Nicht Herrscherpflicht noch lästiges Amt;
Von Krankheit frei ein tüchtiger Leib,
Und Häuslichkeit nach festem Gang;
Frugale Kost, kein Schlemmertisch;

Die Nächte heiter, sorgenfrei,
Wo Wein den Geist nicht überhitzt;
Weisheit mit Schlichtheit im Verein;
Ein treues Weib, das niemals schilt,
Ein Schlaf, der sanft die Nacht umspannt,
Ein Stand, den du nicht bessern willst –
Nicht Todeswunsch noch Todesangst.

Henry Howard, Earl of Surrey (1517–1547) nach Martial (40–102).

Obwohl ich weder ererbten noch erarbeiteten Besitz mein eigen nennen kann, kommt mein gutes Leben auf der Landstraße Martials Formel so nahe, dass ich mich frage, ob der Römer seine Verse auf dem Weg nach Santiago verfasst hat. Unkomplizierte Freundschaften, einfaches, jedoch nahrhaftes Essen, niemand, dem ich mich unterwerfen müsste, aber stets beherzigenswerte Ratschläge – all dies gehört wie selbstverständlich zum Camino. Die vermeintliche Lebensgefahr auf dem Fahrrad verhinderte jeden »Schlaf, der sanft die Nacht umspannt«, aber seit Logroño sind meine Nächte »sorgenfrei« gewesen.

Die Kulisse zu meinem gestrigen Abendessen mit Alison und Ian bildete Englands jüngste Niederlage gegen Algerien. Die Gruppe von Deutschen an unserem Tisch schaute irgendwann gar nicht mehr hin, sondern widmete sich ganz dem befriedigenderen Genuss von Cruzcampo-Bier.

»Ich glaube, ich bleibe morgen hier«, verkündete ich meinen Freunden unvermittelt. »Ich möchte gern die Samstagabendmesse besuchen und erleben, wenn dieser Hahn kräht. Treffen wir uns am Dienstag in Burgos zum Mittagessen. Ich schreibe euch eine SMS, wann ich ankomme.«

Heute morgen um acht Uhr, als Alison und Ian am *parador* und der Kathedrale vorbei in Richtung Belorado losmarschieren, beziehe ich ein Einzelzimmer in der Hospedería Cisterciense, die von den gleichen Nonnen geführt wird, die in der Klosterherberge die schlafenden Pilger zählen. Hier kann ich ganz in Ruhe meine Familie anrufen und mir berichten lassen, was es daheim Neues gibt. Ich erfahre, dass sich meine jüngste Schwester, Elizabeth, in den letzten zehn Tagen um histologische Untersuchungen sorgte, die sich an eine Operation anschlossen.

»Elizabeth, das ist schrecklich. Du hast geglaubt, du könntest Krebs haben? Warum hat mir das niemand erzählt?«

»Wir wollten dich nicht beunruhigen. Du hattest doch schon genug Probleme mit dem Fahrrad. Die Ergebnisse waren in Ordnung.«

»Ach, Elizabeth, was für ein Albtraum! Gott sei Dank, dass du gesund bist.«

Elizabeths Ängste um ihre Gesundheit haben mich so betroffen gemacht, dass ich eine ganze Weile still dasitze. Nur ein einziger Gedanke kreist in meinem Kopf, eine Sicherheit, wie sie mein zweifelnder Geist noch nie erlebt hat: Man braucht den Sinn des Lebens nicht zu kennen, um es zu lieben. Der Zweck des Lebens ist, gelebt zu werden. Alle weitere Bedeutung verleihen wir ihm selbst, und sie ist für jeden von uns eine andere. Dem Leben meiner Schwester gibt ihre Familie seinen Sinn. In meinem Leben ist die treibende Kraft ironischerweise die endlose Suche nach seinem Sinn. Diese Überzeugung, dass das Leben nicht nur eine einzige Bedeutung hat, sondern unzählige, so viele, wie es Menschen gibt, empfinde ich als gleichwertig jeder religiösen Offenbarung. Der meiner Schwester neu geschenkte »tüchtige Leib« hat mir den »friedvollen Sinn« wiedergegeben.

An diesem Nachmittag spähe ich in der großartig renovierten Kathedrale von Santo Domingo de la Calzada durch die Gitterstäbe des Grabmals des Heiligen. Das Alabastermausoleum aus dem 15. Jahrhundert leuchtet im grellen Scheinwerferlicht, das der Grabstätte nichts von ihrer Großartigkeit nimmt, sondern der unbestreitbaren Reputation des Heiligen noch zusätzlich Glanz verleiht. Santo Domingo wurde 1019 nicht in dieser Stadt, die seinen Namen trägt, geboren, sondern in dem nahe gelegenen Dorf Viloria de la Rioja. Seine Berufung zum Benediktiner-Eremiten hielt den barmherzigen Mönch nicht davon ab, den Pilgern, die auf dem Weg nach Santiago vorbeizogen, hilfreich zur Seite zu stehen. Schon sein Name, Santo Domingo de la Calzada (Sankt Dominik von der gepflasterten Straße) trägt der Tatsache Rechnung, dass er zur Erleichterung für die geplagten Pilger eine Brücke, eine Herberge und eine Straße gebaut hat. Seine Güte wurde legendär und nach seinem Tod (am 12. Mai 1109) kursierten unter den mittelalterlichen Pilgern bald Geschichten über seine Wundertaten.

Ein schönes und doch schreckliches, kunstvoll in den Alabaster des Heiligengrabes geschnitztes Relief zeigt eine herzzerreißende Wunderszene. Ein Jüngling, der unschuldige Pilger Hugonell, hängt am Galgen, zu Unrecht verurteilt, einen Silberkelch gestohlen zu haben. Seine verzweifelten Eltern verlassen, von untröstlicher Trauer gebeugt, den Schauplatz des Schreckens. Der Legende nach hat das Paar im Weggehen Hugonell sagen hören, Santo Domingo stütze seine Füße. Hugonell lebte noch! Der Dorfrichter, der gerade zu Abend aß, als Hugonells Eltern zu ihm eilten, glaubte ihre Geschichte nicht und antwortete mit den bekannten Worten: »Ihr Sohn ist so lebendig wie diese gebratenen Vögel, die ich gleich essen werde!« Genau in diesem Moment sprangen das Hühnchen und das Hähnchen von seinem Teller, und es wuchsen ihnen Federn. Sie flogen krähend und gackernd herum und bestätigten so die Unschuld des Jungen. Das ist der Ursprung des volkstümlichen Kurzgedichts, das sich auf diese Stadt bezieht:

> »Santo Domingo de la Calzada,
> Que cantó la gallina después de asada.«
> (Sankt Dominik der Pflasterstraße,
> wo gackert die Henne, nachdem sie gebraten.)

Der weiße Hahn und die Henne in dem schön gestalteten Hühnerhaus gegenüber von Santo Domingos Mausoleum sind nicht die gleichen, die 2001 während der Messe gekräht haben. Die Hühner spazieren immer nur jeweils vierzehn Tage in dem speziellen Vogelhaus über den Touristen, Pilgern und Gläubigen herum, dann wechselt die Besetzung. Heute benehmen sie sich tadellos, kein Gackern oder Krähen übertönt die emporsteigenden Gesänge des berühmten Chors *Media Luna* (Halbmond) aus Pamplona, der bei der Messe in der brechend vollen Kirche Volkslieder in vielen Sprachen zum Besten gibt. Die Hühner wissen sich zu benehmen – und wagen es nicht, mit

Versen von Federico García Lorca oder mit der Schönheit der baskischen Sprache konkurrieren zu wollen. Sie fürchten wohl auch den Zorn des eifernden jungen Priesters. Genau wie ich. Er schlägt sich so heftig an die reuevolle Brust, als wollte er sie zertrümmern, und starrt die Hostie so erbittert an, dass ich fast glaube, er hat eine Vision.

Nach der Messe bestelle ich in der Bar Dados die Spezialität des Hauses, einen Pilzteller. Vorsichtig steche ich mit der Gabel in einen Pilz (damit ich nicht allzu sehr erschrecke, wenn er wieder zum Leben erwacht), als sich ein Einheimischer neben mich setzt.

»Wie alt sind Sie? Fünfundfünfzig?«, fragt er ohne Umschweife.

»Äh, nein, nicht ganz. Zweiundfünfzig«, entgegne ich und schiebe die Schuld für meine offenbar rapide Alterung auf die Strapazen des Camino.

»Ach, das ist doch gleich. Von jetzt an geht es nur noch bergab. Wenn du der Mann bist, kannst du der Frau nicht geben, was sie will. Wenn du die Frau bist, kannst du dem Mann nicht geben, was er will. Dagegen kann man gar nichts machen.«

»Aber es gibt noch andere Dinge im Leben«, erkläre ich. »Das Leben ist wunderschön. Der junge Priester hat in der Messe mit großer Begeisterung über die Ehe gesprochen. Er hat in alles so viel Gefühl hineingelegt.«

»Na klar, er muss an seine Karriere denken. Er weiß genau, was er sagen muss, um ganz nach oben zu kommen. Polizei, Kirche, alles eine Soße.«

»Wie meinen Sie das?«, frage ich, erschüttert über so viel Zynismus im Zentrum des frommen Wirkens von Santo Domingo.

»Kennen Sie die neue Herberge?«

»Ja, dort habe ich gestern übernachtet. Sie ist wunderschön.«

»Sie gehört uns, der Stadt. Wir haben sie für die Pilger erbaut und sie bezahlt. Sie gehört uns. Aber schauen Sie …«, sagt er und holt dabei ein imaginäres Seil ein, »langsam, aber sicher wird sich die Kirche ihrer bemächtigen. Die können es sich leisten zu warten. Am Ende bekommen sie immer, was sie wollen.«

»Dann waren Sie wohl nicht in der Messe?«, frage ich vorsichtig.

»Pah!«, ruft er aus. »Da geh ich nie hin!«

»Na dann, gute Nacht«, sage ich und sehe ihm hinterher, wie er aus dem Lokal in die Dunkelheit der Calle de la Alameda entschwindet.

Burgos

Santo Domingo de la Calzada – Hospital de
San Nicolás

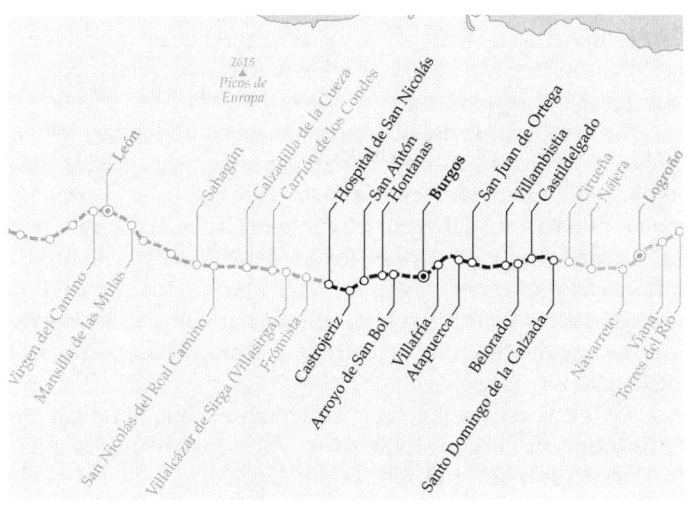

Dienstag, 22. Juni 2010
Villambistia – Villafría – Burgos | 43 Kilometer

Freitag, 25. Juni 2010
**Arroyo de San Bol – Hospital de San Nicolás
bei der Puente de Itero | 25,3 Kilometer**

Dienstag, 22. Juni 2010

Ich wandere 35 Kilometer von Villambistia nach Villafría, wo ich den Bus der Linie 8 nehme und die restlichen 8 Kilometer bis Burgos fahre

»Ich freue mich, dass Du wieder obenauf bist. Wieder unterwegs. Wahre Pilgerschaft bedeutet zu Fuß gehen und viel café con leche trinken! Unsere Nationalmannschaften sind offenbar nicht in Hochform. Argentinien wird das Rennen machen! Wie geht's? Ultreya! Hans.«

Hans hat schon recht, aber seit Santo Domingo habe ich zu viel Kaffee getrunken und bin zu wenig zu Fuß gegangen – irgendwie einfach steckengeblieben. Erst um 14 Uhr erreiche ich Atapuerca, und dabei bin ich für heute Abend in Burgos mit Alison und Ian zum Essen verabredet. Wenn sie nicht bis Mitternacht an ihrem Tisch auf mich warten, schaffe ich das wohl nie. Seit Villambistia bin ich zwar schon dreiundzwanzig Kilometer gelaufen, aber bis Burgos sind es noch immer zwanzig Kilometer.

Als wir uns vergangenen Freitag verabredeten, hatte ich die Entfernung bis Burgos gar nicht im Kopf. Den Samstag habe ich in Santo Domingo verbummelt, am Sonntag bin ich nur zwölf Kilometer bis Castildelgado gewandert. Gestern wollte ich nach nur sechzehn Kilometern in Villambistia ursprünglich Mittagspause machen, bin aber erst heute Morgen von dort weitergezogen. Inmaculada, die *hospitalera* im Albergue San Roque, hatte mir erzählt, dass dort in diesem Jahr kaum Pilger übernachtet hätten.

»Warum denn nicht?«, fragte ich, noch mit dem Plan, selbst auch nach dem Mittagessen aufzubrechen.

»Weil nicht viele Pilger unterwegs sind«, erklärte sie.

»Inmaculada, es sind genauso viele Pilger unterwegs wie bei meinem letzten Camino.«

»Ja wo sind sie denn dann?«, fragte sie und deutete durch die Glastür auf den leeren Dorfplatz. »Es liegt an der Wirtschaftskrise. Die Leute können sich die Reise nicht mehr leisten. Und sie glauben die ganzen Gerüchte im Internet.«

»Welche Gerüchte?«

»Dass der Camino im heiligen Jahr so überlaufen ist, dass sie auf der Straße schlafen müssen.«

»Auf der Straße schlafen? Das ist nicht wahr! Es gibt inzwischen so viele Herbergen.«

»Ja! Und diese hier ist vollkommen leer!«, bestätigte sie.

»Wirklich? Darf ich mal sehen?«

Inmaculada führte mich nach oben in den sauberen Schlafsaal, die blitzenden Sanitärräume und auf die Dachterrasse. Jeder Winkel der Herberge war so makellos wie der Name der *hospitalera* es versprach. In der Bruthitze, die gestern herrschte, war die Albergue San Roque unwiderstehlich wie ein *riad* in Marrakesch.

»Na, ich bleibe gern. Es ist wunderbar hier!«, sagte ich.

Inmaculada behandelte mich wie einen Ehrengast. Ich war privilegierte einzige Nutznießerin ihrer perfekten Gastfreundschaft. Am Nachmittag brachte sie mir Wasser auf die sonnenüberflutete Dachterrasse, am Abend Kanincheneintopf an meinen Esstisch und nach dem Essen Kaffee.

»Inma, haben Sie den Camino auch schon gemacht?«

»Nein«, sagte sie und setzte sich mit ihrem Getränk zu mir. »Dazu habe ich keine Zeit. Mir gefällt mein Leben hier. Hier übernachten viele Leute, die alles haben, aber wenn sie mich und meine kleine Herberge sehen, werden sie neidisch.«

Auch ich beneidete Inma, als ich an den langen Tagesmarsch nach Burgos dachte, der mir bevorstand.

»Bis Burgos sind es ungefähr fünfundvierzig Kilometer. Da muss ich besonders früh aufstehen, oder?«

»Ja, im Morgengrauen! Außerdem soll es morgen bis vierzig Grad heiß werden.«

»Glaub bloß nicht, dass du fünfundvierzig Kilometer an einem Tag schaffst!« So die hilfreiche SMS, die kurz vor Mitternacht von Helen kam.

Morgens um 6 Uhr 40 brach ich dann von Inmas Herberge auf, entschlossen zu beweisen, dass Helen sich irrte. Aber sie irrt sich niemals. Dass meine Entschlossenheit nachließ, merkte ich, als ich um 11 Uhr 40 in der Kirche von San Juan de Ortega das Grab des Ortsheiligen berührte. San Juan (der heilige Johannes), ein Schüler des großen Pilgerfreundes Santo

Domingo, hielt offenbar nicht viel von meinem selbstsüchtigen Gebet um Wiederherstellung meiner Kräfte – ich fühlte mich danach deutlich schwächer als vor meiner Bitte um Hilfe.

Rosafarbene Rosen, roter Mohn und Gruppen von Eichen wachsen zu beiden Seiten meines steilen, steinigen Weges. Obwohl ich mich an den Hängen der Sierra de Atapuerca in der Provinz Burgos befinde, fühle ich mich zu Hause, wie immer in Kalksteinlandschaften. Doch die Hügel von Atapuerca beschwören eine viel weiter zurückliegende Vergangenheit herauf als meine Teenagerausflüge in die Umgebung von Yorkshire. Ein Höhlensystem unter diesen Hügeln legt Zeugnis davon ab, dass die ersten Hominiden Westeuropas genau hier lebten. An einem als Knochengrube bezeichneten Ort liegen zweiunddreißig versteinerte Skelette von *Homo heidelbergensis*. Es könnte sich sogar um frühe Exemplare von *Homo neanderthalensis* handeln. Erstaunlicherweise stammen fast alle der vierhunderttausend Jahre alten Überbleibsel von Jugendlichen, die möglicherweise einer Epidemie zum Opfer gefallen sind. An der Gran Dolina, einer alten Eisenbahntrasse, die in der Nähe der Grube verläuft, wurden weitere versteinerte Knochen gefunden, die sogar achthunderttausend Jahre alt sind. Gegenwärtig streiten sich Wissenschaftler über ihre Identität – es könnte sich um die ersten Vertreter des *Homo heidelbergensis* handeln, die aus Asien nach Westeuropa kamen, oder, noch aufregender, um eine ausschließlich europäische Art mit Namen *Homo antecessor*.

Die wissenschaftliche Debatte interessiert mich nicht. Ich fühle mich meinen Cousins und Cousinen aus grauer Vorzeit in jedem Fall verbunden. Obwohl sie keine direkten Vorfahren von mir sind (da ihre Linien letztendlich zum Aussterben verurteilt waren), sind diese Ureuropäer ein Ast meines Familienstammbaums. Wir alle stammen von Lucy ab, sind sogar so eng verwandt, dass wir der gleichen Gattung *Homo* angehören. Ich stelle mir vor, wie sie in der Hoffnung, einen riesengroßen Elch mit ihren Speeren zu erledigen, grüppchenweise auf eben jenem Pfad marschieren, auf dem nun ich entlangwandere. Fast höre ich, wie sie über die Hitze klagen und überlegen, ob sie in eine kühlere Gegend ziehen sollen. Dann fällt mir wieder ein, dass es in der Eiszeit hier nirgends so heiß war, also stelle ich mir stattdessen vor, dass sie im Laufschritt unterwegs sind, um sich warm zu halten.

Einige Pilger, Barbara und Ewelina zum Beispiel, fühlen sich auf dem Camino unseren Vorfahren verbunden. Barbara will in Eunate sogar die »Energie« der Schritte mittelalterlicher Pilger gespürt haben. Auf der Wanderung durch das Tal der Steinmännchen bei Navarrete fühlte sich auch Hans all jenen verbunden, die vor ihm dort gegangen waren. Ich habe nie Vergleichbares erlebt wie diese empfindsamen Deutschen, weder 2001 noch auf diesem Camino. Aber die bekannte Geologie und meine Identifikation mit den ausgestorbenen Vorfahren sind so aufrüttelnd, dass ich nicht umhin kann, mit den ersten Einwohnern dieses Landes ein Schwätzchen zu halten.

»Wenn ihr es zu Fuß von Afrika nach Atapuerca geschafft habt«, sage ich zu ihnen, beeindruckt von ihrer langen Pilgerreise, »dann schaffe ich es ja wohl bis Burgos.«

Ich übertreibe ihre Leistung ein wenig, denn immerhin brauchten sie eine Million Jahre bis Atapuerca und haben den Weg in kleinen Etappen über Tausende von Generationen zurückgelegt. Doch solche Details verdunkeln nur ihre inspirierende Funktion. Und ich brauche Inspiration.

»Dieser Weg, auf dem wir jetzt gehen«, rufe ich, als ich ein weites Plateau mit Grasbüscheln und verstreuten Kalksteinfelsen erreiche, »ist Teil des Camino, ein Pfad, der sich über achthundert Kilometer von den Französischen Pyrenäen bis nach Santiago de Compostela in Nordwestspanien erstreckt.«

Die einzigen anderen *Homo sapiens* in dieser Sierra habe ich vor ein paar Minuten getroffen. Sie sind außer Sichtweite, ich kann also darauf vertrauen, dass niemand meine Anfeuerungsrufe hören wird. Am Ende fällt die Hochebene in ein Becken ab, in dem sich Weizenfelder bis zum Horizont erstrecken. Von einem Steinbruch steigen rötliche Staubwolken in den blauen Himmel. Ich eile in die Ebene hinab und rezitiere dabei die gesamte Legende des heiligen Jakob. Als ich damit zu Ende bin, erreiche ich eine glänzende Asphaltstraße.

»Jakob wurde im Landesinneren bestattet und vergessen. Achthundert Jahre später folgte Pelayo der Eremit einem Sternenkranz bis zum Leichnam des Santiago, wie er in Spanien genannt wird. Die Grabstätte erhielt den Namen Compostela, Sternenfeld, und über dem Grab wurde eine Kathedrale errichtet. Aus ganz Europa begannen Menschen zum heiligen Jakob zu pilgern. Seit über zwölfhundert Jahren kommen die Pilger.« Was haltet ihr davon?«

Schweigen. Ein Hänfling und seine beiden zappeligen Jungen hüpfen unruhig auf einem Ast eines Akazienbäumchens in der Hecke herum. Mein Monolog hat mich auf dem Weg über den heiligen Boden der Sierra de Atapuerca abgelenkt, doch nun treten die Schmerzen in den Vordergrund. Die hinteren Oberschenkelmuskeln meines rechten Beines weigern sich, es zu strecken, und die entzündete Achillessehne schreit nach einer Kortisonspritze. Meinem Versprechen an den *Homo antecessor* zum Trotz werde ich nicht bis Burgos laufen können.

Ein blau-weißer Doppeldeckerbus in der nächsten Kurve der gewundenen Straße hält nicht, was er verspricht. Er steht verlassen da, und das »Wartehäuschen« ist keine Bushaltestelle, sondern nur ein Blechdach über einem Tisch und sechs verchromten Stühlen. Daneben stehen zwei Getränkeautomaten. Ich nehme an, wenn ich mich hinsetze, wird Magrittes Riesenschildkröte über meinen Kopf hinwegfliegen oder winzige Männchen mit Bowlerhüten werden vom Himmel herabschweben. Bis auf das Surren der Automaten und das Klirren der Flasche, die im Ausgabefach landet, herrscht vollkommene Stille. Ich gruppiere sorgsam die Stühle, als würden gleich Gäste eintreffen, strecke mein versteinertes Bein auf den grün gepolsterten Sitzen aus und trinke das kühle Wasser. Selten bin ich so glücklich gewesen.

Die Straße nach Villafría kommt mir länger vor als die vier oder fünf Kilometer, die es tatsächlich sind. Eine Pilgerin mit einem kleinen Hund schließt sich mir an.

»Geh bloß nicht zu Fuß von Villafría nach Burgos«, rät sie mir. »Reine Zeitverschwendung. Es ist schrecklich, nur Autos und Geschäfte, so weit das Auge reicht. Wozu sich das antun?«

Natürlich, um sagen zu können, dass ich jeden Zentimeter des Camino aus eigener Kraft bewältigt habe.

»Ich weiß. Mein Bein tut sowieso so weh, dass ich kaum noch laufen kann. Es gibt also einen Bus?«

»Oh ja, keine Sorge. ¡Buen Camino!«

»¡Buen Camino!«

Meine Enttäuschung ist bereits durch Realismus gedämpft, als ich die beiden Brücken über die Autobahn A 1 und die Eisenbahnlinie Madrid-Irún überquere. Von der Haltestelle vor der Bar in Villafría fährt gerade ein roter Bus ab, doch der Kellner versichert mir, dass in einer halben Stunde der nächste geht. Die drei brasilianischen Vertreter der Spezies *Homo sapiens*, denen ich in Atapuerca begegnet bin, klettern in das Taxi, das sie nach Burgos bringen soll.

»Möchtest du mitfahren?«, fragen sie.

»Ach nein«, entgegne ich und setze meinen Rucksack ab. »Ich muss erst mal was trinken. Trotzdem danke.«

Ich muss tatsächlich etwas trinken, vielleicht nicht nur ein Glas, aber das ist nicht der wahre Grund, warum ich ihr Angebot ablehne.

Mich geschlagen zu geben und den Bus zu nehmen, ist schlimm genug, aber wenigstens benutze ich ein öffentliches Verkehrsmittel. Ich will in Santiago doch nicht eingestehen müssen, dass ich ein *Taxi* genommen habe!

»Entschuldigt meine Verspätung!«, rufe ich schon von Weitem Alison und Ian zu, die bereits ihren zweiten Gang beenden. »Eure Beschreibung war perfekt, aber ich konnte einfach nicht schneller gehen.«

Damit meine ich nicht, dass ich seit Atapuerca langsam gegangen bin, sondern von meinem Hotel im Zentrum von Burgos aus. Das Hostal Acacia liegt nur einen Katzensprung von dieser kleinen Terrasse des Restaurante El Corralón entfernt. Aber ich konnte nicht springen wie eine Katze, sondern mich zwischen den Abendspaziergängern auf dem Paseo del Espolón nur humpelnd, hinkend und schlurfend fortbewegen.

Zum dritten Mal seit unserer ersten Begegnung in Saint-Jean-Pied-de-Port stellen wir fest, dass sich unsere Wege morgen wieder trennen werden. Meine beiden Freunde werden nach Hornillos del Camino wandern, während ich meine steifen Sehnen entspannen und in den eleganten Straßen dieser Stadt einen Ruhetag verbringen werde.

»Ich wusste gar nicht, dass Weizen so viele Farben haben kann, ihr vielleicht?«, erkundige ich mich, ohne im Geringsten daran zu zweifeln, dass Alison und Ian das im Überfluss vorhandene Getreide genauso interessant finden wie ich. »Seit Santo Domingo habe ich ungefähr sieben verschiedene Grünschattierungen gezählt.«

»Das ist nicht alles Weizen, weißt du«, bemerkt Ian.

»Was denn dann?«

»Manchmal Gerste, oder Hafer, auch Roggen«, erklärt er und beschreibt mir dann die Unterschiede.

»Das wusste ich nicht! Und ich will Biologin sein!« Dann lieber ein Themenwechsel: »Äh, glaubt ihr wirklich an Heilige?«, frage ich in Erinnerung daran, dass San Juan de Ortega mir heute nicht geholfen hat.

»Ja.«

»Und wo, Alison, glaubst du, dass die sind?«

»Im Himmel.«

»Und was meinst du, wo der Himmel ist?«

»Na ja«, entgegnet Ian. »Wir wissen, dass es mathematisch gesehen elf Dimensionen gibt, warum sollte also der Himmel nicht eine davon sein?«

»Na schön, aber selbst wenn er existiert, was machen die Heiligen dort?«

»Sie legen bei Gott Fürsprache für uns ein«, erwidert Alison.

»Aber warum hört Gott uns nicht direkt zu?«

»Die Heiligen *überreden* Gott, uns zuzuhören.«

»Warum haben sie mehr Einfluss auf ihn als wir?«

»Weil Heilige im Gegensatz zu Gott selbst Menschen gewesen sind«, wirft Ian ein. »Gott hört ihnen zu, weil er weiß, dass sie sich auf eine Weise in Menschen einfühlen können, die ihm nicht zu Gebote steht.«

»Du meinst, Gott hört uns ganz besonders gut zu, wenn ein Heiliger sich einschaltet?«, frage ich. »Das ist doch nichts als Günstlingswirtschaft. Was ist mit all den Menschen auf der

Welt, die noch nie von Heiligen gehört haben? Wie soll Gott denen je zuhören?«

»Darum ist es so wichtig, das Evangelium zu verbreiten und Menschen zu bekehren«, informiert mich Alison.

In unserer von Lampen erhellten klösterlichen Abgeschiedenheit im El Corralón an der Calle Corral de los Infantes fühle ich mich versucht, an das von Alison und Ian geschilderte himmlische Szenario zu glauben.

»Was ist mit all den angeblichen Erscheinungen der Jungfrau Maria? Glaubt ihr an die auch?«

»Selbstverständlich«, sagt Alison.

»Aber Alison, das ist doch ganz abwegig. Der Priester in Navarrete hat mir erklärt, Maria sei in Saragossa dem heiligen Jakob erschienen! Aber du glaubst doch nicht im Ernst, dass Bernadette Soubirous in Lourdes die Heilige Jungfrau gesehen hat?«

»Doch, natürlich.«

»Also, ich bin einmal in Lourdes gewesen und habe meine verletzte Schulter unter den Hahn mit dem heiligen Wasser gehalten. Wisst ihr, was passiert ist? Überhaupt nichts! Am Ende musste ich mich operieren lassen. Bernadette hatte garantiert Halluzinationen.«

»Wie könnte sich ein vierzehnjähriges Mädchen, das weder lesen noch schreiben kann, den Satz ausdenken ›Ich bin die Unbefleckte Empfängnis‹? Sie *muss* ihn von der Jungfrau Maria gehört haben!«

»Sie kann den Satz auch in der Messe aufgeschnappt haben.«

»Aber sie hatte nie eine Messe besucht.«

Die Jungfrau Maria erschien jemandem, der nie eine Messe besucht hatte? Das finde ich noch unglaubwürdiger als die Sache mit den Heiligen im Himmel, die Gott am Ärmel zupfen, um seine Aufmerksamkeit zu gewinnen.

Wir setzen unser freundschaftliches Streitgespräch fort, während wir an der von Flutlicht erhellten Fassade der Kathedrale entlanggehen, einer der schönsten von ganz Spanien. Zankend und lachend schlendern wir durch die dunklen Straßen zu unseren Hotels. Keiner wird den anderen überzeugen können, aber wir bleiben Freunde. Zwischen Pilgern auf dem Camino nach Santiago de Compostela mag es Meinungsverschiedenheiten geben, doch wir wissen, dass wir uns den Respekt voreinander bewahren müssen. Und ich habe größten Respekt vor diesen beiden Pilgern, die von England aus jeden Festlandsmeter zu Fuß gegangen sind. Nicht einmal die acht Kilometer von Villafría nach Burgos haben sie mit dem roten Bus der Linie 8 zurückgelegt.

Freitag, 25. Juni 2010

Ich wandere 25,3 Kilometer von Arroyo de San Bol zum Hospital de San Nicolás bei der Puente de Itero

»Zeit zum Aufstehen, es ist 6 Uhr 5. Zeit zum Aufstehen, es ist 6 Uhr 5«, keift die Frauenstimme um 6 Uhr 5 unsanft aus meinem Telefon.

Ich muss mir unbedingt einen freundlicheren Weckton einstellen – Vogelgezwitscher vielleicht? Juncal, die ich am Abend zuvor noch kennengelernt habe und die mir erzählt hat, dass es einmal ihr Beruf war, früh aufzustehen und die schlafmützige Bevölkerung von San Sebastian mit Post zu versorgen, ist schon fort, die Fleecedecke liegt ordentlich gefaltet auf ihrem leeren Bett am Fenster. Kein Wunder, Juncal hat Übung. Ich wäre *niemals* in der Lage, um fünf Uhr morgens aufzubrechen wie sie, selbst wenn ich für den Rest meines Lebens jedes Jahr den Camino gehen würde. Ich gönne mir den Luxus, mich noch ein bisschen in meinem Schlafsack zu räkeln, bevor ich aufstehe und dem Tag ins Gesicht blicke.

Vor neun Jahren allerdings habe ich die Herberge von Hornillos del Camino, eine Station vor dieser, schon vor Morgengrauen verlassen. Lori und Madison hatten mich überzeugt, das sei notwendig, wenn wir die dreißig Kilometer nach San Nicolás rechtzeitig hinter uns bringen wollten, um dort ein Bett zu ergattern. Auch Brad hatte in den sauren Apfel beißen müssen, denn als Loris Sohn musste er ihren Anweisungen Folge leisten. Sie hatten mir versichert, San Nicolás sei einer der Höhepunkte des Camino. Angeblich wuschen dort die *hospitaleros* den Pilgern die Füße, um Jesu' Geste der Demut vor dem letzten Abendmahl nachzueifern. Also hatte ich mich gegen alle Widerstände meiner inneren Uhr um 4 Uhr 30 aus meiner oberen Koje gequält, um hinter ihnen, am Brunnen mit der Hahnenfigur am kleinen Dorfplatz von Hornillos vorbei, durch die Felder in Richtung Hontanas zu ziehen. Es war kalt gewesen – das hatte ich bisher nicht erlebt, denn mein Tag begann gewöhnlich gegen 11 Uhr nach mehreren Tassen Kaffee. Das war überhaupt das Schlimmste: loszugehen, ohne mir einen *café con leche* oder ein Croissant einverleibt zu haben. Außerdem sah ich in der Dunkelheit nichts. Manchmal kamen wir total vom Weg ab, stapften direkt durch die Felder ungefähr in Richtung Hontanas, stolperten und hatten Stroh im Mund, wenn wir hinfielen. Drei Stunden später, um 7 Uhr 30, erreichten wir Hontanas. Arroyo de San Bol, wo ich mich jetzt befinde, hatten wir links liegen gelassen.

Heute nehme ich mir Zeit. Das »Rasen mit Blasen« ist nie mein Ding gewesen, und klar, als ich die Küche betrete, ist es schon hell. Unsere *hospitalera* Victoria hat Brot, Butter und Marmelade auf den Tresen gestellt, dieses Jahr werde ich also auf dem Weg nach Hontanas nicht verhungern. Paco der Ältere und Paco der Jüngere sind draußen und drängen Chungo und Kira, vor ihrem Aufbruch ein bisschen Wasser zu trinken. Der Vater und der Sohn aus Valencia winken mir zum Abschied zu, während ich an der Tür stehend mein Marmeladebrot verzehre und den beiden Hunden zusehe, die freudig mit dem Schwanz wedeln. Es ist 6 Uhr 40, als ich als Letzte losziehe, nachdem ich die Tür zugesperrt und den Schlüssel in die Tasche gesteckt habe.

Ich nehme den gleichen Weg nach Hontanas wie vor neun Jahren, aber diesmal *sehe ich etwas*! Weißes Leimkraut und blauer Rittersporn säumen den Weg, auf dem mein Schatten vor mir auf elf Uhr fällt. Die Sonne über meiner rechten Schulter steht ebenfalls auf elf Uhr und färbt die Gerstenfelder golden. Meinen Schatten zu beobachten ist in Ermangelung anderer Zerstreuungen überraschend unterhaltsam. Als die Sonne in meinem Rücken steht, liegt der Schatten auf zwölf Uhr. Und er zeigt 13 Uhr, als sich die Sonne hinter meiner linken Schulter befindet. Ich habe das Gefühl, eine Sonnenuhr erfunden zu haben. Da die Sonne hinter mir im Osten aufgeht, so meine

Berechnungen, muss ich wohl westwärts wandern, und da dies der Camino ist, tue ich das auch! Ich höre auf, meine Intelligenz zu bewundern, um eine Feldlerche (oder ist es ein Schwarzkehlchen?) zu beobachten, die auf einer Steinmauer inmitten der Gerste lauthals trällert. Eine leichte Brise trägt den Vogelgesang zu mir her. Plötzlich peitscht ein heftiger Windstoß den Staub vom trockenen Boden in die Höhe, legt sich aber sofort wieder. Ich bleibe stehen und denke an den Jungen, der in Paulo Coelhos »Der Alchimist« vom Wind geküsst wird. Jetzt kommt mir das nicht mehr so weit hergeholt vor.

Doch wo ist Hontanas? Sollte ich jetzt, um 7 Uhr 50, nicht langsam dort ankommen? Hätte ich heute Morgen in meinem Lozano gelesen, so wüsste ich, dass Domenico Laffi 1673 geschrieben hatte: »Wir kommen in das Städtchen, das sich Hontanas (›Fontana‹) nennt, das im Grund eines Tälchens versteckt ist und kaum zu sehen ist ...« Perfekt beschrieben! Plötzlich fällt mein Weg zwischen den hohen, von rotem Mohn überwucherten Steinmauern ab, und vor mir tauchen der gewölbte Kirchturm und das pittoreske Dorf Hontanas auf. Die Kirchturmuhr schlägt acht, als der Pfad in eine schmale Straße übergeht, an der drei Herbergen, ein Hotel, zwei Bars, ein kleiner Supermarkt, eine Postfiliale und eine Arztpraxis liegen. Was ist bloß aus dem Camino geworden? Meine Gefährten aus dem Jahr 2001 würden den Ort nicht wiedererkennen. Ich weiß noch, dass es in Hontanas eine einzige Herberge und eine Bar gab, die meinem »Gelben Buch« zufolge von »einem tatkräftigen Besitzer, Victorino, der reichlich preiswertes Essen serviert«, geführt wurde. Wir waren dankbar dort eingefallen, denn nach unserem frühmorgendlichen Marsch hatten wir reichliches und preiswertes Essen bitter nötig.

Zufälligerweise war es auch damals am 23. Juni 2001 um 8 Uhr gewesen, als wir Victorinos dunkle Bar betraten. Würste in Schlingen hingen ordentlich von einem Regalbrett, auf dem akkurat aufgereihte Spirituosen standen. Ein kleiner, stämmiger Mann in blau kariertem Hemd wartete hinter dem gefliesten Tresen auf Kundschaft. Wir lümmelten uns auf eine Bank, lehnten uns an die weiß getünchte Wand und sahen zu, wie Victorino *café con leche* für uns zubereitete. Über unseren Köpfen hingen ein Kronleuchter, ein Sonnenhut, *calabazas*, Ketten und alte Fotos des jungen Victorino von alten Holzbalken. Der Zauber ließ ein wenig nach, als Victorino die Teller ausgingen und er eines unserer Spiegeleier direkt auf dem klebrigen Tresen servierte. Wer es aß, weiß ich nicht mehr, ich jedenfalls nicht. Dann kam er hinter der Bar hervor, um uns sein Bravourstückchen zu zeigen: Er schüttete sich Rotwein über das Gesicht, um ihn anschließend in den Mund zu saugen. Wir gingen, ohne uns auch nur den *sello* geben zu lassen. Damals hatte ich keine Ahnung, dass Hans-Peter Kerkeling, den ich seit Santo Domingo nicht mehr gesehen hatte (und zwar vor allem wegen seiner höheren Ansprüche an Privatsphäre und Hygiene), zwei Tage später hier essen und übernachten würde. Ich ziehe vor ihm meine brasilianische Baseballkappe.

Im ersten Moment erkenne ich Victorinos Bar nicht wieder. Bin ich im gleichen Raum wie damals? Den Wirt kann ich nirgendwo entdecken. Als sich meine Augen an das schummrige Licht gewöhnt haben, nehme ich meine Umgebung besser wahr. Ich bin schockiert. Der damals empfundene Reiz des Neuen von Victorinos Bude geht jetzt in Chaos unter. Auf dem damals bloß klebrigen Tresen türmen sich halb volle Weinflaschen, schwappende Kaffeetassen, graue Lumpen und überquellende Aschenbecher. Eine kleine Teekanne klemmt verkeilt in einer Kaffeemaschine wie ein Opfer des Vulkanausbruchs in Pompeji, das für alle Ewigkeit bei seiner letzten Verrichtung mumifiziert wurde. Um zu der Bank durchzukommen, auf der ich neben Madison gesessen habe, müsste ich über Obst- und Gemüsekisten klettern, die sich auf dem einstmals leeren Fußboden stapeln. Rosafarbene Plastiksäcke voller Schutt, stapelweise Klamotten, ein rostiger Heimtrainer, Werkzeuge und unidentifizierbare *Dinge* verstellen mir den Weg zu der Gestalt, die ich am anderen Ende des Raums entdecke.

»Victorino?«, sage ich mit Herzklopfen in das Halbdunkel.

»¿Si?«

»Hola.«

Vorsichtig bahne ich mir einen Weg zwischen den Dingen. Ich strecke die Hand aus, und er wischt sich die Rechte an seinem schmuddeligen Hemd ab, bevor er meine schüttelt.

»Hola, Victorino. Sie erinnern sich vielleicht nicht an mich, Sie haben schon so viele Pilger kennengelernt. Ich war vor neun Jahren mit ein paar Freunden hier und wollte jetzt mal vorbeischaun. Wie geht's?«

»Gut. Gut.«

»Betreiben Sie hier immer noch eine Bar?«, frage ich – sicher die dümmste Frage meines Lebens.

»Nein, nein, nicht mehr. Möchten Sie ein bisschen Obst mitnehmen? Bitte, bedienen Sie sich.«

Ich greife nach einer Nektarine und einer Orange und bemerke dann ein Foto an der Wand, auf dem Victorino Wein über seine Oberlippe schüttet.

»Oh, Victorino, schauen Sie, ich weiß noch, wie Sie uns das vorgeführt haben. ¡Qué chistoso! (Wie lustig!)« Er wirkt erfreut und fragt mich, ob ich einen *sello* möchte. Der alte Stempel und das Stempelkissen stehen immer noch in einer Ecke des Tresens, und ich stemple mein *credencial*, während Victorino seine Arbeit im hinteren Teil des Raumes wieder aufnimmt. Ich gehe ihm nach und sehe zu, wie er sich an einen alten hölzernen Handwagen setzt. Er streift einen Lederhandschuh über und zieht immer wieder an Bündeln von Metalldrähten, die aus dem Gehäuse eines undefinierbaren Etwas auf dem Handwagen ragen.

»Was machen Sie da?«, frage ich, erschüttert.

»Das hier rausbringen, um es zu verkaufen. Wenn ich fertig bin, soll ich Sie dann mitnehmen bis zur Straße?«

»Ich bin doch Pilgerin, ich muss den ganzen Weg selbst gehen«, erwidere ich. »Aber wissen Sie was, ich werde irgendwo an der Straße Kaffee trinken, also halten Sie doch, wenn Sie mich sehen.«

Als ich ins Tageslicht hinaustrete, zerrt er immer noch heftig an den Metalldrähten und müht sich mit seinen kurzen Armen und seinem dicklichen Körper mehr ab, als für einen alten Mann gut sein kann. Sollte er nicht besser weiter Kaffee und Spiegeleier servieren, statt sich wegen ein paar Euro für Altmetall abzuplagen? Sein Elend nimmt mich mit, und ich sage nicht viel, als ich draußen vor der nahe gelegenen Herberge El Puntido Paco den Älteren und Paco den Jüngeren antreffe. Chungo und Kira äugen unter dem Tisch hervor zu mir herüber. Zwei Frauen, die ich noch nie gesehen habe, sitzen auf einer Bank und plaudern mit amerikanischem Akzent. Gerade, als sie sich alle auf den Weg in die nächste Stadt, Castrojeriz, machen, tuckert Victorino in einem verbeulten weißen Auto vorbei, wahrscheinlich, um seine Drahtausbeute zu verkaufen. Er sieht mich nicht. Ich bin allein und studiere meinen neuesten *sello*. Das Stempelkissen war so trocken, dass ich die schwach purpurfarbene Kirchenkuppel von Hontanas kaum erkennen kann, aber Victorinos Name steht so trotzig da wie er selbst.

Wie mit Victoria verabredet, hinterlege ich ihren Türschlüssel in der Herberge Santa Brígida am Dorfausgang, dann bin ich wieder auf dem Fußweg durch ein Gerstenfeld. Die Kirchturmuhr hinter mir schlägt neun Mal – sie schilt mich für die volle Stunde, die ich in einer einzigen Straße totgeschlagen habe. Juncal wäre alles andere als beeindruckt. Ich weiß nicht, warum ich mir nicht angewöhnen kann, mich an einem Ort nur fünf Minuten aufzuhalten, wie sie mir gestern Abend beim Essen empfohlen hat. Wie lange brauche ich, um einen alten Bekannten zu begrüßen und ein Croissant zu essen? Jetzt kann ich nicht einmal mehr Hans die Schuld zuschieben. Es ist eigentlich nicht verwunderlich, dass Hans und ich an manchen Tagen kaum in die Gänge kamen – offenbar bestärken wir uns gegenseitig im Trödeln. Was mich aber nun doch verwundert, ist, dass ich ohne seine Gesellschaft auch nicht entschlossener voranschreite. Ich schaffe es, ewig in den schmalen Straßen herumzubummeln, selbst wenn es dort auf den ersten Blick wenig gibt, was einen Pilger reizen könnte, der vor der Nachtruhe noch einiges vor sich hat. Ich hole tief Luft und rufe mir ins Gedächtnis, dass es ganz im Sinne des Camino ist, bei einem alten Mann vorbeizuschauen und ihm für seine Gastfreundschaft zu danken (obwohl er Spiegeleier auf einem schmierigen Tresen serviert hat). Bei strahlendem Sonnenschein ziehe ich weiter, entschlossen, erst wieder stehen zu bleiben, wenn ich in Castrojeriz angekommen bin.

Zwei Minuten später bringt mich eine Ameisenstraße, die meinen Weg quert, zum Anhalten. Ich gehe in die Hocke und beobachte, wie die Tiere eins nach dem anderen, jeweils mit einem Stück Gerstenhalm beladen, über den staubigen Boden ziehen. Wozu brauchen sie die Gerste? Brauen sie in ihrer Kolonie etwa Bier? Dann breche ich meine Naturstudien abrupt ab, denn ich muss San Nicolás unbedingt so zeitig erreichen, dass ich eines der zwölf Betten abbekomme. Der mittelalterliche Charme der restaurierten Einsiedelei aus dem 13. Jahrhundert ist unwiderstehlich. 2001 gab es dort noch keinen elektrischen Strom. Sollte nicht inzwischen die Modernisierung dem Zauber ein Ende gesetzt haben, wird es heute für mich keine WM geben. Ich will die besondere Zeremonie, bei der ich vor neun Jahren Shelagh kennengelernt habe, noch einmal erleben. Wir saßen nebeneinander in einem Halbkreis ehrfurchterfüllter Pilger, als der *hospitalero* in seiner braunen Filzjacke in einer Geste der Demut Wasser über unsere Füße schüttete. Die Demut, die dadurch in mir selbst aufkeimte, bekam einen Dämpfer, als der andere *hospitalero* sich unvermittelt meine billige Wegwerfkamera schnappen wollte, mit der ich das eigentümliche Ritual zu dokumentieren gedachte. Er hatte allerdings nicht mit meiner Zähigkeit gerechnet – ich hielt die Kamera eisern fest. Also wirklich! Der Vorfall schockierte mich, denn die Verärgerung des Mannes widersprach für mein Empfinden dem Geist der zugewandten Waschungsgeste. Heute Abend werde ich fragen, ob ich fotografieren darf. Diesmal habe ich eine Digitalkamera dabei, und es wird etwas teurer, wenn ein griesgrämiger *hospitalero* sie zu Boden wirft.

Hinter dem Gerstenfeld erstreckt sich jenseits der Straße ein weitläufiges Felsengelände, in dessen horizontaler Verlängerung Castrojeriz liegt, in der vertikalen die kleinen weißen Wölkchen am blauen Himmel. Die Felsen haben die Form eines Brotlaibs und erinnern mich ebenso wie die Sierra de Atapuerca an die Yorkshire Dales, in denen meine Wanderbegeisterung ihren Anfang nahm. Unsere Sportlehrerin in der Schule, Miss Gatrell, führte uns an Wochenenden und in den Ferien durch die steilen Kalksteinzacken von Malham und Whernside, geleitete uns durch Sümpfe und zwang uns, neben schäumenden Wasserfällen in die Höhe zu klettern, bis wir schlammverdreckt und torfgeschwärzt eine Jugendherberge mit seltsamem Namen erreichten. Als Erstes sahen wir immer den Lichtschein der Fenster, denn wir trafen nie vor Einbruch der Dunkelheit in Dacre Banks oder Kettlewell oder wie sie hießen ein. Der Grund war, dass es 1973 nur Rucksäcke aus Baumwolle mit Metallgestänge gab, so schwer, dass wir nicht schnell genug vorankamen, um es bei Tageslicht zu schaffen. Hatte sich der Stoff erst einmal mit Regenwasser vollgesaugt, waren sie für unsere kleinen Körper kaum mehr tragbar, und wir weinten leise vor uns hin. Wir wussten, dass die Regentropfen und Dreckstreifen in unseren Gesichtern unsere Tränen verbergen würden. Falls Miss Gatrell die Hoffnung hegte, uns die Lust am Wandern zu verderben, um in Zukunft ohne uns gehen zu können, so hatte sie sich allerdings getäuscht – ich bin seitdem immer gern gewandert.

Eine Pappelallee führt auf die gewaltigen Ruinen des Klosters San Antón zu, das zu Ehren eines Eremiten, des heiligen Antonius von Ägypten, erbaut wurde. Ein riesiger gotischer Doppelbogen spannt sich über die Straße. Mich hätte es zu Tode erschreckt, im Mittelalter unter einem derart imposanten Bauwerk hindurchzugehen. Aber was weiß ich schon, wie die frühen Pilger den Camino wahrnahmen? Zweifellos befanden sie sich in einem Zustand der Verzückung, da sie damit rechneten, von den hiesigen Mönchen vom »Feuer des heiligen Antonius« (Rotlauf) kuriert zu werden, einer ansteckenden Hautkrankheit, die das mittelalterliche Europa heimsuchte. Die heilenden Mönche sind längst Geschichte, inzwischen stehen nur noch die Außenmauern des Klosters und die verwitterten Torbögen. Hinter der Mauer stempelt ein Freiwilliger mein *credencial* mit dem *sello* der kleinen Herberge – ein blauer Kreis mit dem griechischen Buchstaben τ, der die Gewänder der Mönche zierte, wenn sie Pilger von den brennenden roten Pusteln heilten. Heute brauche ich keine Wunderheilung, denn ich strotze geradezu vor Gesundheit, kein unappetitliches Geschwür verunstaltet meine Glieder. Verbesserungsfähig wäre allenfalls mein Seelenzustand, nämlich, indem ich ein paar Freundschaften schließe – aber auch ohne die bin ich erstaunlich zufrieden.

Könnte das eine Freundin werden? Eine junge Frau kommt hinter mir durch den Bogen geeilt, als ich gerade meinen fünfundzwanzigsten *sello* zum Trocknen herumwedle. Die schnelle Pilgerin marschiert an mir vorbei, woraufhin ich ihr rasch nachsetze, um mit ihr gemeinsam zur in vier Kilometer Entfernung auf einem Hügel gelegenen Burg von Castrojeriz zu gehen.

Ich weiß nicht, wie ich es schaffe zu sprechen, denn mein Puls rast genauso wie wir. Wahrscheinlich bin ich wild entschlossen, mich nicht von einer Frau in den Zwanzigern abhängen zu lassen, jedenfalls renne ich fast schon. Joggen könnte man es nennen. Ich erfahre, dass Marta aus Barcelona stammt und genauso schnell spricht, wie sie geht.

»Gestern wollte ich in San Antón übernachten, aber in Hornillos hielt mich die Polizei auf und erklärte mir, es sei Zeit, mir ein Quartier zu suchen.«

»Um wie viel Uhr war das?«, frage ich, beeindruckt von der Fürsorge der Polizei.

»Neun Uhr abends.«

»So spät warst du noch unterwegs?«

Ich kann kaum glauben, dass sie so unermüdlich ist, und versuche mit einem Seitenblick herauszufinden, was ihr so viel Kraft gibt. Ihre Jugend, beschließe ich.

»Ja. Die Polizei sagte, ich dürfe nicht weitergehen nach San Antón. Es sei nicht sicher. In diesem Monat seien schon drei Leute an Überanstrengung und Überhitzung gestorben.«

»Pilger, meinst du?«

»Ja, Pilger. Sie gehen zu weit und trinken zu wenig.«

Mir kommt der Gedanke, dass ich womöglich das nächste Todesopfer sein werde, wenn ich noch lange neben diesem Ausbund an Fitness marschiere.

»Und wo gehst du heute noch hin?«, frage ich atemlos.

»Nach Frómista.«

Aha, sie plant weiterhin lange Etappen. Fünfundzwanzig Kilometer hat sie noch vor sich, zwanzig ist sie seit Hornillos schon gegangen. Ich habe heute Vormittag von San Bol aus nur fünfzehn zurückgelegt, und nach Castrojeriz habe ich noch zehn vor mir.

»Na, dort kannst du jedenfalls bestimmt WM sehen«, meine ich. »Du stehst doch auf Fußball?«

»¡Si! ¡Si! ¡Claro! Ich bin Fan von Barcelona. Und heute schau ich mir auf jeden Fall an, wie Spanien spielt.«

»Dann war es für dich sicher ein Schlag, als dieses Jahr Inter Barcelona geschlagen hat?«

Ich hatte nicht ahnen können, dass diese einfache Frage bei Marta eine so leidenschaftliche Reaktion auslösen würde. José Mourinho, der Mann hinter Inter Mailands Sieg im Halbfinale der European Champions League im April, war ein rotes Tuch für sie.

»Dieser *hijo de puta* (Hurensohn), Mourinho!«, zischt sie wütend. »Inter hat gar nicht Fußball gespielt, sondern nur den Bus geparkt.«

»Den Bus geparkt?«, frage ich, verwundert über diese mir unbekannte Metapher.

»Sie parken die gesamte Mannschaft im Strafraum, um uns zu behindern. Ich hasse ihn, ich *hasse* ihn!«, brüllt sie, während wir mit dampfenden Sohlen auf Castrojeriz zustürmen.

»Du darfst ihn nicht so ernst nehmen«, rate ich ihr. »Ist doch alles bloß Show. ›Ich bin der Größte.‹ Wer weiß, was für ein Mensch er wirklich ist. Wenn du erst mal so alt bist wie ich, kann dich so leicht nichts mehr aufregen.«

Warum erwähne ich jedes Mal, wenn ich mit einem jüngeren Menschen spreche, mein Alter? Marta hat kein Wort darüber verloren. Angefangen hat es Weihnachten, als ich in Borneo Urlaub machte. Während einer dreitägigen Bootstour auf dem Kinabatangan-Fluss musste ich es mir gefallen lassen, dass mich der Bootsführer bei jeder Gelegenheit »Mutter« nannte.

»Ich bin nicht deine Mutter, Papay«, erinnerte ich ihn jedes Mal, wenn er in Hörweite der anderen Passagiere und aller Wildtiere im Regenwald rief: »He, Mutter, sollen wir hier Halt machen?«, oder: »He, Mutter, siehst du den Affen? Da drüben!«

Papay erklärte mir, es sei ein Zeichen von Respekt, eine ältere Frau »Mutter« zu nennen, aber er hatte das Wesentliche nicht begriffen. Woher wollte er wissen, dass ich alt war? Auf keiner meiner vielen Reisen hatte ich jemals über mein Alter nachgedacht. Doch jetzt, mit einundfünfzig, sorgte Papay dafür, dass ich mir sonderbar vorkam, weil ich mich unter junge Leute mischte, die sich zwischen Schule und Uni eine Fernreise gönnten. Sollte ich etwa inzwischen aus dem Alter heraus sein, in dem man mit dem Rucksack loszieht, und stattdessen ein Louis-Vuitton-Rollköfferchen in ein Fünf-Sterne-Hotel ziehen? In »Ich bin dann mal weg« beschreibt Hans Shelagh als die »Mutter«, die unseren Camino 2001 organisierte, und uns beide als ihre ungezogenen Kinder. Das wäre inzwischen nicht mehr denkbar, oder?

Marta merkt mir meine Verlegenheit nicht an. Wir marschieren den Weg zwischen dem Hostal El Manzano und der großartigen Kirche Santa María hinauf – besser gesagt, sie marschiert und ich tripple hinter ihr her.

»¡Hola!«

»¡Hola!«, grüße ich Paco den Älteren und Paco den Jüngeren zurück, die im Garten des *hostal* Tee trinken, während Chungo, der Labrador, und Kira, der kleine Mischlingshund, zu ihren Füßen im Gras dösen.

Marta und ich bestellen ebenfalls Tee, und ich strahle die Pacos stolz an. Ich wette, sie können kaum glauben, dass ich sie eingeholt habe. Als sie heute Morgen Hontanas verließen, setzte ich mich gerade hin, um mein Croissant zu essen. Klar, vielleicht hingen sie schon seit Stunden hier herum, aber ich habe das Gefühl, in Martas Windschatten in Schallgeschwindigkeit hierher transportiert worden zu sein.

»Wir sprachen gerade über José Mourinho«, erzähle ich. »Was haltet ihr von dem?«

»Er ist Portugiese«, lautet die Antwort.

Die beiden Pacos erheben sich, woraufhin auch Chungo und Kira aufspringen und wie wild im Kreis herum laufen. Die kleine Kira hüpft auf drei Beinen herum, ohne mit ihrer verletzten, bandagierten Pfote den Boden zu berühren. Der Rucksack von Paco dem Jüngeren sieht mit den vielen daran hängenden Utensilien aus wie ein Weihnachtsbaum.

»He, Paco der Jüngere!«, rufe ich, als er sich mit der fröhlich hinter ihm her tollenden Kira auf den Weg durch den Garten macht. »Was ist eigentlich in dem Rucksack *drin*?«

»Meine Socken«, antwortet er gedehnt.

»Dann steck doch Kira mit rein, Platz ist genug.«

Marta die Marschiererin, meine Freundin für eine Stunde, springt auf und folgt ihnen. Sie wird heute Abend in Frómista sein. Außer natürlich, die Polizei hält sie wieder auf.

In der Abgeschiedenheit des *hostal*-Gartens fällt es schwer zu glauben, dass dieses wahrscheinlich von Julius Caesar gegründete Dorf genügend Baudenkmäler aufweist, um zumindest den Rest des Tages gut auszufüllen. Das einzige jedoch, das ich zu besuchen plane, ist die im 18. Jahrhundert auf dem ursprünglichen Bau aus dem 13. Jahrhundert errichtete Kirche María del Manzano. Vor neun Jahren haben Madison und ich diese Kirche auf dem Weg nach San Nicolás besichtigt, und seither wollte ich den bemerkenswerten Eindruck auffrischen. Ich trinke meinen Tee aus und gehe durch den Garten, um an der Kirchentür das Eintrittsgeld von zwei Euro zu entrichten. Während ich durch den enorm großen Raum schreite, bis ich vor Rafael Mengs wunderschönem *retablo* der Verkündigung direkt neben der Kreuzigungskapelle stehe, erinnere ich mich an den Moment, als Madison und ich 2001 hier standen.

»Wer ist das?«, fragte Madison.

»Wer?«, gab ich zurück und blickte mich suchend um.

»Diese Leute. Wer sind sie alle? Wer ist das in der Mitte?«

Ihrem Blick folgend merkte ich, dass sie die Jungfrau Maria ansah. Sie bat mich, die Mutter Jesu zu identifizieren.

»Du meinst *sie*?«, fragte ich. »Das ist die Jungfrau Maria, Madison.«

»Wer ist das?«

Ich wandte mich Madison zu und sah, dass sie es vollkommen ernst meinte. Ihre Unwissenheit war so rein und unschuldig wie die unbefleckte Empfängnis.

»Nun, Madison, sie ist die Mutter von Jesus. Wer das war, weißt du aber?«, fragte ich ganz langsam.

»Äh, so ungefähr. Weißt du, ich verstehe eigentlich nicht, worum es da geht.«

Diese junge Frau aus Portland, Oregon, in deren Schuld ich für alle Zeit stehe, weil sie mich 2001 überredet hat, San Nicolás zu besuchen, hatte keinen Schimmer von den Grundlagen des Christentums. Sie stammte aus einer bekennend atheistischen

Familie und war in einem entschieden säkularen Haushalt groß-
geworden. Meine eigenen Eltern, eher lockere Protestanten, hatten alle ihre vier Kinder auf eine anglikanische Grundschule
geschickt, wo wir einmal die Woche von Pastor Mr Gee in Religion unterwiesen wurden. Sogar der Oberlehrer Mr Draper
mahnte uns regelmäßig, egal welches Fach er gerade unterrich-
tete, Jesus' Gebot der Nächstenliebe zu befolgen.

»Damit ist nicht die gefühlsduselige Liebe gemeint, von der
die dummen Popsongs handeln«, erklärte er uns, als ob wir als
Zehnjährige den Unterschied zwischen dieser Liebe und dem
tiefen Mitgefühl des Heilands gekannt hätten.

Später, zwischen zehn und zwanzig, besuchte ich freiwillig
das Abendmahl in der Saint Saviour's Church of England, um
anschließend in meinen besten Kleidern zur Sonntagsschule
in der Methodistenkapelle zu rennen. Die Unterschiede zwischen den beiden Lehren kümmerten mich nicht. Ich war sicher, dass Jesus bei uns war, ob die Kirche nun von Heinrich VIII. oder von John Wesley gegründet worden war. Als ich
vierzehn war, veranstalteten ein paar bibeltreue Missionare in
der Kapelle eine einwöchige Workshopreihe, in der Gitarre gespielt und die Bibelexegese scharf kritisiert wurde. Damals
überkam mich ein derartiger religiöser Eifer, dass ich einen
Brief an Jesus schrieb und ihn in mein Herz einlud. Ich war mir
nie sicher, ob Jesus ihn gelesen hat, denn als ich wenige Monate später meine Sonntagsschullehrerin mit Fragen löcherte,
schritt er nicht ein.

»Mrs Ramsbottom«, fragte ich, »es geht um Adam und Eva.
Ich verstehe nicht, wieso die menschliche Spezies durch sie
entstanden ist, es gibt doch auch die Evolution. Verstehen Sie
das?«

»Na ja, sie waren die ersten Menschen, die durch die Evolution entstanden«, erklärte sie.

»Aber woher weiß man, dass die ersten beiden Menschen
Adam und Eva hießen? Jedenfalls hat die Evolution Millionen
von Jahren gedauert, nicht nur sechs Tage, und wir stammen
von den Affen ab und sind nicht aus Staub erschaffen, oder?
Wie kann es sein, dass die Evolution und die Bibel beide wahr
sind?«

Mrs Ramsbottom setzte mich vor die Tür, und ich entschied mich daraufhin für die Naturwissenschaften. Jedoch nicht, ohne häufig in die christliche Welt zurückzukehren, um herauszufinden, wo die religiöse Wahrheit angesiedelt sein mag.

Madison hätte schwerlich jemand Besseren finden können als mich, um etwas über Jesus Christus zu erfahren. Obwohl ich im Krippenspiel meiner Schule nicht den Erzengel Gabriel verkörperte (das übernahm meine fünfjährige Schwester Jane, die mit ihren Kleiderbügelflügeln zu weinen begann, als ein unartiger Schafhirte zischte, Gabriel sei eigentlich ein Junge), aber ich kannte die christlichen Erzählungen recht gut. Als wir vor dem *retablo* standen, zeigte ich ihr die Figuren in den verschiedenen Nischen und begann mit meiner verkürzten Version der Lebens- und Missionsgeschichte des Heilands.

»Also, Madison«, sagte ich, »das da, in der Mitte, ist Maria. Sie erschrickt furchtbar, als sich herausstellt, dass sie schwanger ist, denn sie ist Jungfrau und hat keine Ahnung, wie sie zu dem Kind gekommen sein soll. Doch der Engel Gabriel, da, schau, rechts, steigt aus dem Himmel herab, zeigt sich ihr und macht ihr klar, dass sie mit Gottes Sohn Jesus schwanger geht. Diesen Augenblick nennt man die Verkündigung. Die Taube über ihren Köpfen repräsentiert den Heiligen Geist, die Macht Gottes, der Maria schwanger gemacht hat, und da oben fliegt Gott im Himmel herum und sieht auf sie herab. Maria ist so erleichtert, dass sie ihre Cousine Elisabeth besuchen geht, hier, schau, oben links, um ihr die gute Nachricht zu erzählen. Sie stimmt einen Lobgesang an, das sogenannte Magnifikat. Da liegt Jesus als Baby, in einem Stall, weil alle Herbergen in Bethlehem voll waren. Das ist der Ursprung des Weihnachtsfestes. Das, schau, oben rechts, ist Maria im Tempel in Jerusalem, wo sie Jesus beschneiden lässt. Der alte Mann ist Simeon, und er erklärt ihr, dass Jesus die Welt erretten wird. Und hier drüben predigt Jesus im Tempel, da ist er erst zwölf. Als Erwachsener vollbrachte er jede Menge Wunder, heilte Kranke, verwandelte Wasser in Wein und lehrte uns, wie man ein gottgefälliges Leben führt.«

Nachdem ich die pädagogischen Möglichkeiten des *retablo* ausgeschöpft hatte, stolz, es zu dem Zweck benutzt zu haben, zu dem Raphael Mengs es geschaffen hatte, nämlich zur Unterrichtung von Gottes unwissenden Schäfchen, führte ich Madison hinüber in die Kreuzigungskapelle aus dem 16. Jahrhundert. Wir betrachteten die Gestalt des gemarterten Jesus, der am Kreuz stirbt, und ich führte meine kleine Lehrstunde für die verblüffte Madison zu Ende.

»Jesus war erst dreiunddreißig Jahre alt, als sich das gemeine Volk in einem Augenblick der Massenhysterie gegen ihn wandte und die Römer dazu brachte, ihn zu kreuzigen. Er starb am Karfreitag am Kreuz. Hier ist wieder seine Mutter Maria, und das ist einer seiner Jünger, Johannes, sie trauern. Am Samstagmorgen nahmen seine Freunde seinen Leichnam vom Kreuz und legten ihn in eine nahe Grabstätte. Siehst du das Relief unter dem Kreuz? Das ist die Auferstehung. Jesus erstand einen Tag später, am Ostersonntag, von den Toten auf und verließ das Grab. Nach der Auferstehung besuchte er seine Jünger ein paar Mal, um schließlich in den Himmel aufzufahren und in Ewigkeit bei Gott zu leben.«

»Junge, Junge! Das ist ja unglaublich«, sagte Madison.

»Ich weiß, und das ist noch nicht alles – als Jesus am Kreuz starb, nahm er die Sünden von der Welt. Wenn wir an ihn glauben, wird Gott uns vergeben und uns nach unserem Tod für immer im Himmel leben lassen. Wenn nicht, kommen wir in die Hölle. Das habe ich, ehrlich gesagt, nie verstanden.«

»Was?«, wollte Madison wissen.

»Wie Jesus durch seinen Kreuzestod die Sünden von uns genommen hat. Wie soll das gehen?«, antwortete ich, während wir uns zu den übrigen Kunstschätzen der Kirche weiterbewegten.

Als Madison und ich damals die Kirche verließen, waren wir vielleicht nicht in Liebe zu Christus entbrannt, aber doch zumindest beeindruckt von seinen Bemühungen um uns. Auf jeden Fall hatten wir uns das christliche Willkommen verdient, das der Tag später, in der Einsiedelei San Nicolás, für uns bereithielt. Heute noch muss ich an Madison denken, wenn ich die »Virgen de las Cerezas« (Unsere Liebe Frau von den Kirschen), ein Gemälde des flämischen Malers Pieter Coecke van Aelst, ansehe. Eine sehr bleiche Maria hält das Jesuskind, das verspielt am Schal seiner Mutter zieht und offenbar auf eine der Kirschen zu seinen Füßen hofft. Ob Madison jetzt wohl die Antwort wüsste, wenn ich sie fragen würde, wer die beiden, die gleich diese Kirschen essen werden, sind?

Ich trete wieder aus der Vergangenheit heraus in den Sonnenschein der Gegenwart, um zum zweiten Mal in meinem Leben nach San Nicolás zu wandern. Arnold von Harff, der deutsche Ritter und Pilger aus dem 15. Jahrhundert, beschrieb Castrojeriz als »eine sehr lange, ausgedehnte Stadt mit einer großen Burg auf einem Hügel. Pilger nennen es ›die lange Stadt‹.« Die schmale Hauptstraße ist tatsächlich lang, aber ein normaler Pilger ist in zwanzig Minuten am anderen Ende. Ich brauche eine ganze Stunde, weil ich der Versuchung nicht widerstehen kann, noch zweimal anzuhalten. Einmal bei der Herberge, wo ich mir einen *sello* hole und mit dem jungen *hospitalero* plaudere, der mein *credencial* stempelt. Mir fällt der Sportteil auf seinem Schreibtisch auf.

»Schauen Sie sich heute Abend Spanien gegen Chile an?«, frage ich.

»¡Claro! Ich kann es kaum erwarten.«

»Ich werde in San Nicolás sein, da werde ich es wohl nicht sehen können.«

»Nein, aber Sie könnten nach Itero gehen und um vier Uhr Brasilien gegen Portugal anschauen.«

»Dann verpasse ich aber das Fußwaschritual vor dem Abendessen.«

»Sie werden sich entscheiden müssen«, sagt er.

»Wo sehen Sie sich heute das Spanien-Spiel an?«

»In der Bar«, sagt er mit einer Kopfbewegung zur anderen Straßenseite.

»Aber Sie sind doch der *hospitalero*«, meine ich. »Müssen Sie nicht um zehn die Herberge abschließen?«

»Nicht heute Abend.«

»Aber was ist, wenn es Verlängerung oder Elfmeterschießen gibt?«

»Ich schließe ab, wenn es vorbei ist. Ich bin der *hospitalero*«, entgegnet er.

Ich finde das phantastisch. Zu von Harffs Zeiten, da bin ich mir sicher, haben die Herbergen bei festlichen Anlässen auch nicht um zehn geschlossen und feiernde Pilger ausgesperrt. Wir studieren die Zeitung, vertiefen uns in die WM-Gruppentabelle und diskutieren die Chancen der Mannschaften, als seien wir Nationaltrainer. Keiner von uns erwähnt die Möglichkeit, dass Spanien heute Abend gegen Chile verlieren könnte und damit nicht in die Finalrunde käme. In jeder Bar und an jedem Balkon Spaniens hängt die rot-gelb gestreifte Fahne, verziert mit einem einzigen Wort: »Podemos« (Wir schaffen es). Ich neige mehr zu dem Gedanken »No podemos« (Wir schaffen es nicht). Die Niederlage gegen die Schweiz und der Zwei-zu-null-Sieg über das kleine Honduras sprechen wohl kaum für einen Weltmeister Spanien, oder?

Nach weiteren fünfzig Metern auf der Straße betrete ich den gewaltigen Innenraum der Kirche San Juan – so frustriert über meine Unfähigkeit, an einem Baudenkmal vorbeizukommen, dass ich mich zwinge, mir nur ein einziges Gemälde anzusehen: Die »Piedad« von Bronzino. Der totenblasse, muskulöse Leichnam Jesu liegt im Schoß seiner trauernden Mutter. Sie kann ihren Sohn nicht mehr aufrecht stützen – der Jünger Johannes und Maria Magdalena müssen ihr helfen. Die blutigen Male an seinen Füßen und Händen sind unglaublich klein, so als hätte das Mädchen mit dem Tuch hinter Maria Magdalena ihn bereits gewaschen, und als habe Jesus kein Blut mehr im Körper. Abgesehen von der verzweifelten heiligen Anne wirken die übrigen Anwesenden höchstens etwas verwirrt oder sogar gleichgültig. Mir ist Jesus und sein Schicksal nicht egal, und ob ich daran glaube, dass er Gottes Sohn ist, spielt dafür keine Rolle. Ich erinnere mich gut daran, wie mir der Glaube an seine Wunderkraft mit vierzehn abhanden kam. Damals war mein Großvater schwer krank, er hatte eine Staublunge und atmete durch einen Schlauch Sauerstoff aus einer Druckflasche neben seinem Bett, das im Wohnzimmer aufgestellt worden war. Ich kniete jeden Abend in einem unbeobachteten Moment neben meinem Stockbett nieder und betete, immer zehn an meinen Fingern abzählend, zu Jesus.

»Lieber Jesus. Wenn ich hundert Mal *bitte* sage, wirst du dann bitte meinen Opa gesund machen? Bitte, Jesus, lässt du bitte, bitte, bitte, bitte, bitte, bitte, bitte, bitte, bitte meinen Großvater leben? Ich will nicht, dass er stirbt. *Biiiiiittttte!* Danke, Amen.« Mein Großvater starb am Ende der gleichen Woche im Alter von nur vierundsechzig Jahren. Jedes Mal, wenn ich eine Kirche in Europa besuche und Jesus sehe, muss ich daran denken. Wirklich jedes Mal.

Schließlich erreiche ich das Ende der Hauptstraße, zwei Stunden nach meinem Eintreffen in Castrojeriz. Die römischen, westgotischen und mittelalterlichen Überreste der Burg schichten sich auf dem Hügel am Ortsrand als ungeordneter Haufen umeinander. Eher würde ich die faulige Nektarine essen, die Victorino mir heute Morgen geschenkt hat, als diesen Hügel zu erklimmen. Aber ich habe Glück, die gelben Pfeile am Boden führen mich über eine Straße und hinaus in die Ebene. Die Gunst des Schicksals ist von kurzer Dauer, denn etwa einen Kilometer weiter erwartet mich der nächste steile, laibförmige Kalksteinhügel, die Cuesta de Mostelares. Als ich später am Abend meinen Lozano konsultiere, stelle ich fest, dass ich es hätte wissen können: »Danach geht man weiter geradeaus bis zum Fuß der Hochebene. Dort beginnt der steile Anstieg den Hang von Mostelares hinauf. Man erreicht bald das Plateau der schmalen Hochebene, die die Wasserscheide zwischen dem Talbecken des Odrilla und dem Pisuerga-Becken markiert.« Was hat sich Lozano dabei gedacht? Eine schmale Hochebene? Ich stimme eher Domenico Laffi zu, der auf seiner Pilgerreise 1673 schrieb: »...gehen wir über eine große Brücke und steigen auf einen hohen Berg.«

Die große Brücke steht heute nicht mehr, der hohe Berg sehr wohl. Ich überquere die kleine moderne Brücke über den Fluss Odrilla und begebe mich auf den Pfad, der sich im Zickzackkurs auf die linke obere Ecke von Laffis hohem Berg zu zieht. Der Hügel ist nicht besonders hoch, aber zweihundert Höhenmeter auf so kurzer Strecke sind anstrengend, und ich bleibe häufig stehen, um über das Tal zurück nach Castrojeriz zu blicken. Aus den flachen Gerstenfeldern unter mir ragen stellenweise geheimnisvolle Hügel, die möglicherweise aus den Millionen von

Steinen bestehen, die die ersten Bauern, die auf diesem kargen Boden etwas anzupflanzen versuchten, von der Erde gesammelt haben. Ich steige weiter, manchmal rückwärts, um meine Sehne zu entlasten und nicht sehen zu müssen, wie weit es noch bis zum Gipfel ist. Mir fällt eine Geschichte ein, die Ian und Alison mir vor drei Tagen in Burgos erzählt haben, als wir gerade mal nicht über Heilige diskutierten.

»Hast du die Kanadierin schon getroffen, die verkehrt herum geht?«, hatte Ian mich gefragt.

»Rückwärts? Mein Gott! Was für eine Untat will sie denn damit sühnen?«, hatte ich zurückgegeben.

»Nein, nein! Nicht in diesem Sinn verkehrt herum. Ich meinte, sie geht *von* Santiago *nach* Saint-Jean.«

»Ach so«, entgegnete ich, fast ein wenig enttäuscht, dass es sich doch nicht um einen echten Fall moderner Extrem-Buße handelte.

Noch lachend bei dem Gedanken an eine Rückwärtspilgerin, drehe ich mich um und entdecke ein rötliches Ziegeldach auf einem Holzgestell gleich über mir. Ach bitte, lass das den Gipfel sein. Er ist es. Ich bleibe unter dem Dach stehen, um mir anzusehen, was ich geleistet habe, und stelle fest, dass der gesamte steile Hang unter mir terrassiert ist. Meine Gedanken wandern zu den Bauern, die hier Pionierarbeit geleistet haben, und zu Hans, der 2001 hier heraufgestiegen sein muss, genau wie ich in Gesellschaft von Madison, Lori und Brad. Wie hat er das allein geschafft? Er hasste Hügel, ob aufwärts oder abwärts, und ich kann mir nicht vorstellen, wie er ohne mich hier heraufgekommen ist. Er muss es aber bewerkstelligt haben, denn weit und breit gibt es weder Bushaltestellen noch Bahnlinien.

Ein heftiger Wind peitscht über das zerstrubbelte Plateau mit den Steinhaufen und hoffnungsvoll zwischen dem wilden Gras gepflanzten Birken- und Kiefernschösslingen. Unregelmäßig eingestreute Gerstenfelder erinnern an die Zivilisation, doch das reicht nicht, um mir das Gefühl zu geben, willkommen zu sein. Hier oben, wo die Flora einen harten Kampf führt, fühle ich mich unter dem dunkelnden Himmel sehr allein. Ich schreite mit großen Schritten über das Plateau, doch an seinem Ende bleibe ich stehen, verzweifelt, obwohl ich diesen Ort gleich hinter mir lassen werde. Ein Mensch! Ein dünner Mann mit schwarzem, lockigem Haar kauert mit dem Rücken zu mir im Gras. Er späht durch den Sucher einer auf einem Stativ montierten Kamera.

»Hallo!«, rufe ich.

Der junge Mann fährt auf und rennt wie von der Tarantel gestochen auf mich zu.

»Hallo«, sagt er. »Alles in Ordnung?«

»Ja. Tut mir leid, ich wollte dich nicht erschrecken. Es ist schrecklich hier oben, oder?«

»Oh nein, mir gefällt es. Was stört dich?«

»Es ist zu öde. Solche Orte bedrücken mich. Die Atmosphäre ist so düster. Aber was machst du hier oben?«

Er erzählt mir, dass er seine Reise auf dem Camino filmisch festhält und gerade den Blick nach San Nicolás hinunter aufnahm, als er mich rufen hörte. Inzwischen regnet es in Strömen, und ich stelle meinen Rucksack ab, um den Plastikumhang herauszufischen, den ich beim Kauf in Nájera zuletzt in der Hand hatte.

»Entschuldige«, sagt er. »Ich muss meine Kamera abdecken. Sie ist sehr teuer.«

Als er zurückkommt, trägt auch er einen Regenponcho, der den Rucksack bedeckt. Wir nehmen unser Gespräch wieder auf.

»Wie heißt du?«

»Dario. Ich komme aus Rom.«

»Dario? Wie schön! Wie Dario Fo.«

»Ja, nach ihm bin ich benannt. Mein Vater mag ihn sehr gern.«

»Ich auch! ›Zufälliger Tod eines Anarchisten‹ hat mir wahnsinnig gut gefallen. Ich habe es zu meiner Studentenzeit in London gesehen. Einfach toll!«

Ich suche in meinem Gedächtnis nach weiteren Stücken von Dario Fo, merke aber, dass ich nur dieses eine kenne.

»Ich heiße Anne, nach der heiligen Anna«, erkläre ich in Erinnerung an das Gemälde in Castrojeriz. (Nicht, dass meine Mutter mich wirklich nach der Mutter der Jungfrau benannt hätte).

»Schön, dich kennenzulernen, Anne. Gehst du auch nach San Nicolás?«

»Ja. Ich habe den Camino vor ein paar Jahren schon einmal gemacht und möchte sehen, ob er wirklich so besonders ist, wie ich ihn in Erinnerung habe. Der *hospitalero* in San Nicolás wäscht einem übrigens die Füße. Wirklich ein Erlebnis.«

»Ich habe davon gehört. Ich werde es filmen.«

»Oh, frag bitte lieber vorher um Erlaubnis. Ich habe damals Schwierigkeiten bekommen, als ich es versuchte.«

Ich denke nur an seine teure Filmkamera.

Der Abstieg vom Plateau beginnt steil, und wir geben acht, auf dem roten Boden, der sich im strömenden Regen rasch in Schlamm verwandelt, nicht auszurutschen. Die Blasen unter meinen Zehennägeln stoßen bei jedem Schritt vorn an die Wanderstiefel, aber solange wir uns unterhalten, kann ich die Beschwerden ignorieren. Ich schildere Dario ausführlich meinen Fahrradhorror, er wiederum erzählt mir von seiner letzten Romanze.

»Fünf Tage lang war ich mit einem französischen Mädchen unterwegs. Sie war sehr nett. Wir übernachteten in meinem Zelt. Sie hat mir geholfen. Mein Stativ ist sehr schwer, und sie hat es für mich getragen.«

»Du hast sie dein Stativ tragen lassen?«

»Ich hatte sie nicht darum gebeten, sie wollte es selbst so.«

Das überrascht mich nicht. Seine dunklen Augen in dem schönen, regenüberströmten Gesicht sind wirklich anziehend. Wenn man so gut aussieht und gleichzeitig so natürlich und freundlich ist, reißen sich die Frauen wahrscheinlich darum, das Stativ zu tragen. Ich selbst mache allerdings kein solches Angebot.

»Und wo ist sie jetzt?«

»Weg.«

Das Stativ wog also letztendlich doch schwerer als seine Schönheit.

Wir merken kaum, dass der Weg jetzt flach verläuft, aber als der Regen aufhört, liegt das Plateau schon ein gutes Stück hinter uns, und wir sind bereits mehrere Kilometer weit in die ungeheuer große Getreideebene des Pisuerga-Flusses vorgedrungen. Bald wird aus dem Pfad eine asphaltierte Straße, die uns zum einzigen Gebäude weit und breit führt, der Einsiedelei

San Nicolás. Als ich den einzigen Raum der berühmten Herberge betrete, sehe ich sofort, dass er genau meiner Erinnerung entspricht. Ein langer Tisch erstreckt sich im Zentrum nach links zu einem Altar in einer bogenförmigen Nische am Ende. Rechts von der Tür stehen dicht gedrängt die Stockbetten in L-Form an der hinteren und seitlichen Steinwand. Mir kommen Bedenken, sie könnten alle schon belegt sein, denn ich habe mehrere Pilger im Garten ihre Wäsche aufhängen sehen, als Dario und ich uns näherten. Was, wenn kein Platz mehr für uns wäre?

»Hallo!«, sage ich laut zu zwei Frauen auf der anderen Seite des Tisches, als könnte mein Enthusiasmus mir ein Bett eintragen. Ich erkenne in ihnen die beiden Amerikanerinnen, die ich heute Morgen in Hontanas gesehen hatte. Eine von ihnen erwidert meinen Gruß, doch die Sitzende schaut mich nur gleichgültig an.

»Kann ich was zu trinken haben?«, bitte ich und greife nach der Thermosflasche mit Kaffee auf dem Tisch. »Wisst ihr, ob es noch Schlafplätze gibt?«

»Zwei Betten gibt es noch, die haben wir jetzt«, sagt die Stehende, die für beide das Reden übernimmt. »Aber meine Freundin weiß noch nicht, ob sie bleiben will oder nicht.« Ich tue mein Bestes, um ihr die Entscheidung zu erleichtern.

»Ach, das kann ich mir vorstellen«, sage ich. »Du würdest wahrscheinlich gern in Itero WM gucken, oder?«

»Das ist mir so schnuppe wie nur irgendwas«, erklärt die immer noch Sitzende mit höhnischem Grinsen.

»Sollte es aber nicht«, sage ich fröhlich. »Die USA sind jetzt an der Spitze ihrer Gruppe, noch vor England. Morgen spielt ihr in der Finalrunde gegen Ghana. Das ist ein Riesenerfolg für die Staaten, wirklich beeindruckend.«

»Ist mir trotzdem schnuppe wie sonst was«, entgegnet sie.

Jetzt habe ich es kapiert.

Ich drehe mich zu Dario um, der gerade mit Christian, dem *hospitalero*, spricht, als plötzlich die Unschlüssige der beiden Frauen aus der Herberge stürmt und sich ins nächste Dorf aufmacht. Dario bietet mir an, dass er auf dem Boden schlafen könnte, und ich werfe triumphierend meinen Rucksack auf das letzte freie Bett.

»Hi, ich bin Jodie«, grüßt mich die zurückgebliebene Amerikanerin mit ausgestreckter Hand. »Es tut mir leid, aber meine Freundin und ich haben gerade ein angespanntes Verhältnis. Lisa und ich haben manchmal unterschiedliche Ansichten was die richtige Herberge betrifft.«

»Ah, ich verstehe.«

Später, als ich meine Kleidungsstücke, die ich heute beim Wandern getragen habe, durch den Garten zu der urigen Wasserpumpe trage, höre ich schallendes Gelächter aus dem daneben liegenden Rosenbeet. Ich lasse meine Waschschüssel fallen, bevor ich die Pumpe erreicht habe, und humple barfuß hinüber zu der fröhlichen Gruppe. Eine der Frauen behandelt ihre Füße mit Nadeln, Baumwollfaden, Creme und Gaze aus ihrem Erste-Hilfe-Set von der Größe eines kleinen Koffers. Ich setze mich zu ihr und strecke meine nackten Beine im kühlen Gras aus.

»Hallo! Ich bin Anne. Darf ich mich dazusetzen?«

»Bitte, gern. Ich bin Lynn und das ist mein Mann Steve und unsere Freundin Cathy.«

»Woher kommt ihr?«

»Aus Australien, aber wir leben in Neuseeland.«

»Außer mir, ich bin aus Neuseeland«, wirft Steve ein.

»Und außer mir, denn ich lebe in Australien«, fügt Cathy hinzu.

»Alles klar«, entgegne ich. »Ich bin aus Leeds, aber ich wohne in Liverpool. Heute war ein guter Tag, an dem ich vielen Menschen begegnet bin. Seit meiner Abreise aus England war ich zu viel allein.«

»Wie hast du denn das geschafft? Du wirkst nicht besonders schüchtern«, gibt Lynn treffsicher zu Bedenken.

»Na ja, ich bin mit dem Fahrrad losgezogen. Aber ich musste es zurücklassen.«

»Wo ist es?«

»In Logroño. Nach einer Woche habe ich es nicht mehr ertragen.«

»Eine Woche? Von wo bist du denn losgefahren?«

»In Saint-Jean.«

»Du bist über die Pyrenäen geradelt?«

»Ja. Von Saint-Jean nach Roncesvalles und fast bis Pamplona, alles an einem Tag«, prahle ich.

»Phantastisch!«, sagt Lynn erkennbar beeindruckt.

»Toll«, sagt Steve. »Und wie war's?«

»Ganz okay eigentlich. Ich meine, körperlich ging es mir gut. Das Problem war, dass ich nicht auf dem richtigen Camino fuhr. Ich sah die ganzen Pilger auf dem Weg dahinziehen, aber ich traf nie jemanden, weil ich auf der Straße bleiben musste.«

»Das bringt es nicht«, kommentiert Steve.

Er hat es genau erfasst.

»Das fand ich auch. Die meiste Zeit habe ich gebraucht, um die A 12 zu vermeiden, aber die anderen Straßen waren genauso gefährlich. Als ich in Logroño ankam, war ich dermaßen deprimiert, dass ich vor Blanca, der *hospitalera*, in Tränen ausbrach. Ich sagte zu ihr: ›Sollte ich nicht inzwischen alt genug sein, um keine so blöden Fehler zu machen?‹ Und wisst ihr, was sie entgegnet hat? ›Die einzigen Menschen, die nie Fehler machen, sind die, die überhaupt nichts tun.‹«

»Eine weise Frau, diese Blanca«, meint Lynn, als ich Luft hole.

»Das ist sie. Eine Heilige. Ein falsches Wort von ihr und ich wäre zusammengebrochen. Blanca kümmert sich um das Fahrrad und die ganze Ausrüstung. Seitdem bin ich zu Fuß unterwegs, und jetzt bin ich hier.«

»Was für eine unglaubliche Geschichte, Anne!«, ruft Lynn.

»Aber ich komme mir so blöd vor, auch jetzt noch. Ein Pilger, mit dem ich gestern in Hornillos gesprochen habe, hat mir gesagt, ich hätte es wissen müssen.«

»Woher denn?«, wirft Steve schroff ein.

»Du hast dich doch neu orientiert.«

»Das haben drei Spanierinnen in Los Arcos auch gesagt«, erzähle ich. »Genau den Ausdruck haben sie benutzt, ›sich neu orientieren‹. Sie sagten, man komme nur so durchs Leben. Danach habe ich noch einen Tag auf dem Fahrrad ausgehalten.«

»Und du hast die richtige Entscheidung getroffen. Fühlst du dich jetzt wohler?«, will Lynn wissen.

»Und ob! Ich bin über Nacht vom Tiefpunkt auf meine normale Höhe zurückgekehrt. Es ist meine eigene Schuld. Diese Frau in Hornillos hatte recht, so ungern ich es zugebe. Ich war den Camino ja schon einmal gegangen und hatte geglaubt, mit dem Rad sei es leichter. Jetzt denke ich anders darüber.«

»Du hast also deine Lektion gelernt. Das ist es doch, worum es beim Camino geht.«

»Ja, aber sind diese Lektionen überhaupt übertragbar? Ich hoffe, dass ich mich noch daran erinnere, wenn ich nach Hause komme. Was habt ihr denn gelernt?«

»Na ja, ich habe gelernt, für mich zu sorgen. Gestern hätte ich fast nicht mehr gekonnt«, erwidert Lynn. »Wir sind in Burgos losgegangen, und du weißt ja, wie heiß es am Nachmittag war! Ich hätte nicht weitergehen sollen, aber ich habe es trotzdem getan, obwohl mir ganz schlecht war. Wir haben es nach Hontanas geschafft, aber ich war nahe am Hitzschlag. Das mache ich nie mehr. Ist ja kein Wettrennen, oder?«

Ich berichte ihnen nicht, was mir Marta heute Morgen eröffnet hat, obwohl ich Lynn gern sagen würde, wie viel mir unser Gespräch jetzt bedeutet. Die drei Kiwis (oder sind es Aussies?) sind so umgänglich, dass ich am liebsten ewig mit ihnen plaudern würde. Und sie sind ein bisschen älter als ich, sodass ich den Alterskomplex, der mich Marta der Marschiererin und in geringerem Maße auch dem schönen Dario gegenüber gehemmt hat, abschütteln kann. Da unterbricht uns *hospitalero* Christian, der um Hilfe bei der Zubereitung des Abendessens bittet. Die anderen gehen mit ihm, während ich zu meiner Schüssel zurückkehre, die seit einer Stunde im Gras liegt, und mich der weltlichen Aufgabe widme, meine Wäsche für den morgigen Tag zu waschen. Na, eigentlich die Wäsche, die ich jeden Tag trage.

Die historische Einsiedelei San Nicolás ist von der Confraternita di S. Jacopo di Compostella aus Perugia liebevoll renoviert worden. Vor neun Jahren wuschen zwei italienische *hospitaleros* aus dieser Bruderschaft mir als Symbol christlicher Nächstenliebe die Füße. Heute ist es Christian, der die braune, mit Jakobsmuscheln verzierte Jacke trägt. Ich bin als Erste an der Reihe, denn ich sitze in dem Hufeisen, das wir bilden, dem Altar am nächsten. Christian kniet sich vor mich hin, hält meinen Fuß über eine weiße Schüssel und gießt aus einem Metallkrug Wasser über meinen nackten Spann.

»Anne, im Namen Christi, ich heiße dich in der Gastfreundschaft des San Nicolás willkommen. Möge er dich auf deinem Weg nach Santiago sicher geleiten«, sagt er mit seinem ruhigen deutschen Akzent.

»Danke, Christian«, flüstere ich.

Er tupft meinen Fuß mit einem Leinentuch trocken und rutscht, immer noch in der Hocke, weiter zu der Pilgerin neben mir, Jodie. Unsere sonnengebräunten Gesichter leuchten im Kerzenschein. Während Christian sich von Pilger zu Pilger bewegt, brechen Gefühle auf, viele von uns haben Tränen in den Augen. Als er schließlich bei Dario, dem letzten Pilger auf der anderen Seite des Altars, angelangt ist, glaube ich fast die Liebe Gottes zu spüren. Doch in Wirklichkeit nehme ich nur die starke Solidarität unter Menschen wahr, die ein gemeinsames Ziel verfolgen. Den Camino zu gehen, so scheint es, hat in jedem von uns eine Liebe zu allen geweckt, die sich ebenfalls nach Santiago durchkämpfen. Unsere Menschlichkeit tritt zu Tage und mit ihr unsere tiefsten Gefühle der Verbundenheit und des Wohlwollens. Auf eine fast überwältigende Weise identifizieren wir uns miteinander, und ich erlebe einen Augenblick der Liebe zu allen Menschen, ob bekannt oder unbekannt, unterschiedslos.

Kaum wage ich, diesen Gedanken weiterzudenken, aber ich tue es doch. Ich frage mich, ob das der gleiche Gefühlszustand ist, in dem die Jünger sich befanden, als sie verzückt den Heiligen Geist empfingen? Wahrscheinlich machten sie für die Tiefe ihrer Gefühle den Heiligen Geist verantwortlich, wobei sie in Wirklichkeit in der innigen Freude an ihrer Gemeinschaft im Glauben vereint waren. Selbst bei diesem spirituellen Höhenflug bleibe ich der Überzeugung, dass meine vorübergehende Glückseligkeit nur eine seltene Begegnung mit einem ungewöhnlich hohen Grad menschlicher Verbundenheit ist. Trotzdem, es ist eine ganz eigene Erfahrung. Ich denke, es ist die »brüderliche Liebe«, die zu entwickeln Jesus uns auferlegt hat. Nun sehe ich die Jünger in einem neuen Licht. Ich habe das Gefühl, zu wissen, was in sie gefahren war.

Bei den Gefühlen, die die Zeremonie in mir auslöst, ist es mir fast unheimlich, dass Christian uns zum Schluss das hölzerne Herz zeigt, das er um den Hals trägt. Er erzählt, dass er es kurz zuvor in einer Bar von einem Mann bekommen hat, der ihn gebeten habe, es nach Santiago zu bringen. Christian sagt, es repräsentiere in seinen Augen den Sinn des Camino – unsere Herzen zu öffnen und zu handeln, wie Jesus es gebot, als er seinen Jüngern beim letzten Abendmahl die Füße wusch: »Ihr sollt einander lieben, so wie ich euch geliebt habe.«

Beim Abendessen geht es an unserem Ende des Tisches, wo außer mir Christian, Dario, Cathy und Jodie sitzen, lebhaft zu. Christian nennt mich eine »spirituell suchende Atheistin« und will wissen, wie ich weitermachen kann, ohne den Sinn des Lebens erfahren zu haben.

»Aber ich weiß doch, was der Sinn des Lebens ist«, behaupte ich unter dem Einfluss des Weins.

»Und der wäre?«

»Der Sinn des Lebens ist das Leben selbst«, verkünde ich.

Dann vertraue ich ihm an, dass meine Schwester Elizabeth mir, als ich in Santo Domingo war, erzählt hat, sie habe zehn Tage lang in der Angst gelebt, vielleicht Krebs zu haben.

»Als sie mir schließlich sagte, die Untersuchungsergebnisse seien negativ, begriff ich sofort, dass der Sinn des Lebens ist, es zu leben.«

»Aber an unserer Existenz muss doch mehr dran sein. Was ist zum Beispiel mit dem Gewissen?«, fragt Jodie.

»Neuronen, die in unseren Gehirnen feuern. Weiter nichts«, entgegne ich und mampfe meine Pasta-Gemüse-Pfanne.

Als ich an diesem Abend in San Nicolás einschlafe, bewegen mich immer noch die heute geschlossenen Freundschaften. Ich habe fest vor, die Erfahrung menschlicher Solidarität, die ich heute Abend machen durfte, nicht versickern zu lassen, wenn ich nach Hause komme. Ich werde die Güte an erste Stelle setzen und versuchen, im Sinne des »Ihr sollt einander lieben, so wie ich euch geliebt habe« zu leben.

Das entspricht der Antwort des Dalai Lama, wenn man ihn bittet, den Buddhismus zu erklären: »Meine Religion ist Güte«, sagt er dann immer.

Ich schlafe glücklicher ein als in allen anderen Nächten meines Camino und erwache erst, als die übrigen Gäste schon an dem langen Tisch sitzen und mit dem Besteck klappern.

Palencia

Hospital de San Nicolás – San Nicolás del
Real Camino

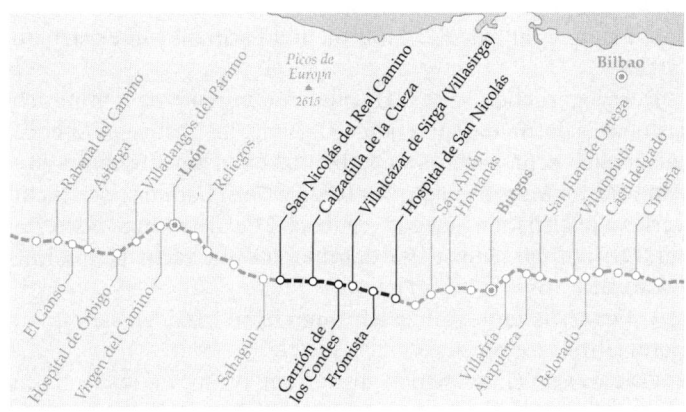

Samstag, 26. Juni 2010
**Hospital de San Nicolás bei der Puente de
Itero – Frómista | 14,7 Kilometer**

Sonntag, 27. Juni 2010
**Frómista – Carrión de los Condes |
19,3 Kilometer**

Montag, 28. Juni 2010
**Carrión de los Condes – San Nicolás del
Real Camino | 32,1 Kilometer**

Samstag, 26. Juni 2010

Ich wandere 14,7 Kilometer vom Hospital de San Nicolás bei der Puente de Itero nach Frómista

An diesem Morgen erscheine ich als Letzte am Frühstückstisch. Ich bin allerdings nicht die Letzte, die die Herberge verlässt. Meine Mitpilger tauschen Toastbrot kauend ihre E-Mail-Adressen aus, um San Nicolás bloß nicht zu schnell hinter sich zu lassen.

Den zögerlichen Aufbruch meiner *compañeros* nehme ich als Beweis dafür, dass die tiefen Gefühle des gestrigen Abends tatsächlich echt waren – sie haben uns alle ergriffen und wirken bis zum Morgen nach. Der Heilige Geist hat uns noch nicht verlassen. Christian verteilt Feedback-Bögen, was uns noch zusätzlich aufhält. Selbst der Camino kommt nicht ganz ohne Bürokratie aus.

»Aber Christian«, seufze ich, »den habe ich doch schon vor neun Jahren ausgefüllt!«

»Du musst einen neuen ausfüllen! Wann warst du denn hier?«

»Im Juni 2001.«

»Vielleicht haben wir den Bogen noch. Ich schaue mal nach.«

Er geht nach oben und kramt im Archiv der Herberge. Meine Wandergefährten schildern bereits eifrig ihre Eindrücke, aber ich sehe mich außerstande, die großen Gefühle des gestrigen Abends in die vorgegebenen Zeilen zu quetschen. Ich konnte mich noch nie kurz fassen.

Christian kommt mit einem prall gefüllten blauen Ordner zurück. Er enthält die Feedback-Bögen der Pilger aus dem Jahr 2001 und ist schon bei meinem aufgeschlagen, der vom 23. Juni stammt.

»So, da haben wir dich, Anne.«

»Oh nein!«, stöhne ich. »Typisch. Ich habe einen ganzen Aufsatz geschrieben.«

Nachdenklich an einem Finger knabbernd lese ich die Einschätzungen der Person, die ich vor neun Jahren war. Ich runzle die Stirn, als ich auf die Schilderung meiner Motive für meine Pilgerreise 2001 stoße:

»Les contaré a ustedes cuando alcanze yo a Santiago. Pero en éste momento la razón es aprender vivir por otra gente.« (Das werde ich erst in Santiago sagen können. Im Augenblick möchte ich nur lernen, für andere Menschen da zu sein.)

Wie peinlich! Dieses Jahr werde ich keine Zeile hinterlassen. Mein Motiv war, zu »lernen, für andere Menschen da zu sein«? So sehr ich das damals vielleicht gewollt habe, in der realen Welt bin ich an diesem Anspruch gescheitert. Hat mir der Camino nicht eigentlich gezeigt, dass ich eine von W. H. Audens »Anderen« bin – eine von den Schwachen, die Hilfe brauchen, nicht geben? Still lese ich den Rest meines frommen Bekenntnisses:

»Es gab einige unvergessliche Augenblicke auf diesem Camino: Santo Domingo, wo mich die Lebensgeschichte des Heiligen die Bedeutung der Nächstenliebe lehrte und wo der Priester eindrucksvoll über die Liebe Jesu sprach; San Juan de Ortega, wo uns der Priester Knoblauchsuppe (!) servierte und mit uns über unsere Motivation für den Camino redete, und schließlich Burgos, wo der Priester aus der Einsiedelei San Amaro mich frühmorgens mit den Worten aus dem Bett warf: ›¡No pensarlo! ¡Fuera!‹ (›Nicht nachdenken! Raus!‹) Aber hier, hier habe ich den wahren Sinn des Camino live erlebt ...«

Was hat denn Shelagh damals geschrieben? Ich finde ihre Motive ein paar Seiten weiter.

»Um die Erfahrung des Unterwegsseins zu machen
Sie in mein neues Leben mitzunehmen
Mut für Veränderungen zu finden
Mich meiner vier Wünsche zu vergewissern.
Vielen Dank für diese wunderbare Erfahrung.«

Ob sie ihre Ziele besser verwirklichen konnte als ich? Da werde ich sie wohl fragen müssen.

Ich gehe zu meiner Schlafkoje und hole das Buch von Hans aus dem Rucksack, um es Christian zu zeigen. Er runzelt die Stirn, bis er schließlich den Namen des Autors auf dem Umschlag entdeckt.

»Ah, das Buch von Hape Kerkeling. Ist das die englische Ausgabe?«

»Ja. ›I'm off then‹.«

»Auf Deutsch heißt es ›Ich bin dann mal weg‹.«

»Ich weiß. Ich komme darin vor.«

»Du kommst darin vor?«

»Ja. Schau, hier.«

Ich blättere durch die Seiten bis zu dem Foto, auf dem eine Pilgerin in einem Barcelona-T-Shirt zu sehen ist. Christian nimmt das Buch zur Hand und betrachtet eingehend das Foto.

»*Du* bist Anne?«

Es kränkt mich etwas, dass er mich auf einem Foto, auf dem ich etwas jünger aussehe, nicht gleich erkennt.

»Irgendwie dachte ich gleich, ich habe dich schon mal gesehen. In Deutschland kennen dich alle durch dieses Buch.«

»Das denken die Leute vielleicht, dass sie mich kennen. Sie kennen aber höchstens meinen Namen«, entgegne ich, bereue diese etwas hochnäsige Antwort aber sogleich. Eigentlich glaube ich auch nicht, dass ich so berühmt bin, wie Christian behauptet. Trotzdem verbreitet sich die Neuigkeit wie ein Lauffeuer unter den Pilgern.

»Was ist los?«, unterbricht uns Miranda, eine junge Australierin. »Bist du etwa berühmt oder was?«

»Nein, bin ich nicht! Ich habe einen berühmten deutschen Komiker kennengelernt, als ich das letzte Mal den Camino machte. Er hat dieses Buch hier geschrieben, in dem ich öfter erwähnt werde. Die Deutschen, die es gelesen haben, wissen also, wer ich bin.«

»Das heißt, ziemlich viele Deutsche«, erläutert Christian Miranda.

»He, alle mal herhören!«, ruft Miranda begeistert. »Anne ist berühmt! Seht her! Sie kommt in diesem Buch hier vor! Wie heißt der Typ, der es geschrieben hat?«

Christian reicht Miranda die englische Fassung von »Ich bin dann mal weg«, und ich zeige ihr die Fotos, auf denen ich mal allein, mal mit Hans und Shelagh zu sehen bin. Sie bittet mich um mein Autogramm, das ich ihr mit einiger Mühe auf eine Serviette kritzele. Dann umarmt sie mich, Jodie tut es ihr gleich. Auf einmal werde ich von lauter Pilgern geherzt und gedrückt, die noch vor fünf Minuten nie von mir gehört hatten!

»Du solltest auch ein Buch schreiben«, rät mir Christian. »In Deutschland würde das sicher viele interessieren.«

»Tatsächlich?«

»Mich ganz bestimmt. Und ich würde es auch meinen Freunden ans Herz legen. Und die würden es ihren Freunden weiterempfehlen.«

»Wir würden es auch alle lesen!«, ruft Miranda.

»Na klar!«, verspricht Collins, wahrscheinlich, um bei Miranda Eindruck zu schinden. Er macht ihr den Hof, seit sie sich am Vortag an der Wasserpumpe getroffen haben.

»Bist du immer noch mit Hape befreundet?«, fragt Christian.

»Ja. Wir treffen uns ab und zu und telefonieren öfter miteinander.«

Ich überlege, ob ich Hans eine SMS schicken und ihn um Rat fragen soll, wie ich am besten mit meiner »Berühmtheit« umgehe. Nein, besser nicht. Er wäre bestimmt eifersüchtig.

Ich nehme meinen Kaffee mit nach draußen in die Sonne, wo die älteren, erfahreneren Pilger bereits – ungerührt von meinem erborgten Ruhm – ihre Rucksäcke packen. Ein Pilger, der von Castrojeriz kommt, bedauert sicherlich, dass er kurz »Hallo« gesagt hat, denn sofort drücken wir ihm alle unsere Kameras in die Hand. Er muss acht Gruppenfotos machen, die uns lächelnd vor der Herberge zeigen, im Hintergrund die elf Bögen der von Alfonso VI. erbauten Puente de Itero über den Rio Pisuerga. Erst dann kann er in die Provinz Palencia entschwinden.

Hilary, Jodie und ich folgen ihm bald und wandern über den Kiesweg bis ins knapp zwanzig Kilometer entfernte Itero de la Vega. Lisa wartet in dem kleinen Ort auf einer Bank auf Jodie, um den gemeinsamen Camino fortzusetzen. Lisa hat die Nacht in der hiesigen Herberge verbracht, weil sie nicht in San Nicolás bleiben wollte, wirkt aber nicht zufrieden mit ihrer Entscheidung. Wir erzählen ihr lieber gar nicht, was sie versäumt hat ...

»Lisa hat nicht sehr glücklich ausgesehen, was?«, bemerkt Hilary, als wir weitergehen und die beiden Amerikanerinnen ihren Meinungsverschiedenheiten überlassen.

»Nein. Ich denke, die beiden kannten sich nicht gut genug, bevor sie zu dieser gemeinsamen Reise aufbrachen. Vielleicht müssen sie sich bald trennen.«

Dieses »bald« kommt eher, als ich denke.

Hilary, die wie ich aus England stammt, ist Religionslehrerin. Sie hat gestern Abend resolut das laute Abendessen mit einer Geschichte vom heiligen Nikolaus unterbrochen. Froh, Aufnahme in der zu seinen Ehren errichteten Herberge gefunden zu haben, verzichteten wir respektvoll eine Weile auf Wein und Plauderei und lauschten der Legende seines Wirkens im vierten Jahrhundert. Als Bischof von Myra, das heute in der Türkei liegt, hatte er viel Großherzigkeit bewiesen, besonders gegenüber Kindern. Damals geschah es, so erzählte uns Hilary, dass ein armer Vater seinen drei Töchtern offenbarte, ihnen bliebe nach ihrem fünfzehnten Geburtstag nichts anderes übrig, als sich ihren Lebensunterhalt durch Prostitution zu verdienen. Am Vorabend des Tages, an dem das älteste Mädchen fünfzehn wurde, schaffte jemand heimlich einen Sack voll Geld in das Haus, sodass die junge Frau stattdessen heiraten konnte. Einige Jahre später wiederholte sich der wundersame Geldsegen mit der mittleren Tochter und ersparte auch ihr ein trauriges Schicksal. In der Nacht vor dem Geburtstag seiner jüngsten Tochter versteckte sich der Vater, der wissen wollte, wer der stille Wohltäter war. Und so ertappte er den Bischof Nikolaus, der versuchte, sich davonzuschleichen, nachdem er sein großzügiges Geschenk abgelegt hatte!

Durch Wohltaten wie diese wurde aus dem heiligen Nikolaus der Weihnachtsmann, der nicht nur den Kindern am Heiligen Abend Geschenke bringt, sondern auch weltweit zur Vermarktung der unterschiedlichsten Produkte wie Coca-Cola oder Schreibwaren der Marke Parker genutzt wird.

Jodie und Lisa sitzen offenbar noch auf der Bank in Itero de la Vega und arbeiten an ihrer Beziehung, denn wir sehen sie nicht hinter uns. Wir wandern frohgemut den breiten Weg entlang, der von blauen Kornblumen, hohen gelben Malvenstauden und gelegentlich auch von Pappelreihen gesäumt ist, hinter denen sich Spinatfelder erstrecken. Unser Gespräch kreist um die Frage, wie der Camino die Menschen verändern kann. Einig sind wir uns darin, dass sich nichts ganz von allein ändert. Der Camino wirkt nicht wie ein Zaubertrick. Wenn wir wieder zu Hause in unserem gewohnten Umfeld sind, haben unsere Bestrebungen, uns zu verändern, oft keine Chance, auch

Ankunft in Saint-Jean-Pied-de-Port und Suche nach der Herberge. Gemein, was, dass sie am höchsten Punkt der Straße liegt?

»Wie bist du unterwegs?«, werde ich im Pilgerbüro gefragt. »Mit dem Fahrrad«, antworte ich.

Im Valcarlos-Tal. Schon mit neunzehn hatte ich den Wunsch, über die Pyrenäen zu radeln.

Die Fahrradroute in Cizur Mayor ist tatsächlich mit einer Autobahn zugepflastert. Sehr witzig.

Die Klosteranlage von Irache schwebt inmitten von Tempranillo-Weinfeldern. In der Klosterwand ist ein Weinbrunnen eingelassen, den man kostenlos anzapfen kann.

Das Auf und Ab der Weizenfelder bei Urbiola erinnert mich an die amerikanische Prärie. Dies scheint ein sehr privater, aber auch sehr einsamer Camino zu werden.

Das Schild an Marías eigentümlicher Straßensperre vor Logroño wirbt mit »Feigen, Wasser und Liebe«.

Die Holzbank vor Cirueña, auf der ich bereits 2001 saß, als mich ein strammer Pilger in hellblauem Hemd und Jeans einholte ... Hans-Peter Kerkeling.

Mein Handy piepst auf dem Weg zur Kirche Santiago el Real in Logroño.
Es ist Hans-Peter.

Das Grabmal an der Kathedrale von Santo Domingo erstrahlt im Licht. Der weiße Hahn und die Henne in dem Hühnerhaus gegenüber schauen zu.

Ein schönes und doch schreckliches Relief am Heiligengrab von Santo Domingo zeigt den unschuldigen Pilger Hugonell am Galgen baumeln.

Ich nehme den gleichen Weg durch Hornillos del Camino wie vor neun Jahren, aber diesmal, bei Tageslicht, *sehe ich etwas!*

Es ist 6 Uhr 40, als ich als Letzte von der Herberge in San Bol losziehe, nachdem ich die Tür zugesperrt und den Schlüssel in die Tasche gesteckt habe.

Ganz plötzlich fällt mein Weg zwischen den hohen, von rotem Mohn überwucherten Steinmauern ab, und vor mir tauchen der gewölbte Kirchturm
und das pittoreske Dorf Hontanas auf.

Im Mittelalter hätte mich dieses imposante Bauwerk zu Tode erschreckt:
Ein riesiger gotischer Doppelbogen überspannt die Straße zu den gewaltigen
Ruinen des Klosters San Antón.

Neben Itero de la Vega, dem »fruchtbaren Tal« in Palencia, erstrecken sich ungepflügte Äcker, so weit das Auge reicht.

Eigens für Pilger angelegte Wege machen das Wandern durch das eintönige »Ackerland« in der Provinz Palencia so angenehm wie möglich.

In der Kirche Santa María la Blanca in Villasirga trägt der heilige Jakob eine goldene Tunika, und über seinem bloßen Haupt schwebt eine Jakobsmuschel.

Gibt es etwas Schöneres auf der Welt als diese Kathedrale, das »Juwel von León«?

Vor dem Hotel Parador San Marcos in León sitze ich neben der Skulptur eines mittelalterlichen Pilgers. Seine Füße sind bandagiert, die Sandalen liegen daneben. Eine Warnung ...

Der Pfad von Riego de Ambrós nach Molinaseca ist ein gefährlicher, steil abfallender und stellenweise aus Granitplatten geformter Korridor.

Im Mesón El Acebo, wo Hans und ich vor neun Jahren zwei Tage verbrachten, warte ich auf die Erinnerungen. Wir spielten damals ein Spiel: »Tu so, als wärest du berühmt, Hans.«

Im Tympanon der Kirche Santa María in Leboreiro steht Jesus ungewöhnlicherweise im Schoß seiner Mutter. Er weiß so gut wie ich, dass wir die letzte Provinz des Camino betreten haben.

Die mittelalterliche Route verläuft durch Furelos, ein Dorf mit Häusern aus grob behauenen Steinen, das sich wohl seit Jahrhunderten nicht verändert hat.

Ich folge den Pilgern in Santiago auf die Plaza de la Inmaculada, wo die Nordfassade der Kathedrale ins Blickfeld kommt.

Unter einem dunklen Bogenvorsprung der Kirchenmauer in Santiago de Compostela kommen mir meine Schwester Jane und meine Freundin Liz auf der Treppe entgegen.

In der Kathedrale hängt der *botafumeiro* über den Altartreppen still von der Kuppel. *Bitte lass ihn morgen zur Messe schwingen! Bitte!*, wünsche ich mir.

wenn sie noch so ernst gemeint sind. Wir nehmen unsere Arbeit wieder auf, schlüpfen in die alten Rollen und reagieren so wie immer. Dadurch verblassen die Lektionen des Camino, wenn wir nicht rechtzeitig dafür sorgen, bewusst und konsequent eine neue Richtung einzuschlagen. So war es mir zum Beispiel unmöglich, meinen 2001 gefassten Vorsatz, »für andere Menschen da zu sein«, aufrechtzuerhalten, als eine Bande von »ausgelassenen« Schülern meinen Mini schaukelte, während ich am Steuer saß.

»Was willst du machen?«, fragt sie.

»Schreiben. Ich will versuchen, Reiseberichte zu schreiben. Das muss ich einfach ausprobieren.«

Der Spinat wird von Brachflächen und Getreidefeldern abgelöst. Vor uns zeigen sich drei Hügel, die in dieser total flachen Landschaft seltsam künstlich wirken. Die läppischen fünfzig Meter Anstieg spüren wir nach den Strapazen des gestrigen Tages gar nicht. Hinter den Hügeln erstrecken sich ungepflügte Äcker, so weit das Auge reicht. *Vega* heißt »fruchtbares Tal«, und ich glaube gern, dass es das auch ist, aber hier und da ein Pflänzchen wäre schon nicht schlecht. Ganz ohne außer Atem gekommen zu sein, erreichen wir die leeren Gässchen von Boadilla del Camino, Einwohnerzahl zweihundertachtundfünfzig. Collins und Miranda sitzen an einem Plastiktisch vor einem Café und lesen. Das geräumige Lokal, ausgestattet mit genügend rot-schwarzen Stühlen und Tischen, um die gesamte Bevölkerung von Boadilla auf einmal zu bewirten, ist abgesehen von der Kellnerin hinter dem Tresen leer. Alles – die Flaschen mit den alkoholischen Getränken, die Dosen mit den Süßigkeiten, die Zapfhähne und die Kuchentheke – ist blitzsauber.

»Haben Sie Sprudelwasser?«, frage ich, ganz freundliche Pilgerin.

»¡No!«, herrscht mich die Kellnerin an. »¡Sólo normal!« (Nur normales!)

Hilary und ich werfen uns einen Blick zu.

»Ich mache das schon, Anne«, sagt Hilary im Geist des heiligen Nikolaus. »Was möchtest du denn?«

»*Café con leche* und ein Croissant, bitte. Ich warte draußen.«

Der Fernseher neben der spanischen Flagge zeigt die Höhepunkte des spanischen Drei-zu-zwei-Siegs über Chile, des Spiels, das ich gestern Abend sausen ließ, weil die spirituelle Erfahrung mit dem heiligen Nikolaus so viel spannender war. Ich würde mir gerne jeden Spielzug, jedes Foul und jedes Tor anschauen, aber ich habe keine Lust, die Gesellschaft meiner Freunde gegen die eisige Atmosphäre hier drin einzutauschen.

»Meine Güte! Was ist denn mit der los?«, frage ich Collins und Miranda und setze mich zu ihnen.

»Sehr freundlich ist die wirklich nicht«, sagt Hilary, die mit unserer Bestellung über den Hof gelaufen kommt.

»Vielleicht kann sie keine Pilger mehr sehen«, mutmaße ich, stehe auf und ziehe mir eine Limonade aus dem Automaten, der wahrscheinlich hier steht, weil es drinnen keine Sprudelwässerchen gibt.

Wir hören Schritte. Das können nur Jodie und Lisa sein.

»Hi!«, rufen wir alle wie aus einem Mund.

Sie lassen ihre Rucksäcke zu Boden fallen. Lisa sucht einen Tisch aus und überlässt es der ahnungslosen Jodie, sich mit der Kellnerin herumzuschlagen.

»Da bin ich ja mal gespannt«, sage ich zu unserer kleinen Runde.

Kurz darauf kommt Jodie aus dem Café. Sie verzieht das Gesicht, als hätte man sie vergiftet.

»Herrje! Was ist denn mit der los? So was von unfreundlich!«

Wir rätseln noch über die Frostigkeit der Kellnerin, als unsere drei australischen Freunde, die in Neuseeland leben (außer Cathy, die in Australien lebt, und Steve, der tatsächlich Neuseeländer ist), auf die Terrasse schlendern. Cathy nimmt an einem Tisch Platz, während Lynn und Steve die Getränke besorgen.

»Jetzt passt mal auf«, sage ich, und wir halten alle den Atem an und freuen uns schon im Voraus auf den Anblick der beleidigten australisch-neuseeländischen Pilger.

»Was ist denn mit der los?«, wundert sich Steve und knallt die Tassen auf den Tisch.

»Ihre Arbeit macht ihr wohl keinen Spaß«, vermute ich.

»Dann sollte sie sich etwas anderes suchen«, schimpft Steve, der seine Worte nie auf die Goldwaage legt.

Lynn und Steve erzählen uns, wie sie sich in den Siebzigerjahren als Rucksacktouristen in Afrika kennenlernten, eine ebenso faszinierende wie schreckliche Geschichte. Eines Tages tauchte bei ihrem Zeltplatz in Uganda Idi Amin mit seinem gesamten Gefolge in einem Konvoi aus Armeefahrzeugen auf. Die verblüfften jungen Touristen wurden eingeladen, mit der Flotte des Präsidenten durchs Land zu fahren, eskortiert von Schnaps trinkenden Soldaten. Sie konnten dieses unheimliche »Angebot« schwerlich ausschlagen. Natürlich sollte so verhindert werden, dass sie etwas von den Gewalttaten Amins zu sehen bekamen. Aber es klappte nicht – Steve erzählt uns, dass sie während einer Dorfhochzeit einen Stapel Leichen hinter einem Gebäude entdeckten. Sie bekamen es mit der Angst zu tun und suchten nach einer Fluchtmöglichkeit.

»Wie seid ihr da rausgekommen?«, wollen wir wissen.

»Wir konnten ein Taxi nach Zaire organisieren«, antwortet Lynn.

»Und wart ihr dort in Sicherheit?«

»Halbwegs«, antwortet Steve, »aber ein Mädchen aus unserer Gruppe starb an einer Überdosis Chloroquin, als wir in Nigeria ankamen. Sie war erst achtzehn.«

»Und mich haben sie ins Gefängnis geworfen, weil ich den Medizinschrank nach irgendwas durchwühlt habe, das ihr helfen kann«, bemerkt Lynn ohne jede Regung. »Am Ende hat uns das australische Hochkommissariat in Lagos rausgepaukt.«

Was für ein Urlaub.

Die Kellnerin kommt mit einem leeren Tablett aus ihrem Bau, um abzuräumen. Sofort verstummt das Gespräch, und wir quittieren jede Tasse und jeden Löffel, die sie einsammelt, mit einem Lächeln. Und auf einmal, ganz unversehens, lächelt sie strahlend zurück. Ist die Veränderungskraft des Camino vielleicht wirklich grenzenlos?

Es sind nur noch sechs Kilometer bis Frómista, sodass den meisten von uns viel Zeit bleibt, die Hauptattraktion von Boadilla zu besichtigen, die Kirche Santa María. Collins und Miranda, die insgesamt fünfzig Kilometer bis Calzadilla de la Cueza zurücklegen wollen, haben allerdings keine Zeit zu verlieren. Ich sehe sie an der Kirche vorbeilaufen, und dann sind sie auf Nimmerwiedersehen verschwunden. Wer könnte mit ihnen mithalten? Wäre Miranda allein unterwegs, so hätte ich ihr davon abgeraten, in Calzadilla zu übernachten, aber mit Collins an ihrer Seite wird bestimmt niemand wagen, sie anzufassen. Ich hingegen werde es in zwei Tagen vermeiden, dort Quartier zu machen. Und zwar aus gutem Grund.

Jedes Feld des *retablo mayor* der Kirche stellt mittels einer Plastik oder eines Gemäldes eine Szene aus dem Leben Marias dar. Die Dielen sind so wacklig, dass ich fast hinfalle, als ich zu einem zweiten *retablo* trete, der die Passionsgeschichte darstellt. Ich kann der reichen christlichen Bildsymbolik des Camino durchaus etwas abgewinnen, doch jetzt berührt mich die Geschichte von Jesu Leiden und seiner anschließenden Wiederauferstehung nicht sonderlich. Die Düsternis und Schwere der Leidensgeschichte des Erlösers wirkt auf mich nach der geselligen Runde *al fresco* deprimierend, und so gehe ich rasch wieder nach draußen, nachdem ich noch kurz das berühmte Taufbecken von Boadilla umrundet habe. Mir ist bewusst, dass für die Gläubigen die Auferstehung Christi den Triumph über alle Leiden bedeutet, aber als Biologin weiß ich auch, wie unmöglich es ist, dass Zellen nach dem klinischen Tod wieder lebendig werden. Das gilt auch für die unseres Erlösers.

Hilary steht unter einem Schwalbenschwarm auf dem runden Platz und fotografiert den *rollo* aus dem 15. Jahrhundert, eine gotische Säule, an die man Verbrecher gekettet hatte, um sie hinzurichten. Ich hoffe, es wurden nicht in allen Fällen Todesurteile vollstreckt, aber der Mangel an Milde in der Geschichte des katholischen Spanien verstärkt meine Skepsis gegenüber der organisierten Religion, und so bin ich froh, als wir unsere persönliche Pilgerreise wieder aufnehmen. Eine Frau, die ihre Fenster putzt und ein Paar, das ein Baby in einem Kinderwagen schiebt, sind die einzigen der zweihundertfünfundachtzig Einwohner des beschaulichen Boadilla del Camino, die wir zu Gesicht bekommen. Wir gehen zwischen den Weizenfeldern Richtung Wasserturm, ohne unsere Freunde, die wohl vorausgegangen sind, während wir die Passionsgeschichte studierten. Der Treidelpfad entlang des Canal de Castilla führt uns wie gewohnt abwechselnd an Brachflächen und Weizenfeldern vorbei, aber es gibt ja die leuchtend gelben Schlüsselblumen, purpurnen Disteln, roten Mohnblumen und weißen Gänseblümchen zu sehen. Im Schilf des Kanals quaken die Frösche unentwegt. Schließlich erreichen wir die monumentale Schleuse und gelangen an Getreidespeichern vorbei nach Frómista.

Frómista ist nicht nur für den Weizenanbau berühmt, sondern auch für seine San Martín geweihte Kirche. Erbaut im Jahr 1066, stellt sie laut Lozano den Höhepunkt der romanischen Baukunst in Europa dar und ähnelt der Kathedrale von Santiago. Angesichts dieser Information sollte ich mich besonders freuen, das Ziel erreicht zu haben, doch die drei Apsiden, die beiden Türme und die Laterne können mich nicht über den Abschied von Hilary hinwegtrösten. Ich war darauf eingestellt gewesen, habe aber nicht geahnt, dass es mich so unglücklich machen würde. Als sie zum Bus nach León geht, versuche ich mich mit den edlen Pflanzen- und Tierdarstellungen der Kapitelle zu beschäftigen oder das berühmte Relief mit dem Fuchs und dem Raben zu entdecken. Ich fühle mich schrecklich einsam unter all den Ausflüglern, die mit einer Begeisterung den steinernen Figurenschmuck identifizieren, die mich, die ich als Pilgerin hier bin, nur beschämen kann. Das spornt mich an, die Säulen etwas eifriger zu studieren, und so entdecke ich eine kleine Darstellung der Jünger, die sich umarmen. Da beschließe ich, aufzubrechen und die Freunde zu suchen, die ich in San Nicolás gewonnen habe.

Jodie steht vor der Kirche und überlegt, ob sie noch die dreizehn Kilometer bis Villalcázar de Sirga (Villasirga) wandern soll, wo ein Klassikkonzert gegeben wird, von dem ihr Dario erzählt hat. Sie ist allein, aber ich frage lieber nicht nach Lisa. Stattdessen steuere ich auf die massive Tür in der roten Ziegelsteinmauer zu, die den Vorplatz der Kirche umgibt. Die Tür führt in den Hof der städtischen Herberge, wo Pilger damit beschäftigt sind, in einem steinernen Trog ihre Kleider zu waschen, an überdachten Tischen Wein zu trinken oder, ein für mich schwer erträglicher Anblick, ihre Fahrradtaschen die Treppe hinaufzuschleppen. Im sonnendurchfluteten Empfangsbereich drückt eine Frau einen hellblauen Stempel mit dem Bild der Kirche San Martín in mein *credencial* und unterschreibt mit dem Namen Carmen. In den kühlen Schlafräumen tanzen Lichtstrahlen über den gefliesten Boden zwischen den grauen Metallstockbetten. Die Stadt könnte deutlich mehr Pilger aufnehmen, würde sie die Schlafstätten enger zusammenschieben – rund um mein Bett wäre genug Platz, um es mit Rollerskates zu umzirkeln. Ein Schild an der Wand neben den Duschräumen verkündet: »Waschmaschine 3 Euro.« Ich krame all meine Kleider aus dem Rucksack und stürze nach unten, um die Gelegenheit beim Schopf zu ergreifen. Gerade habe ich Carmen auch noch die Hose und das Hemd übergeben, die ich in ihrer Küche ausgezogen habe, als ein Mann hereinplatzt.

»Raus, hier ist eine Frau!«, ruft Carmen.

»Aber ich wohne hier!«, verteidigt sich ihr Ehemann.

»Komm später wieder!«, befiehlt ihm Carmen und stopft meine Kleider in die Maschine.

Ich durchstreife die Straßen des Städtchens Frómista in der Hoffnung, die Freunde wiederzufinden, die mir in Boadilla durch meine Unachtsamkeit abhandengekommen sind. Die Teilnehmer eines Kinder-Radrennens sausen an den Restaurants vorbei, zur Unterhaltung der Gäste, die ein spätes Mittagsmahl einnehmen. Ich entdecke eine Herberge an der Rennstrecke, die private Albergue Estrella del Camino. Lynn, Steve und Cathy liegen in ihren Kojen, als ich eintrete.

»He! Hallo!«, rufe ich und klatsche in die Hände. »Wo kommt ihr denn alle her?«

»Wir sind einfach den Schildern gefolgt. Wo bist du untergekommen?«

»In der *municipal*. Es ist nett dort. Wollen wir nicht was trinken gehen?«

»Prima Idee«, sagt Steve und rollt sich vom Bett.

»Hallo«, ruft Hilary aus einer dunklen Ecke.

»Hilary! Ich dachte, du bist in León?« Verwundert umarme ich sie.

»Am Wochenende fährt kein Bus, da dachte ich, ich kann auch einfach noch ein Stück wandern«, erklärt sie.

»Kommt mit! Ich habe eine Bar entdeckt, in der wir die WM sehen können.«

Ich führe sie zum Café El Manchego in unmittelbarer Nähe der schönsten romanischen Kirche von ganz Spanien.

Steve gibt uns fünfen einen aus, während ich mir voller Sorge den Wirt wegen des Fernsehers vornehme, der nicht eingeschaltet ist.

»Ist hier Weltmeisterschaft?«, frage ich ihn.

»¡No! Die *Mundial* ist in Südafrika. Hier haben wir bloß einen Fernseher.«

»Könnten wir uns das Spiel dann bitte hier ansehen? Es fängt um vier Uhr an«, antworte ich, ohne auf seinen Scherz einzugehen.

Ich bin schon drauf und dran, ihn auf die nicht unbeträchtliche Summe hinzuweisen, die er gerade von Steve erhalten hat, als er den Fernseher einschaltet. Für die nächsten zwei Stunden bilden wir ein Team, das sich an einem Ecktisch zur besten Kombination versammelt hat, die man auf Erden finden kann: Weltmeisterschaft und Camino.

»Für wen bist du, Anne?«, fragt Lynn und hebt ihr Bierglas.

»Nun, wen findest du besser, Uruguay oder Südkorea?«, frage ich sie.

»Wir sind für die Mannschaft, für die du bist, Anne!«, ruft Steve.

Als Pilger muss man zu allen nett sein, ich werde meine Wahl also gut begründen müssen.

»Für Südkorea! Uruguayer haben wir auf dem Camino keine gesehen, oder? Dafür jede Menge koreanischer Pilger!«

Jodie, der es offenbar bis Villasirga doch zu weit war, schlendert herein und setzt sich an den Computer, der unter dem Fernseher aufgebaut ist. Sie ist so in ihre E-Mails vertieft, dass sie gar nicht bemerkt, wie einige Minuten später Lisa durch die Tür tritt. Steve spendiert Lisa sofort ein Bier, und die junge Amerikanerin, der Fußball »so schnuppe ist wie nur irgendwas«, findet Gefallen an der Gesellschaft der Pilger, vielleicht auch am Spiel.

Obwohl unsere Mannschaft sehr angriffsstark ist, verliert sie am Ende zwei zu eins nach einem sensationellen Treffer von

Uruguays Luis Suárez. Südkorea scheidet damit aus der WM aus und büßt so für seine vertanen Chancen. Suárez hat den Südkoreanern die Lehre erteilt, dass Talent und Training umsonst sind, wenn man sie nicht in Resultate ummünzen kann. Für ungenutzte Chancen trägt jeder selbst die Verantwortung, an dieser Lektion des Lebens kommt niemand vorbei.

Das Radrennen ist beendet, als wir das El Manchego verlassen. Rotgesichtige und verschwitzte Kinder wieseln mit ihren Fahrrädern zwischen uns durch oder klackern mit ihren Fahrradschuhen auf dem Pflaster. Im Restaurant der gotischen Kirche San Pedro, die etwas im Schatten zu der eigentlich kleineren San Martín steht, beruhigt Lynn gerade geschickt die streitlustige Jodie.

»Aber das ganze *menú del día* kostet zehn Euro, wie können Sie da sechs Euro für einen Salat verlangen?«, herrscht Jodie den unschuldigen Kellner an.

»Dann nimm doch das *menú*, es ist das Geld wert«, empfiehlt ihr Lynn.

»Ich habe nicht so viel Hunger«, grummelt Jodie.

Sie kippelt auf ihrem Stuhl und stemmt die Knie gegen den Tisch, was der Kellner rasch für einen kleinen Racheakt ausnutzt. Er reißt ihr die Speisekarte aus der Hand und setzt damit weiteren Verhandlungen ein Ende. Jodie stürmt nach draußen in den Schatten von San Pedro. Lisa unternimmt keinen Versuch, ihre Freundin zur Vernunft zu bringen. Die beiden haben den ganzen Nachmittag über nicht einen Blick gewechselt.

»Vergesst nicht, morgen spielt England gegen Deutschland!«, ermahne ich alle, als wir nach dem Essen auf dem Bürgersteig stehen.

»Ach ja!«, ruft Steve. »Um wie viel Uhr denn?«

»Um vier. Bis dahin müssen wir in Carrión sein.«

»Kein Problem! Bis morgen, Anne.«

»Bis morgen! Gute Nacht.«

Jeder geht in seine Herberge. Ich kann den nächsten Tag kaum erwarten. Endlich: England gegen Deutschland!

Sonntag, 27. Juni 2010

Ich wandere 19,3 Kilometer von Frómista nach Carrión de los Condes und ... England spielt in der WM gegen Deutschland

Um 6 Uhr 30 Uhr sitze ich an dem langen Tisch im Frühstücksraum. Ich bin fest entschlossen, um sieben Uhr loszumarschieren, damit ich die neunzehn Kilometer bis Carrión de los Condes rechtzeitig zum Anpfiff des Spiels England gegen Deutschland schaffe, das um 16 Uhr beginnen soll. Neun Stunden genügen ja schon fast, um gleich bis Südafrika zu gehen, aber ich will kein Risiko eingehen. Die Topografie des Tages ist jedenfalls auf meiner Seite – das Höhendiagramm, das ich von Wim bekommen habe, zeigt, dass es sich um die flachste Etappe des ganzen Camino handelt. Sofern ich also nicht aus reiner Langeweile umfalle, sollte ich mich am Zielort bereits eingerichtet, meine Wäsche gewaschen und geduscht haben, wenn der Schiedsrichter das Spiel anpfeift. Schon jetzt, am frühen Morgen, bin ich schrecklich aufgeregt.

Señor Carmen schenkt mir Kaffee ein. Er scheint es mir nicht nachzutragen, dass er am Tag zuvor aus der Küche geworfen wurde. Wie er mir erzählt, hat Ghana die USA am Vorabend nach Verlängerung zwei zu eins geschlagen. Nun bin ich froh, dass Lisa die WM »so schnuppe wie nur irgendwas« ist. Sie hat heute genug schlechte Neuigkeiten zu verkraften. Wenn sie aufwacht, wird sie sehen, was ich bereits vor einer halben Stunde gesehen habe: Jodies Pritsche ist leer, Jodies Rucksack weg, Jodie selbst nirgends mehr zu entdecken. Ich habe keine Ahnung, ob sie sich einvernehmlich getrennt haben oder ob Jodie sich im Schutz der Dunkelheit einfach aus dem Staub gemacht hat.

Palencia, eingekeilt zwischen Burgos im Osten und León im Westen, ist die schmalste der Provinzen, durch die der Camino führt. Aus Pilgersicht ist der siebenundsechzig Kilometer breite Streifen, der von der Puente de Itero bei San Nicolás bis zur Westgrenze bei Sahagún reicht, nichts als eine trockene Ebene, in der sich Getreide- und Luzernenfelder mit Ackerflächen abwechseln. Größere Ortschaften sucht man hier vergebens.

Unser heutiges Ziel, Carrión de los Condes mit seinen gut zweitausendfünfhundert Einwohnern ist noch am ehesten eine Stadt zu nennen. Aber diese so genannte Tierra de Campos, das »Ackerland«, kann stolz behaupten, den Pilgern den Weg so angenehm wie möglich zu machen. Entlang der P 980 hat die Provinz einen Kiesweg bis nach Carrión angelegt. Wer also angesichts der eintönigen Landschaft einen Zusammenbruch erleidet, wird nicht einfach überfahren, sondern von nachfolgenden Pilgern wieder auf die Beine gebracht und mitgezogen.

Immer noch hängen die dunklen Wolken von gestern Abend über uns und ein alter Mann in einem blauen Overall ruft »¡Buenos días!« von einem kleinen Gärtchen herüber, in dem Kartoffeln und Lauch gedeihen. Sie bescheren ihm sicherlich ein leckeres Süppchen. Kleingärten sind immer ein erstes Zeichen, dass man sich der Zivilisation nähert. Revenga de Campos ist noch nicht erwacht. Um 8 Uhr 40 (noch sieben Stunden und zwanzig Minuten bis zum Anpfiff) sind die Kirche und das Café noch geschlossen. Auch im nächsten Dorf, Villarmentero de Campos, sind diese beiden für jeden Pilger so wichtigen Einrichtungen noch nicht geöffnet. Die einzige Bewegung zeigen die Schwalben, die über die Ackergeräte hinwegstreichen, und eine spanische Flagge, die vom Geländer eines offenen Fensters weht. Rasch breitet sich ein wolkenloser blauer Himmel aus, und ich schreite über flache Pfützen hinweg, die in der Wärme des Tages auftrocknen. Am Fuß des Hangs, der nach Villasirga führt, umkreisen schwarze Schwalben meinen Kopf wie der Heiligenschein die Schmerzensmutter. Heute kann mir wirklich nichts den Tag verderben.

Um 10 Uhr 40 (noch fünf Stunden und zwanzig Minuten bis zum Anpfiff) ist es bereits zu heiß, um draußen zu sitzen. Von meinem Platz in der Bar Cántigas habe ich einen guten Blick auf die stattliche Kirche Santa María la Blanca aus dem 13. Jahrhundert. Die mächtige steinerne Treppe, die zum Portal führt, kann in dieser flachen Gegend schon als Hügel durchgehen. Der gotische Sakralbau wirkt eher wie eine Burg als wie ein Gotteshaus, was auch zu seiner ursprünglichen Aufgabe passt, ist es doch von den Tempelrittern erbaut worden, um an dieser Stelle den Weg der Pilger zu sichern. Doch ich sehe keine Pilger die Stufen erklimmen, auch keine auf dem Platz oder in der Bar, und mich beschleicht die Angst, dass alle Welt an Villasirga vorbeimarschiert ist, um sich rechtzeitig vor mir gute Plätze für das Spiel zu sichern!

Der große Tag, an dem sich unsere beiden Heimatländer gegenüberstehen, veranlasst mich dazu, Hans eine SMS zu schreiben. Ich verfasse sie halb in Deutsch, was mich viel Zeit kostet, weil ich ohne die Wortvorschläge auskommen muss. Nach dieser anstrengenden Formulierungsleistung gönne ich mir erst einmal einen zweiten Kaffee.

»Guten Tag, Hans! Will we still be friends after my country beats yours heute? Ich trinke kaffee in Villasirga. Nur 6 km nach Carrion wo ich die Spiele will watch. Tschussi! Anne x.«

Ob wir Freunde bleiben, auch wenn England Deutschland heute schlägt? Natürlich, antwortet er gleich darauf, bleiben wir dann Freunde, auch wenn Deutschland England schlägt, wovon Hans fest ausgeht: »Yep! Whoever wins friendship rules! We'll beat England 2-1! Carrion is great! Bless ya. Hans.«

Sein Englisch, das muss ich zugeben, ist besser als mein Deutsch, aber als Prophet taugt er nicht. Inzwischen hat er schon Deutschland, England und Argentinien als Favoriten genannt. Niederlande, Brasilien oder Spanien hat er noch nicht erwähnt, aber es bleibt noch viel Zeit bis zum Endspiel, um sämtlichen verbleibenden Mannschaften diese Ehre zu erweisen. Ich trinke meinen Kaffee aus und schaue zu der spanischen Flagge hinüber, die über der Eistruhe an die Wand gepinselt ist. Wie immer hat jemand »Podemos« (Wir schaffen es) mit dickem schwarzem Filzstift über das gelbe Flaggenfeld geschrieben.

»Nein, ihr schafft es nicht«, sage ich zu mir, »diesmal gewinnen wir!«

Kann man sich schon kaum einigen, welches die beste Mannschaft der WM ist, so ist es schier unmöglich, zu bestimmen, welches das beste *retablo* am Camino ist. Wenn ich die farbenprächtig gestaltete Bildererzählung vom Leben Marias und der Passion Jesu Christi in der Kirche betrachte, dann bin ich von all den Rot-, Grün-, Blau- und Weißtönen und dem üppigen

Blattgold der zahllosen Figuren wie geblendet. In einer Szene sieht man gerade noch Marias Füße gen Himmel entschwinden. Die Jünger schauen verdutzt hinauf. Was verblüfft sie daran eigentlich noch? Ich muss schmunzeln. Immerhin war Maria nach Jesus schon die zweite lebende Person, die vor ihren Augen direkt in den Himmel auffuhr, also könnten sie sich langsam daran gewöhnen.

Eine andere Marienfigur im zentralen Feld des *retablo* hat ein Jesuskind auf dem Knie. Ihre rechte Hand ist abgeschlagen, doch sie hält das Kind zum Glück mit der Linken. In der Santiago gewidmeten Seitenkapelle sind Mutter und Kind noch weitaus schlimmer dran. Dort fehlt Maria nämlich nicht nur eine Hand, sondern dem Jesuskind auch der Kopf! Diese Skulptur wird die Virgen Blanca (Weiße Jungfrau) genannt. Alfons X., genannt der Weise, ließ sie in den »Cántigas de Santa María« besingen. Der Virgen Blanca werden mehrere Wunderheilungen von Pilgern zugeschrieben, die offenbar unverrichteter Dinge vom Grab des heiligen Jakob aus Santiago zurückkamen. Alfons X. kämpfte wie sein Vater Ferdinand III., genannt der Heilige, in Alicante wacker gegen die Besatzer Spaniens, das waren zu jener Zeit die Mauren. (Er würde sich gewiss im Grab umdrehen, wenn er die Bettenburgen von Benidorm heute sehen könnte.)

Ein etwas schauriges *retablo* neben der Virgen Blanca ist dem heiligen Jakob gewidmet. Teuflische Kreaturen piesacken darauf arme Pilger. Der Heilige ist dem Klima von Palencia entsprechend mit einer nur knielangen goldenen Tunika und Sandalen bekleidet. Über seinem bloßen Haupt schwebt wie ein Baldachin eine goldene Jakobsmuschel. Seine Linke hält ein aufgeschlagenes Evangelium, und die Rechte schwenkt einen grünen Wanderstab. Der heilige Jakob als Pilger ist das Vorbild für *alle* Pilger des Camino. Warum sieht er dann aber nicht fröhlicher aus? Vielleicht ahnt er schon, welch grausamer Märtyrertod ihm bevorsteht. Dieses Unheil ist über seiner linken Schulter dargestellt. Wer würde nicht verdrießlich werden, wenn er fünfhundert Jahre lang an so etwas erinnert würde. Aber wann sieht man je einen Heiligen lächeln? Nur eine solche Figur könnte versinnbildlichen, was der Camino für mich bedeutet. Ich gebe die Hoffnung nicht auf, irgendwann einer zu begegnen.

Eine kurze Straße, gesäumt von roten Ziegelsteinhäusern, führt von der Kirche zu unserem Pilgerpfad entlang der P 980. Aus wucherndem Jakobskraut wächst ein Schild, das den Weg nach Carrión in sechs und Santiago in vierhundertdreiundsechzig Kilometer weist. Es ist 11 Uhr 40 (noch vier Stunden und zwanzig Minuten bis zum Anpfiff), aber wo ist Carrión? Eigentlich sollte man die Ortschaft in dieser flachen Gegend bereits ausmachen können. Millionen von Gänseblümchen sprießen auf dem Pfad, ein wenig Schmuck in der eintönigen Landschaft. Irgendwann tauchen in zwei Kilometer Entfernung ein blendend weißer Getreidesilo und ein Wasserturm aus den Weizenfeldern auf. Wäre hinter ihnen nicht eine mittelalterliche Kirche auszumachen, ich würde mich glatt fragen, ob ich mich nicht nach Manitoba verlaufen habe.

»Carrion is great!«, hatte Hans in seiner SMS geschrieben. Dass er sich daran erinnert – seit meinem Aufbruch aus San Nicolás gestern Morgen habe ich nichts wiedererkannt außer der Kirche San Martín in Frómista. Ein Mann tritt aus dem Schatten des einsamen Getreidesilos und reicht mir ein Faltblatt, das die Annehmlichkeiten des Hostal Santiago anpreist. Ohne lange nachzudenken, folge ich der Wegbeschreibung. Ich brauche für heute Abend ein Hotel, damit die frühe Sperrstunde der Pilgerherbergen mich nicht davon abhält, den Einzug Englands ins Viertelfinale zu feiern.

Aus reiner Neugier öffne ich die Tür eines anderen kleinen *hostal* gegenüber der Kirche Santa Maria del Camino. Dort sitzt Jodie in der dunklen Rezeption auf einem durchgesessenen Sofa.

»Hallo«, grüße ich unsicher.

»Hast du Lisa gesehen? Ist sie hier?«

»Keine Ahnung. Ich bin gerade erst angekommen. Warum?«

»Ich mache mir einfach ein bisschen Sorgen.«

»Ihr zwei habt euch getrennt, oder?«

»Ja. Ich habe ihr geschrieben, dass ich ein wenig Zeit für mich selbst brauche. Aber wir treffen uns am 1. Juli in León.«

Wie kann sie so sicher sein, dass Lisa sich darauf einlässt? Aber ich erspare es mir nachzufragen.

»Also, ich schlüpfe da unter«, sage ich und wedele aufgeregt mit dem Faltblatt. »Ich glaube, die haben sogar WLAN. Bis später.«

Aber ich sehe Jodie weder später noch irgendwann sonst wieder. Auf dem malerischen Platz hinter der Kirche sitzen zahlreiche Pilger auf Bänken oder haben sich unter den *plátanos del paseo* ins Gras gelagert. Darunter ist auch Lisa, die offenbar keine Ahnung hat, dass Jodie ganz in der Nähe ist.

Ich stelle rasch meinen Rucksack auf eins der Betten in meinem Zimmer, das sogar ein Bad hat, streife die durchgeschwitzten Stiefel und Socken ab und strecke mich für ein paar Minuten auf dem anderen Bett aus. Nur noch zwei Stunden bis zum Anstoß. Ich ziehe mein Handy aus meiner verborgenen Hosentasche und schicke eine WM-Umfrage an meine Schwestern und Freunde in England.

»Wie sieht's aus? Versprechen uns die Experten den Sieg?«

Als ich aus der Sitzdusche in dem winzigen Badezimmer komme, bin ich schon ganz gut informiert, was die Experten in der britischen Presse denken.

»Deutsche zu unerfahren. Wir haben die besseren Spieler. Wir schaffen das! Elizabeth«

»Deutschland nur Durchschnitt. Letzte WM für viele englische Spieler, daher Motivation hoch! Jane«

»Ja. Zeitungen sagen, wir müssten gewinnen. Deutsches Team zu jung. Englische Spieler top. Keine Ahnung. Helen«

Helen hat keine Ahnung? Typisch! Seit ich sie kenne, also schon seit 1980, sieht sie es offenbar als ihre Rolle in unserer Freundschaft an, auf jeden Ansatz von Euphorie mit einer kalten Dusche zu reagieren. Sie empfindet sich als *Realistin*. Ich würde sie eher als *Spielverderberin* bezeichnen. Vor genau zwei Wochen, als ich in Los Arcos auf dem Bett lag und zusah, wie Deutschland Österreich in Durban vier zu null im Gruppenspiel schlug, schickte mir Helen diese optimistische SMS:

»Siehst du das Spiel? 4:0 und noch kein Ende in Sicht! Falls England die Gruppenrunde überlebt, machen uns die Deutschen fertig!«

Es ist ausgeschlossen, dass Deutschland gegen England vier Treffer erzielt. Völlig ausgeschlossen.

Ich poltere die dunkle Holztreppe von meiner Zufluchtsstätte im dritten Stock hinunter und trete hinaus auf die weite, leere Straße. Piep! Piep! Piep! Eine SMS von meiner Freundin Kath in London: »Beckenbauer hat im Internet gesagt, das englische Team sei ›dumm und faul und wird nicht gewinnen‹. Wir MÜSSEN es ihm zeigen! Kath x«

»Was? Frechheit! Unvergessen: Sein Foul im Finale des Europapokals 75. Leeds hätte Elfmeter bekommen müssen. Bayern hat gewonnen. ENGLAND VOR! Anne X«

Ich mag mich vielleicht nicht mehr an Villasirga im Jahr 2001 oder seine Kirche erinnern, aber ich weiß noch genau, was am 28. Mai 1975 geschah. Siebzehn war ich damals und mit meinen Eltern in Paris im Prinzenparkstadion, wo sich im Endspiel des Europapokals Leeds United und Bayern München gegenüberstanden. Meine Mannschaft war von Anfang an Spielmacher, wurde aber um ein rechtmäßiges Tor betrogen. Franz Beckenbauer, der Kaiser, leistete sich ein übles Foul. Der Leeds-Stürmer Allan Clarke war schon fast im Fünfmeterraum und hatte den Ball so gut wie sicher im Netz, als ihm Beckenbauer von hinten in die Beine sprang. Clark, den Beckenbauer mit seiner Grätsche um den krönenden Abschluss seiner Karriere brachte, stürzte und schoss natürlich kein Tor. Nur die Hoffnung, Clarke würde dann eben einen Elfmeter schießen können, dämpfte meinen Zorn. Doch es gab keinen Elfmeter. Der Schiedsrichter ließ unerklärlicherweise weiterspielen. Beckenbauer entging seiner gerechten Strafe. Leeds stand unter Schock, und Bayern München drehte auf. Franz Roth und Gerd Müller schossen gegen Ende der zweiten Halbzeit zwei Tore für Bayern München und holten dem Verein den Pokal.

Seit fünfunddreißig Jahren bin ich deswegen auf den Kaiser sauer. Verzeihen werde ich ihm nur, wenn er dieses schändliche Foul öffentlich zugibt und die persönliche Verantwortung dafür übernimmt, mir im zarten Alter von siebzehn Jahren das Herz gebrochen zu haben. Kath hat recht, wir müssen unbedingt beweisen, dass Beckenbauer danebenliegt. Dennoch hege ich Bedenken. So zweifelhaft Beckenbauers Künste als Verteidiger sind, ein Dummkopf ist er bestimmt nicht. Im Gegenteil, er ist ausgesprochen intelligent und talentiert. Immerhin hat er

2006 ganz allein die Weltmeisterschaft in Deutschland organisiert. Und dieser Mann hat nun unsere Spieler als »faul und dumm« bezeichnet? Oder war es »dumm und faul«? Egal wie, es verunsichert mich. Hat der Kaiser am Ende recht? Wenn ich an das schwache Bild denke, das England gegen die USA und Algerien geboten hat, dann befürchte ich insgeheim das Schlimmste.

In der Bar gegenüber meinem *hostal* sitzt nur ein einziger Gast, und im Fernseher läuft zu meinem Schrecken der Grand Prix in Valencia.

»Entschuldigen Sie, zeigen Sie hier nicht das Spiel England gegen Deutschland um vier Uhr?«, frage ich den Kellner hinter dem Tresen.

»Nein, dafür braucht man Kabel. Wir haben hier nur einen Antennenanschluss.«

Das darf doch nicht wahr sein! Na schön, dann probiere ich es eben woanders. Die nächste Bar um die Ecke hat auch kein Kabelfernsehen. Auch nicht die gegenüber. Einst, im zwölften Jahrhundert, spielte Carrión de los Condes im politischen Leben der Tierra de Campos eine ebenso große Rolle wie Sahagún. Jetzt gibt es hier nicht einmal Kabelfernsehen. In Panik eile ich über den Platz, vorbei an der Kirche Santa María. Am Ende der Straße liegt die Bar España, dahinter geht es zum Getreidesilo. Nur noch eine Stunde bis zum Anpfiff und ich weiß nicht, wo ich das Spiel sehen kann!

Den Tränen nahe komme ich in der Bar España an.

»Con permiso« (Entschuldigung), frage ich ängstlich. »Zeigen Sie hier um vier Uhr England gegen Deutschland?«

»In der WM?«, fragt der Wirt zurück und poliert ungerührt ein Bierglas.

Hat er wirklich »In der WM?« gefragt? So wie jemand, dem Fußball nur über seine Leiche in die Kneipe kommt? Oder ist er bloß einer von den Übergenauen? Vielleicht treten England und Deutschland ja heute auch noch irgendwo im Schach gegeneinander an. Ich schaue zu den Fernsehern, die in verschiedenen Ecken aufgebaut sind und sehe, dass sie alle Formel 1 zeigen. An den Tresen geklammert mache ich mich darauf gefasst, Richtung Getreidesilo zu sprinten und per Anhalter nach Frómista zu fahren.

»¡Sí!«, sagt er seelenruhig.

»Aber es läuft Formel 1.«

»¡Sí! Aber um vier schalten wir auf Fußball um.«

»Ganz sicher?«

»¡Sí!«

»¡Oh, qué alegría! ¡Gracias!«

Ich stürme aus der Bar Richtung Getreidesilo. Nicht um nach Frómista zu kommen, sondern um meine Freunde zu suchen. Schließlich macht es keinen Spaß, allein die WM zu schauen. Durch das Tor des Klosters Santa Clara sehe ich Steve, Lynn, Hilary und Cathy, die sich ihre *credenciales* stempeln lassen. Der heilige Franz von Assisi kam hier auf seiner Pilgerreise nach Santiago unter, doch heute ist kein Bett mehr frei.

»Alles belegt«, sagt Steve.

»Keine Sorge«, beruhige ich ihn. »Ich kenne ein prima Hotel. Mir nach!«

Zum zweiten Mal innerhalb von vierundzwanzig Stunden finden wir uns genau im richtigen Moment wieder. Ich führe sie zur Rezeption meines *hostal*.

»Kommt so schnell wie möglich zur Bar España. Ich gehe schon mal vor und sichere uns einen Tisch«, befehle ich.

»Worauf du dich verlassen kannst!«, ruft Steve mir hinterher.

Fünf Minuten vor dem Anpfiff kommen sie zu mir an den einzigen freien Tisch nahe der Tür. Das Lokal ist gesteckt voll mit Pilgern und drei Gruppen spanischer Kartenspieler. Steve steuert sofort den Tresen an und kommt mit Bier für uns alle zurück. Das Gesicht des blassen Neuseeländers ist ganz rot von der Sonne und der Anstrengung, Carríon rechtzeitig vor Spielbeginn zu erreichen.

»Cheers!«, ruft er.

»Cheers!«, stoße ich mit ihm an.

Die Spieler stehen in Bloemfontein auf dem Platz. Wayne Rooney singt die Nationalhymne nicht mit. Kein guter Anfang. Ich singe sie zwar auch nicht mit, aber ich spiele ja auch nicht für England. Ich kann nur hoffen, dass er beim Spiel mehr Einsatz zeigt.

»Wer gewinnt, was denkst du, Anne?«, fragt Lynn.

»Tja, zu Hause sagen sie alle, wir gewinnen. Die deutschen Spieler sind zu jung und unerfahren, um uns zu schlagen«, erzähle ich ihr.

»Wollen wir es hoffen!«, antwortet Lynn, die als Australierin mit der Commonwealth-Mannschaft fiebert.

»England vor!«, feuert Elizabeth per SMS aus Yorkshire unsere Mannschaft an.

»Dreißig Millionen Zuschauer in England!«, informiert mich Jane aus einer anderen Ecke von Yorkshire.

»Bereit?«, will Hans von irgendwo in Deutschland wissen.

»Bereit!«, antworte ich ihm aus Carrión de los Condes.

Doch wie sich herausstellt, bin ich keineswegs bereit für das, was nun kommt.

England führt den Anstoß aus. Nach einem glänzenden Start zeigt der Lack des englischen Spiels Risse und bald schon beginnt er, ganz abzublättern. Matthew Upson, einunddreißig Jahre, verliert ungeschickt den Ball an Mesut Özil mit der Nummer Einundzwanzig. Der unerfahrene Özil zieht mühelos an dem langsameren (aber sehr erfahrenen) Ashley Cole, neunundzwanzig, vorbei. Özil, noch lange nicht auf dem Zenit seiner Kräfte, trifft die Beine des englischen Torhüters David James, neununddreißig, der seine besten Zeiten wohl schon hinter sich hat. Die klügeren englischen Spieler sparen ihre Energie und begnügen sich im Mittelfeld mit kurzen, flachen Pässen. Wie ich sehe, haben wir keine Flügelstürmer. Offenbar gedenkt Trainer Fabio Capello Deutschland mit Englands berühmter Taktik aus dem Endspiel der WM 1966 zu schlagen. Das kann nicht gut gehen.

Die raschen Ballverlängerungen, Heber und eleganten Bögen von Flügel zu Flügel der Deutschen verhalten sich zum holzigen Spiel der Engländer wie Mercedes zu einem Trabi. Lukas Podolski (Fünfundzwanzig) setzt erschreckend effektiv eine andere von England vernachlässigte Taktik ein – *er stürmt mit dem Ball los*! Erst im Strafraum kann ihm unsere verunsicherte Abwehr den Ball abnehmen. Solche brillanten Einzelaktionen fehlen völlig im englischen Arsenal. Wir trotten starr und stur über den Platz, während die deutsche Mannschaft von ihrem ebenso jungen wie kühnen Trainer Joachim »Jogi« Löw darauf getrimmt ist, wie eine Amöbe jede Form anzunehmen, in der sie die Engländer verschlingen können.

Und England verschlingen, das ist es wohl, was die Deutschen vorhaben. Ich weiß nicht, was mir mehr Angst macht, Deutschlands Geistesgegenwart oder Englands Ungeschicklichkeit. Upson sieht ganz schön alt aus, als ihn der junge Thomas Müller mit einem gewagten Kopfball *von der Mittellinie* glatt umhaut. Zwanzig Minuten in der ersten Halbzeit sind gespielt, da knallt der deutsche Torwart Manuel Neuer (Vierundzwanzig) mit einem gewaltigen Schuss den Ball über die Köpfe von drei englischen Abwehrspielern hinweg, die viel zu nah an der Mittellinie stehen. Ist das etwa unsere Vorstellung von einer Abseitsfalle? So wird das nichts. John Terry (Neunundzwanzig) kann nur über die Schulter zuschauen, wie sich Upson neben dem gefährlichen Klose positioniert. Upson wirkt, als hätte er Klose noch nie in seinem Leben gesehen. Der Ball fällt aus dem Himmel, beide Spieler versuchen, ihn unter Verrenkungen zu erwischen. Der agile Klose steigt höher als der steife Upson, der sich bei Klose einhakt. Doch der Deutsche ist einfach stärker, er platzt geradezu vor Entschlossenheit. Bei Upson platzt rein gar nichts, außer vielleicht der Illusion, dass er in derselben Kategorie spielt wie Klose. Der Ball kommt in der Nähe des Elfmeterpunkts auf. Upson hat die Jagd aufgegeben. David James, der langsam aus seinem Mittagsschläfchen zu erwachen scheint, kommt Klose steifbeinig entgegen, aber es ist zu spät. Klose rutscht mit den Füßen voran Richtung Tor und bugsiert den Ball mit dem rechten Außenrist unter James hindurch. Eins zu null für Deutschland. Upson hat einundzwanzig Länderspieleinsätze für England hinter sich, Klose hunderteins für Deutschland. Es ist das einzige Mal während des ganzen Spiels, dass Erfahrung über den Mangel an selbiger triumphiert.

Ich schließe die Augen vor Entsetzen. Als ich sie wieder aufschlage, sehe ich zu meinem Ärger, wie Terry und Upson mit den Armen herumwedeln, als sei alles nur ein kleines Missgeschick gewesen. England muss sich sofort neu aufstellen, bevor die Deutschen sich zum Angriff sammeln und unsere wacklige Abwehr einfach überrennen. Doch unsere Spieler scheinen unfähig, ihr Spiel anzupassen oder mehr Tempo zu machen. Die

Deutschen laufen nicht nur *mit dem Ball*, sie laufen auch *ohne Ball*. Diese klassische Taktik scheinen alle Teams der WM außer England zu kennen. Klose hebt gewitzt den Ball über drei englische Spieler hinweg. Thomas Müller, den wir in England »Baby Müller« nennen, kriegt den Ball nicht gleich, sprintet ihm aber in den Strafraum nach. Er passt ihn zu Podolski, der so einsam und unbeachtet dasteht wie ein Astronaut auf dem Mond. Podolski hat so viel Raum um sich, dass er gefahrlos einen Moment die Kontrolle über den Ball verlieren kann, bevor er ihn zwischen dem Pfosten und James ins Netz zirkelt. Zwei zu null für Deutschland nach nur dreißig Minuten Spielzeit.

»Oh mein Gott was für ein Mist!!!«, schimpft Elizabeth aus Yorkshire.

Die vier Ausrufezeichen zeigen, wie groß der Misthaufen ist, den meine Schwester sieht.

Fünf Minuten später nimmt Upson Rache und köpft eine Flanke von Stevie G ein.

»Ja! Ja!«, ruft Lynn und klatscht sehr zivilisiert in die Hände.

»Jetzt aber, England!«, brüllt Steve.

»Noch ein Tor vor der Halbzeit, und alles ist wieder offen!«, rufe ich, springe auf und balle die Fäuste so fest, dass es schmerzt.

Und nur eine Minute später fällt tatsächlich ein zweites Tor für England! Sieben Minuten vor der Halbzeit steht es zwei zu zwei.

»Hurra! Tor! Tor! Lampard! Lampard!«, rufe ich. »Wir haben es geschafft! Der Ausgleich!«

Doch der Schiedsrichter lässt das Tor nicht gelten! Was die Zeitlupe auf dem Großbildschirm, die vierzigtausend Zuschauer im Free State Stadion und Millionen von Fernsehzuschauern in aller Welt sehen: Lampard (Zweiunddreißig) wagt wie sonst nur einer von den jungen Deutschen einen kühnen Schuss aus fünfundzwanzig Meter Entfernung. Der Ball prallt gegen die Latte und kommt hinter Torhüter Neuer einen halben Meter hinter der Torlinie zu Boden. Ein klares Tor.

»Das darf doch nicht wahr sein! Das war ein Tor! Der Ball war hinter der Linie! Klares Tor!«, schreie ich den Schiedsrichter Jorge Larrionda aus Uruguay an, der neuntausend Kilometer entfernt in Südafrika auf dem Platz steht. Dass er mich nicht hören kann, hält mich nicht ab. Die Hitze von Bloemfontein hat den Mantel der Vernunft von meinem Denken weggeschmolzen. Ich bin rasend vor Enttäuschung.

»He! He! Der Ball war über der Linie!«, brüllt auch Steve.

»Klar war er das!«, schreie ich zurück. »Der war so weit über der Linie, der war praktisch schon in Namibia!«

»Ist das denn erlaubt?«

»Ist was erlaubt?«, frage ich, verblüfft über so viel Naivität.

»Die können doch jetzt nicht einfach weiterspielen! Das war ein Tor! Das Spiel muss unterbrochen werden!«

»Ja, aber Neuer hat den Schiedsrichter ausgetrickst. Schau nur! Schau! Schau ihn dir an!«, rufe ich, unbekümmert darum, wie kindisch ich wirken muss. »Er hat sich den Ball einfach geschnappt und einen Abstoß gemacht, obwohl er eindeutig gesehen hat, dass er hinter der Linie war. Kannst du noch in den Spiegel schauen, Neuer? Betrüger!«

Die Zeitlupe zeigt erneut, dass der deutsche Torhüter klar gesehen hat, dass der Ball hinter der Linie landete, als er ihn vergeblich aus der Luft zu angeln versuchte. Er weiß genau, dass es ein Tor war.

»Aber der Linienrichter muss es doch gesehen haben! Warum tut er denn nichts? Wird er bloß fürs Zuschauen bezahlt?«, schreit Lynn empört.

»Wozu gibt es denn Video?«, brüllt Steve. »Wir haben alle gesehen, dass es ein Tor war. Warum sagt es denen niemand?«

»Das ist nicht zulässig.«

»Du machst Witze! In welchem Jahrhundert leben wir eigentlich? Warum denn nicht?«

»Weil Sepp Blatter dagegen ist. Deshalb«, erkläre ich.

»Sepp Blatter? Wer ist denn das?«, brüllt Steve, inzwischen so dunkelrot wie ich.

»Der Präsident der FIFA. Er hält nichts von moderner Technik, also gibt's keine.«

»Absetzen! Rausschmeißen, den Typ!«

»Geht nicht. Er ist schon FIFA-Präsident, seit ich denken kann. So eine Art Alleinherrscher.«

»Eine Schande ist das!«, fasst Steve zusammen.

»So was gibt es ja noch nicht einmal beim Rugby«, sagt Lynn resigniert, während wir eine weitere Wiederholung von Lampards herrlichem Tor sehen.

»Das war ein ganz klares Tor!!!!!!!!!!!!«, versichert Elizabeth zur Halbzeit mit elf bestätigenden Ausrufezeichen.

»Das war ein Tor! Streite es bloß nicht ab!«, melde ich Hans.

»Ich fürchte, du hast recht. Es war ein Tor!!!!!«, antwortet er einsichtig mit fünf versöhnlichen Ausrufezeichen.

»Ein Skandal! Nur wegen Sepp Blatter, diesem Dinosaurier«, schimpft Helen, bevor sie, typisch, feststellt: »Total miese Abwehr – wir müssten fünf Tore im Rückstand sein.«

Elizabeth stimmt ihr freimütig zu: »England ist Schrott.«

»Hier reden alle von Rache für Wembley!«, bemerkt Helen.

»Deutschlands Rache für 1966!«, meint Jane.

»Wie lautet das Urteil, Anne?«, fragt Steve, der sieht, wie ich aufs Handy schaue und die Stirn runzle.

»Oh, Deutschlands Rache für 1966.«

»Was heißt das?«

»Also, England hat 1966 im Wembley Stadion mit einem vier zu zwei gegen Deutschland die WM gewonnen. Es wurde ewig debattiert, ob der Ball beim dritten Tor über der Linie war.«

»Und, war er?«, fragt er.

»Die englischen Fans sagten ja, die deutschen nein. Aber England hat ja noch ein viertes Tor geschossen, es war also nicht so entscheidend.«

Doch es war natürlich entscheidend. England bekam 1966 ein Tor zugesprochen, das keines war. Erst das gab der Mannschaft die Kraft und das Selbstvertrauen, gegen die demoralisierten Deutschen auch noch einen vierten Treffer zu erzielen, denen nach dieser Fehlentscheidung die Knie weich wurden.

»Aber diesmal ist es anders«, beharre ich. »Diesmal sind keine Zweifel möglich. Das war ein Tor! Lampard hat einen Treffer erzielt. Der Spielstand müsste zwei zu zwei sein.«

»Vergiss es, Anne. Es sollte halt nicht sein. England wird in der zweiten Hälfte kämpfen müssen, wir zeigen ihnen, was wir drauf haben«, meint Lynn.

Genau da liegt das Problem. Ich weiß, aus welchem Holz die englischen Spieler geschnitzt sind. Sie werden sich hängen lassen. Sie werden glauben, das Schicksal gegen sich zu haben, und sie werden den Kampf einstellen. Soweit sie überhaupt gekämpft haben. Ohne die Entschlossenheit, die so oft Englands schwache Spieltechnik ausgleicht, werden sie in der zweiten Halbzeit untergehen. Das wird der Effekt dieses nicht gegebenen Tors sein. Und das ist die wahre Rache für 1966. Die Engländer werden ihren Mut verlieren, genau wie damals die Deutschen.

»Sechsundsechzig! Sechsundsechzig«, skandieren lachend die vier Deutschen hinter uns, ohne sich an meinem finsteren Blick zu stören.

Wenn ich diese Jahreszahl noch einmal höre, explodiere ich.

»In gewissem Sinn ist das die Rache für Wembley 1966«, räsoniert da auch schon Hans aus Deutschland.

Ich überlege, wie meine Rache aussehen soll, wenn die zweite Halbzeit beginnt. Im Tumult der Bar kann ich den Anpfiff nicht hören, aber ich lese die SMS von Hans:

»Es geht weiter!!!!«

Vier Ausrufezeichen – Was erwartet er bloß????

Zweiundzwanzig Minuten lang rennen die Engländer mit dem Ball herum, und manchmal wagen sie sogar einen Schuss. Ich gebe mich der Illusion hin, dass unsere Chancen nicht schlechter stehen als die der Deutschen. Sie erweist sich als Trugschluss. Die englischen Sonntagsfahrer werden von den Deutschen bei ihrer Spritztour einfach in den Graben gedrängt. Jérôme Boateng (Einundzwanzig) spielt den Ball lässig zu Müller, der mit dem unbezähmbaren Özil und dem Ballkünstler Schweinsteiger vorstürmt.

»Das sieht nicht gut aus«, bemerkt Steve zu Recht.

»Haltet sie auf! Haltet sie auf!«, schreie ich.

Doch nur ein Wunder könnte sie noch aufhalten. Thomas »Baby« Müller, der mit seinen vierundzwanzig Jahren und sechs Länderspielen jüngste und unerfahrenste Spieler auf dem Platz, knallt dem »alten Herrn« David James respektlos den Ball ins Netz. Nun steht es drei zu eins für die außerordentlich geschlossen spielenden Deutschen.

Drei Minuten später landet der Ball vor den Füßen von Özil, den die Engländer in ihrer typischen Sorglosigkeit unbewacht auf dem linken Flügel gelassen haben. Der schnelle Jungspieler lässt Gareth Barry (Neunundzwanzig), der sich ihm schwerfällig in den Weg zu stellen versucht, einfach links liegen. England hat sich wie Roland in der Schlacht von Roncesvalles in die Falle locken lassen. Der junge Deutsche türkischer Abstammung ist so schnell, dass er im Strafraum auf seine Mitspieler warten muss. Er könnte sich in Ruhe rasieren, wenn er nicht noch zu jung für einen Bart wäre. Coles schwachen Tackling-Versuch behandelt Mesut Özil mit der verdienten Verachtung und schiebt den Ball durch dessen betagte Beine. Aus sechs Meter Entfernung vollendet Müller mit einem übertrieben scharfen Schuss. Noch einundzwanzig Minuten zu spielen, und es steht vier zu eins für die phantastisch geschlossen spielenden Deutschen.

Die vier Deutschen hinter uns sind selig. Sie lachen, jubeln und trinken, alles gleichzeitig. Was für eine Tragik, wenn sie ausgerechnet jetzt ersticken würden.

»England ist Schrott! Totaler Schrott!«, schreie ich laut.

»Oh nein!«, stöhnt Steve und sieht zu Lynn, die erschrocken die Hand vor den Mund schlägt.

In diesem Moment bricht eine Schlägerei los! Fußballkrawall anlässlich der WM in Carrión de los Condes! Die älteren Kartenspieler am Nebentisch fangen an, sich laut zu streiten. Einer wird von jemandem, der zu schlichten versucht, auf seinem Stuhl festgehalten. Andere springen von ihren Stühlen und schreien den Festgehaltenen an. Einige pfeffern theatralisch ihre Karten auf den Tisch. Hat da einer geschummelt?

»Alle Achtung! Die nehmen ihr Kartenspiel aber ernst hier«, bemerkt Steve.

Ich weiß auch nicht, was in die Kerle gefahren ist. Worüber regen sie sich so auf – es ist doch bloß ein Spiel.

Ich sitze inzwischen ganz still, so besiegt wie das englische Team. Steve kommt mit einer neuen Runde vom Tresen. Ich habe ein kleines Radler bestellt, denn ich muss einen klaren Kopf bewahren, um diese Katastrophe zu analysieren. Robert können wir nun nicht mehr die Schuld geben. Wem dann? Wayne Rooney? Er hat so wenig Spielfreude wie Sangeskünste gezeigt. Ich mache Mick Jagger unter den Zuschauern in Bloemfontein aus. Hätte er nicht anstelle von Rooney als Mittelstürmer auflaufen können? Er hat genau das richtige Alter für diese

Mannschaft. Fabio Capello reagiert wie zu erwarten auf das demütigende Tor: Er schickt statt Defoe (Siebenundzwanzig) Emile Heskey (Zweiunddreißig) auf den Platz.

»Was wir jetzt vor allem brauchen, ist mehr Erfahrung«, denkt Capello offenbar.

Er könnte genauso gut ins Horn Olifant stoßen.

Beim Schlusspfiff umarmen mich die vier Deutschen und küssen mich ab. Ich höre, wie Lynn den siegreichen Pilgern gratuliert.

»Gut gespielt! Das bessere Team hat gewonnen! Ihr habt den Sieg verdient!« Lynn gibt sich so großzügig wie die Queen.

Und sie haben den Sieg verdient. Natürlich haben sie ihn verdient. Die Deutschen haben mit ihrem schnellen und zupackenden Spiel den zögerlichen Engländern den Platz im Viertelfinale gestohlen. Die deutlich älteren englischen Spieler, die auf dem Höhepunkt ihrer Karriere stehen, wirkten ideenlos und lahm gegenüber den viel jüngeren Deutschen. Die Pseudoweisheit der englischen Fußballexperten, dass Jugend nicht gegen Erfahrung ankommt, ist durch die Realität widerlegt worden. Dummheit kommt eben gegen Intelligenz nicht an. Faulheit hilft nicht gegen Einsatz. Franz Beckenbauer hatte recht.

Der Kaiser kann nun alle Hoffnung begraben, dass ich ihm jemals vergeben werde.

Montag, 28. Juni 2010

Ich wandere 32,1 Kilometer von Carrión de los Condes nach San Nicolás del Real Camino

»So, so ... du wanderst und summst dabei die deutsche Nationalhymne, stimmt's!?«

Oh, danke, Hans! Das ist genau das, was ich heute Morgen brauche. Über dieser Provokation steh ich doch drüber.

»Nein, tue ich NICHT!«

»Lächle, auch wenn das Herze bricht, lächle ... ;-)«

»Jetzt gerade nicht möglich.«

»Tut mir leid, aber ich freue mich ... he, es ist doch ein Superteam ...«

»Erstklassig. Bloß, dass ich Engländerin bin.«

»Macht nichts ... wir bleiben trotzdem Freunde! In der nächsten Runde haut vielleicht Argentinien Deutschland raus ... :–(«

»Keine Chance. Ihr werdet sie zermalmen. Glaub mir, ich weiß das.«

Gestern Abend habe ich mir die Höhepunkte des Spiels Argentinien gegen Mexiko angesehen und alle Tore, die Argentinien zum Drei-zu-eins-Sieg führten, als abseits befunden. Mindestens zwei jedenfalls. Na ja, eines ganz bestimmt. Kommenden Samstag wird das dünne Mäntelchen von Raffinesse nicht mehr überdecken können, dass es Argentinien gründlich an Selbstvertrauen mangelt. Deutschland wird Argentinien zermalmen. Glaub mir, ich weiß das.

»Wo bist du jetzt?«, fragt Hans.

»Ich trinke Kaffee inmitten eines Weizenfelds auf dem Weg nach Sahagún.«

»Ultreya Pilgerin! Viel Spaß, ich gehe neben dir!«

Hans' Gesellschaft in Form seiner schadenfrohen SMS ist tatsächlich meine einzige Gesellschaft heute. Lynn, Steve, Cathy und Hilary haben morgens den Bus nach León genommen, um vier der flachsten, weizenreichsten Etappen des Camino zu überspringen. Hilarys Jahresetappe ist zu Ende und meine Freunde von der Südhalbkugel müssen spätestens am 14. Juli in Santiago sein, um nach Neuseeland zurückzufliegen. Oder war es Australien? Es ist nicht fair ... die gestrige Niederlage war schlimm genug, aber nun auch meine Freunde zu verlieren, ist ein doppelter Schlag.

Es war kein Scherz, als ich Hans schrieb, ich würde inmitten eines Weizenfelds Kaffee trinken. Seit sieben Uhr morgens bin ich den Pfad durch die Monokultur entlanggewandert. Aber diese Provinz ist nicht bloß die Weizenkammer Spaniens. Erstens ist die Gegend nicht vollkommen flach. Wims Höhenprofil zeigt, dass es später am Tag vor Ledigos etwa fünfzig Meter aufwärts gehen wird und dann ein klein wenig abwärts nach San Nicolás del Real Camino. Auf dem Hügelchen angekommen, freue ich mich über jedes belebte oder unbelebte Objekt, das *kein Weizen ist*! Einzelne Pappelreihen ragen hie und da aus dem Boden wie erfrischende Springbrunnen, und massenweise rote und schwarze Käfer, die sich an dem wilden Fenchel gütlich tun, peppen die verunkrautete Hecke auf. Vor fünf Minuten habe ich das Grün eines Fleckens Mais zwischen dem goldenen Getreide bewundert und dabei eine Tafel inmitten der Wildblumen entdeckt. Weiße Plastikmöbel und ein Wohncontainer standen auf einem Karree neben dem Weg, wo eigentlich auch Weizen hätte wachsen müssen. Auf der Tafel war in Kreidebuchstaben zu lesen: »*BAR Café Té Refrescos Bocadillos*« (BAR Kaffee Tee Softdrinks Belegte Brötchen). Es war keine Fata Morgana, sondern wirklich ein Café! Endlich ein echtes Wunder auf dem Camino! Vor neun Jahren gab es für die Pilger, denen empfohlen wurde, auf diese heiße Etappe von Carrión de los Condes nach Calzadilla de la Cueza genügend Essen und Wasser mitzunehmen, keinen solchen Ort, der zur Pause einlud. Aber Ana und Rafael aus Sahagún haben eine Lichtung in den Weizen gefräst, was allein schon eine Erleichterung bedeutet, um ihr Café Oasis genau an der Stelle zu eröffnen, an der unsere Kräfte nachlassen.

Ich genieße meinen Kaffee und Kuchen unter dem grünen Sonnenschirm und höre dabei »If I Ruled the World« von Coldplay im Radio, als eine Wolke über die vollkommene Oase zieht. Eine Wolke, die ich im Geist selbst erschaffen habe. Es ist neun Uhr morgens und dieses Café liegt neun Kilometer von Carrión entfernt. Bei meinem Blasen erzeugenden Tempo von viereinhalb Kilometern pro Stunde werde ich für die verbleibenden acht Kilometer nach Calzadilla de la Cueza knapp zwei Stunden brauchen. 2001 traf ich allein und spätabends in der dortigen Herberge ein, einem niedrigen weißen Schlafbungalow am Ortsrand. Als ich meinen Schlafsack auf einer der unteren Kojen am Ende des Raums ausrollte, hörte ich hinter mir ein Geräusch. Ein alter Mann stand so dicht hinter mir, als wollte er mit mir Flamenco tanzen. Doch er hatte anderes im Sinn. Bevor ich reagieren konnte, hatte er mich schon auf das Bett gestoßen und lag halb über mir. Ich weiß noch, wie ich mit den Handballen heftig gegen seine Schultern stieß und meinen Kopf von seinen Lippen wegdrehte, die sich auf mein Gesicht drückten, während er brabbelte: »¡Solo un beso!« (Nur einen

Kuss!) Ich schaffte es, mich ans Fußende der Koje zu schlängeln, auf die Füße zu kommen und zu brüllen: »Raus hier! Raus! Ich werde die Polizei rufen!« Er trippelte davon, wahrscheinlich zurück in sein Haus an der einzigen Straße des Ortes, und brummte dabei vor sich hin. Sein Gesicht war so finster, als wären ihm seine ehelichen Rechte verweigert worden. Vielleicht war dies ja auch der Fall und ich hatte das Pech gehabt, Opfer seiner Frustration zu werden.

In der Befürchtung, er könnte zurückkommen, verzichtete ich auf eine Dusche und suchte stattdessen eilends das Restaurant nebenan auf. Kaum hatte ich Platz genommen, als ein Geschäftsmann sich neben mich setzte, der mir riet, was ich bestellen und dass Rotwein immer eine Trinktemperatur von vierzehn Grad haben sollte. Als ich nach dem Abendessen gehen wollte, versuchte er mich aufzuhalten, indem er lallte: »Sie sind so eine schöne Frau.« Wie ich da stand, ungewaschen in meinem schmuddeligen Barcelona-T-Shirt und mit schweißverklebten rötlichen Stoppelhaaren, konnte ich nur annehmen, dass die ganze Flasche Rioja, die er siebenundzwanzig Grad warm getrunken hatte, seine Sicht getrübt hatte. »Danke. Gute Nacht!«, erwiderte ich und begab mich wieder in die zweifelhafte Sicherheit des Schlafraums. Der Aufenthalt in Calzadilla de la Cueza war damals alles andere als vergnüglich gewesen.

Als ich jedoch an diesem Vormittag um 11 Uhr 15 Calzadilla erreiche, scheint es dort weit vergnüglicher zuzugehen. Mehr als zwanzig Pilger sitzen an den roten Tischen vor dem Restaurant des Hostal Camino Real, unterhalten sich lautstark, lachen und verzehren ein frühes Mittagessen. Ich nehme meine Tasse Tee mit hinaus und setze mich an einen freien Tisch an der Tür. Die Schlagzeile in *El Norte de Castilla* lautet: »Un baile de escándalo« (Ein skandalöser Tanz). Gemeint ist die Posse um das englische Tor, das der Schiedsrichter übersehen hat. Ein riesiges Foto von Neuer, der auf den Ball blickt, als er über die Linie geht, beweist, dass er es gesehen hat. Dass er dem Schiedsrichter nicht nachgerannt ist, um auf Anerkennung des Tors zu bestehen, werde ich ihm nie verzeihen. Neuer steht jetzt neben Franz Beckenbauer auf der Liste derer, denen ich niemals verzeihen werde.

Ich komme nicht dazu, den ganzen Artikel zu lesen, denn als ich aufblicke, um an meinem Tee zu nippen, sehe ich ihn – meinen damaligen Peiniger. Ich weiß, dass er es ist, denn sein Haarschnitt und Hemdmuster haben sich in neun Jahren nicht verändert. Vielleicht trägt er sogar das gleiche Hemd wie damals. Ich aber nicht. Wenn ihn die glänzenden Barcelona-Streifen damals so angemacht haben, dann kann mir heute in meinem französischen karierten Baumwollhemd nichts passieren. Er nimmt mich gar nicht wahr, wie ich mich mit verschränkten Armen und über die Brille gezogenem Käppi an die Ziegelwand des *hostal* lehne, denn er führt mit einem Radfahrer ein Gespräch von Mann zu Mann. Der Radler lacht lauthals über irgendeine witzige Bemerkung des Alten. Ich frage mich, was er wohl außer »¡Solo un beso!« noch im Repertoire hat.

Die Straße zwischen dem Restaurant und den Weizenfeldern schlängelt sich hinter dem *hostal* vorbei, um dort meiner alten Freundin, der N 120, zu begegnen. Glücklicherweise werden die Pilger über die Straße auf einen Pfad gewiesen, der hinter einer in den steinharten Boden des *páramo* gehämmerten Metallschranke beginnt. Den Roman »Pedro Páramo« habe ich vor fünfundzwanzig Jahren in Nicaragua gelesen, und seitdem bin ich nie wieder auf das Wort gestoßen. Aber Bustillo del Páramo, ein Dorf irgendwo mitten im Weizen nahe dem Café Oasis, steht auf dem *sello*, den Ana vorhin in mein *credencial* gestempelt hat. Allein schon der Klang des Worts *páramo* verrät seine Bedeutung, eine öde Landschaft. Ein Baum in der Mitte des *sello* deutet darauf hin, dass die sechs Kilometer bis Ledigos vielleicht ein bisschen belaubter sein werden als die Strecke heute Morgen. Pappelgruppen hinter den sanft abfallenden Weizenfeldern und große Flächen mit süß duftendem gelbem Ginster lassen meine Hoffnung wahr werden. Und sieh an! Da drüben! Jenseits der Straße, das ist doch Gerste, kein Weizen!

Ich marschiere so schnell, dass ich ein paar Leute entdecke, die vor mir von Calzadilla aufgebrochen sind. Wenige Meter vor mir zieht eine Frau in knallrosa T-Shirt und grauem Sonnenhut ein Rollköfferchen hinter sich her. Ich hole sie ein, denn ich will wissen, was es mit dem unzweckmäßigen Fluggepäck auf sich hat.

»Hallo! Hast du diesen Koffer dabei, damit du in Santiago direkt zum Flieger gehen kannst?«, frage ich.

»Nein. Ich habe solche Schulterschmerzen, dass mir das Ziehen leichter fällt«, antwortet sie auf Italienisch.

»Ist das nicht unangenehm? Der Boden ist ja nicht immer so eben«, fahre ich auf Spanisch fort.

»Nein, kein Problem. Später, wenn es mir besser geht, kann ich ihn tragen«, versichert sie mir.

Ich suche nach einer Möglichkeit, ihr höflich zu verstehen zu geben, dass sie nicht die einzige exzentrische Pilgerin auf dem Camino ist, und plaudere ein wenig davon aus, was Christian am Freitag beim Abendessen erzählt hat.

»Ich habe auch schon von anderen interessanten Pilgern gehört. Offenbar gibt es eine Frau, die eine Harfe mit sich schleppt. Allerdings bloß eine kleine. Und eine hat einen ausgestopften Affen dabei!«

Weil mir das Wort für »Affe« nicht einfällt, mime ich einen Schimpansen, der sich mit den Händen unter den Achseln kratzt und »Ooooh! Ooooh! Ooooh!« brüllt.

»Ach so!«, sagt meine freundliche Gefährtin, die weiter ihren Trolley hinter sich her zieht.

»¿Un mono?«

»¡Si! So heißt das, gracias. Un mono.«

»Ein Spielzeug?«

»Nein, er ist echt. Nur ist er jetzt tot. Und dann gibt es die Frau, die einen Kinderwagen mit einem acht Monate alten Säugling schiebt.«

»¿Es un Camino raro, eh?« (Seltsam, der Camino, was?), lautet Catalinas Urteil über unseren gemeinsamen Weg.

Kann man wohl sagen!

Ich bleibe hinter Catalina zurück, als ich ein Bohnenfeld am Wegrand fotografiere. Gleich darauf sieht ein Hänfling auf einem Akazienast mich das rötlich-weiße Lehmsteindorf Ledigos betreten, das in einer verschlafenen Mulde im palencianischen *páramo* liegt. Im großen Speisesaal der Herberge geht es allerdings keineswegs verschlafen zu, und ich muss gegen den Lärm durstiger Pilger anbrüllen, um mir am Tresen Gehör zu verschaffen. Ich setze mich möglichst weit abseits von der Menge und schlage die auf dem Tisch liegende Zeitung auf. Die unverhohlene Schadenfreude des spanischen Berichterstatters über Englands Niederlage gegen Deutschland finde ich unfair. Seien wir doch ehrlich – die Deutschen hausen auf Mallorca genauso schlimm wie die Engländer. Und Arenal ist sogar noch übler als Magaluf!

Ich schwenke die Eiswürfel in meinem Sprudelwasserglas und schalte mein Handy ein. Nicht nur ich erhole mich langsam von der nationalen Katastrophe, sondern auch meine Landsleute.

»Aufregende Neuigkeiten! Ein Igel im Garten! Helen«

»Schrecklich! Bin froh, dass sie verloren haben, jetzt muss ich ihnen nicht mehr zuschauen. Mama«

»Jetzt kann ich mich endlich auf Wimbledon konzentrieren. Jane«

»Liege in der Sonne! Elizabeth«

»Drücke jetzt Brasilien die Daumen. Kath«

Unser Leben ist so reich an Enttäuschungen, da lassen wir uns von einem weiteren schmachvollen WM-Ausgang nicht unterkriegen. Ich weiß noch, wie England in der WM 2002 zwar in Hochform war, aber im Viertelfinale trotzdem von Brasilien geschlagen wurde. Es stand eins zu eins, als unser Torwart David Seaman zusehen musste, wie ein Freistoß von Ronaldinho wie ein Ballon über seinem Kopf ins Netz schwebte. Ich überlegte damals, ob nicht Seamans schwerer Pferdeschwanz seine Sprungfähigkeit eingeschränkt hatte. Nur drei Wochen vor dieser haarigen Geschichte war ich gerade in Düsseldorf bei Hans gewesen, als Deutschland im Eröffnungsspiel Saudi-Arabien acht zu null besiegte.

»Das war bloß Saudi-Arabien, Hans«, hatte ich betont. »Das heißt nicht, dass ihr gleich die WM gewinnt, weißt du.«

»Werden wir aber, Anne«, hatte er mit jenem Übermaß an Selbstbewusstsein geantwortet, das man empfindet, wenn das eigene Land schon drei Weltmeisterschaften gewonnen hat.

Für mich jedenfalls hatte sich der damalige Tag weiter schlecht entwickelt, um schließlich in einem unvergesslichen Finale zu enden. Hans hatte mich eingeladen, mir seine Achtziger-Show in Köln live anzuschauen. Nachdem ich die erstaunlichen Mätzchen verfolgt hatte, die Hans und Eddie the Eagle beim Skifahren auf der Bühne vollführten, wurden an alle Zuschauer im Saal deutsche Fähnchen verteilt. Ich hatte nichts dagegen, eins in der Hand zu halten, aber als das gesamte Publikum zu schunkeln begann, wurde es mir zu viel. Dann mussten wir, inspiriert durch den großartigen Acht-zu-null-Sieg über den Fußballgiganten Saudi-Arabien, alle im Chor einen Lobgesang auf den deutschen Teamchef anstimmen: »Es gibt nur einen Rudi Völler! Einen Rudi Völler! Es gibt nur einen Rudi Völler!« Erst dachte ich, es würde nie aufhören, aber schließlich betrat Hans Dietrich Genscher die Bühne und machte meiner Qual ein Ende. Auch er schwenkte ein deutsches Fähnchen.

»Weißt du was, Anne?«, hatte Hans zu mir gesagt, als wir am frühen Morgen mit dem Auto zurück nach Düsseldorf fuhren.

»Was denn?«

»Während der Show hat mich die Sendeleiterin über meinen Ohrhörer angerufen. Sie hat gesagt: ›Deine Freundin, die kleine Engländerin in dem grünen T-Shirt, ist die Einzige, die nicht lacht.‹«

»Tut mir leid. Aber was ist so lustig an ›Es gibt nur einen Rudi Völler‹? Hans, ihr habt gegen Saudi-Arabien gewonnen, nicht gegen Brasilien!«

Ich stürze meinen starken *cortado* in einem Schluck hinunter und schreite unter der Sonne von Ledigo wieder aus. Drei Kilometer weiter ertönt auf der Straße von Terradillos der nervtötende Lärm einer Kindertrompete, ungleich lauter als das Krähen eines Hahns, der sich nicht sehen lässt. Die Einwohnerzahl der Handvoll Häuser aus Lehm und Ziegel ist so klein, dass mein »Gelbes Buch« sie gar nicht benennt. Ich kann keine Menschenseele entdecken, doch hinter der unpassend wuchtigen Kirche höre ich Stimmen. Pilger sitzen an einem Tisch im Herbergsgarten und trinken Bier aus kleinen Dosen, um sich für die sechsundzwanzig Kilometer von Carrión de los Condes zu belohnen. Unter ihnen ist auch Lisa. Sie erzählt mir, dass sie in der Nacht zuvor in der Herberge von spanischen Müttern belästigt wurde, die ihr ihre Söhne zur Heirat antrugen.

»Aber«, so erklärt sie mir, »ich kaufe nie die Katze im Sack.«

Ich mache mir Sorgen um Lisa. Sie hat diese Frauen ja wohl nicht ernst genommen? Oder ist die spanische Wirtschaftskrise während der paar Tage, die ich auf dem Camino unterwegs bin, nun völlig außer Kontrolle geraten? Spanische Junggesellen, seid auf der Hut! Lisa hat gestern mit uns zu Abend gegessen, musste sich aber von Lynn Geld für ihre Paella leihen.

»So was kommt vor«, hatte Lynn gesagt und ihr großzügig das Geld gegeben.

Stimmt. Diese unverheirateten Männer sollten vorsichtig sein mit den amerikanischen Bräuten, die ihre Mütter aussuchen. Und nicht die Katze im Sack kaufen.

»Nach Sahagún«, gebe ich selbstbewusst Auskunft, als Lisa mich fragt, wie weit ich heute noch gehe.

Doch bis Sahagún ist es mir dann doch zu weit. Die nächsten sechs Kilometer erschöpfen mich vollkommen. Der Pilgerpfad entfernt sich von der Straße und führt unter den Starkstromleitungen, die sich nach Sahagún ziehen, durch Weizen- und Luzernenfelder. Die kleine Steigung, die zu einer Kiefernschonung führt, ermüdet mich derart, dass ich mich dafür verfluche, nicht um vier Uhr in Terradillos geblieben zu sein. Nie wieder nehme ich mir mehr als neun Stunden oder sechsundzwanzig Kilometer vor. Die schönen Schafgarben und die rosa Wicken zu meinen Füßen interessieren mich nicht. Ich will einfach nur Halt machen. Und das mache ich auch, als ich in einer Senke hinter einer Brache mit roter Erde eine Gruppe von Hausdächern und einen Kirchturm erspähe. Seit wann ist die Landschaft nicht mehr bretteben? Ich vermag es nicht zu sagen. Das Dorf liegt genau vor mir, doch der Pfad macht erst einen gemeinen Schlenker, um dann an Ginster und einem Meer von Gänseblümchen vorbei nach San Nicolás del Real Camino hineinzuführen. Die Energie, die mich in Carrión und Calzadilla weitertrieb, hat der *páramo* geschluckt, und so verbringe ich eine weitere Nacht in der Provinz Palencia.

Im Waschbecken im Garten meiner idyllischen heutigen Unterkunft, der Albergue Laganares, knete ich den Dreck aus T-Shirt und Hose. Purpurfarbene Petunien hängen in Körben von der weißen Wand, darunter am Rand der Wiese wachsen gelbe Stiefmütterchen. Ich nehme mein Glas Wein mit zu einem Tisch auf dem Rasen und checke vor dem Abendessen noch rasch meine SMS.

»Ich zitiere: Deutschland im Freudentaumel wie seit dem Mauerfall 1989 nicht mehr. Jane«

»Tja. Alle deutschen Kommentatoren glauben, das Tor der Engländer hätte vom Schiedsrichter akzeptiert werden müssen! Kein Deutscher streitet das ab! Der Ball war drin! Also ... was soll's, lass die Wut und die Frustration los, atme ruhig ein und wieder aus ... aber wir haben GEWONNEN!!! ;-) luv Hans«

Sind sie *immer noch* nicht fertig mit diesem Spiel? War das nicht gestern?

León

San Nicolás del Real Camino – Ruitelán

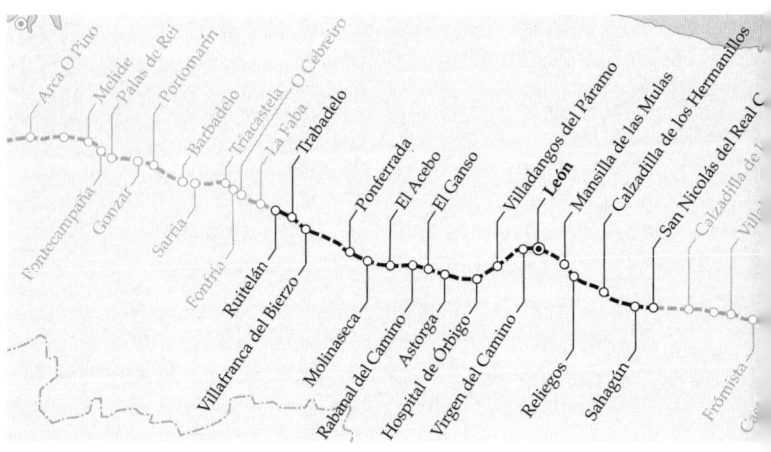

Dienstag, 29. Juni 2010
**San Nicolás del Real Camino – Sahagún |
7,5 Kilometer**

Donnerstag, 1. Juli 2010
**Calzadilla de los Hermanillos – Mansilla de
las Mulas | 22 Kilometer**

Freitag, 2. Juli 2010
Mansilla de las Mulas – León | 14 Kilometer

Samstag, 3. Juli 2010
León

Donnerstag, 8. Juli 2010
Ausblick auf Ruitelán

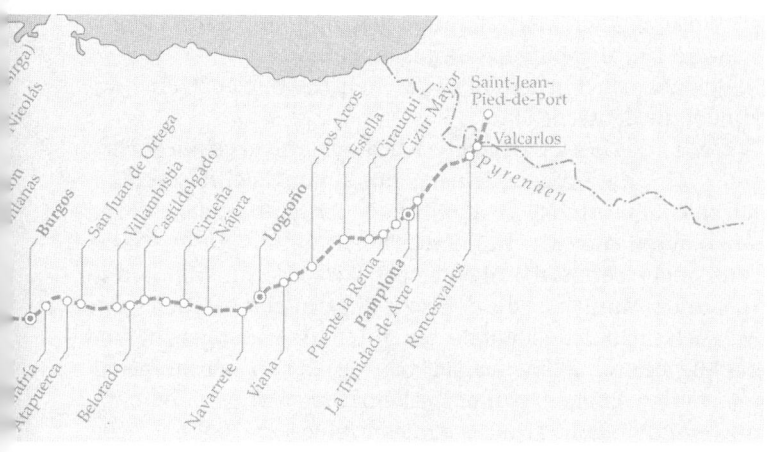

Sonntag, 4. Juli 2010
León – Hospital de Órbigo | 36,4 Kilometer

Montag, 5. Juli 2010
**Hospital de Órbigo – Rabanal del Camino |
36,4 Kilometer**

Dienstag, 6. Juli 2010
**Rabanal del Camino – Molinaseca |
25 Kilometer**

Mittwoch, 7. Juli 2010
**Molinaseca – Villafranca del Bierzo |
30,7 Kilometer**

Donnerstag, 8. Juli 2010
**Villafranca del Bierzo – Ruitelán |
20,1 Kilometer**

Dienstag; 29. Juni 2010

*Ich wandere 7,5 Kilometer von San Nicolás del Real Camino
nach Sahagún*

»Ich kenne dich«, sagt jemand hinter mir.

»Wie? Wirklich ...?«, stammle ich und umklammere die schwere Tür, als wollte ich sie aushängen.

»Ich habe dich in dem Buch gesehen. Das bist doch du«, verkündet die deutsche Frau.

»Äh, ja, das bin ich«, gestehe ich. Ja, ich bin tatsächlich ich.

Ich öffne die Tür gerade weit genug, um in die Kirche schlüpfen zu können, und flitze durch das Seitenschiff zu den Bänken am anderen Ende. Die Nonnen des Benediktinerklosters Santa Cruz singen bereits das Abendgebet. Wir sind zehn Minuten zu spät dran. Womit sich die deutsche Pilgerin herausreden kann, weiß ich nicht, ich jedenfalls bin durch die Verlängerung und das Elfmeterschießen im Spiel Japan gegen Paraguay aufgehalten worden. Eine der Nonnen scheint das zu ahnen und blitzt mich missbilligend an, als ich mich in eine leere Reihe schiebe. Nur dass sie es weiß, in der Bar La Ruta halten sich momentan mehr Leute auf als hier. Neun Nonnen trällern sich durch das abendliche Ritual, ein Dutzend Pilger sieht zu. Unter dem kritischen Blick der Obernonne fühle ich mich in meinen Shorts sehr exponiert. Anständig angezogen, also mit der langen Hose, wäre mir wohler, aber die hängt tropfnass über einer Stuhllehne im Hostal Alfonso VI in einer ruhigen Straße von Sahagún.

Endlich versiegt der zittrige Gesang, und die Pilger werden eingeladen, sich beim Chorgestühl zu versammeln. Eine junge Nonne fragt uns nacheinander, woher wir kommen, und betet zu Jesus, uns nach Santiago zu geleiten und uns zu helfen zu finden, was wir suchen. Ich erkenne sie nicht wieder. Der fromme Ernst ist aus ihrem Gesicht gewichen, sie strahlt auf einmal vor Freude. Ein Blick in die Runde zeigt mir, dass auch die vorher düsteren Mienen ihrer Schwestern in Christi einem freundlichen Lächeln gewichen sind. Hat das Abendgebet tatsächlich die Kraft, eine solch wundersame Wandlung zu bewirken? Eine nach der anderen ziehen sie an uns vorbei und flüstern »¡Buen Camino!«, ehe sie durch eine Tür in die Ungestörtheit ihres Klosters verschwinden. Ich sehe ihnen nach und empfinde – nicht zum ersten Mal – einen gewissen Neid auf diese Sicherheit im Glauben und ihre spirituelle Gemeinschaft.

Es ist eine halbe Ewigkeit her, da sah ich in Leeds im Odeon-Kino, wie Moses alias Charlton Heston die Zehn Gebote vom Berg Sinai herabtrug, und war so verzückt, dass ich beschloss, Jüdin zu werden. Meine Eltern schenkten mir zu Weihnachten sogar ein Buch, in dem jemand aufgeschrieben hatte, wie man Jude wird. Sie machten sich wohl keine Gedanken darüber, wie schwierig es gewesen wäre, eine Jugendliche im Haushalt zu haben, die auf koscherem Essen besteht. Aber nicht das war es, was mich vom Judentum wieder abbrachte, sondern die Tatsache, dass der jüdische Sabbat auf den Samstag fällt. Nicht, dass mir Samstage nicht heilig gewesen wären. Das waren sie durchaus, aber nicht im Sinne der Tora. Unmöglich hätte ich jeden Samstag daheim sitzen und die Schöpfungsgeschichte lesen können, anstatt vormittags Hockey zu spielen und nachmittags bei den Heimspielen Leeds United anzufeuern. Darum also bin ich keine Jüdin.

Meine spirituelle Sehnsucht verschwand jedoch nicht, sondern nahm sogar noch bizarrere Formen an. In meinem zweiten Jahr an der Universität Liverpool fingen mich zwei mormonische Missionare, die an die Tür meiner Studentenbude klopften, mit ihren ungewöhnlichen Geschichten ein. Ich erfuhr, wie Joseph Smith 1827 von dem Engel Moroni offenbart wurde, dass in einem Hügel im Staat New York Goldtafeln vergraben waren. Der seltsame Text darauf berichtet unter anderem, Jesus sei kurz nach seiner Auferstehung den Indianern Südamerikas, den verlorenen Stämmen Israels, erschienen. Derart instruiert von den ernsten Missionaren, betete ich im Freien um den Glauben an Joseph Smith als Gottes Prophet und das Mormonentum als Seine letzte Offenbarung. Nichts geschah. Es regnete und meine Knie wurden schmutzig, aber kein göttlicher Geist berührte an jenem düsteren Sonntag in Briar Wood meine Seele. (Ich hatte den Sonntag als geeigneten Tag gewählt, da der Samstag natürlich wegen meines sportlichen Engagements nicht in Frage kam.) Darum also bin ich keine Mormonin.

Mein Interesse am Christentum erlahmte, nachdem zwei koreanische Missionarinnen versuchten, mir die Existenz Gottes zu »beweisen«. Sie führten mich und andere neugierige Studenten in einen Raum in der Church Street, wo wir auf das persönliche Erscheinen Gottes warteten. Dazu kam es nicht, und stattdessen malte eine der Gläubigen einen Kreis (die Erde) auf eine Flipchart und deutete auf den Raum drum herum.

»Das ist der Himmel«, sagte sie. »Und Gott ist hier.«

Darum also bin ich nicht in der Moon-Sekte.

Die Nonne, die mit uns gebetet hat, schließt die Tür hinter sich.

»Entschuldigen Sie!«, platze ich heraus.

»¿Sí?«, fragt sie und dreht sich mit jetzt noch verzückterem Lächeln zu mir um.

»Entschuldigen Sie die Störung. Ich möchte sie gern etwas fragen.«

Ich spüre, wie ich erröte, und hoffe, dass sie nicht zu enttäuscht ist, wenn ich sie nicht bitte, mir zu sagen, wie man in ihren Orden eintritt.

»Von Störung kann keine Rede sein. Wir treffen uns da drinnen.«

Ich betrete einen Raum mit bleigefassten Fenstern, der bis auf zwei Stühle leer ist. Wie in einer französischen Komödie kommt sie durch eine andere Tür herein und lädt mich mit einer Handbewegung ein, Platz zu nehmen. Dann setzt sie sich gegenüber und blickt mich heiter an, den Kopf leicht geneigt. Ich wünschte, ich hätte mir vorher überlegt, was ich eigentlich sagen will, denn jetzt ist mein Kopf leer und meine Zunge wie gelähmt.

»Señora«, sage ich und wünsche mir sofort, ich hätte »Señorita« oder »Hermana« gesagt. »Was ist Ihrer Ansicht nach der Sinn des Camino?«

Direkter geht es nicht. Sie lehnt sich ein klein wenig zurück und faltet die Hände im Schoß. Ich bin schrecklich verlegen, weil meine Shorts so respektlos wirken, doch die freundliche Nonne scheint mir den Aufzug nicht übel zu nehmen.

»Zuzuhören«, meint sie. »Sie müssen der Natur zuhören. Sie müssen auch sich selbst zuhören. Wenn Ihnen etwas klar wird, müssen Sie es aufschreiben. Und am Ende jeden Tages Ihre Aufzeichnungen lesen.«

»Das tue ich!«, erwidere ich. »Ich schreibe alles auf, was ich sehe und was mir in den Kopf kommt. Alle überholen mich, und ich komme jeden Tag als Letzte in die Herberge.«

»¡No importa! (Das macht nichts!) Wenn Sie nach Hause kommen und das Leben wieder auf Sie einströmt, dann lesen Sie alles, was Sie aufgeschrieben haben, und erinnern sich an die Lektionen, die Sie gelernt haben.«

»Ja, ja, danke, das werde ich tun«, verspreche ich. »Darf ich fragen, warum Sie nicht ein einziges Mal Gott erwähnt haben?«

»Weil ich nicht weiß, ob Sie gläubig sind.«

»Bin ich nicht.«

»Aber Sie sind ein spiritueller Mensch, das merkt man«, äußert sie mit Vorsicht. »Wie so viele Menschen habe auch ich früher gezweifelt«, fährt sie fort. »Aber jetzt nicht mehr, denn ich spüre, dass Gott bei mir, in mir ist.«

»Ich hingegen habe, obwohl ich die ganze Zeit achtgebe, nicht ein einziges Mal Gottes Anwesenheit gespürt. Mein Eindruck ist, dass es nichts gibt als das Leben und die Welt um mich herum. Und das reicht auch.«

Diesen Gedanken lässt die Benediktinernonne aus dem Kloster Santa Cruz nicht einfach so stehen.

»Wir sind alle auf einer Pilgerreise«, verkündet sie, »von dem Augenblick an, in dem unsere Mutter uns gebiert, bis zum Moment unseres Todes. Die meisten Menschen sind zu beschäftigt, um das wahrzunehmen. Wenn wir sterben, werden wir Gott treffen.«

Ich hoffe, Manuel Neuer ist darauf vorbereitet, schießt es mir in den Sinn.

»Ist Gott menschlich?«, will ich noch wissen.

»Nein. Aber er ist auch kein Gedanke und kein Wort. Gott ist Liebe. Er ist Licht. Ich kenne Gott als Menschen in Jesus, der ständig bei mir ist und mir zur Seite steht.«

»Wie wir die Dinge sehen, ist nicht unabhängig davon, was wir wissen und was wir glauben«, schrieb John Berger in »Das Leben der Bilder oder die Kunst des Sehens«. Ist es also der christliche Glaube dieser Nonne, der sie ihre erhabenen Erfahrungen als Anwesenheit Gottes interpretieren lässt? Ich würde behaupten, dass es sich bei der Liebe, die sie eindeutig besitzt, um ihr eigenes hoch entwickeltes Mitgefühl mit der Menschheit handelt. Und weil meine Art, die Dinge zu sehen, ebenfalls von dem bestimmt ist, was ich weiß und glaube, schließe ich daraus, dass meine glaubensfeste Gesprächspartnerin nicht von Gott durchdrungen ist, sondern von ihrem eigenen, bewundernswerten Wesen.

»Kennen Sie Beispiele von Menschen, denen der Camino im Leben geholfen hat?«, frage ich.

»Ja. Eines Abends nach dem Abendgebet kam eine Frau weinend zu mir. Sie dankte mir, ohne dass ich wusste wofür. Dann erzählte sie mir, sie habe den Glauben an ihre Ehe verloren und beschlossen, sich scheiden zu lassen. Doch hier, in Sahagún, habe sie die Antwort gefunden, nach der sie suchte. Sie brauchte nicht mehr nach Santiago zu gehen. Ihre Pilgerreise war zu Ende. Sie fuhr nach Hause, um ihre Ehe zu retten.«

Ich mache wohl ein zynisches Gesicht, denn schnell übersetzt sie die Geschichte in eine universelle Botschaft.

»Auf dem Camino darf man nicht müde werden, nach dem zu suchen, was einem fehlt. Man muss auf seinen Körper hören und in sich hineinhorchen, was man braucht.«

Auf diesen nützlichen Rat hin stelle ich die gleiche Frage, die den Priester in Navarrete zum Schweigen gebracht hat.

»Glauben Sie, dass der heilige Jakob in Santiago bestattet ist? Oder ist das bloß eine Legende?«

»Ja, es ist tatsächlich eine Legende, aber irgendetwas ist dort, etwas Spirituelles. Warum sonst pilgern die Menschen seit Jahrhunderten dort hin? Zwei japanische Pilger erzählten mir einmal, sie wollten nach ihrem Besuch in Santiago in Fisterra ihre Kleider verbrennen, aber das hat nichts mit der Pilgerreise zu tun! Viele Pilger kommen einfach als Touristen!«

Ich nicke verächtlich, insgeheim froh, nicht auf die Idee gekommen zu sein, in Fisterra mein Barcelona-T-Shirt zu verbrennen.

»Entschuldigen Sie! Ich habe Sie gar nicht nach Ihrem Namen gefragt!«

»María Anunciación. ¿Y Usted?«

»*Ana.* Anne.«

»Sind Sie getauft, Ana?«

»Ja. Meine Eltern haben mich in der anglikanischen Kirche taufen lassen und auf eine anglikanische Schule geschickt. Ich bin christlich erzogen, habe aber meinen Glauben während des Studiums verloren.«

Schwester María Anunciación ignoriert meinen Atheismus und fragt mich, ob ich einmal das Evangelium gelesen hätte. Ich bejahe, verspreche aber, die Lektüre zu wiederholen. Was immer ich ihrer Meinung nach darin finden soll, sicher wird es sich mir beim zweiten Lesen enthüllen.

Wir umarmen uns und drücken unsere Wangen aneinander, worauf jede durch ihre Tür den Raum verlässt. Ich werde nie vergessen, wie erleichtert Schwester María Anunciación wirkte, als ich ihr sagte, ich sei getauft. Gott sei Dank haben meine Eltern wenigstens das richtig gemacht.

Donnerstag, 1. Juli 2010

Ich wandere 22 Kilometer von Calzadilla de los Hermanillos nach Mansilla de las Mulas

Die alte Puente de Canto über den Fluss Cea in Sahagún markiert das Ende der Tierra de Campos, nicht aber, wie ich jetzt weiß, das Ende des *páramo*. Ich bin gestern um 8 Uhr 30 über diese Brücke gegangen und jetzt hier, dreißig Kilometer weiter, immer noch von Getreidefeldern umgeben. Lynn, Steve, Cathy und Hilary waren klug genug gewesen, sich diese trostlose Ebene durch die Fenster des Busses von Carrión de los Condes nach León aus anzusehen. Hans hatte hinter Carrión siebenunddreißig Kilometer durchgehalten, um dann in Sahagún dem *páramo* den Rücken zu kehren und mit dem Zug nach León zu fahren. Seit ich am Montagmorgen in Carrión losgegangen bin, habe ich so wenig von anderen Pilgern gesehen, dass ich mir inzwischen wie der letzte Mensch auf Erden vorkomme.

Trotz der endlosen Weite um mich her fühle ich mich irgendwie eingesperrt. Wo lag der Fehler, der mich in diese Einsamkeit geführt hat? Gestern habe ich nach einer Wegstunde drei Kilometer hinter Sahagún in der Bar Estebuca in Calzada del Coto Frühstückspause gemacht, gegenüber der verschlossenen Kirche, einen Traktor im Blick. Vergnügt habe ich Lozanos Vorschläge und die beschriebenen Optionen studiert, dabei aber nicht zwischen den Zeilen gelesen, die Konsequenzen des von mir gewählten Wegs also nicht vorausgesehen. Nach Mansilla de las Mulas gab es zwei Routen, und die Beschreibung der römischen Via Traiana schmeichelte meiner Eitelkeit. Sie sei »authentischer« als die Alternative, der Real Camino Francés, ein »planierter Weg ... inmitten einer herrlichen Platanenchaussee«, eine »bequeme, funktionelle Straße«. Nein, so einen bequemen Weg mit »Bänken und Rastplätzen in regelmäßigen Abständen«, der durch vier Dörfer führte, ehe er Mansilla erreichte, wollte ich nicht gehen. Mir war mehr nach der ungezähmten Wildnis der Via Traiana, an der als einziges Dorf Calzadilla de los Hermanillos liegt. Zwei Tassen Kaffee später marschierte ich aus der Bar Estebuca auf die Via Traiana, zuversichtlich, die richtige Entscheidung getroffen zu haben. Das sollte sich als Irrtum herausstellen.

Ich trat auf die breite Straße aus rotem Lehm, die das wilde Grasland des *páramo* durchschnitt, und ein vielstimmiges Spektakel verleitete mich zu der Fehlannahme, ich hätte einen unterhaltsamen Wegabschnitt vor mir. Muhen und das Summen von Melkmaschinen aus einem Stall machten dem Zwitschern unzähliger auf dem Dach tanzender Spatzen Konkurrenz. Gelber Löwenzahn in Hülle und Fülle und büschelweise weiße Narzissen wuchsen im Gras. Doch noch bevor ich zwei Kilometer weiter die Eisenbahnlinie Palencia-La Coruña überquert hatte, wurden sie vom unvermeidlichen Weizen verdrängt. Bis zu meinem Ziel, der Herberge in Calzadilla de los Hermanillos, blieben nur noch acht Kilometer. Meine einzige Gesellschaft auf der »authentischeren« Via Traiana waren die Marienkäfer, die in Massen den am Weg wachsenden Fenchel umschwirrten, sowie die unsichtbaren Passagiere in den Zügen, die auf der parallel zu meinem Weg, doch nun weiter entfernt verlaufenden Bahnstrecke vorüberrasten.

Vor neun Jahren hatte mich Shelagh von dem bedrückenden *páramo* abgelenkt, denn von Sahagún aus waren wir zusammen gewandert. Später hatte sie Suppe gekocht, mit Knoblauch, den sie bei dem kleinen Inhaber des kleinen Ladens der kleinen Stadt Calzadilla de los Hermanillos gekauft hatte. Wir waren die einzigen Gäste in der Herberge gewesen, doch die Zweisamkeit hatte verhindert, dass uns die triste Landschaft allzu sehr auf die Seele schlug. Gestern war keine Shelagh da, und mit den vier anderen Pilgern aus Schweden, Irland, Korea und Kanada wurde ich nicht warm. Unsere getrennt und einsam verlaufene Wanderung durch die Ebene hatte uns fast gesellschaftsunfähig gemacht. Wie fern mir meine Freunde aus San Nicolás nun erschienen! Davonlaufen war zu riskant, denn bis Mansilla waren es noch zweiundzwanzig Kilometer zusätzlich. Mein Lozano warnte: »Stellen Sie sich darauf ein, dass es auf dieser Strecke bis Mansilla keine Unterkunft, keinen Schatten, kein Wasser, kein Essen, gar nichts gibt«. Die fett gedruckten Lettern hatten mich so erschreckt, dass ich an diesem Nachmittag blieb, wo ich war. Der kleine Ladenbesitzer, Iutimio, entkorkte für mich eine Flasche Rotwein, doch keiner der Pilger in der Herberge wollte etwas trinken. So ließ ich die halb volle Flasche heute Morgen für die Neuankömmlinge im Kühlschrank stehen. Sie werden ihn nötig haben.

Die quakenden Frösche in den Tümpeln am Wegrand heute Morgen waren nur ein schwacher Trost nach den gestrigen Enttäuschungen. Ich hatte den geselligeren Real Camino Francés gegen eine Teerstraße, einen Kiefernwald, umgepflügte rote Äcker und noch mehr schwankende Getreideähren eingetauscht. Ich ertrage es nicht mehr. Wozu sollen Tage wie dieser gut sein? Überhaupt für irgendwas? Wenn, dann höchstens zum Nachdenken.

»Sie müssen der Natur zuhören. Sie müssen auch sich selbst zuhören. ... Man muss auf seinen Körper hören und in sich hineinhorchen, was man braucht.«

Wenn ich jetzt, dem Rat von Schwester María Anunciación gemäß, in mich hineinhorche, merke ich, dass ich ein geselliger Mensch bin und keinesfalls die einsame Route hätte wählen dürfen. Ich habe mich für die Strecke der Wüsteneinsiedler und Einzelgänger entschieden, obwohl es mich nach Gesellschaft und Kaffee verlangt. Der immergleiche Fehler verhindert mein

Fortkommen im Leben – dass ich aus einem Impuls heraus die falsche Richtung einschlage, ohne mir der Konsequenzen voll bewusst zu sein. Das steht mir an dem Zaun, an dem ich jetzt lehne, so deutlich vor Augen, als stünde es dort angeschrieben.

Ich versuche die Wurzel dieses Teufelskreises auszumachen und komme zu dem Schluss, dass ich eins nie berücksichtige, wenn eine Entscheidung ansteht: Wie ich mich in der gewählten künftigen Umgebung wirklich fühlen werde. Mir einzureden, dass ich in einer städtischen Schule gut zurechtkommen würde, war ein Kinderspiel gewesen. Noch weniger Mühe hatte ich gehabt, mir vorzumachen, es würde einfach sein, den Camino mit dem Fahrrad zu fahren. Gestern war es ein Klacks, so zu tun, als würde ich die zwei Tage Einsamkeit genießen. Jedes Mal hatte ich falsch gelegen. Meine Fähigkeit, mir über meine Neigungen, Fähigkeiten und Bewältigungsstrategien in die eigene Tasche zu lügen, hat mich, wie ich jetzt erkenne, immer wieder in Situationen gebracht, in denen ich mich völlig fehl am Platz fühlte. Ich darf mich nicht wieder selbst täuschen und mich für jemanden halten, der ich nicht bin, um anschließend wie ein Idiot dem für mich verkehrten Weg zu folgen. Ist es dieses Mal möglich, vom Camino zurückzukehren und ich selbst zu sein?

»Auf dem Camino darf man nicht müde werden, nach dem zu suchen, was einem fehlt.«

Habe ich es hier, im *páramo*, gefunden, ohne auch nur zu wissen, was ich suchte? Ich wünschte, Schwester María Anunciación wäre jetzt hier. Ich habe Neuigkeiten für sie.

Aber erst einmal muss ich hier weg, bevor es zu spät ist. Wenn ich jetzt in mich hineinlausche, kann ich spüren, was mir fehlt: Gesellschaft. Ich beschließe, eine Möglichkeit zu suchen, auf den Real Camino Francés einzuschwenken, bevor meine authentische Via Traiana in Mansilla de las Mulas ohnehin auf ihn stößt. Aus der Zeichnung im Lozano schließe ich, dass das Dorf Reliegos am Real Camino irgendwo zu meiner Linken liegt. Wenn ich es finde, werde ich die verbleibenden sechs Kilometer auf dem »planierten Weg ... inmitten einer herrlichen Platanenchaussee« zurücklegen, eine »bequeme, funktionelle Straße« wird mich nach Mansilla bringen. Ich kann es kaum erwarten, den unauthentischen Weg mit den Bänken, Rastplätzen und Pilgern zu erreichen. Mich links haltend, auf eine vielversprechende Reihe von Kleingärten zusteuernd, erreiche ich das aus rotem Lehm erbaute Dorf Reliegos. Die Belohnung dafür, dass ich doch noch meinem Instinkt gefolgt bin, ist eine briefmarkengroße *plaza*. Vor der Bar Gil liegt auf einem Grasfleck ein Mann, den ich kenne. Christian.

»Hallo, Christian! Was machst du denn hier? Ich dachte, du wärst der *hospitalero* von San Nicolás?«

»War ich. Weißt du nicht mehr, ich war bloß die Vertretung für die italienischen Freiwilligen, die sich verspätet hatten?«

»Ach ja, stimmt. Ich bin jetzt seit Tagen ganz allein gewesen und freue mich riesig, dich zu sehen!«

»Bist du auf der Via Traiana gekommen?« Wie schnell ein Pilger, der den Camino zum fünften Mal geht, doch die Lage erfasst!

»Ja, genau. Das hätte ich allein wirklich nicht machen sollen.«

»Aber es steht doch in jedem Führer, dass man diese Route nur in Gesellschaft gehen sollte.«

Und das sagt er mir jetzt!

Die freundliche junge Frau, die mit Christian Picknick macht, stellt sich als Sara aus Italien vor und bietet mir Schokolade an. Zusammen gehen wir drei auf dem platanengesäumten, funktionellen Weg nach Mansilla de las Mulas. Sara erzählt, dass sie mit ihrer Schwester unterwegs war, bis diese unvermittelt nach Italien zurückgereist ist.

»Sie meinte, sie könne die Lektionen des Camino genauso gut zu Hause lernen«, erklärt Sara.

»Hm, kann man sicher, aber es ist viel schwieriger, bei all den Ablenkungen«, erwidere ich, erleichtert, dass meine gnadenlos ablenkungsfreie Zeit im *páramo* vorüber ist.

»Esst ihr heute irgendwo zu Abend?«, frage ich.

»Ja, wir haben eine Verabredung«, antwortet Christian.

»Ach! Ihr miteinander? Entschuldigt, ich wollte nicht aufdringlich sein«, sage ich munter, aber sehr enttäuscht.

»Nein, nein! Leider nicht wir miteinander«, sagt Christian und sieht Sara an, die tut, als hätte sie nichts gehört. »Sondern mit zwei alten dänischen Damen.«

Das hat Sara wieder mitbekommen.

»Sie sind nicht alt!«, weist sie ihn scharf zurecht.

Ich verstehe die Warnung, die Sara Christian hinpfeffert, er offenbar nicht.

»Christian! Sind deine dänischen Damen etwa in meinem Alter, so um die fünfzig? Das ist doch nicht alt!«

»Äh, äh, nein. Ich meinte nicht, ich, na ja ... äh, nein, das habe ich nicht gemeint.«

Christian ist so zerknirscht und durcheinander, dass ich ihn nicht länger quälen will. Zu dritt nebeneinander marschieren wir zwischen den rötlich verputzten Häusern durch die schmale Calle del Puente. Zwei sehr gepflegte Frauen trinken an einem Tisch vor der Herbergstür Bier und grüßen Christian und Sara. Es sind die dänischen Damen. Christian wirft mir einen Seitenblick zu. Ich betrete die Herberge, hebe die Augenbrauen und schneide ihm eine Grimasse. Die Schamesröte in seinem Gesicht wechselt von hellrosa zu tiefrot, als er sich umdreht und mit den Frauen redet. Ich schätze die beiden auf ungefähr zweiundfünfzig.

Der Innenhof der Albergue Municipal mit den üppigen weißen und roten Geranien würde auch nach Andalusien passen und wirkt auf Pilger, deren schmerzende Füße den Weg durch den *páramo* noch nicht ganz bewältigt haben, wie der Garten Eden. Ich schiebe mich vorsichtig an einigen Wanderern vorbei, die darauf warten, von dem äußerst gefragten Fußpfleger behandelt zu werden, und suche mir in einem so gut wie leeren Schlafsaal ein Bett aus. Nachdem ich mir Staub, Schweiß und Weizenspreu abgewaschen habe, gehe ich wieder auf die Straße, wo sich Christian und Sara immer noch mit Birgitte und Gro aus Kopenhagen unterhalten – ihrer »Verabredung«. Sie begrüßen mich herzlich und schätzen zweifellos die Lage einer allein ihres Weges ziehenden Frau richtig ein, denn sie laden mich gleich ein, um acht Uhr mit ihnen zu essen. Dann besichtige ich die Sehenswürdigkeiten von Mansilla, die römischen Wallanlagen, den Wasserturm in Ziegelbauweise samt der dort nistenden Storchenfamilie sowie die friedliche, von Säulengängen umschlossene *plaza*, die an Verona und »Romeo und Julia« denken lässt.

Beim Abendessen bin ich wie alle anderen am Tisch guter Laune. Dario, mein Lieblingsrömer, ist aufgetaucht, und die Stimmung ist so heiter und ausgelassen wie am Freitagabend in San Nicolás. Die Atmosphäre ist ebenso magisch wie bei Christians Ritual mit dem Wasserkrug und dem Geschirrtuch.

»Was hofft ihr auf dem Camino zu finden?«, frage ich.

»Ich hoffe, mich selbst zu finden«, sagt Birgitte, deren glänzende blaue Augen unter den grauen, kurz geschnittenen Haaren sie viel jünger wirken lassen.

»Und ist dir das gelungen, bei all dem Wandern, Wäsche waschen, Essen und Schlafen, das wir zu erledigen haben?«

»Ich habe festgestellt, dass ich sehr wütend werde, wenn Gro Mandeln kaut, während ich zu schlafen versuche! Ach, und ich habe viele Freunde gewonnen, gemütliche Abende verbracht und jede Menge Wein getrunken!«, lacht sie, ohne sich Gedanken über ihre bislang wenig erfolgreiche Mission zu machen.

»Du Glückliche!«, sage ich darauf. »Ich bin viel allein gewesen. Tagelang habe ich niemanden getroffen.«

»Die Glückliche bist du«, meint Sara mit Nachdruck. »Ich bin niemals allein. Warum habe ich nie einen Augenblick für mich?«

Daraufhin herrscht vollkommene Stille. Wir sehen Sara alle nur an. Die braun gebrannte Italienerin schaut verdutzt, als wir alle gleichzeitig nach Luft schnappen und in Gelächter ausbrechen. Mit Dario in der einen Ecke des Tisches und Sara in der anderen sind wir hübsch eingerahmt von den beiden vielleicht attraktivsten Pilgern des Jahres 2010.

»Wie meinst du das, Birgitte – dich selbst finden?«, frage ich beharrlich weiter.

»Ich meine damit, in Kontakt mit der Natur zu kommen und meinen Geist leer zu machen. Nicht zu denken.«

»Nicht denken? Wie macht man das?«

»Na ja, ich habe viel meditiert, und man kann die Abstände zwischen den Gedanken größer werden lassen, und irgendwann schafft man es immer länger, nicht zu denken.«

»Wozu soll denn das gut sein?«, fordere ich sie heraus. »Ich war heute den ganzen Tag lang total in Kontakt mit der Natur, und ich fand es schrecklich. Wenn mein Geist leer gewesen wäre, hätte ich es nicht mal gemerkt. Ich folgte dem Rat einer Nonne in Sahagún, die mir geraten hat, in mich hineinzuhorchen, was mein Bedürfnis ist. Mein Bedürfnis war zu fliehen. Und schau, was passiert ist! Ich habe Sara und Christian getroffen, und jetzt bin ich ein anderer Mensch!«

»Für mich ist der Camino eine Wanderung auf den Traumpfaden, wie sie die australischen Aborigines unternehmen. Ich lasse mein Zuhause hinter mir, aber mit dem festen Vorsatz, zurückzukehren«, erklärt Gro abschließend mit einem präraffaelitischen Lächeln.

Für Birgitte und Gro, die von León aus nach Dänemark zurückfahren, ist die Heimat nicht mehr fern. In León werden wir alle morgen sein, aber auf einige von uns wartet noch Santiago – also zwei Wochen oder dreihundertdreißig Kilometer. Und unser Zuhause liegt in noch weiterer Ferne.

Jetzt weiß ich, wozu Tage wie dieser gut sind. Sie sind die Flauten des Lebens: die unvermeidlichen Tage der Stille, an denen nichts zu geschehen und nichts voranzugehen scheint. Es mag unwahrscheinlich anmuten, doch wenn unsere Richtung stimmt und wir nicht verzagen, werden sie uns dennoch unserem Ziel näher bringen, sei es Santiago de Compostela, einem persönlichen Wunsch oder einem beruflichen Vorsatz. Es sind jene Tage der Stille, die dem Pilger auf dem Camino Gelegenheit geben, seine Bedürfnisse zu erlauschen, sich darauf einzustellen und sich zu wandeln.

Freitag, 2. Juli 2010

Ich wandere 14 Kilometer von Mansilla de las Mulas nach León

Manche Pilger meiden die größeren Städte an unserem heiligen Weg. Sie verabscheuen die Besichtigungen, die Läden und die Restaurants als billigen Tourismus und seichte Ablenkung von ihrer Hauptaufgabe, der »Selbstfindung«. Ich hingegen kann mir nichts Schöneres denken, als mich auf den belebten Straßen, in den unterirdischen Krypten und in den Hutgeschäften einer Metropole herumzutreiben. Und am Camino ist León schon so etwas wie eine Metropole.

Beim Frühstück im Café direkt neben der Herberge waren wir noch zu viert. Anschließend mussten wir auf den verträumten Römer verzichten, denn er brauchte zu lange, um sich und sein Stativ startklar zu machen. Sara, Christian und ich überquerten die mittelalterliche Brücke über die Esla und ließen Mansilla de las Mulas hinter uns. Vierzehn Kilometer lang liefen wir an oder auf der N 120 durch Verkehr, Baustellen und die Tunnel halb fertiger Überführungen. Christians lebendige Schilderungen seiner Erlebnisse in Palästina lenkten uns von der stressigen Umgebung ab. Allerdings lauschten wir offenbar so hingerissen, dass wir das Tempo vernachlässigten, denn der leichtfüßige Dario holte uns bereits am Ortsrand von León ein. Er kam mit einer neuen Pilgerin, Kim aus Korea, mit ihren schicken Shorts die bestangezogene Pilgerin der Gruppe. Sie setzten sich zu Christian und mir an den Tisch im Freien. Sara holte aus dem Café Amay gerade *tortillas* für uns. Ich schlug meinen Lozano auf, um den Stadtplan von León zu studieren und mir die verbleibenden zwei Kilometer bis ins Zentrum anzusehen.

»Ist das etwa dein Führer?«, fragte Dario belustigt.

»Ja, wieso?«

»Der ist aber groß! Und den schleppst du die ganze Zeit mit?«

»Ja. Er ist es wert. Ich brauche ihn. Schau mal, so viele Informationen ...«, erwiderte ich und blätterte für ihn die Seiten durch. »Außerdem, du musst gerade reden!«

Wir alle wandten den Blick zu dem Stativ, das an der Cafémauer lehnte, und ich fragte mich, ob Kim wusste, was ihr bevorstand.

Doch Dario schulterte das Stativ selbst, während ich meinen Lozano in die große Stadt trug. Meine Freunde bogen irgendwo ab, um die Benediktinerherberge zu suchen, ich hingegen ging weiter bis zur Calle Alcázar de Toledo, um mich für zwei Nächte in dem schmucken Hostal Bayón einzumieten. Nachdem ich mir den Industriedreck des Morgens abgewaschen hatte, unternahm ich eine Einkaufstour und erwarb bei der Camisería Ruiz an der Calle Ancha einen Hut. Hutgeschäfte haben auf mich die gleiche Anziehungskraft wie die Stimmen der Sirenen auf Odysseus und seine Mannschaft. Der Verlockung all der Strohhüte, Filzkappen und Wollmützen im Fenster konnte ich einfach nicht widerstehen. Ich betrat den Laden eigentlich, um den italienischen Papierstrohhut für zwanzig Euro zu erstehen, doch heraus kam ich mit einem teuren, edlen Exemplar. Ich hatte mich überreden lassen. Die Schmeicheleien der Verkäuferin hatten mich davon überzeugt, dass ich Santiago ohne den Schutz eines breitkrempigen Panama-Hutes, der »für die meisten Leute zu klein ist«, unmöglich erreichen würde. Der Hut sei wie für mich gemacht. So fühlte ich mich fast beschenkt, für ein solches Schmuckstück fünfzig Euro bezahlen zu dürfen ... Nicht viel Geld, wenn ich dadurch der beginnenden Verkohlung meiner Ohrmuscheln Einhalt gebieten konnte.

Vorerst verstecke ich den neuen Sombrero in meinem Zimmer und widme mich ein paar Stunden lang der Aktualisierung meiner Aufzeichnungen, bevor ich wieder in die Stadt gehe. Bei einer Ansammlung von Chromtischen und Korbstühlen an der Calle Ancha bleibe ich stehen. Hier, im Café Alonso, saß 2001 Hans, als ich nichts ahnend von der Calle de la Rúa hierher einbog. Ich hatte soeben bei der Armería Castro, die übrigens sämtliche Waffen im Sortiment hat, die Pilger brauchen können, wenn sie einen anderen Pilger erschießen wollen, neue Stiefel gekauft. Hans war ganz in seinem Element, nämlich beim Kaffeetrinken. Ich hatte ihn seit seinem Verschwinden aus Santo Domingo nicht mehr gesehen ...

»Ja hallo! Da bist du ja wieder! Du bist doch der, der mir die Therm-A-Rest geschenkt hat. Hans, nicht wahr? Ich bin Anne, falls du das vergessen hast.«

»Hallo, Anne! Ja, ich bin Hans-Peter. Schön, dich wieder zu treffen. Benutzt du die Isomatte?«

»Nicht oft. Seit unserer Begegnung habe ich nur einmal im Zelt übernachtet. Eigentlich schleppe ich sie umsonst mit, weil ich immer in Herbergen schlafe.«

»Setz dich doch! Wie geht es dir?«, sagt er und ignoriert damit meine Anspielung darauf, dass er mir zwei Kilo von seinem Gepäck aufgehalst hat.

»Wenn du es wirklich wissen willst, Hans-Peter, es geht mir nicht besonders. Ich musste mir diese Stiefel kaufen, damit mein Fußgewölbe nicht weiter einbricht. Der Physiotherapeut in Sahagún konnte sich gar nicht erklären, wie ich in Sandalen so weit gekommen bin.«

»Ich war auch bei David! Er meinte, meine Füße seien perfekt.«

»Du Glücklicher. Ich werde zwei Tage in León bleiben müssen, um meinen Ruhe zu gönnen.«

»Dann können wir uns doch zum Abendessen treffen, oder?«

»Können wir. Aber zuerst ... kannst du mir eines erklären?«

»Bitte, was denn?«

»Sag mir, was mit dir los war. Ich dachte, wir könnten zusammen von Santo Domingo weitergehen, aber als ich aufwachte, warst du schon weg! Ich hätte nie geglaubt, dass du beim ›Rasen auf Blasen‹ mitmachst.«

»Ach, Anne, tut mir leid! Weißt du, es war so stickig und so laut, alle haben geschnarcht, und ich konnte nicht schlafen. Also bin ich um vier Uhr früh aufgestanden und wollte losgehen. Aber die Klostertür war versperrt! Dann habe ich auf einer Bank im kalten Verbindungsgang gesessen, bis die Nonnen mich um sechs Uhr rausgelassen haben.«

»Zwei Stunden hast du da gesessen? Warum bist du nicht wieder in den Schlafsaal gekommen?«

»Weil die Flurtür hinter mir zugefallen war. Ich saß in der Falle.«

»Ein Albtraum! Und dann bist du nach Belorado gewandert? Warum habe ich dich dort nicht gesehen?«

»Ich bin nicht nach Belorado gegangen. Ich war so müde, dass ich bloß ein paar Meter bis zum *parador* geschafft habe. Dort habe ich geschlafen und bin dann den ganzen Tag in Santo Domingo geblieben.«

»Wie bitte? Ich war wirklich enttäuscht, als ich deine leere Koje sah. Und jetzt erzählst du mir, du warst bloß ein paar Meter weiter in einem Luxushotel!«

»Ja, tut mir leid, so ist es.«

»Aber wie ist es dann möglich, dass du jetzt vor mir hier warst, Hans?«

»Äh, ja, also. Dafür gibt es auch eine Erklärung. Ich habe in Sahagún den Zug nach León genommen.«

»Wanderst du eigentlich überhaupt mal?«

»Ja. Aber nach Burgos bin ich auch mit dem Bus gefahren. Findest du, dass ich schummle?«

»Neeeeein!«, lüge ich. »Das ist natürlich nicht geschummelt. Hoffen wir bloß, dass dich die Camino-Polizei nicht dabei erwischt, wie du in einen Bus steigst.«

»Aber weißt du was? Ich glaube, ich gebe auf. Wegen meiner Knöchel. Die wandern nicht gern. Ich werde wohl abbrechen müssen.«

»Das darfst du nicht tun. Meine Füße sind auch total lädiert, aber schau, wie weit wir schon gekommen sind. Wir sind fast da, kurz vor dem Ziel.«

»Ich weiß nicht recht.«

»Bitte gib jetzt nicht auf. Es wäre zu schade. Bitte, hör auf mich!«

»Na gut, Anne, ich werde darüber nachdenken.«

Wir hatten uns gerade verabschiedet, als ihn ein paar Freunde begrüßten. Heute sitzt niemand an dem Tisch, und allein habe ich auch keine Lust. Also schlendere ich zum Café Europa an der *plaza* vor der Kathedrale, wo ich um vier Uhr nachmittags verabredet bin, aber meine Freunde sind nicht da. Drinnen sitzt auf einem hohen Hocker an einem hohen Cocktailtisch ein junger Pilger, der sich das WM-Viertelfinalspiel Niederlande gegen Brasilien anschaut. Da er weder Hallo sagt, noch den Blick vom Bildschirm wendet, setze ich mich zwar auf den Hocker neben ihm, aber an einen separaten Tisch. Ich bestelle eine Tasse Tee und schaue zu, wie sich Brasilien um einen sicher geglaubten Sieg bringt. Die Reaktionen des Pilgers auf die beiden niederländischen Tore verraten seine Nationalität. Er ist so niederländisch wie eine Windmühle. Doch woran hätte ich das auf Anhieb erkennen sollen? Im Unterschied zu allen übrigen Niederländern momentan, Kronprinz und Prinzessin eingeschlossen, trägt er kein Orange. Seine Kleidung ist grau. Alles: Hose, T-Shirt, Pullover. Zwei metallene (aber graue) Ohrringe sind sein einziger Schmuck.

»Hallo! Bist du Niederländer?«, frage ich scharfsinnig.

»Ja.«

»Ich bin Engländerin. Ich gucke auch WM.«

»Ihr wart nicht besonders gut.«

»Äh, nein, wir waren sogar miserabel. Aber die Niederlande haben auch keine viel bessere Figur gemacht. Wozu die ganzen Schwalben und Fouls? Das ist doch eigentlich nicht die niederländische Art.«

»Stimmt. Das Team ist nicht so gut wie das frühere.«

»Als ich so alt war wie du, waren die Niederlande brillant. Ihr hattet Johan Neeskens, Johan Cruyff ...«

»Creuf«, korrigiert er streng meine Aussprache.

»Sagte ich doch, Cruyff.«

»Nein, Creuf«, wiederholt er.

»In England haben wir viele holländische Spieler. Robin van Persie bei Arsenal, Dirk Kuijt bei Liverpool ...«

»Keut!«

»Habe ich doch gesagt. Kuijt?«

»Nein, er heißt Keut! Keut!«

»Also, besser als die englischen Kommentatoren spreche ich es bestimmt aus. Sie nennen ihn ›Kite‹, weißt du, wie das fliegende Ding an der Schnur, den Kinderdrachen.«

Zum ersten Mal während des Spiels kichert der junge Mann.

»Ich heiße Anne. Und du?«

»Bob.«

Großartig! Bob kann ich sogar aussprechen.

Unmittelbar nach dem Schlusspfiff begleicht Bob seine Rechnung und geht. An diesem Tag treffe ich ihn nicht wieder, nicht einmal bei dem spannenden Duell zwischen Ghana und Uruguay am späten Abend. In der gesteckt vollen Bar Palco sehe ich ausgerechnet Luis Suárez in der letzten Sekunde den Ball mit der Hand von der Linie schlagen und so Ghana den Sieg vermasseln. Suárez wird wegen Handspiel vom Platz gestellt, aber was ändert das schon? Uruguay besiegt Ghana im Elfmeterschießen und verhindert so, dass die Mannschaft als erstes afrikanisches Team in der Geschichte das WM-Halbfinale erreicht, wie sie es verdient hätte. Kath fasst für mich den Tag mit einer SMS aus London zusammen.

»Anne, das ertrage ich nicht«, schreibt sie. »Ganz Afrika weint.«

Samstag, 3. Juli 2010

León

Gibt es etwas Schöneres auf der Welt als diese Kathedrale? Die vier Mormonen-Missionare auf dem Platz blinzeln ins Sonnenlicht, überwältigt vom wundervollen Anblick des »Juwels von León«. Wenn irgendetwas sie zum Katholizismus bekehren kann, nachdem sie zwei Jahre lang den Spaniern die Polygamie des Propheten Brigham Young erläutert haben, dann höchstens dieses gotische Meisterwerk. Mein Bauchgefühl rät mir, mit ihnen ein Gespräch zu beginnen, obwohl ich das alles schon mal durchgemacht habe. Ich weiß genau, was passieren würde. Die Missionare mit dem strahlenden Lächeln würden verstohlen »Die Konversionsmappe« aus dem Rucksack ziehen und mich mühelos dazu bringen, einen Kurs in mormonischer Theologie zu belegen. Ich müsste während der nächsten sechs Wochen in León bleiben. Und Wasser trinken. Aber ich habe keine Zeit zu verlieren. Als Tourist in León hat man so viel zu tun, dass ich es vorziehe, die Kathedrale zu besichtigen, anstatt mit den adretten Jungs aus Utah Bekanntschaft zu schließen. Es erweist sich als Fehler – nicht der erste auf dem diesjährigen Camino.

Im Gegensatz zur Kathedrale von Burgos, wo Pilger wie Touristen ungehinderten Zugang zu den Seitenkapellen haben, befinden sich die von León hinter verschlossenen Türen. Es würde mir nicht in den Sinn kommen, eines der Kunstwerke zu stehlen. Aber ich begutachte eine interessante Statue aus verdächtiger Nähe, als es zu dem Zwischenfall kommt. Nie zuvor habe ich eine so eindeutig schwangere Jungfrau Maria gesehen. Es ist die Virgen de la Esperanza (Jungfrau der Hoffnung), gefertigt aus bemaltem Stein im naturalistischen Stil des 13. Jahrhunderts, einer Zeit, in der Maria in der westlichen Kirche zu Ehren kam. Ich denke gerade über die Konsequenzen nach, die das für mich und alle Frauen hat, als ein Aufseher die Besucher von den Kapellen weg in die Bankreihen scheucht, die inzwischen mit einem Seil abgetrennt worden sind. Von dort aus sehe ich gar nichts mehr außer der pompösen Hochzeit eines Paares aus besseren Kreisen, die meinem Bildungshunger ein Ende setzt.

»Ich finde nicht, dass wir uns bloß wegen dieser Hochzeit nicht aufhalten können, wo wir wollen«, erkläre ich dem Aufseher, der wichtigtuerisch ein paar Nachzügler hinter die Seilsperre verweist.

Seine unvorhersehbare Reaktion versetzt mich in einen Schockzustand.

»Raus! Raus!«, brüllt er und rennt durch das Außenschiff zur Tür, als erwartete er, dass ich ohne Protest Folge leiste.

Aber das tue ich nicht. Ich bleibe, wo ich bin, ganz dicht am Seil. Als er merkt, dass ich ihm nicht nachkomme, kehrt er zurück.

»›Raus!‹, habe ich gesagt«, erklärt er grob und macht sich etwas kleiner, um mir in die Augen zu starren.

»Nein.«

»Machen Sie keine Schwierigkeiten! Raus!«

»Wissen Sie«, sage ich standhaft, »ich bin eine Pilgerin und kann diese Kathedrale nur heute besuchen. Wir stören die Hochzeit doch nicht, warum sollten wir also die Kapellen nicht besichtigen?«

»Das können Sie genauso gut später noch machen«, beendet er abrupt die Diskussion, um anschließend einer kleinen Gruppe latent aufsässiger italienischer Touristen Anweisungen zu erteilen.

Ich habe richtig weiche Knie bekommen. Langsam gehe ich zu einer Bank und höre mir das wunderschöne »Ave Maria« an, das eine für die Hochzeit engagierte Sopranistin singt. Sie steht allein mitten im Chorgestühl, und als ich mich nach ihr umdrehe, entdecke ich eine Touristin, die eines der berühmten Buntglasfenster fotografiert. Ihrem Blick folgend hebe ich meine Kamera, nur um den Aufseher zu einem weiteren Ausbruch zu provozieren. Wie aus dem Nichts erscheint er, um die Fehde fortzuführen.

»Genug! Genug! Ich habe Ihnen gesagt, raus hier! Raus, und zwar sofort!«

Ich bleibe sitzen, verschränke die Arme, stütze meine Stirn in eine Hand und schließe die Augen. Als ich sie wieder öffne, steht er immer noch vor mir. Die Leute in den Nebenbänken starren uns schweigend an. Ich bin bloß froh, dass die Sopranistin das »Ave Maria« beendet hat, wir also den schönsten Tag im Leben des reichen Paares nicht verderben.

»Was habe ich jetzt verbrochen?«

»Können Sie nicht lesen? Fotografieren verboten! Raus!«

Die Touristin, deren Beispiel ich unschuldig gefolgt bin, sieht bestürzt aus und fürchtet offenbar, sein nächstes Angriffsziel zu sein. Fast alle der mehreren Hundert Hochzeitsgäste filmen die Zeremonie und nehmen dabei natürlich auch den Kathedralenraum mit auf.

»Señor«, sage ich mit zitternder Stimme. »Es tut mir sehr leid. Bitte verzeihen Sie. Ich weiß nicht, wie das passieren konnte. Bitte schicken Sie mich nicht fort. Ich wusste nicht, dass Fotografieren verboten ist.«

Ich stehe auf und strecke ihm zur Versöhnung die Hand hin. Er nimmt sie und wirkt über unseren Streit, der nun vorbei ist, genauso schockiert wie ich.

»¡Por favor!«, sagt er. »Wenn Sie nach Compostela gehen, beten Sie für mich zu Santiago.«

»¡Sì! Das mache ich. Danke.«

Aber bevor ich mir verdient habe, das zu tun, liegt noch eine ziemliche Strecke vor mir. Werden dreihundertundzwölf Kilometer ausreichen, um mir die Dämonen auszutreiben?

Ich schleiche mich davon, von der Hochzeit, den Pilgern und den Touristen, erklimme die wenigen Stufen zum Eingang des Kathedralenmuseums und breche in Tränen aus. Zwar tue ich, als würde ich die Postkarten betrachten, doch ich bin immer noch so verstört von dem sinnlosen Zwist, dass ich vor der Portada del Dado, einer riesigen, mit biblischen Heiligen und Engeln geschmückten Tür niederknie. Die Blicke anderer Museumsbesucher prallen von mir ab wie Hagelkörner, denn ich konzentriere mich ganz auf die lebensgroßen Steinfiguren. Und da, direkt vor mir, ist das Bild, das ich gesucht habe – eines, das das Grundgefühl des Camino beispielhaft darstellt. Es existiert also doch. Nicht der heilige Jakob ist es, dessen eleganter blauer Mantel sich in Knöchelhöhe leicht öffnet und das glitzernde rote Futter sehen lässt. Auch nicht Jesus, der von oberhalb der Tür eine verzeihende Geste macht. Es ist der Erzengel Gabriel, der Maria verkündet, dass sie Gottes Sohn gebären wird. Der Engel weist das besondere Merkmal auf, das ich zu finden gehofft habe – ein Lächeln. Wie von einem Engel nicht anders zu erwarten, ist es ein engelsgleiches Lächeln. Das muss es auch sein, um das überwältigende Gefühl zu vermitteln, das mit der frohen Botschaft der Verkündigung verbunden ist. Es ist das gleiche Gefühl, das mit dem Camino einhergeht. Ich muss los und es wieder zum Leben erwecken.

»Oh, Anne, warum tust du das?«, fragt Hans kritisch, als ich ihn von meinem *hostal* aus anrufe, um ihm den »Krach in der Kathedrale« zu schildern.

»Ich weiß es nicht. Ich konnte einfach nicht anders. Und es war nicht allein meine Schuld«, rechtfertige ich mich.

Und dann lacht er.

»Was gibt es da zu lachen?«, frage ich. »Es war schrecklich. Das schlimmste Erlebnis seit dem Fahrraddebakel.«

»Was es zu lachen gibt? Ich kann es mir einfach vorstellen …«, krächzt er und muss noch mehr lachen.

»Na, also, wenn du dabei gewesen wärst, wäre es gar nicht so weit gekommen, oder? Du hättest mich vorher da rausgezogen.«

Aber selbst ohne Hans' Anwesenheit hätte die Sache anders ausgehen können. Mein Niedergang wäre vermeidlich gewesen, wenn ich nicht solch einen pubertären Eröffnungszug geliefert hätte. Das muss ich mir merken.

»Na, wie auch immer, ich muss jetzt Schluss machen. Gleich spielt ihr gegen Argentinien. Schaust du es dir an?«

»Soll das ein Witz sein? Natürlich schaue ich zu. Ganz Deutschland schaut zu. Ich muss auch auflegen.«

»Ihr werdet sie zermalmen!«

»Ja, werden wir! Tschüssi, Anne!«

»Tschüssi, Hans! Toi toi toi für Deutschland!«

Das Spiel, das sich in der Bar Palco an der Calle Ancha Hunderte reizbarer Einheimischer, Pilger und Touristen ansehen, bringt León, den Camino und mich für zwei Stunden zum Stillstand. Nach dem Abpfiff schiebe ich vor dem Abendessen noch einen Messebesuch ein. Vor lauter Sorge, möglicherweise erneut ein Verbrechen gegen die katholische Kirche zu begehen, überlege ich mir gründlich, ob ich wirklich hingehen soll. Doch in der romanischen Basílica San Isidoro gibt es den silbernen Sarg, in dem die 1063 hierher überführten sterblichen Überreste des heiligen Isidoro, Bischof von Sevilla, liegen. Dass er die Fähigkeit besaß, Wunder zu vollbringen, machte sein Grab zu einem Muss für die Pilger im Mittelalter. Also muss auch ich da hin. Ein sehr altes Gemeindemitglied erhebt sich mühevoll aus der Bank, um mir zu erklären, dass ich den *retablo* nicht fotografieren darf.

»Entschuldigung«, erwidere ich. »Das Verbot war mir nicht bekannt.«

Am Ende der Messe führt der Priester die Pilger zu den Stufen vor San Isidoros Silbersarg. Ich bin nicht mehr die Gleiche wie vor ein paar Stunden in der Kathedrale und geneigt zu glauben, dass in León heute eine Art Wunder geschehen ist. Er bittet Jesus, auf dem Weg nach Compostela unser Gefährte und Führer, unsere Zuflucht, unser Schatten, unser Licht und unser Trost zu sein. Wir beten mit ihm darum, wohlbehalten dort einzutreffen und anschließend »reich an Gnade ... gesund und voller wertvoller Tugenden nach Hause zu kommen.«

»Gehet hin in Christi, denn er ist der Weg«, wird uns gesagt, »und betet in Compostela für uns.«

Der Organist spielt eine einfache Melodie und stimmt ein Lied an, das speziell für die zwanzig nun in den VIP-Status erhobenen Pilger bestimmt ist. Schüchtern stimmen wir in den Refrain ein, nachdem wir die seltsame Weise in uns aufgenommen haben:

> »Llévale, romerico, Llévale a Santiago.
> Llévale, romerico, Llévale un abrazo.
> ¡Llévale, romerico, a Santiago un abrazo!«
> (Bring, Pilger, bring dem heiligen Jakob.
> Bring, Pilger, ihm eine Umarmung.
> Bring, Pilger, dem heiligen Jakob eine Umarmung!)

Dagegen kann nicht einmal ich etwas sagen.

Ich folge dem aufgeschlossenen Priester in seine Sakristei und frage ihn nach seiner Meinung über den Sinn des Camino.

Seine Antwort ist so überzeugend, dass ich am liebsten sofort in die katholische Kirche eintreten würde.

»Die Pilger gehen als Kulturtouristen nach Santiago, aus religiösen Gründen, um Buße zu tun oder in Familienangelegenheiten. Im Moment ist es eine regelrechte Mode, das will jeder mitgemacht haben.«

(Er fügt nicht hinzu »bei Deutschen«. Hat er es als Einziger nicht gemerkt?)

»Aber der wichtigste Grund, nach Santiago zu pilgern«, fährt er fort, »ist die Selbstreflexion. Sie müssen sich selbst fragen, warum Sie den Camino machen. Welche Frage stellen Sie sich selbst? Sie müssen sich Ihre eigene Frage beantworten. Einige Antworten finden sich in der Natur. Wir sehen, dass Gott sogar für die Insekten und andere Tiere sorgt. Auf dem Camino lernt man, dass das auch für uns Menschen gilt. Sie haben viele materielle Güter zurückgelassen, die Sie hier nicht brauchen. Diese Sachen brauchen wir nirgends! Wenn Sie wieder daheim sind, sehen Sie sich all das an, was Sie besitzen und dessen Sklave Sie sind. Das heißt aber natürlich nicht, dass Sie nicht mehr arbeiten gehen sollen!«

Er spricht so schnell, dass ich ihn nicht unterbrechen kann, wie ich es gewöhnlich tue. Ich muss mich auf jedes Wort konzentrieren, um Missverständnisse zu vermeiden. Schließlich äußert er einen Gedanken, der mir so viel bedeutet, dass ich ganz sicher bin, ihn tatsächlich verstanden zu haben.

»Ein weiteres sehr wichtiges Motiv«, sagt er, »ist, dass Sie auf dem Camino viel Gastfreundschaft begegnen. Denken Sie daran, wie Ihnen das geholfen hat und *wie viele* Menschen Ihnen geholfen haben. Warum sollten Sie, nachdem Sie erlebt haben, wie wichtig diese Hilfe für Sie war, nach Hause kommen und nicht Ihrerseits anderen helfen?«

Jetzt fordert sein fragender Blick eine Unterbrechung.

»Ich weiß genau, was Sie meinen! Dass ich hier bin, habe ich nur den *hospitaleros* in Trinidad und Logroño zu verdanken. Dank ihrer Hilfe konnte ich weiterziehen.«

»Sie müssen Ihr Ego loswerden!«, befiehlt er. »¡Buen Camino!«

»¡Buen Camino!«, antworte ich und ergreife seine ausgestreckte Rechte mit beiden Händen.

Der Mann plant wohl kaum, morgen nach Santiago zu wandern, aber spielt das eine Rolle? Ich habe gemeint, sein ganzes Leben möge ein ¡Buen Camino! sein.

Ach, das hätte ich fast vergessen ... heute hat Deutschland den zweitgrößten Freudentaumel seit dem Fall der Mauer 1989 erlebt.

»WARUM?«, lautete eine patriotische SMS von Hans-Peter Kerkeling, als ich ihn um eine Erklärung bat. »So ist eben Fußball ... darum ... Wir können stolz sein auf unser multikulturelles deutsches Team ... Türkische Wurzeln, spanische, persische, polnische ... das ist Deutschland oder das will es heute jedenfalls sein.«

War doch bloß eine Frage.

Aber warum feiern die Menschen das in den Straßen Berlins? Weil Deutschland Argentinien vier zu null zermalmt hat, darum. Glauben Sie mir, ich wusste es.

Donnerstag, 8. Juli 2010

Ausblick auf Ruitelán

Vor zehn Jahren habe ich den Punkt, der die Mitte der Strecke zwischen Saint-Jean-Pied-de-Port und Santiago de Compostela markiert, am 28. Juni passiert. Er liegt nur einen Kilometer hinter Calzadilla de la Cueza, wo ich 2001 von einem liebeskranken alten Gockel belästigt wurde. 2010 komme ich einen Tag nach Englands Niederlage gegen Deutschland hier vorbei. Dass ich von derlei persönlichen Angelegenheiten abgelenkt war, erklärt vielleicht, warum ich die Stelle zweimal im Leben passiert habe, ohne sie zu registrieren. Sahagún und León sind für mich viel markantere Halbzeitpunkte. Wie hätte ich 2001 weitergehen können, ohne den Physiotherapeuten David aufzusuchen? Würde ich ohne den Rat von Schwester María Anunciación, auf mich selbst zu hören, meinen gegenwärtigen Fokus verlieren? Wäre Hans nach Hause gefahren, wenn wir uns 2001 nicht in León wiedergetroffen hätten? »Welche Frage stellen Sie sich selbst?«, liegt dieses Jahr in der Luft, seit ich vorigen Samstag mit dem Priester in León gesprochen habe. Schlüsselmomente wie diese tragen dazu bei, dass eine Pilgerreise schließlich von Erfolg gekrönt wird. Sie sind grundlegend für unsere physische Ankunft in Santiago und unverzichtbar für unsere spirituelle Suche.

Allerdings sind die letzten fünf Etappen seit León der anstrengendste und verstörendste Teil meiner Pilgerreise seit dem »Fahrraddebakel« gewesen. Die körperlichen Schmerzen hatte ich größtenteils selbst verschuldet, da ich mich wie eine Närrin an drei Tagen über die Dreißig-Kilometer-Marke getrieben hatte, um mich wie der schiffbrüchige Robinson Crusoe mit letzter Kraft in die Herberge des Zielorts zu retten. Der Marsch am Dienstag nach Molinaseca und der heutige nach Ruitelán sind die einzigen gewesen, bei denen ich vernünftig blieb und mein persönliches Kilometerlimit einhielt. Und beides verdanke ich Bob ... Doch der Reihe nach ...

Sonntag, 4. Juli 2010

Ich wandere 36,4 Kilometer von León nach Hospital de Órbigo

Bei einem Kaffee an der Plaza San Isidoro um 8 Uhr 15 blickte ich hinauf zur Basílica und dachte über mein Gespräch mit dem Priester am Abend zuvor nach. »Welche Frage stellen Sie sich selbst?«, hatte er mich gefragt, um mir anschließend zu gebieten: »Sie müssen Ihr Ego loswerden!« Damit der diesjährige Camino eine echte Pilgerreise wurde, das wusste ich, musste ich diese Anweisungen ernst nehmen. Ich hatte keinen Grund gehabt, mich dem Aufseher in der Kathedrale von León zu widersetzen. Er hatte mich nur gebeten, hinter einer Seilsperre zu stehen, nicht, ohne Fallschirm aus einem Flugzeug zu springen. Wenn es mir auf der zweiten Hälfte des Weges nicht gelang, mein Ego zurechtzustutzen, konnte ich genauso gut gleich nach Hause fahren.

Heute bin ich allein gegangen, denn Christian und Dario hatten León noch am Abend verlassen, um ins zwanzig Kilometer entfernte Villar de Mazarife zu wandern. Nachdem wir uns den Viertelfinal-Sieg Spaniens über Paraguay in einer winzigen Bar in der Nähe ihres Quartiers angesehen hatten, waren sie auf der dunklen Straße verschwunden, während ich in mein *hostal* zurückkehrte.

Ich finde, die Nacht ist zum Schlafen da. Neun Tage ist es jetzt her, seit Dario mir auf der Cuesta de Mostelares zur Hilfe gekommen ist und *hospitalero* Christian in San Nicolás Wasser über unsere Füße geträufelt hat. Ich wusste nicht, ob ich sie auf diesem Camino noch einmal treffen würde. Jeder von uns muss schließlich seinen eigenen Weg gehen. Heute jedenfalls würde ich ihnen nicht begegnen, denn Hospital de Órbigo erreicht man entweder über Villar de Mazarife oder über Villadangos del Páramo. Da die beiden Etappen von Sahagún hierher meine Liebe zur ungezähmten Natur vorläufig ein bisschen gedämpft hatten, wählte ich die zivilere Route über Villadangos.

Von León bis La Virgen del Camino ziehen sich über sieben Kilometer trostlose Wohn- und Industriekomplexe hin. Das war 2001 schon kein schöner Anblick und ist es heute ebenso wenig. Als ich in der modernistischen Dominikanerkirche in Virgen del Camino José María Subirachs' Bronzeapostel abschreite, stimme ich das einzige englische Pilgerlied an, das ich kenne.

»He who would valiant be ‚'gainst all disaster
Let him in constancy follow the Master.
There's no discouragement shall make him once relent
His first avowed intent to be a pilgrim.
Da, da, da, da, da, da, da ... I'll fear not what men say
I'll labour night and day to be a pilgrim.«
(Wer tapfer trotz den Widrigkeiten
den mögest du, oh Herr, stets leiten.
Es befällt ihn kein Verzagen, und er wird auch nicht entsagen,
dem Schwur, getan vor vielen Tagen, eine Pilg'rin zu sein.
La, la, la, la, la, ... Auf Menschenwort geb ich nicht acht,
ich mühe mich bei Tag und Nacht, eine Pilg'rin zu sein.)

Es kam mir ziemlich passend vor, dass John Bunyan die Originalfassung dieses Lieds 1684 im Gefängnis geschrieben hatte, wo er wegen Widerstands gegen die kirchliche Obrigkeit saß. Ich hatte gar nicht gewusst, dass ich in so guter Gesellschaft war. Es stärkte mein Vertrauen darauf, dass nichts, nicht einmal mein gelegentliches Fehlverhalten, mich davon abhalten konnte, mich bald schon als richtige Pilgerin zu fühlen. Subirachs' Skulptur des heiligen Jakob deutete auf einen Pfad, der durch Brachland führte und anschließend an der N 120 entlang nach Villadangos. Shelagh und ich hatten 2001 dort übernachtet, doch heute war es erst zwei Uhr nachmittags, als ich bei der orangefarbenen Herberge ankam. Abgesehen von einem leichten Klopfen in meiner linken kleinen Zehe gab es keinen Grund, abzubrechen. Der *hospitalero* stempelte mein *credencial* mit einem Bild der Herberge und ermutigte mich weiterzugehen, solange ich mich fit genug fühlte. Hospital de Órbigo sei »wunderschön« und nur gut zehn Kilometer entfernt. Das sollte nach den sechsundzwanzig, die ich bereits hinter mir hatte, kein Problem sein.

Wie ich dort hingekommen bin, weiß ich nicht mehr.

Für die vier Kilometer zwischen grünen Mais- und Salatfeldern an der Straße nach San Martín brauchte ich nur eine Stunde. Dreißig Kilometer hatte ich schon bewältigt, vor mir lagen nur noch sechs. Aber trotz meines Optimismus in Villadangos hatte ich meine Leistungsgrenze erreicht, und das Gehen fiel mir schwer. Bereits wenige Minuten hinter San Martín bekam ich außerdem große Schmerzen. Nadelstiche in allen Zehen bei jedem Schritt. Eigentümlich hinkend kam ich bis zu einem Wasserturm, wo ich auf einer Bank neben einem Bewässerungsgraben zusammenbrach. Blaue Libellen tanzten über dem dunklen Wasser, und die Sonne brannte erbarmungslos auf meinen unbezahlbaren neuen Hut. Ich riss mir den rechten Stiefel herunter und warf ihn zu Boden wie anschließend auch die unschuldige Socke. Zerfetztes Fleisch hing unter meinem pochenden kleinen Zeh, der große sah aus, als würde er gleich platzen. Blasen unter jedem Zehennagel waren die Erklärung für das quälende Stechen. Ich würde in Hospital de Órbigo mit einer Sandale und einem Stiefel einmarschieren müssen.

Ich erinnere mich noch an den Anblick des Fliegenfischers, der unter einer der ältesten Brücken Spaniens, der Passo Honroso, hüfthoch im glitzernden Wasser des Órbigo-Flusses stand, während ich die zweihundert Meter Weg über die zwanzig Bögen der Brücke wie einen Lauf über glühende Kohlen empfand. Und selbst die Sandale musste ich mir herunterreißen, ehe ich die Hauptstraße betrat.

Der *hospitalero* im Albergue San Miguel hatte nicht auf meine Füße geschaut, denn er bat mich, die Schuhe auszuziehen. Auf einem gestiefelten Fuß hüpfte ich zur Rezeption und versuchte, an die angebotenen Kirschen zu kommen.

»Mögen Sie keine Kirschen?«

»Doch, natürlich.«

»Hier, nehmen Sie!«, sagte er und schob die Schüssel über seinen Tisch in Richtung meines Sessels.

Er stempelte den *sello* unter den von Villadangos, und ich humpelte hinauf in den ruhigen Schlafsaal mit den in trendigem Schottenkaro gemusterten Matratzen. Der Pilger auf dem *sello* trug einen Hut wie meinen, aber das war auch die einzige Ähnlichkeit. Mit wehendem Mantel und beiden Stiefeln an den Füßen überquerte er die Puente del Passo Honroso. Er ging nicht, sprang nicht, humpelte nicht, und keinesfalls hüpfte er einbeinig über die Brücke. Nein, er schwebte. Von León war er sicher nicht gekommen.

Nach dem Abendessen, es gab Forelle, studierte ich im Dunkel meines Zimmers meine Fotos. Ein Tourist hatte am Morgen vor dem Hotel Parador San Marcos in León einen Schnappschuss von mir gemacht. Ich saß neben der Skulptur eines mittelalterlichen Pilgers, der zu müde schien, auch nur die Augen zu öffnen und das prächtige Hotel wahrzunehmen. Ich starrte seine Füße an. Sie waren bandagiert, die Sandalen lagen daneben. Morgen, so schwor ich mir, würde ich diese Warnung, die ich heute so leichtfertig in den Wind geschlagen hatte, beherzigen.

Montag, 5. Juli 2010

Ich wandere 36,4 Kilometer von Hospital de Órbigo nach Rabanal del Camino

Ich hatte keineswegs vor, heute bis Rabanal zu wandern. Schon am 22. Juni hatten Alison und Ian in Burgos ihre Freunde, die britischen *hospitaleros* im Refugio Gaucelmo in Rabanal, per SMS informiert, dass eine neue Freundin von ihnen, Anne, am Dienstag, 6. Juli eintreffen werde. Also freute ich mich, als ich mich morgens im Albergue San Miguel an den Frühstückstisch setzte, auf einen kurzen Spaziergang in das nur sechzehneinhalb Kilometer entfernte Astorga. Solche Strapazen wie gestern wollte ich mir außerdem ganz bestimmt nicht wieder zumuten.

Der *hospitalero* schenkte mir um 6 Uhr 30 Kaffee ein, während ich in Ruhe eine Orange schälte.

Plötzlich schulterte der einzige weitere Pilger am Tisch so eilig seinen Rucksack, als hätte er den letzten Aufruf zu seinem Heimflug vernommen.

»Ich muss es bis morgen so nah wie möglich an den *monte* schaffen«, erklärte er, bevor er durch den Eingangsbereich entschwand.

»Von was für einem *monte* redet er?«, fragte ich den *hospitalero*, der bereits das Geschirr des gestressten Pilgers abräumte.

»Ich zeige es Ihnen. Kommen Sie.«

Im Wintergarten stand ein Glastisch mit einer Zeichnung der verbleibenden Etappen des Camino ab Hospital de Órbigo. Gestern war ich direkt daran vorbeigegangen, um im Garten meine Füße zu versorgen. Egal – hätte ich gesehen, was der *hospitalero* mir jetzt zeigte, wäre ich vielleicht Sonntagnacht barfuß nach Rabanal gelaufen, anstatt zu schlafen. Abgesehen von einem kleinen Hügel sieben Kilometer von hier war das Höhenprofil bis Astorga ziemlich flach. Nach Astorga jedoch stieg die Linie über zweihundertachtzig Meter kontinuierlich an. Das war nicht weiter beunruhigend, da ich mir diese zwanzig Kilometer ja erst für morgen (den 6. Juli) vorgenommen hatte. Doch das Profil nach Rabanal verlief himmelwärts, und die Strecke zum Gipfel gleich nach dem Cruz de Ferro (Eisenkreuz) war viel kürzer. Das war der *monte*, zu dem der Frühstückspilger nun wie um sein Leben lief. Ich bekam einen Schreck und beschloss, ebenfalls so viel wie möglich von diesem *monte* heute schon hinter mich zu bringen. Ich musste ja nicht gleich bis Rabanal kommen, El Ganso würde reichen.

Doch als ich an der Walnussplantage und dem Kohlfeld vorbei war und die Straße in das »kleine, windgepeitschte Dorf« El Ganso mit seiner »exzentrischen Cowboy-Bar im Zentrum« führte, war es erst drei Uhr. Ich bestellte an der Bar einen doppelten *cortado* und setzte mich im Hof unter einen großen Sonnenschirm, um mich mit mir selbst zu beraten. Meinem »Gelben Buch« zufolge war Rabanal verlockend nah – nur sieben Kilometer entfernt. Über dem Eintrag El Ganso oben auf der Seite standen immer noch Hans' Name und seine alte Düsseldorfer Adresse. Er hatte sie 2001 hineingekritzelt und mich eingeladen, ihn irgendwann nach dem Camino zu besuchen. Hier hatten wir Lebensgeschichten ausgetauscht, während wir uns auf dem Weg nach Rabanal auf genau diesen grünen Plastikstühlen ausruhten. Zum ersten Mal seit unserem (vermeintlichen) ersten Blickkontakt in Logroño drei Wochen zuvor wanderten wir zusammen. In Santo Domingo hatten wir uns unterhalten, in León waren wir näher miteinander bekannt geworden, aber erst die Wanderung von Astorga nach Rabanal hatte uns Freundschaft schließen lassen.

Im Hof der Cowboy-Bar hatte ich ihm meine bedauerliche Serie beruflicher Missgeschicke offenbart, die der hauptsächliche Grund für meine Enttäuschung über das Leben waren:

»Was hast du denn in Nicaragua gemacht?«, will Hans wissen.

»Den Sandinisten beigebracht, wie man die Baumwollratten in Schach hält.«

»Kanntest du dich damit aus?«

»Nicht im Geringsten, wie sich herausstellte.«

»Warum hat man denn dann dich hingeschickt und nicht einen Experten?«

»Ich war die Expertin. Ich hatte gerade in Vancouver frisch meinen Master in Seuchenbekämpfung gemacht. Auf dem Papier war ich Spezialistin.«

»Hast du denn überhaupt etwas bewirken können?«

»Nein. Als ich nach einem Jahr wieder abreiste, gab es sogar noch mehr Ratten als bei meiner Ankunft. Sie fielen über die Ernte her.«

»Hast du Ratten getötet?«

»Nicht eine einzige. Doch, einmal! Mein Fahrer warf einen Stein nach einer, die im Zuckerrohr saß. Das arme Ding sah den Stein nicht kommen.«

Hans hatte wenig über seinen Beruf erzählt, nur, dass er »Komiker« sei. Erst später am Abend, in Rabanal, enthüllte er das Gesamtpanorama seines Broterwerbs. Ich dachte an jenen denkwürdigen Abend und wusste, wenn ich heute in El Ganso blieb, würde ich morgen zu früh in Rabanal eintreffen, um dort zu übernachten. Das Abendgebet in Rabanal wollte ich ebenso wenig verpassen wie die Gelegenheit, den ganzen Abend in dem Restaurant, in dem Hans mir verraten hatte, wer er wirklich war, an mir vorüberziehen zu lassen.

Der Eigentümer der Cowboy-Bar half mir bei der Entscheidung. Als er meine Tasse abräumte, erklärte er mir, bis Rabanal seien es nur noch neunzig Minuten.

»He, *hombre*, immer mit der Ruhe!«, rief er mir nach, als er davoneilte. »Sie haben Zeit!«

»Nein, hab ich nicht. Die Mönche singen das Abendgebet, das will ich nicht verpassen. Ich muss mich beeilen.«

»Ja, um acht! Wenn Sie in dem Tempo marschieren, sind Sie in einer halben Stunde dort. ¡Despacio! (Langsam!)«

Es war zehn vor vier am Nachmittag. Um zwanzig nach vier war ich noch nicht einmal in der Nähe von Rabanal.

Ich kehrte also zurück in das wilde Grasland der Umgebung von El Ganso und betrachtete skeptisch das Graffito auf einem blau-gelben Camino-Schild.

»Geh, Pilger ... geh, aber geh langsam!«

Das klang mehr nach einer ärztlichen Anweisung als nach einem guten Rat.

Jenseits der Straße sah ich von meinem steinigen Pfad neben einem Kiefernwald aus große Gruppen immergrüner Eichen und zähe Disteln in den Wiesen, die sich bis zu den fernen, schneebedeckten Tolanes-Bergen hinzogen. Doch mich interessierte nur das Hinweisschild, das aus dem glühenden Asphalt wuchs. »Rabanal del Camino 2,2« stand da. Um 17 Uhr 5 Uhr. Plötzlich wurden meine Oberschenkel ganz steif und ich stakste einher wie auf dem Weg nach Burgos. Als ich einmal vor Schwäche rückwärts in einen Maschendrahtzaun stolperte, entdeckte ich Hunderte von grob gearbeiteten Kreuzen aus Zweigen, die durch den Draht geflochten waren. Sieht so aus, als würde auch ich hier das Zeitliche segnen, dachte ich und bedauerte schon, El Ganso verlassen zu haben. Schließlich stand ich auf, brüllte einen Fluch in das unaufhörliche Summen der Insekten und schleppte mich nach Rabanal, wo ich um 18 Uhr 20 eintraf. Für die letzten 2,2 Kilometer hatte ich fünfundsiebzig Minuten gebraucht.

An der Tür des Refugio Gaucelmo begrüßten mich drei *hospitaleros*.

»Bitte, setzen Sie sich«, sagte Betty aus Schottland.

»Geben Sie mir Ihren Rucksack«, befahl Dugald, ihr Ehemann.

»Soll ich Ihnen ein Glas Wasser bringen?«, wollte Betty wissen.

»Darf ich Ihr *credencial* haben?«, fragte Gene aus Colorado.

»Alison und Ian lassen Sie grüßen«, keuchte ich, nachdem das kalte Wasser meine Lebensgeister wieder geweckt hatte.

»Die beiden haben Sie für morgen angekündigt. Wie haben Sie denn das geschafft?«

»Keine Ahnung. Bis El Ganso war alles prima, dann nur noch furchtbar.«

»Hier, ich trage Ihnen das Gepäck zum Bett«, bot Gene an, nachdem er mein *credencial* gestempelt hatte.

»Danke. Gehen Sie heute zum Abendgebet?«

»Um sieben. Das Abendgebet ist um sieben«, erklärte Betty.

Die Kirche Santa María war voll mit Pilgern, die den Blick auf das einfache Kruzifix in der steinernen Apsis gerichtet hielten. Ein riesiger Strauß weißer Lilien verbarg zum Teil den Altar, nicht aber die beiden Mönche, die in schwarzen Kutten zu beiden Seiten des Altarraums standen.

»Deus, in adiutorium meum intende. Domine, ad adiuvandum me festina«, sangen die Mönche auf Lateinisch: »O Gott, komm mir zur Hilfe. Herr, eile mir zu helfen«.

Eine Bitte, die bestens zu meiner körperlichen Verfassung passte.

»Kaum haben wir das Tagwerk beendet, fühlen wir uns sicher in Deinem Glanz, wir seufzen, einfach weil wir länger für Dich gelebt haben, das ist unser Dankeslied«, sangen sie und nahmen mir damit die Worte aus dem Mund. Dankbar setzte ich mich.

»Und Du, Herr ... reinige uns von den Sünden, die wir tags begangen haben, und entflamme unsere Herzen während dieser Nacht auf ewig mit Barmherzigkeit.«

Die Hybris, die mich heute ergriffen hatte, war vergeben.

»Freuet euch im Herrn, o ihr Rechtschaffenen. Lob gebührt den Aufrechten«, sang der hochgewachsene Mönch zur Linken und tadelte mich damit auch, weil ich mich hingesetzt hatte.

»Lobet den Herren mit der Leier; auf zehnsaitiger Harfe spielet ihm auf«, antworteten der andere Mönch und wir, die Gemeinde, auf Lateinisch.

Ich fragte mich, wie wir die Harfe spielen sollten, während wir nach Santiago gingen, doch dann fiel mir ein, dass genau das jemand dieses Jahr tat. So eine Angeberei!

Die geschmackvoll ausgestattete Hostería El Refugio, die an der schmalen Calle Real gegenüber der Kirche liegt, war verglichen mit dem Abendgebet spärlich besucht. Ich ging durch den Barbereich in den *comedor* hinter einer Glastrennwand. Frische weiße Tischdecken lagen über den goldenen Tischüberzügen, und funkelnde Weingläser und Besteck warteten auf die Gäste. Eine Frau mit gelbem Kopftuch aß mit einem Teenager zu Abend, ein weiteres Paar in identischen blauen Westen mit Namensschriftzug bestellte gerade. Wegen ihrer Hemden, die der in der ehemaligen DDR üblichen Kugelstoßerkluft ähnelten, klassifizierte ich sie als Ostdeutsche. An meinem einsamen Posten am Rand des Speisesaals dachte ich zurück an das, was sich vor neun Jahren in eben dieser *hostería* zugetragen hatte:

»Möchtest du wirklich keinen Wein?«, frage ich Hans in einem erneuten Versuch, ihn von seinem Enthaltsamkeitsgelübde abzubringen.

»Nein, wirklich nicht«, lautet die Antwort.

»Wie wär's dann mit einem Bier? Komm schon, wenn ich allein trinke, komme ich mir vor wie eine Alkoholikerin.«

»Nein, danke. Ich muss einen klaren Kopf behalten.«

»Wozu? Wir müssen doch nichts weiter tun als jeden Tag wandern.«

»Ich weiß, aber bis wir in Santiago ankommen, trinke ich nicht. Dort lade ich dich im *parador* zu Champagner ein, versprochen.«

»Vielleicht lehne ich ja ab!«

»Wie du willst. Ich bleibe jedenfalls bei meinem Entschluss.«

Am anderen Ende der Glaswand, die uns vom Speisesaal trennt, macht sich eine laute Pilgertruppe über mich lustig.

»Hans, schau nicht hin, aber die Leute da drüben am Tisch starren uns an. Ich glaube, es sind Deutsche.«

»Ja, stimmt«, erklärt er.

»Warum schauen sie ständig rüber? Was ist so lustig an uns?«

»Anne, du leidest an Verfolgungswahn. Du bildest dir das nur ein.«

»Nein, tue ich nicht. Schau, jetzt schon wieder! Was ist so ungewöhnlich an einer Frau in einem Fußballtrikot? Und du siehst meiner Meinung nach total normal aus – dich starren sie sicher nicht an.«

»Beachte sie einfach nicht.«

»Wie denn? Sie verderben mir den Abend. Warum stört dich das gar nicht? Ich geh mal schnell auf die Toilette.«

Starren sie mich wegen meiner Haare an? Sie sind sehr kurz, das weiß ich, aber kapieren sie nicht, wie praktisch das auf dem Camino ist? Als ich von der Toilette komme, zucke ich zusammen, als ich sehe, dass Hans die Bierdeckel der Deutschen *signiert*, die jetzt unseren Tisch umzingelt haben. Die glücklichen Autogrammjäger schütteln mir die Hand und danken *mir* überschwänglich, als ich mich wieder setze.

»Was wollten die denn?«, erkundige ich mich bei Hans.

»Ach, bloß eine Wegbeschreibung.«

»Eine Wegbeschreibung? Du kennst dich doch hier auch nicht besser aus als ich.«

»Ich meine für Deutschland. Sie wollten eine Wegbeschreibung in Deutschland.«

»Mach dich nicht lächerlich! Was kann man hier damit anfangen? Und wozu die Händeschüttelei?«

»Sie waren einfach nur höflich.«

»Ha, ha! Hans, hältst du mich für bescheuert? Ich habe von der Treppe aus zugesehen. Du hast ihnen Autogramme gegeben, stimmt's?«

»Ja«, gesteht er schuldbewusst.

»Hans!«, sage ich verwirrt. »Wer bist du?«

Die deutschen Pilger schauen immer noch zu uns her, aber jetzt freundlicher, und ich lächle zurück, während Hans mir erklärt, was sie bereits wissen.

»Möchtest du noch ein Bier?«, fragt Hans, der weiß, dass ein kleiner Schluck bei dieser unerwarteten Wendung der Dinge nicht schaden kann.

»Ja, bitte. Danke.«

»Also, Anne, wie bereits gesagt, ich bin Komiker«, erklärt er, während er mein Bier und ein Mineralwasser für sich auf den Tisch stellt.

»Ja, aber warum wissen diese Leute, wer du bist? Ich würde kaum einen englischen Komiker erkennen. Außer, ich hätte ihn im Fernsehen gesehen.«

»Na ja, sie haben mich in Deutschland in einer Fernsehsendung gesehen.«

»Ach so. Was für eine Sendung?«

»Eine deutschlandweit ausgestrahlte Sendung.«

»Wie, eine eigene Sendung?«

»Ja.«

»Verstehe.«

Einen Augenblick lang bleibe ich still und verdaue die Neuigkeit.

»Willst du damit sagen, dass dich in Deutschland jeder kennt?«

»Nicht ganz. Nur die Leute, die meine Sendung sehen.«

»Und wie viele sind das? Läuft deine Sendung im Spätprogramm oder wann?«

»Äh, zur Hauptsendezeit.«

»Nun mal ganz langsam«, sage ich. »Du hast eine eigene Show zur Hauptsendezeit im deutschen Fernsehen. Du bist also in Deutschland ein Prominenter?«

»Ja, Anne, das muss ich zugeben.«

»Wie berühmt bist du genau?«

»Wie soll ich diese Frage beantworten? Schwer zu sagen.«

»Hm, versuchen wir es so. Kennst du irgendwelche britischen Komiker?«

»Ja, ein paar.«

»Okay. Welche britischen Fernsehkomiker sind so bekannt wie du?«

»Hm. Lass mich überlegen ... na, ich würde sagen, French and Saunders.«

Ich starre ihn schweigend an. Meint er das ernst?

»Ernsthaft, Hans? Du bist so bekannt wie French and Saunders?«

»Ja, ich glaube schon.«

»Das ist doch ein Scherz, oder?«

Jetzt verstehe ich die Blicke und das nervöse Gekicher der deutschen Pilger, auch wenn ich ihre Aufregung beim Anblick von Hans nicht nachvollziehen kann. Wenn ich allerdings plötzlich Steffi Graf gegenüberstünde, könnte ich mich vielleicht auch nicht mehr normal verhalten. Für mich ist Hans bloß ein Freund auf dem Camino. Ich spüre, wie erleichtert er darüber ist, dass ich nichts von seinem Ruhm weiß. Mit jeder Sprosse der Karriereleiter ist es für ihn wohl schwieriger geworden, normale Freundschaften zu schließen. Das erklärt, warum er in Santo Domingo und León gleich solches Interesse zeigte – er versuchte, mit jemandem in Kontakt zu kommen, von dem er das Gefühl hatte, es könnte eine echte Freundschaft werden. Er suchte nach jemandem, mit dem er sprechen konnte, ohne dass sein Ruhm jede Spontaneität zunichte machte. Er suchte nach jemandem, der keine Ahnung hatte, wer er ist.

»Was für eine Art Komiker bist du, Hans?«, fragte ich nach einer kurzen Weile.

»Ich mache Sketche. Ich gebe mich als jemand anderes aus oder lege Politiker und andere Leute herein.«

»Aha, du spielst Streiche. Du bist also eine Art Lausbub. Nenn mir ein Beispiel.«

»Na ja, einmal habe ich mich als Königin Beatrix der Niederlande verkleidet und hätte es fast geschafft, in Berlin an einem

Staatsempfang teilzunehmen. Bevor irgendwer etwas ahnte, war ich schon im Flur. Die echte Königin kam, kurz nachdem man mich rausgeworfen hatte. Ach ja, und bei einem anderen Sketch spielte ein Trabant eine Rolle.«

»Ein Trabi! Mein Lieblingsauto! Was passierte da?«

»Ich rief eine Familie in Ostdeutschland an, die viele Jahre auf der offiziellen Warteliste für einen Trabant gestanden hatte. Ich sagte ihnen: ›Gratuliere! Ihr Trabi ist schon da!‹ Aber: Mensch, Anne, die Mauer war bereits gefallen und die Familie wollte längst keinen Trabi mehr. Sie hatten sich einen neuen, kapitalistischen Peugeot gekauft und waren damit sehr glücklich. Ich erklärte ihnen: ›Na, da können Sie Ihren Peugeot aber vergessen, wo Ihr Trabi jetzt da ist.‹ Ein Abschleppwagen hat dann den Peugeot aufgeladen und ist mit ihm weggefahren.«

»Hans, oh nein!«, warf ich ein. »Das ist doch grausam! Sie haben ihr Auto aber zurückbekommen, oder?«

»Ja, natürlich. Aber in der Zwischenzeit habe ich sie mit dem Trabi spazieren gefahren. Ich sagte: ›Sehen Sie, er hat alle modernen Extras – hier zum Beispiel die Standheizung‹, und zeigte ihnen einen Föhn. ›Und das ist die Hi-Fi-Anlage‹, fuhr ich fort und steckte eine Kassette in einen Ghettoblaster auf dem Boden.«

»Sie haben nicht geahnt, dass du ihnen einen Streich spielst?«

»Nein. Oder ja, doch, aber erst ganz zum Schluss.«

»Ach, Hans, die armen Ostdeutschen!«

Als der Kellner mit dem zweiten Gang kam, wischte ich mir mit der Serviette verstohlen über die Wange. Bestimmt sah er, dass ich geweint hatte. Ich hoffte, dass er nicht annahm, es hätte an der Suppe gelegen. Das köstliche Essen konnte ich an diesem Abend kaum genießen. Zwei weitere Paare kamen, nun aßen also neun Menschen hier zu Abend – das machte meine Einsamkeit nicht besser. Ich war die Einzige hier, die allein aß. Der Gegensatz zwischen meinem Abend mit Hans und meiner heutigen Einsamkeit war demoralisierend. Mein Camino von 2001 war nicht wiederholbar. Schwester María Anunciación hatte mir erklärt, die Pilgerreise sei zu Ende, sobald man die

Antwort auf seine Fragen gefunden habe. Dann könne man nach Hause fahren. Das sollte ich wohl tun, dachte ich, während ich mein eiskaltes Wasser in großen, schluchzenden Schlucken herunterstürzte. Heimfahren.

Meine Gefühle überwältigten mich an diesem Abend. Das hatte ich genauso wenig kommen sehen wie seinerzeit die kleine Baumwollratte den Stein, den mein Fahrer geschleudert hatte. Der Camino bringt die verborgensten Gefühle ans Tageslicht, breitet sie vor einem aus und sagt: »Da! Na los! Mach was draus!« Irgendwann merkte ich, dass der Speisesaal leer war. Die vier Pärchen waren schon ins Refugio Gaucelmo zurückgekehrt, während ich vergangenen Zeiten nachtrauerte. Ich nahm meine Weinkaraffe und das Glas und wechselte in die Bar. Am ersten Tisch jenseits der Buntglasscheibe saß Gene, unser amerikanischer *hospitalero*.

War das nicht der Tisch, an dem ich mit Hans den Abend verbracht hatte?

»Hallo, Gene«, sagte ich. »Hast du was dagegen, wenn ich mich zu dir setze?«

»Nein, überhaupt nicht, bitte!«, antwortete er und blickte von seinem Laptop auf, der auf dem Tisch stand.

Unserem Tisch?

»Was machst du?«, fragte ich, während ich meinen Wein und meinen Hut neben seinen Computer legte.

»Ach, ich checke bloß mal unsere Website.«

»Welche?«

»The American Pilgrims on the Camino. Ich betreue sie.«

»Wie kamst du in den Vereinigten Staaten dazu, dich für den Camino zu interessieren?«

»Ach, ich hatte ein paar Sachen darüber gelesen«, erzählte er. »Nicht das Buch von Shirley MacLaine – da weiß ich sowieso, was drin steht –, aber andere, zum Beispiel das von diesem Deutschen.«

Die Vergangenheit war unentrinnbar und ich in ihrem weltweiten Netz gefangen.

»Ich habe MacLaines Buch auch nie gelesen, habe aber das Gefühl, es zu kennen«, sagte ich. »Die Amerikaner auf meinem ersten Camino sprachen ständig darüber. Ich habe nie verstanden, wozu sie einen indianischen spirituellen Führer brauchte, wo sie doch bloß den gelben Pfeilen folgen musste.«

Gene war ein Amerikaner wie aus dem Bilderbuch, Inbegriff eines Mannes, der alles unter Kontrolle hat. Sein stahlgraues Haar passte farblich perfekt zu seiner Brille mit dem grauen Stahlrahmen. Sein akkurat gebügeltes blaues Hemd erinnerte mich an etwas, das ich auf dem Camino vermisste – ein Bügeleisen.

»Seit sie hier war, sind fünfundzwanzig Jahre vergangen. Vielleicht gab es die gelben Pfeile damals noch nicht«, mutmaßte er.

»Was halten Sie von dem Buch des Deutschen?«, fragte ich, zuversichtlich, eine ehrliche Antwort zu erhalten, da er mich nicht kannte.

»Na ja, er hat die Pilgerreise in einer Art Krise begonnen und war anderen Pilgern gegenüber ziemlich kritisch. Aber am Ende hat er sich verändert«, ließ mich Gene wissen.

»Inwiefern?«, fragte ich und dachte dabei an den unveränderten Hans, den ich vier Monate zuvor in Berlin getroffen hatte.

»Na ja, er konnte mehr akzeptieren.«

»Zum Beispiel? War er anderen Leuten gegenüber toleranter?«

»Ja, das glaube ich schon. Er ging mit zwei Frauen nach Santiago, die er unterwegs kennengelernt hatte. Und weißt du, da ist wirklich *Nähe* entstanden!«

Ach, tatsächlich? Gene wirkte so überrascht über den Gedanken, dass zwischen einem Star und zwei gewöhnlichen Frauen echte Nähe entsteht, dass ich mehr über seine Sichtweise unseres Trios erfragen musste.

»Dann denken Sie also, dass er sich unter normalen Umständen nie mit diesen Frauen angefreundet hätte?«

»Ja, das glaube ich. Es wäre nicht dazu gekommen. Aber er ist unterwegs viel offener geworden.«

»Ich glaube nicht, dass der Camino überhaupt irgendjemanden verändert«, sagte ich. »Er zeigt uns nur, wer wir wirklich sind. Ob man sich dann verändern will, muss man selbst entscheiden.«

Doch Genes Gedanken waren bereits ganz woanders.

»Wissen Sie was?«, sagte er. »Ich glaube, es könnte in Rabanal gewesen sein.«

»Was denn?«

»Dass er einer dieser Frauen sagte, wer er ist. Vielleicht ist es genau hier gewesen!«

»Ja, hier war es«, sagte ich.

Gene hörte es gar nicht.

»Ja, ich glaube wirklich, es war hier. In Rabanal!«, rief er aufgeregt.

»Ja, ich glaube auch, wenn ich mich recht erinnere«, sagte ich.

»Sie erinnern sich richtig!«, rief Gene und gab aus dem Gedächtnis die Ereignisse jenes Abends wider. Er kannte die Druckversion besser als ich. Aber er wusste nicht alles.

»Ja, ja, ich erinnere mich an diese Geschichte, Gene«, sagte ich, als er einmal eine Atempause einlegte.

»Ja!«, sagte er, inzwischen ziemlich laut. »Ich glaube, es war sogar hier, in *dieser* Bar!«

»Ja, war es«, erklärte ich nervös, unsicher, wie ich diese unbeabsichtigte Maskerade beenden sollte. Aber Gene war nicht zu stoppen.

»Es kann wirklich hier gewesen sein! Sehen Sie, da drüben ist die Toilette, wo sie hinging!«

»Ja, Sie haben recht.«

»Ja! Und vielleicht saßen sie an *diesem* Tisch! Genau wo wir jetzt sitzen!«

»Ja, es war tatsächlich an diesem Tisch.«

»Könnte doch sein, oder? An diesem Tisch! Oder vielleicht an dem da drüben?«

»Nein, es war an diesem hier, Gene.«

»Ja! An diesem, meinen Sie? Nicht an dem da drüben?«

»Es war dieser hier.«

»Ja, ich glaube, Sie haben recht«, schloss er.

»Ich weiß es, Gene. Ich bin Anne.«

Mehr brauchte ich nicht zu sagen. Gene schloss seinen Laptop so plötzlich, dass ich um das Überleben der Website für die American Pilgrims on the Camino fürchtete. Dann schlug er beide Hände vor den Mund und starrte mich an.

»Ach! Sie sind Anne?«, japste er ungläubig.

»Gene, es tut mir wirklich leid. Ich wusste nicht, wie ich es Ihnen sagen sollte. Als Sie das Buch erwähnten, wollte ich nur Ihre Meinung darüber wissen. Es tut mir wirklich, wirklich leid.«

»Nein, nein, ich verstehe das vollkommen«, meinte er großherzig.

Ich bin nicht sicher, ob ich zu dieser Großzügigkeit fähig gewesen wäre. Gene gewann seine Fassung rasch wieder und ich merkte, dass wohl kein bleibender Schaden entstanden war.

»Warum gehen Sie den Camino noch einmal?«, wollte er dann wissen, wieder so ruhig wie vor meinem Geständnis.

»Um seinen Sinn zu erfassen. Ich schreibe diesmal mehr auf und stelle mehr Fragen. Bisher ist der Rat einer Nonne, auf meine Bedürfnisse zu hören, die wertvollste Antwort gewesen.«

In seiner Eigenschaft als Webmaster der amerikanischen Pilger scrollte er auf der Suche nach der Rezension von »Ich bin dann mal weg« durch die Liste empfohlener Bücher.

»Wissen Sie«, sagte er, »dieses Buch ist ein Sensationserfolg gewesen. Es hat sehr viele deutsche Pilger auf den Camino gebracht. Ich verfolge die Verkaufszahlen schon eine ganze Weile, aber ich glaube, jetzt ist der Höhepunkt überschritten.«

»Worauf führen Sie diesen Erfolg zurück?«

»Na ja, berühmt war er ja schon«, sagte Gene ehrlich. »Nur bekannte Leute wie er, Shirley MacLaine oder Paulo Coelho können Bücher über den Camino veröffentlichen. Wozu sollten Leute, die den Camino gegangen sind, über die Reise eines anderen Pilgers lesen wollen? Am Ende geht es beim Camino nur um die eigene Erfahrung.«

In El Acebo hatte Hans mich in einem Gespräch, das mir mit jedem Tag lebendiger in Erinnerung kommt, zum Schreiben gedrängt.

»Anne, du könntest das. Du musst schreiben! Wenn du schreibst, wie du redest, wird es klappen. Tu es einfach!«

Ich war seiner Aufforderung in all den Jahren nicht gefolgt. Und jetzt, wo ich drauf und dran war, es zu wagen, erklärte mir Gene, es sei sinnlos. Ich war nicht berühmt genug, um veröffentlicht zu werden.

»Welche Bücher würden Sie mir denn empfehlen?«, fragte ich vorsichtig.

»Mir gefällt ›The Pilgrim's Guide to Santiago de Compostela‹ (Pilgerführer nach Santiago de Compostela) von William Melczer und ›Walk in a Relaxed Manner‹ (Entspanntes Gehen) von Joyce Rupp.«

Entspanntes Gehen? In meinem Kopf explodierten die berühmten Worte des streitlustigen Tennisspielers John McEnroes: »Das kann nicht dein Ernst sein!«

»Haben Sie noch Kontakt zu ihm?«, wollte Gene wissen.

»Zu wem?«, wollte ich erst witzeln. Aber ich ließ es bleiben. »Natürlich. Die Nähe, von der er schrieb, war echt. Und ist es geblieben.«

»Schauen Sie!«, sagte er und zeigte mir seinen Computerbildschirm. »Hier ist eine Rezension seines Buches. Da steht: ›... er freundet sich an mit ...‹, – und das sind wohl Sie.«

»Das mag schon sein. Ich hol mir noch was zu trinken, Gene, mögen Sie auch was?«

»Nein, danke, herrje, schon so spät! Ich muss um halb elf die Herberge abschließen, wir haben nur noch zehn Minuten!«

»Können Sie nicht eine Ausnahme machen? Ich hab das Bier gerade bestellt.«

»Zehn Minuten noch! Mehr nicht!«, entgegnete er, klappte seinen Computer zu und ging durch die Bar davon.

Für wen hielt ich mich, um eine Ausnahme zu bitten? Für eine Prominente?

Dienstag, 6. Juli 2010

Ich wandere 25 Kilometer von Rabanal del Camino nach Molinaseca

Ich machte die Hitze dafür verantwortlich, dass ich um vier Uhr morgens wach wurde, aber was mich wirklich aus dem Schlaf gerissen hatte, waren meine unruhigen Gedanken. Das einsame Abendessen ein paar Stunden zuvor in der Hostería El Refugio und das seltsame Gespräch mit Gene hatten sich zu der Erkenntnis kondensiert, dass es kein Zurück gibt. Die Vergangenheit ist nicht mehr als eine Erinnerung. Wenn ich das nicht akzeptieren konnte, würde ich meine letzten zehn Tage auf dem Weg nach Santiago damit vergeuden, mich in leerer Nostalgie nach meinen abwesenden *compañeros* zu sehnen. Denn genau von Rabanal an waren Hans und ich unzertrennlich gewesen, während die autonomere Shelagh immer ein paar Tassen Kaffee weiter vorn oder weiter hinten war. Dieses Jahr Santiago zu erreichen, das wusste ich, würde bedeuten, 2001 zu vergessen und stattdessen entsprechend Buddhas Rat den Augenblick zu leben.

Beim Frühstück sprach die Frau mit dem gelben Kopftuch von gestern Abend, Christina, mit Betty und Dugald über einen neuen Hollywoodfilm. Diesmal waren ihre beiden Söhne, Noah und Isaac, bei ihr, und ich dachte, sie musste den beiden Jugendlichen eine großartige Mutter sein, wenn sie so begeistert mit ihr einen derart anstrengenden »Urlaub« verbrachten. Ich lauschte schweigend, denn ich wollte niemandem mit meiner Melancholie den Morgen verderben.

»Der Film heißt ›The Way‹«, sagte sie. »Martin Sheen spielt darin einen Vater, dessen Sohn auf dem Camino ertrunken ist. Er kommt daraufhin nach Spanien, um die Asche seines Sohnes auf dem Camino zu verstreuen. Dabei entwickelt er mehr Verständnis für ihn.«

Ich versuchte mir vorzustellen, wo es am Camino genug Wasser gab, um zu ertrinken, als Christina hinzufügte: »Und ich habe ein paar Deutsche kennengelernt, die mir erzählt haben, sie seien wegen des Buches hier, das ein deutscher Komiker geschrieben hat.«

Gene, der schnell unsere Kaffeetassen auffüllte, warf mir einen Blick zu. Ich kaute meinen Toast und hielt den Mund. Christina und ihre Söhne wussten nach dem Frühstück nicht mehr über mich als vorher.

Betty und Dugald verkauften mir das neueste »Gelbe Buch« – eine Kopie des 2010 erschienenen Führers der English Confraternity of Saint James. Überreden mussten sie mich dazu nicht. Ich steckte es griffbereit in der Pole Position ein, über meinem »Gelben Buch« von 2001. Es war an der Zeit, mich nicht mehr auf Sammlerstücke zu verlassen. Als ich aus dem Refugio Gaucelmo trat, empfahlen sie mir, später in der Woche in Ruitelán zu übernachten und »der Musik zu lauschen«.

»Ruitelán? Nie gehört«, sagte ich darauf. »Und was für eine Art Musik ist das?«

»Ach, wenn wir dir das erzählen, ist es keine Überraschung mehr«, meinte Betty, und dann öffnete Gene das Tor und die drei *hospitaleros* winkten mir zum Abschied nach.

Es war 7 Uhr 40 und ich verließ als letzte Pilgerin Rabanal.

Vor mir lagen dreihundertachtundsechzig Höhenmeter Anstieg auf den Monte Irago. Der sandige Pfad den Berghang hinauf verlief durch Besenginster, Farnkraut, Eichengruppen und massenweise purpurfarbenen Fingerhut. Warum der deutsche Mönch Künig von Vach diese Landschaft so gehasst hatte, war unverständlich. 1495 hatte er nach seiner Rückkehr vom Camino geschrieben: »Mein Rat ist, dass du dich von Rabanal fernhältst.« In Foncebadón muss sich seine Laune aber doch gebessert haben! Ich jedenfalls empfand es heute bei meiner Ankunft als die reinste Augenweide. Vor neun Jahren noch halb in Ruinen, war das winzige, im zwölften Jahrhundert von dem Eremiten Gaucelmo gegründete Dorf inzwischen eindrucksvoll restauriert. Drei Herbergen, eine Bar und ein Hotel gruppierten sich an dem ehemals so gut wie verlassenen Hang. Hans und ich waren damals darauf vorbereitet gewesen, wilde Hunde mit Steinen vertreiben zu müssen. Als ich jetzt in der Albergue de Monte Irago meine erste Kaffeepause an diesem Tag einlegte, fühlte ich mich selbst wie restauriert. Im Moment hatte ich keine Sehnsucht nach abwesenden Gefährten. Die körperliche Anstrengung, die Aussicht und das wunderbare Wetter hatten mein Selbstmitleid bezwungen, und mein Gemüt war heiter wie der wolkenlos blaue Himmel über mir. Mein Gefühl, nach Hause zu kommen, verstärkte sich, als ich draußen Leute in unverkennbarem Yorkshire-Dialekt reden hörte. Ich war siegestrunken, denn mir war ein kleiner Kraftakt des »inneren Wiederaufbaus« gelungen. Mein halb leeres Glas war jetzt halb voll, und das hatte kaum sechs Kilometer in Anspruch genommen. Ich stempelte mein *credencial* mit dem Lotusblüten-*sello* der Herberge und machte mich wieder auf den Weg, um die Leute aus Yorkshire einzuholen.

Ich musste zwei Kilometer über die glutheiße, mit gelber Schafgarbe und gelbem Ginster bewachsene Hochebene bis an den Fuß des Cruz de Ferro hasten. Mit den sechs Männern aus Sheffield, die tags zuvor in Astorga ihren Camino begonnen hatten, Schritt zu halten, war nicht einfach. An den berghohen Steinhaufen gelehnt, der Gaucelmos Eisenkreuz aufrecht hielt, berichteten sie, wie die englische Regenbogenpresse das Versagen einiger unserer Spieler in der WM erklärte. Pat meinte, wenn sie »ausgelaugt« und »deprimiert« wirkten, liege das nicht an der langen Fußballsaison zu Hause, sondern an ihrem ausschweifenden Privatleben. Sogar Franz Beckenbauer kann unmöglich angenommen haben, dass sie *derartig* dumm spielten. Eine Busladung Touristen fügte dem Steinhaufen ihren Beitrag hinzu und begrub den Lapislazuli und den einfachen Kiesel, die Hans und ich 2001 hinterlassen hatten, noch tiefer.

Hinter dem Kreuz wand sich eine Straße durch derbe Heide und hohes Gras nach El Acebo.

»Hallo«, rief jemand von der Straße her.

Als ich den Kopf aus dem Gras streckte, sah ich Bob, den jungen holländischen Pilger, dessen Namen ich aussprechen kann. Dass ich mit diesem bärenstarken Neunzehnjährigen gleichauf war, erfüllte mich mit Stolz, und ich hoffte, er würde auch bemerken, wie schnell ich vorangekommen war. Er wirkte tatsächlich überrascht.

»Hallo«, sagte ich. »Wie weit gehst du heute?«

»Bis Molinaseca.«

»Ich auch. Oder sogar noch bis Ponferrada.«

»Nein, das ist mir zu weit«, sagte er kategorisch. »Ich mache immer um zwei Uhr Schluss, egal, wo ich bin.«

Auch wenn du auf dem Monte Irago in einem Ginsterbusch sitzt?, wollte ich fragen.

Aber Bob war mit seinen langen Schritten schon hinter dem Holzschuppen und wieder auf dem Pfad durch das Heideland. Ich betrat die rudimentäre Herberge und schenkte mir aus der Kanne, die dort für durstige Pilger bereitsteht, Kaffee ein. Zwischen den zum Verkauf angebotenen Souvenirs standen mehrere Bücher über den Camino, »Ich bin dann mal weg« allerdings nicht, was mich auch nicht überraschte. Hier hatte Hans einem halb verdursteten, angebundenen Hundewelpen eine Schüssel Wasser gebracht und seinen Herrchen eine Standpauke gehalten. Er wird sich freuen, von mir zu erfahren, dass er mit dem Verzicht auf diesen kleinen Absatzmarkt einen erheblichen Beitrag zum Tierschutz in Manjarín geleistet hat. Heute lässt sich kein Haustier blicken.

Zwei Kilometer weiter und sechsundsechzig Meter höher als das Kreuz erreichte ich den Gipfel des Monte Irago, mit 1517 Meter der höchste Punkt des Camino. Die tiefgrünen Gletschertäler der umgebenden Berge erstreckten sich bis weit in den Süden. Am dunstigen Horizont waren Windmühlen auszumachen. Zwischen mir und Molinaseca lagen nun noch El Acebo und Riego de Ambrós, gut neunhundert Höhenmeter Abstieg und dreizehn Streckenkilometer – durchaus eine Herausforderung. El Acebo tauchte wie aus dem Nichts hinter einem Ginsterbusch auf, und es kam mir vor, als hätten sich alle Pilger aus Rabanal in diesem Dorf, das wie geleckt wirkt, zum Mittagessen verabredet. Große Gruppen von Pilgern verstellten die Straße vor der Tür eines Cafés und schwenkten in stolzer deutscher Manier Biergläser.

»Hallo, Anne! Was soll ich dir bringen?«, rief Pat, als er mich entdeckt hatte.

»Oh, nein, nein, Pat. Es ist zu heiß. Ich trinke nur Wasser. Trotzdem danke.«

Drinnen in dem kühlen, dunklen Café, einer willkommenen Zuflucht vor der sengenden Sonne unterwegs, begrüßten mich Christina und einer ihrer Söhne. Als ich, ein riesiges *bocadillo de tortilla* in der Hand, vom Tresen kam, sprach mich eine Frau an, die ich noch nie gesehen hatte.

»Hallo, Anne! Ewelina lässt dich grüßen.«

»Ach, Ewelina! Grüß sie bitte auch. Wo ist sie?«

»Sie hat sich das Knie verletzt und ist heimgefahren. Aber irgendwann kommt sie mir ihrem Mann und probiert es noch einmal.«

»Ich habe mich schon gefragt, wo sie abgeblieben ist. Aber wie hast du mich erkannt?«

»Ewelina hat mir gesagt, dass du den Camino machst. Und wir in Deutschland kennen dich. Kann ich ein Foto mit dir haben?«

»Na klar.«

Während die Kellnerin mich zwischen der Pilgerin und ihrem Freund fotografierte, überlegte ich, ob die Deutschen wohl glauben, dass ich nie woanders bin als auf dem Camino. Ob Hans' Leser die Vorstellung haben, dass ich immer noch durch Nordspanien wandere, dazu verdammt, auf alle Ewigkeit allein umherzuirren wie der Geist von Hamlets Vater in Gemäuern von Elsinore? Niemand wirkt je im Geringsten überrascht, mich zu treffen.

Die Steinhäuser von El Acebo thronen keck auf einem Grashügel unter dem steilen Heideland von Manjarín und über dem noch steileren Abhang hinunter nach Molinaseca. Fast auf den Tag genau vor neun Jahren sind Hans und ich am 7. Juli hier angekommen und zwei volle Tage geblieben. Wie haben wir das geschafft an einem Ort, der kaum hundert Meter lang ist? Dieses Café, in dem sich alle ankommenden Pilger erst einmal treffen, hatte es damals noch gar nicht gegeben. Warum also waren wir geblieben? An den üppigen rosa Petunien, die über einem Coca-Cola-Automaten von einem Balkon hängen, erkenne ich unser damaliges Quartier. Ich bestellte im Mesón El Acebo ein Mineralwasser und wartete darauf, dass sich die Erinnerungen an 2001 meldeten. Wir hatten uns fast achtundvierzig Stunden lang kaum von diesem Tisch wegbewegt und uns allein mit der Tour de France im Fernsehen prächtig unterhalten. Während wir darauf warteten, dass die von Astorga kommende Shelagh uns einholte, las ich dem mäßig interessierten Hans aus der spanischen Fußballzeitung vor ...

»Tu so, als wärest du berühmt«, sage ich zu Hans.

»Gut, ich versuch es mal.«

»Ich stelle dir jetzt die Liste der Fragen, die Fußballer in dieser Zeitung bekommen. Bist du bereit?«

»Ich bin bereit«, erklärt er ernsthaft, als würde es um ein Quiz gehen.

»Name?«

»Hans-Peter Kerkeling.«

»Richtig! Geburtsort?«

»Recklinghausen.«

»Wo liegt das?«

»Im Ruhrgebiet.«

»Nächste Frage: Fußballmannschaft?«

»Schalke.«

»Taugen die was?«

»Nicht viel.«

»Macht nichts, vielleicht werden sie noch besser. Nächste Frage: Was für Klamotten trägst du am liebsten?«

»Was? Meine Lieblingsklamotten?«

»Ja, Klamotten. Die Sachen, die man in der richtigen Welt trägt, weißt du noch?«

»Jeans.«

»Jeans? Das ist alles? Jeans?«

»Ja, Jeans.«

»Lieblingsessen?«

»Italienisch.«

»Gut. Ich glaube, du weißt jetzt, worum es geht. Nächste Frage: Was ist dein größter Traum?«

»Einen Oskar zu bekommen«, erklärt er ohne jedes Zögern.

»Einen Oskar?«, spotte ich. »Aber das ist unmöglich. Wie willst du das anstellen? Du bist schließlich Deutscher.«

»Bester ausländischer Film.«

»Träum weiter, Junge«, denke ich.

Hans-Peter Kerkeling aus Recklinghausen im Ruhrgebiet kann sich glücklich schätzen, dass wir uns vor neun Jahren kennengelernt haben und nicht auf dem diesjährigen Camino. Mit einem Fan von Schalke 04 könnte ich mich heute nicht mehr anfreunden. Spielte für die nicht mal Manuel Neuer?

»Es sind vier Leguas von Rabanal nach El Acerbo, ein Dorf, das am Rabanalpass liegt. Von El Acebo bis in das Dorf Riego de Ambrós ist es eine Legua, und eine Legua von Riego de Ambrós nach Molinaseca«, schrieb der deutsche Pilger Arnold von Harff im 15. Jahrhundert. Doch nach den vier Wegstunden heute Morgen erschienen mir die beiden Wegstunden am Nachmittag keineswegs gleich lang. Durch das wogende Gras und den Ginster den Westhang des Monte Irago hinunter lief ich, als sei ich gerade erst losgegangen. Im Schatten eines Kirschbaums trank ich einen Schluck warmes Wasser und lauschte dem Summen der Insekten in der warmen Luft. Ich fühlte mich fit für die verbleibende Wegstunde bis Molinaseca.

Lozano verspricht für diese Wegstunde Sonnenröschen und Pappeln in den »lieblichen« Tälern des Arroyo Prado Mangas und des Río de la Pretadura. Seine Worte sind mir heilig, doch die Warnung in meinem »Gelben Buch« 2010 entsprach eher der Wahrheit: »Der Pfad von Riego nach Molinaseca ist nicht immer einfach zu finden, und es gibt einige steile Abstiege. Größte Vorsicht ist geboten.« Als ich das viereinhalb Kilometer später in Molinaseca las, hätte ich am liebsten hinzugefügt: »Sie werden sich fühlen wie Orpheus in der Unterwelt. Werfen Sie keinen Blick zurück!« Eine Hortensie unter einem der für Galicien typischen verglasten Balkone war der letzte Gruß der Zivilisation, den ich zu Gesicht bekam, ehe ich die Unterwelt betrat. Eine Kiefern- und Kastanienallee ging rasch in einen sandigen Pfad voll spitzer Kiesel und loser Steine über. Zwar wuchsen am Rand tatsächlich hübsche Sonnenröschen, aber sie anzusehen wäre zu riskant gewesen, wenn man nicht stolpern und sich den Knöchel brechen wollte. Bisweilen verlief der Pfad an gefährlich steil abfallenden, mit Ginster und dunklen Eichen bewachsenen Hängen entlang oder durch Korridore aus Granitplatten. Die unerbittliche Abwärtsspirale traf auf eine Straße, auf der ich gefahrlos nach Molinaseca hätte gelangen können, die ich jedoch pflichtbewusst kreuzte, um es wieder mit dem Pfad aufzunehmen, auf dem mir große Büschel haariger Ginsterhülsen ins Gesicht schlugen. Mein Thermometer zeigte achtunddreißig Grad, als ich neben dem Skelett eines vom Blitz geschwärzten Baumes auf die Knie sank. Ich dachte an Britte, die sechzigjährige schwedische Kunstkritikerin, die ich in Nájera kennengelernt hatte und die um eines Zeitschriftenartikels willen den ganzen Weg bis nach Santiago auf dem Weg der Wanderer radeln wollte. Ich trat auf die Straße, die den Blick auf die Kleingärten freigab, und hoffte, dass sie schon lange vor dieser höllischen Wegstunde ihr unvernünftiges Projekt aufgegeben hatte.

Domenico Laffi, unser italienischer Priester aus dem 17. Jahrhundert, sagte über Molinaseca: »Dies ist die erste Ortschaft nach diesen hohen Bergen; sie befindet sich inmitten einer sehr schönen Ebene, durch die ein Fluss fließt, der von Osten kommt und immer Wasser führt.« Ich kämpfte mich auf der romanischen Puente de Peregrinos über den glitzernden Fluss Meruelo und hielt meine geschundenen Füße in jenes kalte Wasser, das nie versiegt. Drei ältere Frauen in Blümchenkleidern bezogen vor mir Position und sahen mich mütterlich an.

»Pilgerin«, sagte die Mittlere, »tut das Wasser gut?«

»Oh ja«, erwiderte ich. »Das ist alles, was ich brauche.«

»Wir sagen, dieses Wasser ist kostbarer als Gold«, sagte sie stolz.

Die drei Frauen hielten ihre Handtaschen umklammert und lächelten, weil ich es zu schätzen wusste. Ich befand mich an einem Ort, an dem die Menschen Leben spendende Kraft erkannten, wenn sie ihr begegneten.

Ich bin wirklich eine Närrin. Gerade erst habe ich im kristallklaren Goldwasser gesehen, dass sich an sechs meiner Zehen die Nägel ablösen – das war der Grund für den stechenden Schmerz, der sich seit Riego mit jedem Schritt meldete. Da es erst vier Uhr war, beschloss ich trotzdem, in der Albergue Santa Marina nur etwas zu trinken und dann sofort nach Ponferrada weiterzuziehen. »Arme Anne, sie wird es nie lernen«, sagt Shelagh in »Ich bin dann mal weg« eines Tages zu Hans. Unmittelbar bevor ich bewies, wie berechtigt dieses Urteil war, indem ich an diesem Abend noch zwei Wegstunden zu viel ging, sprach mich ein junger Mann an, der in einem Liegestuhl vor der Herberge saß.

»Bleib«, befahl er. »Es ist schön hier.«

»Hallo, Bob. Wann bist du denn angekommen?«

»Um zwei. Nach zwei gehe ich nie irgendwohin. Du solltest es auch so halten.«

Und so wurde ich, Anne Butterfield, zweiundfünfzig, aus Leeds, von Bob Spiekermann, neunzehn, aus Utrecht, davor bewahrt, nach Ponferrada und damit entschieden zu weit zu gehen.

Gleich darauf war ich am Waschtrog im Garten damit beschäftigt, den Monte Irago aus meinen Kleidern zu waschen.

Beim nächsten Punkt meiner Tagesroutine, der Dusche, brauchte ich länger als gewöhnlich, um wieder so anständig auszusehen, dass ich auf der pittoresken Calle Real einkaufen gehen konnte. Als ich zum Abendessen in die Casa Marcos humpelte, waren die einzigen Gäste im *comedor* Bob und ein weiterer Pilger.

»Hallo!«, sagte ich und stellte meine Einkäufe auf den Boden neben dem nächsten Tisch.

»Setz dich doch zu uns. Das ist netter.«

»Super, mache ich gern.«

»Was ist denn das alles?«, wollte Bob mit Blick auf meine Tüten wissen, als ich zwischen ihm und Pedro Platz nahm.

»Erste Hilfe. Soeben habe ich in der Apotheke vierzehn Euro in Blasenpflaster und Zehenschutz investiert. Ich bin diese Woche zu viel gewandert und habe mir die Füße ruiniert.«

»Du solltest immer um zwei Uhr Schluss machen.«

»Wieso bist du eigentlich so furchtbar pedantisch? Was bist du noch mal von Beruf?«

»Ich will Grundschullehrer werden. Und arbeite neben dem Studium in einem Supermarkt.«

»Als was?«

»Ich beaufsichtige ein Frauenteam. Ich bin zuständig für die Leistungskontrolle.«

»Wie alt sind diese Frauen?«

»Ach, ich würde sagen, so in deinem Alter.«

»Und wieso kontrolliert ein Neunzehnjähriger ihre Leistung?«

»Sie schätzen es auch nicht besonders.«

»Das ginge mir ähnlich. Ich habe es eigentlich nie leiden können, von irgendwem kontrolliert zu werden, egal wie alt er oder sie war. Warum bist du hier, Bob?«

»Mein Onkel ist den Camino gegangen und hat so begeistert davon erzählt, dass ich auch Lust bekam.«

»Was meinst du, worum es dabei geht?«

»Vier Sachen sind wichtig: Geduld, Ausgeglichenheit, Loslassen und Verstehen.«

Ich spürte, dass er diese Qualitäten bereits in reichlichem Maß besaß, was ich von mir nicht behaupten kann. Hans gegenüber habe ich oft eine Version von »Loslassen« von mir gegeben: »Lass den Gedanken ziehen«, sagte ich zu ihm, wenn er zu lange über irgendetwas brütete. Nie habe ich ihm gegenüber zugegeben, dass ich das selbst nicht konnte. Und ich kann es immer noch nicht.

»Verstehen – was genau?«, fragte ich Bob.

»Na ja, zum Beispiel, wenn Leute sich in einer bestimmten Weise verhalten, muss man immer versuchen, den Grund dafür zu verstehen. Geben tut es immer einen.«

»Aber auf dem Camino sind doch alle nett, findest du nicht? Da gibt es nicht viel zu verstehen«, sagte ich. Meine Menschenfreundlichkeit hatte sich nach dem morgendlichen Missmut wieder vollständig regeneriert.

»Nicht immer«, meinte Bob. »Am ersten Tag hätte ich fast aufgegeben. Es hatte von Saint-Jean ab die ganze Zeit geregnet. Dann habe ich mich noch verlaufen und kam sehr spät in Roncesvalles an.«

Manche Leute geben auf diesem Abschnitt tatsächlich auf und fahren per Anhalter, dachte ich im Gedanken an Hans in dem Schaftransporter.

»Das passiert vielen, mach dir deshalb keine Vorwürfe, Bob«, sagte ich.

»Ich habe die Wäschepresse nicht gesehen und meine Klamotten tropfnass aufgehängt, sodass sich am Boden Pfützen bildeten. Der *hospitalero* hat mich angebrüllt. Es war einfach schrecklich. Ich wollte nur noch nach Hause.«

»Na, ich bin froh, dass du dich anders entschieden hast, sonst hätte ich dich nicht kennengelernt. Was ist das für ein *hospitalero*, der Pilger anschreit?«

»Das Schlimmste war, er war Holländer. Ich konnte alles verstehen, was er sagte!«

»Ach, Bob, du Ärmster! Hast du geweint?«

»Nein. Ich dachte wirklich, ich fange zu weinen an, aber dann habe ich mich zusammengerissen.«

»Bob, weine einfach, wenn dir danach ist! Ich mache das ständig. Dieser *hospitalero* hätte es verdient zu sehen, was er dir angetan hat. Er ist derjenige, der verstehen muss, nicht du!«

Bobs Gesichtsausdruck, der in manchen Momenten unseres Gesprächs etwas gequält wirkte, fand bald zu seiner üblichen

Gelassenheit zurück. Mich erstaunte die Belastbarkeit eines so jungen Menschen.

»Oh, es ist schon halb neun! Das Fußballspiel! Tut mir leid, Anne, ich muss los!«, rief er plötzlich und rannte mit Pedro die Treppe hinauf zur Bar.

Ich beherrsche vielleicht das *Loslassen* nicht, aber mein *Verstehen* ist dafür in einem bestimmten Bereich sehr hoch entwickelt. Besser als wohl die meisten anderen Leute konnte ich verstehen, warum ein Niederländer mich verlassen musste, um das WM-Halbfinale Niederlande gegen Uruguay zu sehen. Sobald ich meine *torta de Santiago* aufgegessen hatte, würde ich hinterherrennen. Humpeln, meine ich natürlich. Hinterherhumpeln.

Schon Minuten später war ich bei Bob und Pedro. Ein ganzer WM-Fanklub aus dem Kreis der Pilger der Herberge drängte sich an zwei Tischen, um zuzuschauen, wie die Niederlande Uruguay drei zu zwei schlugen – karmische Wiedergutmachung für Uruguays unfaires Handspiel an der Torlinie gegen Ghana. Die ganze Welt weiß, dass Ghana, nicht Uruguay in diesem Halbfinale hätte stehen müssen. Christina, Noah und Isaac sahen über die sportliche Ungerechtigkeit hinweg und feuerten zusammen mit den Amerikanern Uruguay an. Bob saß, in der unberechtigten Furcht, Uruguay könnte den Spieß umdrehen, zwei Stunden lang kerzengerade mit verschränkten Armen da, fast ohne sich zu rühren oder den Mund aufzumachen. Um zehn Uhr, als Bob und Pedro in Hochspannung Uruguays Gegenangriff verfolgten, kamen zwei Männer von der Sheffield-Gang herein und bestellten am Tresen lauthals eine Flasche Rotwein. Sie trugen ihre Wanderkleidung und hatten die Rucksäcke geschultert. Wir anderen würden nach dem Abpfiff in die Herberge zurückgehen, diese beiden Pilger hingegen nahmen schon Kurs auf das nächste Ziel!

»Pat«, sagte ich zu ihrem Freund, der während des Spiels neben mir gesessen hatte. »Sieh nur! Warum gehen deine Kumpel um diese Zeit los?«

»Tun sie nicht. Sie kommen gerade erst an. Ich habe mich schon gefragt, wann sie wohl hier sein werden«, erklärte Pat.

»Sie kommen erst an? Von wo?«

»Von Riego. Wir haben dort in einem Restaurant zu Mittag gegessen. Wir vier sind dann losmarschiert, aber diese beiden sind geblieben und haben weitergetrunken.«

»Sie haben den ganzen Nachmittag lang in Riego getrunken?«

»Bestimmt, so wie sie aussehen.«

»Und dann sind sie gerade eben, *bei Dunkelheit, betrunken* diese Schlucht herabgestiegen?«

Ungläubig sah ich zu, wie die beiden alkoholisierten Männer aus Yorkshire durch den Raum stolperten und sich bemühten, den Blick auf den Tisch vor unserem Fanklub scharfzustellen. Der Mann mit der vollen Rotweinflasche schätzte die Höhe des Tisches falsch ein und stellte die Flasche so hart ab, dass es ihn fast selbst von den Füßen hob. Die Flasche blieb erstaunlicherweise heil, sodass er den Angriff auf seine Leber fortsetzen konnte.

»Typisch englisch!«, flüsterte Pedro Bob zu, der mir diese Einschätzung am folgenden Morgen weitergab.

Noch eine Truppe Engländer also, die sich in diesem Sommer blamierte. Ein Glück, dass Franz Beckenbauer das nicht sah.

Mittwoch, 7. Juli 2010

Ich wandere 30,7 Kilometer von Molinaseca nach Villafranca del Bierzo

Heute war der Tag, an dem ich endlich den Rat des Priesters aus der winzigen Kirche San Amaro in Burgos beherzigt habe.

»¡No pensarlo! ¡Fuera!« (Nicht nachdenken! Raus!), hatte er 2001 zu mir, der letzten Pilgerin, die an jenem Morgen aufbrach, gesagt. Es mag neun Jahre gedauert haben, bis seine Botschaft angekommen ist, aber jetzt war ich zweifelsohne die Erste aus dem WM-Fanklub von gestern Abend, die sich im Eingangsbereich der Albergue Santa Marina einfand. Ich zog gerade die Stoffhüllen über meine lädierten Zehen, als Bob aus dem Schlafsaal kam, dicht gefolgt von der Familie aus San Francisco.

Bob und ich hatten unsere Sonnencreme aufgetragen, bevor Christina und ihre Jungs damit fertig waren, und waren knapp vor ihnen aus der Tür. Wir liefen durch die Weingärten – ich musste für jeden seiner langen Schritte zwei machen.

»Schau«, sagte ich, »ich laufe doppelt so weit wie du nach Santiago. Das ist unfair.«

Während er noch versuchte, meinen unlogischen Unsinn zu verstehen, zückte ich mein Notizbuch und begann die Landschaft zu beschreiben.

»Darum brauchst du jeden Tag so lang«, sagte er.

»Wie sonst soll ich mich daran erinnern, was ich gemacht habe?«

»Du wirst damit aufhören müssen«, erwiderte er kategorisch, als er mich schließlich abhängte und über den Hügel in Richtung Campo verschwand.

Schon zum vierten Mal hatte mich der »Jungkontrolleur« verlassen. Und dabei habe ich ihn erst am Freitag kennengelernt.

Wieder allein, konzentriere ich mich auf die Lösung eines Rätsels, das mir nicht aus dem Kopf geht. Warum ist meine Erinnerung an 2001 so lückenhaft? Warum habe ich den Camino unberechtigterweise als »eine lange Wanderung durch ein heißes, brettebenes Weizenfeld« beschrieben und den Leuten erzählt, wenn sie richtige Landschaftseindrücke wollten, sollten sie nach Nepal fahren? Hinter Astorga habe ich kaum mehr eine Weizenähre gesehen, und die Etappe hinter Rabanal war Nepal gar nicht so unähnlich gewesen. Warum also hatte ich die außerordentlich abwechslungsreiche Landschaft des Camino so lange verleumdet? Endlich fand ich einen Grund, der mich überzeugte: 2001 war ich bis Astorga immer allein durch Spaniens Kornkammer gelaufen. Da keine Plauderei mich ablenkte, hatten sich mir die heißen Tage zwischen wogenden Getreidefeldern als unauslöschliche Bilder von Weizen und Hitze ins Gedächtnis gegraben. Ab Astorga hingegen war ich überhaupt nicht mehr allein gewesen. Jede Meile, jede Kaffeepause und jeden Abend hatte ich in Gesellschaft von Hans oder Shelagh oder beiden verbracht. Darum erinnere ich mich nicht an die Landschaft hinter Astorga – meine beiden *compañeros* waren zu unterhaltsam, als dass ich meiner Umgebung viel Beachtung geschenkt hätte. Sehr wohl erinnere mich an Einzelheiten, an viele kleine gemeinsame Erlebnisse. Zum Beispiel daran, dass Shelagh uns abends Gespenstergeschichten erzählt hat. Und daran, wie Hans und ich im Mesón El Acebo fast vor Lachen platzten, als eine Pilgerin eine andere für schwanger hielt und fragte: »Wie geht's dem Baby?«, woraufhin die andere Frau ganz perplex fragte: »Welchem Baby?« Und ich erinnere mich ganz genau an den Tag, an dem Hans sich den Hund schnappte.

Er war nach Ponferrada gewandert, während Shelagh und ich in Molinaseca im Fluss badeten. Als wir ihn nachmittags auf dem zentralen Platz von Ponferrada einholten, ging er mit einem Hund spazieren, den er »Pepe« nannte. Seitdem er in Manjarín (wo sich die Eigentümer jetzt nicht mehr trauen, Tiere zu halten) einen Welpen mit Wasser versorgt hatte, befand er sich auf einem Tierrechtsfeldzug. In El Acebo hatte er den Nachbarn des Mesón gezwungen, seinen Hund von der Leine zu lassen, damit er auf der Wiese herumtollen konnte. Und jetzt, in Ponferrada, hatte seine Protestaktion darin bestanden, dass er am helllichten Tag einen Hund entführte ...

»Wo hast du denn den her?«, frage ich Hans, wütend angesichts der Unannehmlichkeiten, die ich kommen sehe.

»Er war am Ortsrand von Ponferrada an einen Pfosten angebunden. Ich konnte ihn doch nicht einfach dort lassen.«

»Wieso nicht? Hans, der Hund war dort angebunden, weil er jemandem gehört. Wahrscheinlich sucht man ihn jetzt gerade. Bringen wir ihn zurück.«

»Geht nicht. Ich kann mich überhaupt nicht erinnern, wo ich ihn gefunden habe«, behauptet er und sieht mich an, als wäre ich Cruella de Vil.

Wahrscheinlich hätte es noch schlimmer kommen können – er hätte auch 101 Dalmatiner stehlen können.

Ich bin unbestreitbar selbst eine Tiernärrin. Cleo, unsere Familien-Bulldogge, und mein Kaninchen Beauty habe ich fast genauso sehr geliebt wie Leeds United. Viel später habe ich meinem Wellensittich einen Gummibaum besorgt, damit er wenigstens eine Anmutung von tropischem Urwald in meiner Wohnung in Birmingham hatte. (Ich weiß, dass Wellensittiche aus Australien stammen, aber ein Eukalyptusbaum hat nicht in die Wohnung gepasst.) Eines Nachts verflog sich der Wellensittich im Blätterwald und landete im Becken meines Axolotl (ein Schwanzlurch). Als ich aufwachte und seine kleinen Flügel ausgebreitet auf dem Wasser treiben sah, weinte ich wie ein Kind, obwohl ich schon zweiunddreißig war. Danach schaffte ich mir kein Haustier mehr an. Den unschuldigen Axolotl schenkte ich noch am gleichen Nachmittag dem Universitätsaquarium.

Meine Referenzen als barmherzige Nachfolgerin des heiligen Franziskus von Assisi sind vielleicht nicht ganz so eindrucksvoll wie die von Hans-Peter Kerkeling. Aber in Ponferrada war ich es gewesen, die die bürokratischen Nachwehen von Hans' Tierrettungsaktionen in Ordnung brachte, die mit der Polizei und einem offiziellen Hundefänger verhandelte, der den Hund in Gewahrsam brachte. Bis zum heutigen Tag hegt Hans die Vorstellung, dass Pepe in seinem neuen Zuhause fröhliche Possen treibt. Ich hingegen frage mich manchmal, ob sein bestürztes Herrchen immer noch die Außenbezirke der Stadt absucht in der Hoffnung, zwischen den hohen Malvenstauden Pepes rotes Fell zu entdecken.

Heute hielt ich mich auf der Plaza Mayor von Ponferrada nur einen Bruchteil der Zeit auf, die wir 2001 brauchten, um Abschied von Pepe zu nehmen. Morgens musste ich über den Fluss Boeza nach Ponferrada hinein – und über den Fluss Sil wieder hinausgehen. Nachmittags überquerte ich den höchst bemerkenswerten Fluss Cúa am Rand von Cacabelos. Aber als Christina von »The Way« erzählte, hatte ich mich an keinen der großartigen Flüsse des Camino erinnern können. Schon allein an diesem Tag hätte ein erschöpfter Pilger genug Gelegenheit zum Ertrinken gehabt. Und erschöpft war ich. Dreiundzwanzigeinhalb Kilometer von Molinaseca nach Cacabelos waren genug für diesen Tag, aber ohne meinen Leistungskontrolleur Bob stapfte ich stoisch weiter durch die Weingärten auf Villafranca del Bierzo zu.

Als ich durch die Puerta del Perdón (Tür der Vergebung) die Santiago-Kirche in Villafranca betrat, war es 17 Uhr. 2001 hatten Hans und ich unter diesem Portal im Scherz verlangt, dass man uns sofort unsere *compostelas* aushändigte. Doch heute scherzte ich nicht, als ich die *sello*-Stemplerin in der dunklen Kirche ansprach.

»Warum ist diese Pilgerreise so anstrengend?«, wollte ich von ihr wissen, als sie ein winziges Kreuz in ovalem Rahmen in mein *credencial* stempelte.

»Es war Ihre Entscheidung zu kommen!«, blaffte sie mich an.

Ein kleiner Stups hätte schon vollkommen genügt, um mich umzuhauen. Eine derart grobe Antwort hatte ich in dem geheiligten Kirchenschiff, in dem seit der Zeit von Papst Kalixt III. kranke Pilger die gleiche Absolution erhalten, die sonst nur am Grab des heiligen Jakob zu haben ist, nicht erwartet. Die Zeiten ändern sich, dachte ich.

»Was haben Sie für ein Problem?«, fauchte mich die *sello*-Stemplerin an.

Ein Problem haben wohl Sie!, fuhr es mir durch den Kopf.

»Na ja, äh, ich bin diese Woche zu viel gewandert und wegen der Blasen verliere ich die Zehennägel. Und hier tut es mir auch weh, wie heißt das noch mal?«, fragte ich und zeigte auf meine Achillessehne.

»¡Tendón de Aquiles!«, verkündete sie.

»Äh, ja, meine tendón de Aquiles ist so geschwollen. Gerade habe ich für fünf Kilometer zwei Stunden gebraucht. In den Weingärten hatte es achtunddreißig Grad. Ich hätte sterben können«, sagte ich, ein vergeblicher Appell an ihr Mitgefühl.

»Ohne Leiden geht es nicht«, sagte sie nüchtern.

»Ach ja? Warum?«

»Dies ist ein Weg, auf dem man Buße tut.«

»Wozu ist Leiden gut?«

»Es ist wichtig, damit Ihre Familie merkt, wie leid es Ihnen tut.«

Ich war mir nicht bewusst, meiner Familie gegenüber irgendwelche Todsünden begangen zu haben. Womit hatte ich diese Qualen verdient? Dann, aus heiterem Himmel, war für die *sello*-Stemplerin unser Gespräch, das ins 15. Jahrhundert gepasst hätte, erledigt und sie kehrte zurück in die Gegenwart.

»So dachte man eben früher. Heute glauben wir an all das nicht mehr«, sagte sie lächelnd und schüttelte mir kräftig die Hand.

Eine solch krasse Kehrtwende hatte ich nicht mehr erlebt, seit die »zauberhafte« Kellnerin elf Tage zuvor in Boadilla unsere Tassen abgeräumt hatte.

Unser WM-Fanklub aus Molinaseca hatte sich bereits auf dem Platz versammelt, als ich aus einer privaten Herberge abseits vom Zentrum dorthin gehumpelt kam. »Podemos« (Wir schaffen es), der überall in Spanien zu lesende Schlachtruf, würde nun wieder auf den Prüfstand gestellt, und zwar von der bislang beeindruckendsten Mannschaft der WM: Deutschland. Ewelina würde in Stuttgart mit angehaltenem Atem mitfiebern, und mit ihr ganz Deutschland. Für mich stand außer Frage, dass unser Gastland kein gleichwertiger Partner für die atemberaubend unterhaltsamen Deutschen war. Eigentlich, so meine Einschätzung, brauchte Spanien gar nicht erst anzutreten.

»Los, Bob, gehen wir rein«, forderte ich meinen Freund auf, der auf der überfüllten *plaza* draußen vor einem Restaurant saß.

Bald gesellten sich Christina und ihre beiden Söhne zu uns, die sich wahnsinnig freuten, die WM in Spanien mitzuerleben, wo Fußball etwas gilt und nicht gegen Baseball verblasst.

»Anne, draußen ist jemand, der gern mit dir sprechen würde«, flüsterte Christina verstohlen, als wäre sie eine Geheimagentin.

»Warum braucht er dazu eine Erlaubnis?«

»Er will dich nicht ungefragt stören. Er hat bloß zu mir gesagt: ›Weißt du, wer sie ist?‹«

»Und, weißt du es?«, witzelte ich.

»Ich weiß es! Matthias hat es mir gerade erzählt«, sagte Christina und lachte über ihre Vermittlerrolle. Christina winkte Markus heran, der mir den Erfolg von Hans' Buch gerade bei jungen Deutschen erklärte.

»Viele junge Leute suchen nach einem Sinn in ihrem Leben, der aus mehr als Arbeit besteht«, meinte er in einem Englisch, das um Klassen besser war als das eines durchschnittlichen englischen Fußballspielers.

»Glaubst du, dass die meisten Deutschen wegen Hans' Buch hier sind?«, fragte ich.

»Nein, das Buch ist nicht der *Grund*. Aber es war für uns eine Anregung, in welche Richtung wir weitersuchen können.«

Das ist eigentlich die Quintessenz dessen, was deutsche Pilger auf dem Camino erzählen – Hans' Buch ist nicht die Ursache ihrer Suche, aber doch der Anstoß für die Wanderung durch Spanien. Auf diese inspirierende Wirkung von »Ich bin dann mal weg« kann Hans wirklich stolz sein – so wie bald auch auf das Vorankommen seiner Nationalmannschaft im WM-Finale 2010. Spanien, dessen war ich mir in diesem Moment umso sicherer, hatte Deutschland ebenso wenig entgegenzusetzen wie zuvor England und Argentinien.

Bob und ich rollten über die Naivität unserer amerikanischen *compañeros* die Augen. Wenn sie so weitermachen, dachte ich, dann müssen wir sie als unterqualifiziert aus dem Fanklub ausschließen. Jedes Mal, wenn Spanien an den Ball kam, sprangen Christina, Noah und Isaac voller Erwartung und Illusionen auf.

»Na los, Spanien vor, ihr schafft es!«, riefen sie.

»Nein, sie schaffen es nicht! Setzt euch hin!«, riefen wir zurück.

»Die Deutschen schlafen noch, das ist alles!«, erklärte ihnen Bob.

»Ja, wenn sie erst aufwachen, sind die Spanier geliefert!«, trumpfte ich auf.

»Was ist da los, Bob?«, fragte ich ihn, als Christina nicht hinhörte.

»Keine Ahnung. Scheint nicht die gleiche Mannschaft zu sein, was?«

Christinas Jungs waren bereits auf den Füßen, als Carles Puyol, Barcelonas kampferprobter Innenverteidiger, ungehindert in den deutschen Strafraum rannte und den Ball ins Netz donnerte. Mit dem Kopf! »!Un cabezazo de oro!« (Ein goldener Kopfstoß!), nannte die galicische Presse das Tor später. Der fünfzehnjährige Isaac warf sich in die Arme eines unbekannten Einheimischen, der siebzehnjährige Noah warf die Arme in die Luft und brüllte wie ein Wilder. Christina jubelte ihren unbeirrbaren Schlachtruf lauthals heraus.

»Na los, Spanien vor! Ihr schafft es!«, schrie sie.

Und sie schafften es wirklich. Spanien, nicht Deutschland würde am Sonntag darauf im WM-Finale gegen die Niederlande antreten.

»Zeit zum Abschiednehmen«, schrieb Hans von seinem roten Ledersofa aus.

Es tat mir leid für Hans, Ewelina und das deutsche Volk, aber für mich gab es eine Genugtuung, von der sie nichts ahnten. Puyols *cabezazo de oro* war an genau dem Spieler vorbeigeflogen, der es am meisten verdient hatte – einem gewissen Manuel Neuer.

Jetzt sind wir alle Spanier.

Donnerstag, 8. Juli 2010

Ich wandere 20,1 Kilometer von Villafranca del Bierzo nach Ruitelán

Es war noch dunkel, als ich heute Morgen um 6 Uhr 15 Christina und ihre Jungs auf dem Platz traf. Noah und Isaac gingen vor uns los, ohne über den Weg Bescheid zu wissen, während Christina und ich erst in ihrem Führer unsere Möglichkeiten studierten. Von Villafranca aus gibt es zwei Routen: eine flache Straße durch den Talgrund und einen Pfad, der an der Hangkante aufsteigt, dann wieder abfällt und bei Trabadelo, in zwölf Kilometer Entfernung, auf die Straße trifft. Die obere Route ist eigentlich nur für etwas sportlichere Pilger gedacht. Wir wählten sie wegen der Aussicht.

Fünf Minuten später bereuten wir unsere heroische Entscheidung schon wieder, als drei winzige Hündchen aus einem Garten gerannt kamen und unsere Fersen und Schienbeine attackierten. Höher hinauf kamen sie nicht.

»Also wirklich!«, sagte Christina, nachdem wir das Revier der Hunde endlich hinter uns gelassen hatten. »Wir sind hier auf dem Camino! Die sollten ihre Köter besser unter Kontrolle halten!«

»Aber wir wohnen doch hier!«, kläfften die Hündchen hinter uns.

Wir stiegen stetig bergauf, bis die Straße unter uns nur noch eine winzige Schlangenlinie war. Dort war Hans 2001 entlanggewandert, während ich mich für den anspruchsvolleren Weg entschieden hatte. Er hasste Hügel, da seine Knöchel sowohl beim Bergauf- als auch beim Bergabgehen schmerzhaft nach innen knickten. Aber wir hatten trotzdem beide unser Fett abbekommen. Er hatte einen Vormittag lang den gefährlichen Autoverkehr ertragen müssen, und ich hatte mich in einem tiefen, dunklen Wald verirrt, der eher in die bedrohliche Welt von »Pans Labyrinth« gepasst hätte als auf den Camino. Als wir nach diesen Prüfungen schließlich in Trabadelo ankamen, waren wir beide schlecht gelaunt. Ihn hatte ich noch nie so zornig gesehen, und auch er erlebte zum ersten Mal, wie mies ich drauf sein konnte. In einem Gartencafé voller Zwerge hatten wir uns wieder beruhigt, um anschließend gemeinsam nach O Cebreiro weiterzuwandern. Von hier oben aus konnte ich die Gartenzwerge nicht sehen. Ob sie wohl noch da waren, wenn wir heute in Trabadelo eintrafen?

Christina sprintete voraus, um ihre Söhne einzuholen, übersah jedoch Noah, der auf einem kleinen Hügel am Waldrand gerade den Yoga-Sonnengruß machte.

»Hallo!«, rief ich. »Deine Mama hat dich nicht gesehen. Sie wird sich fragen, wo du bist.«

»Hallo! Musste mich ein bisschen strecken!«, erklärte er.

Dann kam er gemächlich von seinem Meditationsplatz herunter, und wir eilten Christina und Isaac hinterher.

»Weit können sie noch nicht sein«, sagte ich mehr als einmal.

»Sind wir noch auf dem richtigen Weg?«, fragte Noah, als wir eine Straße überquerten, die mitten durch den Wald führte.

»Oh ja! Weiter geht's!«, sagte ich strahlend.

Dabei hatte ich keine Ahnung, wo wir uns befanden.

Ich ließ mich von meiner Intuition durch den tiefen, dunklen Wald leiten und Noah folgte mir widerspruchslos. Ich wiegte ihn in dem Glauben, eine Camino-Veteranin wisse immer, wo sie hingehe. Gleichzeitig betete ich, dass der Pfad, der sich zwischen Wurzelgeflechten, an die ich mich zu erinnern meinte, dahinschlängelte, in Trabadelo wieder in die Zivilisation führen und nicht an einem unbewohnten Straßenabschnitt enden würde. Christina (die Noah vor sich wähnte) war auf der Suche nach ihm vielleicht sogar schon, verzweifelt über sein Verschwinden, über Trabadelo hinaus gegangen. Ich fühlte mich verantwortlich für unsere missliche Lage. Doch das traf natürlich nicht zu. Wie Hans und ich es schon einmal 2001 erlebt hatten, waren nun Noah und ich im Bermudadreieck des Camino gefangen.

Als wir wieder auf eine Straße stießen, sahen wir Christina bei einem Garten voller Zwerge auf einer Bank sitzen. Sie rief gerade Isaac an, der die Straßen nach Noah absuchte. Genau in diesem Moment kämpfte Christina mit dem schrecklichen Gedanken, ihre beiden Söhne an das Bermudadreieck verloren zu haben. Isaac schlenderte auf uns zu und winkte seinem Bruder verlegen.

»Mensch, Noah! Wo warst du denn?«, schrie Christina und stürzte mit ausgebreiteten Armen auf uns zu.

»Hallo, Mama«, erwiderte Noah schulterzuckend, als sei gar nichts geschehen.

Das Zwergencafé hatte schon vor langer Zeit dichtgemacht, aber wir versammelten uns im nahen El Puente Peregrino zum Frühstück. Es war das Erste, was wir seit Stunden an Essen und Trinken zu uns nahmen, und schmeckte mir und Noah wie himmlisches Manna. Als wir uns auf der Talstraße auf den Weg nach O Cebreiro machten, traf gerade Matthias ein. Ich hoffte inständig, dass er sich nicht an Hans' Beschreibung dieses Wegabschnitts in »Ich bin dann mal weg« erinnerte. Hans hatte mich 2001 unsanft aus der Bahn eines herannahenden Sattelschleppers gerissen. Ich war außer mir vor Wut über die rücksichtslosen LKW-Fahrer, die offenbar entschlossen waren, uns zu töten, bevor wir Galicien erreichten. Hans hat mir damals wahrscheinlich das Leben gerettet, aber gedankt habe ich es ihm kaum, denn er riss mir dabei fast den Kragen meines Barcelona-T-Shirts ab. Wir haben auch nicht, wie geplant, an den König von Spanien geschrieben, um seinen königlichen Schutz für die Pilger auf dieser gefährlichen Strecke zu erbitten. Doch jetzt ist das gar nicht mehr nötig: Eine neue Autobahn nach La Coruña nimmt den gesamten Autoverkehr auf und garantiert Pilgern auf der alten N 6 das Überleben. Wer weiß, vielleicht war es doch »Ich bin dann mal weg«, das König Juan Carlos dazu gebracht hat, den Bau dieser lebensrettenden Autobahn anzuregen?

Unsere kleine Truppe traf genau um zwei Uhr nachmittags in Ruitelán ein. Ich ließ mich von Bobs Regel leiten und buchte mich in der großen weißen Herberge ein, während meine *compañeros* noch die zehn Kilometer nach O Cebreiro in Angriff nahmen. So viel Energie hatte ich nicht mehr. Also würde es noch einen Tag dauern, bis ich es endlich schaffte, León zu verlassen und den Fuß in die neue Provinz Lugo zu setzen.

Und jetzt, zum *ersten* Mal seit Santo Domingo, mache ich das, was Tausende anderer Pilger jeden Nachmittag machen. Ich lege mich aufs Bett und tue nichts. Nichts außer Betty und Dugalds Empfehlung zu folgen: der Musik zu lauschen.

Aber ich höre keine Musik. Was haben sie bloß damit gemeint?

Lugo

Ruitelán – Pontecampaña

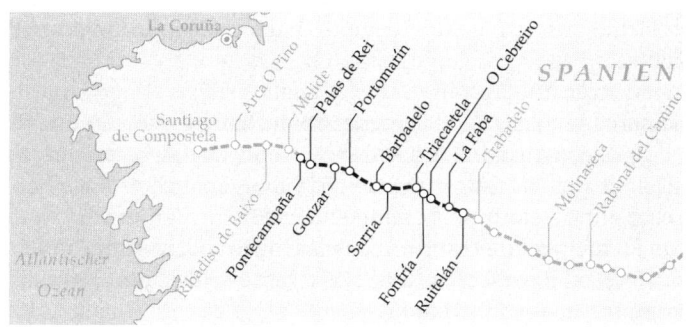

Freitag, 9. Juli 2010
Ruitelán – Fonfría | 22,2 Kilometer

Samstag, 10. Juli 2010
Fonfría – Triacastela | 8,7 Kilometer

Sonntag, 11. Juli 2010 und Montag, 12. Juli 2010
**Triacastela über Sarria – Portomarín |
46 Kilometer**

Dienstag, 13. Juli 2010
Portomarín – Pontecampaña | 29 Kilometer

Freitag, 9. Juli 2010

Ich wandere 22,2 Kilometer von Ruitelán nach Fonfría

Beim Erwachen scheint es mir im Schlafsaal dunkler als beim Zubettgehen. Und wer singt da? Ich nehme meine Schlafmaske ab und merke, dass es gar nicht so dunkel ist. Wie viel Uhr ist es? Ich darf mich nicht bewegen. Ich darf keinen Laut von mir geben.

»Morgens muss Ruhe sein, bis die Musik verklingt!«, hatte unser *hospitalero* Carlos gestern Abend beim Essen verkündet.

Ich hatte meinen erbarmungslosen Handywecker ausgeschaltet und in Erwartung der frühmorgendlichen Melodien sogar ohne Ohrstöpsel geschlafen. Ein Blick in den Raum verrät mir zu meiner Erleichterung, dass auch die anderen drei Frauen noch da sind, gehorsam und still in ihre Schlafsäcke gemummelt. Endlich einmal eine Herberge ohne den typischen Morgenkrawall – Klingeltöne, Flip-Flops, die Richtung Dusche schlurfen, das störende Rascheln von Schlafsäcken und das aufdringliche Ratschen von Reißverschlüssen. Das einzige Geräusch kommt von dem CD-Player in der Küche jenseits der Tür.

»Ave Maria ...«

Eine Frau singt Schuberts Lied. Ich liege still, bin aber aufmerksam, bis das klimpernde Klavier und die beruhigende Stimme mich wieder in den Schlaf lullen. Doch das lässt Carlos nicht zu.

»Nessun Dorma! Nessun Dorma!« (Keiner soll schlafen! Keiner soll schlafen!), gebietet der unverkennbare Luciano Pavarotti auf dem Weg zu einem Gipfel, dem Siegesversprechen.

»Vincero! Vincero! Vincero!« (Ich werde siegen! Ich werde siegen! Ich werde siegen!)

Als Pavarottis Siegeshymne verklungen ist, hebe ich meine Ohren aus dem Schlafsack, um den Worten zu lauschen, mit denen das bekannte Lied des Cirque du Soleil beschreibt, wie das Leben sein sollte.

> »Alegría! I see a spark of life shining
> Alegría! I hear a young minstrel sing
> Alegría ...

There is a love in me raging
Alegría! A joyous, magical feeling.«
(Alegría! Ich sehe einen Lebensfunken glitzern
Alegría! Ich höre einen jungen Barden singen
Alegría ...
In mir bebt die Liebe
Alegría! Ein magisches Glücksgefühl.)

»Wir haben gestern Abend die Pilgersegnung in der Kirche verpasst«, erzähle ich Elli beim Frühstück. »Sie fand statt, als wir
vor dem Abendessen im Garten geplaudert haben. Schade.«

Sie wirkt jetzt genauso geknickt, wie ich mich vor ein paar
Minuten fühlte, als ich den Infozettel an der Tür entdeckt hatte.
Doch rasch holt sie uns aus dem kleinen Tief heraus.

»¡No importa! (Macht nichts!) Wir sind schon gesegnet. Wir
sind Pilger!«

»Ich habe gehört, dass der König und die Königin von Spanien und sogar der Papst am Jakobstag an der Messe in Santiago teilnehmen werden«, wirft Adi aus Indonesien ein, um zu
betonen, wie gesegnet wir uns fühlen dürfen.

»Es ist ein heiliges Jahr«, sage ich. »Aber dass der Papst
kommt, hätte sich doch herumsprechen müssen?«

»Vielleicht wird es aus Sicherheitsgründen geheim gehalten?«, spekuliert Adi.

Adi, Elli und ihre beiden Freunde verlassen Ruitelán allesamt
vor 7 Uhr 30, ich hingegen brauche noch zehn Minuten, um
Carlos nach der morgendlichen Musik zu fragen.

»Va a caer la del pulpo«, sagt er plötzlich.

»Wie bitte?«

»Va a caer la del pulpo«, wiederholt er.

»Es wird Oktopustinte regnen? Dann gehe ich besser, bevor
es anfängt.«

Vorsichtig steige ich die steilen Treppen hinab auf die Straße.
Hinter mir schwillt die Orchesterversion des Klavierstücks
»The Promise« an, das Michael Nyman für den Film »Das Pi-
ano« geschrieben hat.

Das also haben Betty und Dugald gemeint, als sie über die
Musik in Ruitelán sprachen.

Die ausgedörrte Landschaft des *páramo* mag hinter mir liegen, die größte Hitze vorbei sein, doch vom wolkenlosen Himmel fällt noch keine Oktopustinte. Die Kühle und die dicht bewaldeten Hügel des Valcarce-Tals sind nach den herausfordernden Landschaften zuvor eine wahre Gnade. Gelb blühende Nachtkerzen und Johanniskraut ragen über den Gartenzaun eines Hauses mit weißen Fensterläden im Dorf Las Herrerías, das aus einer Reihe dreistöckiger Gebäude zu beiden Seiten der Straße besteht. Grasmatten fallen zum Fluss hin ab, und vor den Pappeln stehen Eichen, laubwechselnde Bäume. Was für ein Segen! Habe ich endlich das gelobte Land des gemäßigten Klimas erreicht? Die alte Straße führt nach O Cebreiro, doch ich fühle mich hier fast so zu Hause wie im englischen Lake Distrikt und gar nicht wie auf dem Weg nach Galicien. Merkwürdig, es gibt tatsächlich eine uralte Verbindung zu meinem Heimatland. Einer Aussage von Papst Alexander III. aus dem Jahr 1178 zufolge gab es in Las Herrerías ein Hospitál Inglés, das wahrscheinlich für die geplante Pilgerreise von Heinrich II. erbaut wurde. Doch der englische König kam nie. Offenbar hatte er schon damals die Vorbehalte gegen den Camino, die bis heute viele Engländer teilen. Es wird noch lange dauern, bis so viele Briten dem Ruf des Camino folgen, wie Spanier und Deutsche es bereits getan haben.

Ich bin bereit für die zwei Kilometer Anstieg nach La Faba hinauf, die Lozano als »mühevoll« bezeichnet. Doch der Abschnitt erweist sich als hübscher Spaziergang auf einem felsigen Pfad, beschattet von Kastanienbäumen mit weißfedrigen Blüten. Die Sonnenstrahlen, die auf eine riesige schwarze Nacktschnecke direkt vor mir und auf die Ahornbäume zwischen den Kastanien fallen, verstärken die Illusion, zu Hause zu sein. Eine ältere Pilgerin, die sich auf einem Baumstamm ausruht, erinnert mich daran, wo ich wirklich bin und auch vor neun Jahren schon war. Ihr Freund ist ein paar Meter weiter vorn, ich weiß die Frau also in Sicherheit, auch wenn sie müde ist. Es gibt keinen Grund, ein spontanes Angebot zu wiederholen, das ich 2001 genau hier gemacht habe. Hans und ich hatten an diesem Tag einen Gepäcktransportservice in Anspruch genommen und wanderten nur zwölf Kilometer von der Herberge in Vega de Valcarce nahe Ruitelán nach O Cebreiro. Von unseren Rucksäcken befreit und angesteckt von der *bonhomie* des Camino bot ich einer erschöpften Pilgerin an, ihren Rucksack die restlichen fünf Kilometer nach O Cebreiro zu tragen. Zu meinem Glück lehnte die Frau mein spontanes Angebot ab, wahrscheinlich in der irrigen Annahme, dass Leiden für die innere Entwicklung des Pilgers unabdingbar ist. Hans und ich waren noch ein paar Schritte nach La Faba hinaufgestapft und hatten dort unserer Lieblingsbeschäftigung gefrönt: Kaffeetrinken.

Hans hat mehr Schwierigkeiten, sich vom Tresen loszureißen, als er beim Aufstieg durch den Wald nach La Faba hatte. Vier Pilger haben ihn erkannt, und er versucht, ihre Rucksäcke zu signieren, während man ihm gleichzeitig jovial (und ziemlich heftig) auf den Rücken klopft. Besser, ich rette ihn.

»Hallo«, begrüße ich das Grüppchen und schüttle viele Hände, damit die Klapse aufhören. »Ist er wirklich so berühmt, wie er sagt?«, frage ich, ungläubig über ihre augenscheinliche Begeisterung, Hans zu treffen.

»Oh ja! Sehr berühmt! Und so witzig! Wir alle lieben ihn!«, rufen sie im Chor und lassen Hans dann endlich gehen.

»Hans, ich merke schon, dass jeder dich kennt. Aber bist du denn in Deutschland so berühmt wie, sagen wir, Lothar Matthäus?«

»Ach, Anne, da bin ich mir nicht sicher. Ich weiß es nicht«, sagt er, jetzt schüchterner als gegenüber seinen deutschen Fans.

»Also, dann fange ich es anders an: *Kennst* du Lothar Matthäus?«

»Äh, ja. Ein bisschen ... Ich meine, ziemlich gut ... Zumindest bin ich ihm begegnet.«

»Welche Prominente, die ich vermutlich kenne, hast du außerdem persönlich getroffen?«

»Hm. Boris Becker. Madonna.«

»Madonna?«

»Ach, aber das war ganz zu Anfang meiner Karriere. So richtig kennen tue ich sie nicht.«

»Madonna, Hans? *Madonna?* Ich kann mir einfach nicht vorstellen, wie berühmt du in Deutschland bist.«

»Du musst dir eine meiner Shows ansehen, dann kannst du dir ein Bild von meiner Arbeit machen. Ich lade dich gerne ein.«

Ich rühre in meinem Kaffee und sehe zu, wie Hans' deutsche Fans aus der Tür taumeln. Sie winken zum Abschied und marschieren Richtung O Cebreiro. Ich merke, dass Hans mich anstarrt.

»Was ist denn?«

»Warum hast du der Frau angeboten, ihren Rucksack zu tragen?«

»Äh, ich weiß es nicht. Ich kann es nicht erklären. Egal. Ich hätte ihn sowieso nicht weit getragen.«

»Ach? Wie meinst du das?«

»Ich wollte ihn dir geben, Hans.«

Wahrscheinlich war sein dröhnendes Lachen noch in O Cebreiro zu hören. Aber ich musste mich ja irgendwie dafür rächen, dass ich seit Santo Domingo überflüssigerweise seine Therm-A-Rest mitschleppe.

Das einem Zuckerwürfel nachempfundene Café steht noch, aber am Tresen sitzen drei junge Spanier, keine Deutschen, ganz versunken vor dem Fernsehschirm. Königin Sofia von Spanien steht mit einem rot-gelben Fußballschal um den Hals in der spanischen Mannschaftskabine und gratuliert ihrem Team zum Sieg über Deutschland am Mittwoch. Sie tätschelt die bloßen Arme der Spieler, die geschickt Wasserflaschen aus ihrem Weg kicken, damit sie nicht stolpert. Die hocherfreute Königin und die Spieler applaudieren spontan und alle grinsen. Ein Tag des Lobs, der Helden und der puren Freude. Schauplatzwechsel. Plötzlich Sanfermines in Pamplona, Stiere preschen durch die Straßen. »Große Gefahr in der Calle Estafeta ... eine Person aufgespießt, zwei niedergetrampelt«, verkünden die Untertitel. Ich wäre wahrscheinlich auch wütend, wenn ich durch eine betrunkene Menschenmenge stürmen müsste, anstatt in Ruhe auf einer Wiese in Navarra Gras wiederzukäuen.

Ich weiß nicht, was mit Hermann Künig von Vach los ist. Lozano zitiert häufig die kernigen Kommentare dieses Servitenmönchs, dessen »Wallfahrtsbuch des Hermann Künig von Vach« 1495 eindrucksvolle sechshundertundvierzig Zeilen umfasste, darunter allerdings die suggestive Aussage: »Willst du nicht nach La Faba hinaufsteigen, so lass es links liegen und geh über die Brücke zur Rechten.« Zum Glück treten heutige deutsche Pilger in die Fußstapfen ihres zeitgenössischen Vorgängers Hans-Peter Kerkeling und nicht in die des den Aufstieg scheuenden Mönchs Hermann. Der Stuttgarter Jakobsverein hat La Faba zurecht als einen Ort erkannt, der ihre großartige, hinter Bäumen versteckte neue Herberge verdiente. Auf dem Rasen vor dem Chalet im Alpenstil steht die Bronzestatue eines mittelalterlichen Pilgers. Seine Sandalen hat er nicht wie die Pilgerskulptur in León neben sich liegen, stattdessen hat er etwas typisch Deutsches. Nicht nur, dass er sich mit dem Gewicht eines schweren Wanderstabs abzumühen scheint, seine freie Hand hält außerdem, wie es aussieht, einen Stein. Was steht bloß in den deutschen Pilgerführern, das die Pilger dieses Landes in Angst vor den Hunden auf dem Camino versetzt?

Zwischen den hohen Grasböschungen am Rande des nächsten Dorfes, Laguna de Castilla, zieht eine ganz in Weiß gekleidete, sehr spirituell wirkende Frau einen selbstgebauten Karren an den purpurfarbenen Fingerhutstauden einer Hecke vorbei. An dem roten Rucksack auf ihrem gebeugten Rücken hängen sicher befestigt eine Schaumstoff-Isomatte und ein Blechbecher. Dass sie eine Art Mystikerin ist und nicht bloß ein Lasttier, schließe ich aus den beiden Rosenkränzen, die an ihrem Handgelenk und ihrer Taille baumeln, aus dem Holzkreuz um ihren Nacken und aus dem Notizbuch in ihrer Hand.

»Hallo! Sind dir all diese Sachen nicht viel zu schwer?«, frage ich.

Die weißhaarige Frau bleibt stehen, und ich auch, denn wir wollen ein echtes Lasttier überholen lassen. Ein Mountainbiker schiebt seinen Drahtesel den steilen Steinpfad hinauf, findet aber noch Zeit, die Mystikerin wie ein Wesen aus einer anderen Welt anzustarren. Mir wird klar, dass sie tatsächlich nicht von dieser Welt ist. Sie blinzelt ins Sonnenlicht, als wir aus dem Schatten der Hecke treten und über einen Drahtzaun in das angrenzende Tal blicken, das nach Galicien hineinreicht. Gerade will ich sagen, dass dies vielleicht die schönste Aussicht auf dem ganzen Camino ist, als ich merke, dass der Blick der Frau nicht fokussiert ist. Wahrscheinlich sieht sie kaum etwas von der Landschaft. Sie ist fast blind.

»Tut mir leid, ich spreche nicht gut Englisch«, entschuldigt sie sich.

»Ach, kein Problem, ich bitte dich. Ist es schwierig ... mit dem Gepäck?«

»*Nay*, es ist einfach. Ich habe es schon von Saint-Jean-Pied-de-Port bis hierher geschafft«, sagt sie, um mir zu beweisen, dass sie gut zurechtkommt.

»Ich sehe, du schreibst«, sage ich und deute auf das Notizbuch. »Ich auch! Über was schreibst du denn?«

»Meine Visionen. Ich bekomme sie aus der Luft«, lässt sie mich auf Deutsch wissen.

»Visionen? Zum Beispiel?«

»Sie kommen von Gott.«

»Es tut mir leid, dass ich nur ein bisschen Deutsch kann. Darf ich nach deinem Namen fragen?«

»Gaby.«

»Auf Wiedersehen, Gaby. Ich hoffe für dich ein Buen Camino!«, sage ich unter Auferbietung all meiner Deutschkenntnisse. Visionen! Was habe ich bloß falsch gemacht? Alles, was mir heute versprochen wurde, war ein Unwetter, bei dem es Oktopustinte regnet, und alles, was ich je aus der Luft bekomme, ist eine Brise.

Gaby macht in keinem der beiden steinernen Cafés Station, die in Laguna de Castilla, einem winzigen Örtchen, am Weg liegen. Ich bin bereits so guter Stimmung, dass mir eine Tasse Kaffee vielleicht zum endgültigen Durchbruch in die Sphäre der Visionen verhilft. Doch bevor ich das neben einem Bauernhaus gelegene Café A Escuela betrete, höre ich hinter mir Hufgeklapper. Das kann nur eine ganz bestimmte Frau sein, und ihr Pferd. Ich blicke über die Schulter und sehe Mara, die Secret über den Kiespfad zum Tor von Galicien lenkt.

»Mara! Hallo! Ich dachte, du bist vielleicht schon in Santiago?«

»Nein. Das Pferd hat neue Hufeisen gebraucht. Sechs Tage saß ich deswegen in Burgos fest!«

Das Pferd? Mara nannte es nie bei seinem Namen.

»Hast du eine Herberge gefunden, die dich für sechs Tage aufgenommen hat?«

»Nein. Ich habe neben dem Pferd im Gras geschlafen.«

Ich mache ein Foto von Mara und *dem Pferd*, aber nicht, ohne vorher um Erlaubnis zu fragen.

»Scheiße! Ich hasse diese Hitze!«, grummelt sie, während wir über Kuhfladen hinweg zum Bauernhof stapfen. »In dieser Hitze oder bergauf kann ich nicht auf dem Pferd reiten.«

Hatte ich mir bloß eingebildet, dass *das Pferd* Secret hieß? Oder hatte ich Mara in Navarrete missverstanden und sie hatte gesagt, *sein Name* sei ein Geheimnis?

Die doppelte Dosis Koffein in meinem *cortado* führt zwar nicht dazu, dass ich in dem hübschen A Escuela eine Vision habe, aber brauche ich denn eine? Ich kann mich an keinen derart unterhaltsamen und abwechslungsreichen Vormittag in León erinnern – denn auch wenn die Hügel dagegen sprechen, befinden wir uns immer noch in León, bis wir Laguna de Castilla verlassen. Dann betreten wir eine neue Provinz, Lugo, in der Region Galicien, und können den spanischen Ebenen endgültig Adieu sagen.

An der Straße nach O Cebreiro blühen gelbe Schafgarben in Reih und Glied wie eine Ehrenformation. Eine halbe Stunde später stehe ich auf der kuppelförmigen Wiese oberhalb des winzigen galicischen Dorfes. Fünf Minuten später stemple ich in der Kirche Santa María la Real den *sello* in meinen 2010er-Lozano, weil das Bild der Kirche und der vier strohgedeckten Hütten für mein *credencial* zu groß ist. Die für eine Siedlung von nur zwanzig Häusern unangemessene Größe muss wohl bedeuten, dass O Cebreiro für den Camino sehr wichtig ist. Hier sind seit 1072 Pilger eingekehrt, denn damals gewährte Alfons VI. den französischen Mönchen aus Aurillac das Recht, sie im Kloster-*hospital* aufzunehmen. Ich habe nicht vor, dort heute selbst zu übernachten, aber in der Kirche habe ich etwas zu erledigen.

»Entschuldigen Sie bitte, darf ich die Heilige Jungfrau fotografieren?«, frage ich die Pförtnerin, die eifrig dabei ist, Faltblätter mit einem Gummiband zu bündeln.

»Sí«, antwortet sie und ringt nun mit dem Stempelkissen.

Die junge Frau scheint meine Frage nicht besonders zu überraschen. Immerhin hat die romanische Statue der Santa María la Real einmal mit dem Kopf genickt, als sich Brot und Wein vor den ungläubigen Augen des Priesters in Christi Fleisch und Blut verwandelten. Das »Wunder von Cebreiro«, ausgelöst durch den Glauben eines Bauern im 14. Jahrhundert, der sich durch einen Schneesturm zur Messe kämpfte, ist nicht die einzige Gelegenheit, bei der die Statue sich bewegt hat. Vor neun Jahren stand ich vor Santa María mit ihrem kleinen Jesus auf den Knien und rief durch die ganze Kirche nach Hans ...

»Hans! Hans! Oh mein Gott! Schau! Komm her!«

Er ist bei mir wie der Blitz.

»Anne! Was ist los? Was ist passiert?«

»Schau, Hans. Schau dir das Jesuskind an. Schau ihn an.«

Beide starren wir hinauf zu der kleinen rechten Hand, mit der Jesus uns mit jener bekannten Pfadfindergeste grüßt.

»Was denn? Ich sehe nichts.«

»Das Jesuskind, Hans. Er winkt mir zu. Schau!«

»Ach, Anne, hör auf! Er rührt sich überhaupt nicht.«

»Ja, jetzt hat er aufgehört. Ich fürchte, du hast es verpasst.«

»Du bist verrückt! Ich dachte, dir ist was passiert!«

»Stimmt ja auch, Hans – ein Wunder! Ein Camino-Wunder.«

Das ist das Problem mit ihm – es fehlt ihm einfach der Glaube.

»Es ist nämlich so«, erkläre ich der Pförtnerin, »dass ich vor neun Jahren mit einem deutschen Freund hier war. Er hat in seinem Buch über den Camino auch über die Jungfrau und mich geschrieben. Darum würde ich Sie bitten, mich neben der Jungfrau zu fotografieren.«

»Als Andenken für Sie?«

»Ja, bitte. Als Andenken.«

»Natürlich. Deutsch, sagen Sie? Ihr Freund hat dieses deutsche Buch geschrieben?«

»Ja. Hans. Hans-Peter Kerkeling. Kennen Sie das Buch?«

»Ja. Das gibt es auch auf Spanisch, glaube ich. Warten Sie bei der Statue, ich komme gleich.«

Doch sie kommt nicht. Fünf Minuten stehe ich unter der reglosen Santa María mit ihrem Jesuskind, bis zwei Italienerinnen mich ansprechen.

»Sind Sie die Frau, die ein Foto möchte?«

»Ja, das bin ich. Woher wissen Sie das?«

»Die Pförtnerin hat es uns erzählt«, sagt sie und nimmt mir die Kamera aus der ausgestreckten Hand.

»Wieso? Wo ist sie hin?«, frage ich.

»Keine Ahnung«, meint sie und fotografiert mich. »Sie ist irgendwo draußen.«

»Entschuldigen Sie«, höre ich jemanden sagen, als die Touristinnen ihre Besichtigung fortsetzen. »Sind Sie die Frau aus dem deutschen Buch?«

»Ja, das bin ich. Woher wissen Sie das?«

Was ist hier eigentlich los?

»Die Pförtnerin hat mir gesagt, dass Sie hier sind. Ich studiere Journalistik und arbeite für *La Voz de Galicia*. Diesen Sommer bin ich in O Cebreiro stationiert, ich soll Artikel über den Camino schreiben. Hätten Sie etwas gegen ein Interview?«

»Überhaupt nicht. Wie heißen Sie?«

»Patricia. Patricia Blanco.«

»Hola, Patricia. Ich bin Anne. Anne Butterfield.«

Ganz Journalistin, schreibt sie das bereits nieder, während wir uns auf eine Bank in der Nähe der Jungfrau setzen. Auf Patricias Fragen hin erkläre ich, dass ich auf meiner gegenwärtigen Pilgerreise oft erkannt werde, weil ich in »Ich bin dann mal weg« vorkomme. Allerdings nur von Deutschen!

»Ich bin eine ganz normale Frau, ein Niemand«, erkläre ich. »Ich bin bloß Biologielehrerin.«

Patricias Interesse steigt mir sofort zu Kopf und ich feiere das ungewöhnliche Willkommen in Galicien mit einem Glas Bier in einem Restaurantgarten. Das nächste Zubehör, das ich brauche, um hier zu Ruhm und Ehren zu kommen, ist eine spanische Fahne aus dem Geschenkladen am kleinen Dorfplatz. Allerdings erlaubt der Camino nicht, dass ich mich lange in oberflächlicher Selbstzufriedenheit aale. Mein aufkeimender Dünkel schwindet schlagartig, als ich mich bei der *hospitalera* der überlaufenen Herberge nach dem richtigen Weg nach Fonfría erkundige.

»Noch mal zwölf Kilometer heute Nachmittag?«, bemerkt sie und zeichnet dabei den Pfad mit dem Finger nach, der hügelabwärts nach Liñares führt.

»Zwölf? Sind sie sicher? Ich dachte, es sind nur fünf?«, frage ich scharf, als könnte mein Protest die Strecke verkürzen.

»Nein. Von hier nach Fonfría sind es zwölf Kilometer.«

Sie ist die *hospitalera*, und wir wissen beide, dass sie recht hat. Wie konnte ich mich bloß so irren? Ich will nicht noch zwölf Kilometer wandern. Das ist einfach nicht fair.

Ich stapfe hügelabwärts los. Sobald ich außer Sichtweite bin, lasse ich meine Wut direkt am Camino aus. Ich setze die Sohlen meiner Wanderstiefel hart auf, trete nach dem Unkraut und schlage in das Gras am Wegrand. Wenn Patricia mich jetzt sehen könnte, würde sie ihren Bericht zerreißen und eine neue Überschrift verfassen: »Camino-Koller: Anne wütet gegen Unkraut.« Nach dem Vorbild der Inuit in der Arktis habe ich das Gefühl, das Ausmaß meiner Wut lasse sich in der Entfernung messen, über die sie anhält. Meine Wut ist drei Kilometer lang und damit nicht unerheblich. In Liñares setze ich mich in meinem überhitzten Zustand auf einen Felsblock, trinke etwas Wasser und stelle fest, dass sich meine ungute Stimmung in nichts aufgelöst hat. Genau wie die schöne Landschaft. Ich blicke über die Felder auf die fernen Hügel und frage mich, wann sie sich dorthin verzogen haben. Gemerkt habe ich es nicht.

Was meinen Pilger, wenn sie sagen, sie wollen »sich selbst finden«? Was erwarten sie zu finden? Hoffen sie auf ein zuvor verborgenes und unbeflecktes »Selbst« zu stoßen? Ich habe Neuigkeiten für sie – sie werden das finden, was sie schon sind. Der Camino wird den Lack der Wohlanständigkeit abschürfen und lebenslang angesammelte, fest eingewurzelte Reaktionsmuster ans Licht bringen. Übellaunigkeit, Sanftmut, Entschlossenheit, Wankelmütigkeit, Mut und Feigheit, alle werden sie zum Vorschein kommen, und dann hat man sich selbst »gefunden«. Auf dem Camino sind bewusste Beobachtung und ehrliche Reflexion die Werkzeuge, die wir einsetzen, um zu uns zu kommen. Mystische Mechanismen sind überflüssig. Wenn dich das Geräusch von Mandelkauen im Schlafsaal stört, bist du reizbar. Du hast dich selbst gefunden. Wenn du hinter einer Seilsperre stehend mit einem Kirchendiener streitest, bist du streitlustig. Du hast dich selbst gefunden. Wenn du das Abendessen eines Pilgers bezahlst, dem das Geld ausgegangen ist, bist du großzügig. Du hast dich selbst gefunden.

Über die letzten, zermürbenden neun Kilometer bringt mich nur die schiere Willenskraft. Ein kurzer, aber steiler Anstieg zwischen Bruchsteinmauern und Weißdornhecken nach Alto San Roque endet bei der Statue eines den Elementen trotzenden Pilgers, die in diesem Moment fehl am Platz wirkt. Er hält seinen Hut fest, damit ein imaginärer Sturmwind ihn nicht davonweht, während ich meinen abnehmen muss, um ein bisschen kaltes Wasser über meinen heißen Kopf träufeln zu können. Was für ein Glück ich habe – müsste ich diese Etappe bei dem Wind, Regen und Nebel marschieren wie 2001, als Hans und ich uns an der Statue festhielten, um nicht umgeweht zu werden, dann bekäme ich sicher wieder einen Wutanfall. Und es wäre mir egal, ob mich jemand dabei sieht oder nicht.

Denk an das Gute! Du hast so ein Glück! Dieser Gedanke treibt mich durch die Wiesen mit den Heuballen voran, vorbei an pinkfarbenen Lichtnelken und blauen Iris. Am Scheitelpunkt eines zweiten steilen, felsigen Abschnitts nach Alto del Poio auf 1337 Meter erklärt eine alte Frau in der kühlen Posada del Peregrino zwei Beamten der Guardia Civil am Tresen, dass es bis Fonfría nur noch drei Kilometer sind. Ich weiß nicht, warum sie die Auskunft den beiden erteilt, denn die Frage habe ich gestellt.

Farnkraut und Fingerhut entlang des Lehmpfads verbergen die Straße nach Sarria, nicht aber die in Olivtönen geschichteten Hügel dahinter, die unter dem blauen Himmel von Lugo liegen. Der Pfad verläuft durch einen Bauernhof mit einer buckligen Wiese, auf der Wäsche an der Leine hängt. Ein roter Verkaufsautomat und Picknicktische reißen mich aus meiner Lethargie. Das ist kein Bauernhof, das ist Fonfría. Und dieses Bauernhaus ist die Albergue a Reboleira. Hinter dem geschwungenen Tresen der Herberge lümmeln sich meine Freunde aus Ruitelán in Sesseln und lesen Zeitschriften. Eine ganze Seite des Raumes ist verglast und zeigt die Landschaft bis zum letzten Strahl Tageslicht. Es wirkt fast wie ein teures Schweizer Hotel. Elli, Ricardo und Francesca applaudieren und lachen, als sei meine späte, rotgesichtige und schweißüberströmte Ankunft irgendwie witzig.

»Juhu! Da bist du ja! Wo warst du denn?«, kreischt das fröhliche Trio. »Es ist ja schon so spät!«

»Ich wurde in O Cebreiro aufgehalten. Ihr werdet es nicht glauben – *La Voz de Galicia* hat mich interviewt!«

»Was? Wieso?«, rufen sie, klatschen noch wilder und lachen jetzt fast hysterisch.

»Erst suche ich mir ein Bett aus«, sage ich und lasse meine Stiefel zu Boden fallen. »Dann erzähle ich euch alles …«

Samstag, 10. Juli 2010

Ich wandere 8,7 Kilometer von Fonfría nach Triacastela

La Voz de Galicia
Galicien
La Voz in O Cebreiro

Ohne es zu wissen, wurde sie berühmt
Anne entdeckte, dass ein deutscher Komiker sie in seinem Buch über den Camino erwähnt hat, und wird jetzt »wie Beckham behandelt«

Patricia Blanco, 9.7.2010

Alles begann vor neun Jahren. Anne Butterfield, Engländerin, wohnhaft in Liverpool, geboren in Leeds, und Hans-Peter Kerkeling, ein berühmter deutscher Fernsehmoderator und Komiker, begaben sich in Saint-Jean-Pied-de-Port auf den Camino. Sie gingen getrennt, parallel, ohne einander zu kennen. »Wir machten die gleiche Route, trafen uns aber in Logroño zum ersten Mal. Später, ab El Acebo, gingen wir dann zusammen«, erklärte Anne gestern in der Kirche Santa María la Real in O Cebreiro.

»Wir wurden sehr gute Freunde, ohne dass ich wusste, wer er war. Ich hielt ihn für einen ganz gewöhnlichen Mann, mit dem ich reden konnte und viele Ansichten teilte. Wir hatten auch einen ähnlichen Humor«, erinnert sie sich. Aber irgendetwas war trotzdem seltsam, besonders, dass ihr Freund von so vielen anderen Wanderern erkannt wurde.

»In Rabanal aßen wir zusammen zu Abend. Als ich von der Toilette kam, sah ich ihn für irgendwen irgendwas schreiben, und da sagte ich: ›Jetzt reicht's! Sag mir, wer du bist!‹ ›Ich heiße Hans-Peter Kerkeling‹, antwortete er, ›aber in meinem Land bin ich ein berühmter Komiker, bekannt als Hape, und habe eine eigene Fernsehshow.‹« Jetzt verstand Anne endlich, warum zum Beispiel in La Faba Scharen von Deutschen den Komiker umringt und um Autogramme und Fotos gebeten hatten.

Die beiden wanderten zusammen mit Shelagh, einer neuseeländischen Pilgerin, nach Santiago. Anne blieb mit Kerkeling in Kontakt und erfuhr so, dass er über seine Erfahrungen auf dem Jakobsweg ein Buch veröffentlicht hatte: »Ich bin dann mal weg«. Das Buch ist unter dem Titel »Bueno, me largo« auch auf Spanisch erhältlich.

Was sie nicht wusste, war, welche Rolle sie in dem Werk spielt, einer »Weltsensation« (fast vier Millionen verkaufte Exemplare).

Nun geht sie den Camino zum zweiten Mal und wird häufig von Deutschen angehalten, »als wäre ich David Beckham. Sie sind unsicher, wenn sie mit mir reden, aber ich erkläre ihnen, dass ich ein ganz normaler Mensch bin, bloß eine Biologielehrerin. Also, damit [Berühmtheit] habe ich null Erfahrung.« So also wurde Anne Butterfield berühmt, ohne es auch nur zu ahnen.

Patricias amüsanter Artikel erschien in der heutigen *La Voz de Galicia*: »Meistgelesene Zeitung in Galicien dank der Beteiligung ihrer Leser«. Doch in Triacastela ist nirgendwo ein Exemplar von *La Voz* aufzutreiben, und ich erfahre es erst am Mittwoch, 14. Juli per SMS:

»Ich habe in La Voz einen langen Artikel über dich gelesen! Eine ganze Seite! Gratuliere! Hans«

Was habe ich ihr gesagt? Hoffentlich klang es nicht zu eingebildet. Jedenfalls nicht, dass ich so berühmt *bin* wie David Beckham, oder?

Ich bin in Triacastela, kaum neun Kilometer von meiner letzten Station Fonfría entfernt. Es ist mein erster Ruhetag seit León vor einer Woche, und ich habe Triacastela wegen des faszinierenden Eintrags in meinem 2010er-Lozano gewählt: »Dem heiligen Santiago geweihte Kirche, ein sehr pilgerfreundlicher Priester bietet täglich um 19 Uhr eine Pilgermesse an. 2 Supermärkte, Banken und alle Dienstleistungen.« Gelockt hat mich die Messe, nicht die Supermärkte. Wie kann dieser Priester so »pilgerfreundlich« sein, dass es eigens erwähnt wird? Wo all die anderen schon so freundlich waren? Was ist Besonderes an ihm? Ich hoffe, er belohnt meine Geduld, denn als ich im Hostal Casa David mein plüschiges Zimmer beziehe, ist es erst elf Uhr. Was soll ich ganz allein in diesen zwei Straßen anfangen, bis es losgeht?

Es fällt mir nicht immer leicht, mich nach inspirierenden Abenden in Herbergen und Restaurants auch allein wohlzufühlen. Elli, Ricardo und Francesca waren ganz erstaunt, als ich ihnen gestern Abend im Garten des Reboleira von »Ich bin dann mal weg« und von Patricias Interview für *La Voz* erzählte.

»Shelagh wurde mal an einem Flughafen von einem Mann erkannt, der das Buch gelesen hatte«, sagte ich. »Danach brauchte sie keines ihrer Gepäckstücke mehr anzurühren. Er trug ihr alles bis zum Ziel.«

»Ich glaub das nicht, unfassbar!«, lachte Elli, die jede Wendung meiner ungewöhnlichen Geschichte genoss. »Und dich kennen die Leute jetzt auch?«

»Ja, so ist es. Ich kenne sie.«

Wir wandten uns erstaunt nach der Pilgerin um, die mit einem Buch am Tisch hinter uns saß. Sie war Deutsche. Elli kreischte noch lauter, so absurd fand sie das Ganze.

Gestern Abend saß ich beim Essen in der Herberge neben der deutschen Pilgerin, Angela. Die geschäftige *hospitalera* trug riesige Schüsseln Pasta und Rindfleisch von dem Gastronomieherd an unseren Tisch. Angela reichte mir die Weinkaraffe und vertraute mir an, ihre »Engel« hätten ihr befohlen, diese Pilgerreise zu unternehmen.

»Engel? Du glaubst an Engel?«

»Es gibt sie. Sie haben mich 2007, 2008 und jetzt wieder auf den Camino geschickt. Du hast auch welche.«

»Ich muss sagen, dass sie sich bei mir noch nie gemeldet haben. Wo sind sie denn?«

»In einer anderen Dimension.«

Sind nicht vielleicht die Deutschen auf diesem Camino in einer anderen Dimension? Sie begegnen Gott, empfangen Visionen aus der Luft oder stehen in Kontakt mit Engeln. Wie kommt ein englischer Pilger in diese Dimension? Wo ist das Portal zu dieser Welt?

»Hape Kerkeling ist also dein Freund?«, fragte Angela.

»Ja«, antwortete ich in tadellosem Deutsch.

»Ich habe sein Buch auf mehreren Ebenen gelesen. Auf der ersten ist es die Geschichte seines Camino. Auf der zweiten ist es für mich wie ein Ratgeber. Beim dritten Mal habe ich die tiefere Bedeutung erfasst.«

»Ich werde es Hans erzählen. Es wird ihn sehr freuen. Danke.«

Aber »Ich bin dann mal weg« als Ratgeber? Hm. Benutzt Angela jetzt etwa nach dem Vorbild von Hans Züge und Busse, um zur nächsten Station zu gelangen?

Ich bin die einzige Kundin in dem kleinen Supermarkt an der oberen Straße von Triacastela. Ganz gewöhnliches Obst, Gemüse, Brot und Käse kommen mir inzwischen vor wie exotische Lebensmittel aus fernen Landen. Gierig sauge ich jedes Wort aus den Taschenbüchern und Zeitungen auf. Sind das die ersten Anzeichen für eine Sehnsucht, in mein »richtiges« Leben zurückzukehren? Ich setze mich vor eines der vielen Cafés, die die untere Straße säumen, und kann es kaum erwarten, mich mit *El País* aufs Laufende zu bringen. Noch bevor ich die Titelseite umgeblättert habe, unterbricht mich ein Ruf.

»Bonjour! Bonjour! ¡Buen Camino!«

Die Franzosen kommen. Wir Pilger aller Nationalitäten erkennen sie immer daran, dass sie statt »¡Hola!« »Bonjour!« sagen. Dass sie das spanische »¡Buen Camino!« benutzen, zeigt uns, dass sie sehr wohl wissen, dass dieser Teil des Camino Francés durch Spanien verläuft und nicht durch Frankreich. Aber das hier sind keine gewöhnlichen französischen Pilger. Als ich aufblicke, sehe ich eine Kolonne schlanker Männer und Frauen, die zwischen den Tischen vier rikschaähnliche Fahrzeuge hindurchbugsieren. Jedes Gefährt bedarf zweier Läufer, einer vorn und einer hinten, um die darin sitzende Person an den zechenden und speisenden Gästen vorbeizubefördern. Die vier Passagiere der Rikschas könnten die Pilgerreise niemals allein bewältigen. Es sind Behinderte, die auf fremde Hilfe angewiesen sind.

»Bonjour! ¡Buen Camino!«, rufe ich zurück.

Ausnahmsweise vergebe ich den Franzosen einmal ihre Sonderbarkeit.

Fühle ich mich von den schrecklichen Nachrichten in *El País* deshalb so betroffen, weil ich mich schon so lange im Umfeld des Camino bewege? Da draußen, außerhalb der Pilgerblase, ist im Iran eine Frau zum Tod durch Steinigung verurteilt worden. Der Fall von Sakineh Mohammadi Ashtiani, die wegen Ehebruchs und Beihilfe zur Ermordung ihres Ehemanns schuldig gesprochen wurde, hat einen weltweiten Aufschrei und zahlreiche Gnadenappelle ausgelöst. *El País* verschont den Leser nicht mit Details der bevorstehenden entsetzlichen Prozedur und berichtet, wie tief Sakineh begraben und welche »offizielle« Größe die Steine haben müssen, mit denen sie getötet wird. Ich hätte nie geglaubt, eines Tages zu erfahren, dass Steine, die groß genug sind, um das Opfer sofort zu töten, ebenso als »zu milde« gelten wie Kiesel, die dazu zu klein sind. Nur ein handtellergroßer Stein hat »die richtige Größe«.

Blickt man von meinem Camino-Idyll aus auf die Welt, so scheint es unmöglich, dass es auf diesem Planeten derartige

Schlechtigkeit gibt. Der Camino hat seine Wurzeln im tiefen Mittelalter, aber er hat sich weiterentwickelt. Ich kann nicht akzeptieren, dass die mir garantierte Freiheit von Leid und Schrecken so vielen Menschen verweigert wird. Meine Schwester reagiert sofort auf meine aufgebrachte SMS und schreibt, dass die Hinrichtung Sakinehs vorerst ausgesetzt wurde. *Vorerst?* Einen Augenblick lang habe ich geglaubt, ein Gebet zum heiligen Jakob in Santiago könnte helfen, und für Sakineh Mohammadi Ashtiani würde ich beten. Aber wenn die »richtige« Welt von Heiligen nach wie vor nichts wissen will, dann sollte ich es vielleicht auch nicht so eilig haben, dorthin zurückzukehren. Möglicherweise wäre es besser, die Welt käme hierher und würde lernen, wie auf dem Camino gelebt wird.

Ich schlendere durch das winzige Dörfchen bis zum Ende der unteren Straße, damit ich genau weiß, wo es morgen losgeht nach Sarria. Wenn ich mich vertue, werde ich stattdessen im Kloster in Samos ankommen, was ich vermeiden möchte. 2001 waren Shelagh und ich im strömenden Regen nach Samos gewandert. Hans hatten wir zurückgelassen. Wir hatten eine Flasche herben galicischen *grapa* gekauft und am Abend so viel davon getrunken, dass ich am nächsten Morgen nicht aus dem Bett kam. Shelagh (die in der Herberge genächtigt hatte) musste mich am Morgen erst aus meinem Zelt zerren und mit gutem Zureden dazu bringen, mit ihr zu unserem Treffpunkt mit Hans zu wandern. Wenn sie nicht gewesen wäre, hätte ich vielleicht keinen der beiden je wiedergesehen. Allerdings ist bislang jeder Versuch, auf diesem Camino in unsere neun Jahre alten Fußstapfen zu treten, eine Enttäuschung gewesen. Für das Gelingen des diesjährigen Camino war es bislang ausschlaggebend, 2001 zu vergessen, andere Herbergen zu wählen und neue Pilger kennenzulernen. Morgen werde ich also nicht um der guten alten Zeiten willen nach Samos gehen. Shelagh, die den Camino nicht noch einmal machen will, würde das verstehen.

Der Priester in San Juan de Ortega, der die gute Knoblauchsuppe kochte, hatte Shelagh gewarnt, keine Sucht nach Pilgerreisen zu entwickeln, sondern die Lektionen auf ihr normales Leben zu übertragen. Er riet ihr außerdem, schweigend zu gehen, »denn dann werden Sie die Stimme Gottes vernehmen«.

Shelagh gab den Versuch, sich an dieses Schweigegebot zu halten, immer dann auf, wenn sie mit Hans und mir unterwegs war. Eigentlich müsste ich mich schuldig fühlen, weil ich ihren Zugang zu Gott gestört habe, aber dem ist nicht so. Ihre liebste Erinnerung an unseren Camino 2001 »ist, wie viel wir gelacht haben«. Bis zum heutigen Tag benutzt sie dieses Merkmal unserer Pilgerreise, um abzuschätzen, ob ihr Leben in Neuseeland in die richtige Richtung läuft. Ist die Antwort auf ihre Frage »Habe ich Spaß?« ein dröhnendes »Nein!«, ändert sie den Kurs solange, bis die Antwort »Ja!« lautet.

Ohne Shelagh, Hans oder die Pilger von gestern Abend ziehen sich die acht Stunden ewig hin. Künftig werde ich, sofern ich allein bin, meine Ruhetage in Städten verbringen. Künftig? Kommende Woche kann damit nicht gemeint sein, denn ich will ohne weitere Unterbrechung nach Santiago marschieren. Nach Santiago gegangen bin ich die ganze Zeit, aber nächste Woche werde ich dort ankommen. Was also heißt künftig? Auf einem dritten Camino? Ich werde ja hoffentlich nicht süchtig werden, oder? Shelagh würde verärgert reagieren, Hans vernichtend. Ohne groß zu überlegen, hatten wir alle drei eine Wiederholung des Camino entschieden abgelehnt. Wir hatten »Wiederholer« für Eskapisten gehalten, die lieber wochenlang durch Spanien laufen, als ihren Verpflichtungen zu Hause ins Auge zu sehen. Die beiden sind *ziemlich* neugierig, zu erfahren, wie meine zweite Reise im Vergleich zu unserer gemeinsamen abläuft, ein dritter Camino wäre aber auf jeden Fall einer zu viel. Den müsste ich heimlich, still und leise machen.

Eine halbe Stunde vor Beginn der Messe, auf die ich sehr gespannt bin, betrete ich als erste Pilgerin die Jakobskirche. Einige Blätter Papier, teils Ausdrucke, teils von Hand beschrieben, geben einen ersten Eindruck von der Philosophie des »äußerst pilgerfreundlichen Priesters«:

> »DIOS (GOTT):
> Gib mir die Gelassenheit, Dinge zu akzeptieren, die ich nicht ändern kann,

den Mut, Dinge zu ändern, die ich ändern kann,
und die Weisheit, den Unterschied zu erkennen.«

Ein langes Gebet an den heiligen Jakob wird in vielen europäischen Sprachen wiederholt. Die englische Version ist so verwirrend, dass ich auf die spanische zurückgreife, um mir ein Bild zu machen, was wir Pilger von Santiago erbitten:

> »Señor Santiago, als Pilger vor deinem Bildnis stehend
> möchten wir beteuern, dass wir wirklich Pilger sind ...
> auf der Suche ... nach innerem Frieden und der Fähigkeit zu lieben ... Wir suchen die Leitlinien, die wir als
> Menschen in der heutigen Welt so dringend brauchen;
> Wertmaßstäbe, nach denen wir unser Leben und uns
> selbst ausrichten können ...
> Danke, Señor Santiago.«

Das Gebet ist vom Gemeindepriester Augusto Losada López unterzeichnet und mit dem gleichen *sello* gestempelt, den ich bei meiner Ankunft in mein *credencial* gedrückt habe – der heilige Jakob mit einem Hut voller Muscheln und seitwärts geneigtem Kopf. Es ist, als würde er überwachen, ob wir uns an das Gebet halten.

Der heilige Jakob auf dem einfachen *retablo* hinter dem Altar wirkt ernster. Er wacht über die Gemeinde, die in die Kirche einzieht. Irgendwie habe ich das Gefühl, meine Gefährten wüssten etwas, das ich nicht weiß. Warum sitze ich als einzige Pilgerin in der ersten Reihe? Aber das und vieles andere regelt sogleich Pater Augusto, der aus der Sakristei gerauscht kommt und von der obersten Altarstufe aus die Pilger näher winkt.

»Ich habe kein Mikrofon!«, blafft er, während seine Assistentin María die widerstrebende Herde in die vorderen Reihen treibt.

»¿Cuantos francéses hay? Wieviele Franzosen sind hier? Deutsch? English?«, ruft er.

Falls unter uns Franzosen oder Deutsche sind, so geben sie sich jedenfalls nicht zu erkennen, bevor sie wissen, was er mit ihnen vorhat. Ich verhalte mich ebenfalls still, bis das Rätsel gelöst ist. Pater Augusto runzelt die Stirn. Eine Italienerin und ein Spanier sind als erste Freiwillige gewillt, die relative Sicherheit der Kirchenbank aufzugeben, um dem Priester auf der »Bühne« Gesellschaft zu leisten. In all meinen Jahren als Lehrerin habe ich niemals jemanden erlebt, der solche Schwierigkeiten hatte, sein Publikum in Griff zu bekommen. Die Pilger sind völlig verunsichert, zwar nicht gerade in Todesangst, aber sie schlottern regelrecht in ihren Sandalen und wünschen, sie wären bereits in Santiago. Unverdrossen ob solchen Wankelmuts schafft es Pater Augusto, ein halbes Dutzend Pilger aus verschiedenen Nationen auf die Holzstühle zu locken, die um den Altar gruppiert sind.

»¡Venga arriba, más gente!« (Kommt rauf, mehr Leute!), ruft er, bis genügend zappelnde Pilger die leeren Plätze um ihn her eingenommen haben.

Wenn er noch lange so weitermacht, werden irgendwann alle Anwesenden auf der Bühne sein. Die leeren Bankreihen werden einen traurigen Anblick bieten, und für die Messe wird es zu spät sein. Plötzlich entdeckt Pater Augusto mich, immer noch allein in meiner Bank.

»Hier vorn sitzt eine Frau allein«, stellt er fest. »Kommt nach vorn, noch mehr Leute!«

María, die leidgeprüfte Assistentin, widmet sich wieder ihrer Hauptaufgabe – Pilger zusammenzutreiben. Das denkbar beste Geschenk, das man ihr machen könnte, wäre ein Lasso, denn ihr unermüdlicher Einsatz passt besser zu einem Rodeo als zu einer Messe. Ich bewundere gerade ihren Eifer, als Pater Augusto etwas tut, was ich in Spanien schon oft beobachtet habe: Er ändert den Kurs.

»Setzt euch! Setzt euch alle! Die Messe ist Herzenssache, und ihr seid müde. Auch Jesus ließ sich zum Abendmahl nieder! Die Messe ist keine Turnstunde!«

Da er Spanisch spricht, weiß ich nicht, wie viele Pilger seine überraschend originelle Interpretation des Abendmahls verstanden haben. Doch es sind viele Spanier unter uns, und so nehmen alle in den Kirchenbänken Stehenden ebenso wie die Freiwilligen auf der »Bühne« Platz, und die Messe kann beginnen.

»Gott ist mit euch. Lasst uns den Blick nach innen wenden und uns fragen, was da herausmuss. Wir sind keine Teufel, aber wir sind auch nicht vollkommen.«

Ist das die Messe? An einen Passus, der versichert, dass wir keine Teufel sind, kann ich mich gar nicht erinnern. Aber ja, wir sind noch beim Bußritual: Pater Augusto beichtet unsere Sünden und bittet Maria, die Engel und die Heiligen, für uns zu beten.

»Herr im Himmel, sei uns gnädig und vergib uns unsere Sünden.«

Das Gloria, jene Melodie, die ich als Teenager in der Saint Saviour's Church so gern gesungen habe, lassen wir offenbar aus: »Oh Lamm Gottes, das du trägst die Sünden der Welt, erbarme dich unser.«

»Lasst uns beten. Wir bitten, dass all die Pilger auf dem Camino nach Santiago zu sich selbst finden mögen. Das ist nicht einfach. ›Ich bin vollkommen‹, sagen wir. ›Mein Mann, meine Frau machen mir das Leben schwer!‹ Ganz im Gegenteil! Gebt nicht anderen die Schuld! Wir sind hier, um Jesus, Santiago, inneren Frieden, Glück und Hoffnung zu finden. Wenn wir nicht in Frieden mit uns selbst sind, wie können wir in Frieden mit anderen leben? Amen.«

Dass wir mittlerweile beim Wortgottesdienst angekommen sind, schließe ich daraus, dass ein spanischer Pilger von einem Blatt abliest, das María zuvor flink an die »Freiwilligen« verteilt hat. Der ausgewählte Abschnitt aus Paulus' erstem Brief an die Korinther soll, so mutmaße ich, Pater Augustos Sichtweise dessen Nachdruck verleihen, worum es im Camino und im Leben geht.

»Wenn ich mit Menschen- und Engelszungen rede, Liebe aber nicht habe, so bin ich ein tönendes Erz ... Und wenn ich ... alle Geheimnisse und die ganze Erkenntnis weiß; und wenn ich allen Glauben habe, so dass ich Berge versetzen kann, Liebe aber nicht habe, so bin ich nichts.«

Unser weiß gewandeter Priester blickt über den Rand seiner Brille hinweg (liebevoll) unseren mutigen Leser aus der Laienschar an. Jetzt liest eine englische Pilgerin aus dem Lukasevangelium vor. Hinter dem Altar hervor beschreibt sie mutig, wie zwei Mitglieder von Jesus' eigener Gemeinde ihn nach der Auferstehung an der Straße nach Emmaus nicht erkannten.

»Zwei von ihnen gingen an demselben Tage in ein Dorf, ..., dessen Name ist Emmaus. Und sie redeten miteinander von all diesen Geschichten ... Da nahte sich Jesus selbst und ging mit ihnen. Aber ihre Augen wurden gehalten, dass sie ihn nicht erkannten. Er aber sprach zu ihnen: ›Was sind das für Dinge, die ihr miteinander verhandelt unterwegs?‹ Da blieben sie traurig stehen.«

»Was denkt ihr darüber?«, fragt Pater Augusto unvermittelt.

Ich habe tatsächlich eine Meinung dazu, halte es aber für besser, nichts zu sagen. Ich habe mich gefragt, was an der Straße nach Emmaus anschließend passiert ist. Haben die beiden Dummköpfe, die Jesus zu seinen Lebzeiten folgten, ihn letztendlich erkannt? Darüber werde ich mir später Gedanken machen müssen, denn jetzt hat offenbar die Predigt begonnen. Ich bin ganz Ohr.

»Es ist nicht wichtig, dass ihr viele Ziele habt, aber ein oder zwei, die ihr auf dem Camino entwickeln könnt. Manchmal ist unsere Bildung für unsere leeren Köpfe verantwortlich, doch der Camino ist eine Reise nach innen. Zu viele Pilger kommen als Touristen, sie sind flatterhaft wie die Vögel.«

Es ist nicht das erste Mal, dass ich von Kirchenmännern Kritik am Tourismuscharakter des Camino höre.

»Der Camino ist dazu da, uns selbst zu finden und zu begreifen, dass wir uns nicht voneinander unterscheiden. Was bedeutet es, Christ zu sein? Es bedeutet, Jesus nachzueifern, nicht bloß, sich während des Gottesdienstes religiös zu gebärden. Wir müssen das leben, was wir empfinden: ›Es muss mein *eigenes* Leben sein, nicht eines nach fremden Vorstellungen.‹ Die *Liebe*, nicht die Angst macht uns zu Christen. Die Hölle haben wir bereits in unserer Gesellschaft, nicht aber den Himmel, weil wir ihn nicht wollen.«

Der junge brasilianische Pilger, der die Worte des Priesters die ganze Zeit über in korrektes Englisch übersetzt hat, springt plötzlich die Altarstufen hinunter und rennt durch den Mittelgang auf den Friedhof hinaus. Wir hören, wie er zwischen den Gräbern erbricht. Ein paar Pilgern, die an der Tür stehen, ruft

Pater Augusto in einem flammenden Appell an ihre Menschlichkeit zu: »Helft ihm! Helft ihm!«

Als die Pilger an der Tür sich immer noch nicht entschließen können, einzugreifen, weist Pater Augusto María an, Wasser aus der Sakristei zu holen, und läuft selbst damit hinaus.

»Das ist ein kranker Mensch, kein Hund!«, mahnt er uns, während er seinem erschöpften Dolmetscher Hilfe leistet.

Ein junger polnischer Priester, der selbst nach Santiago pilgert, nimmt die Hostie vom Altar. Diese hilfreiche Geste macht klar, wo wir uns offiziell befinden – in einer Messe. Pater Augusto hebt den Abendmahlskelch und beginnt mit dem Eucharistiegebet.

»Wir sind Egoisten«, verkündet er, obwohl manche von uns sich immer noch nicht von dem Etikett »Tourist« erholt haben. »Wir kennen einander nicht. Hilf uns, einander auf dem Weg nach Santiago mit Respekt zu begegnen. Herr, nimm die Vorsätze, Probleme, Vorhaben, Freuden und Irrtümer aller Anwesenden an. Lasst uns all derer gedenken, die niemanden haben.«

Die Freiwilligen auf der Bühne fassen sich an den Händen. In der Mitte steht Pater Augusto, der die Arme himmelwärts sendet, um sie dann schwer sinken zu lassen. Die beiden machtlosen Pilger zu seinen Seiten scheinen in einem Rührstück gefangen, die übrigen armen Freiwilligen scheinen unschlüssig, ob sie dieses Partyspiel mitmachen sollen. Derartige Verwirrung habe ich zuletzt in Villasirga auf den Gesichtern der Jünger auf dem *retablo* gesehen, die Zeugen werden, wie Maria in den Himmel auffährt.

»Manchmal«, sagt Pater Augusto, ziemlich verzweifelt angesichts der Schwächen seiner heutigen Schäfchen, »so glaube ich, halten wir uns an den Händen wie ein verheiratetes Paar. Als ginge es bloß um einen Vertrag. Oder so, als hätten wir die Parkinsonsche Krankheit.«

Lassen es die Freiwilligen an Begeisterung mangeln, einander an den Händen zu halten? Bin ich froh, nicht da oben zu sein!

»Umarmen wir uns! Alle!«

Alle? Will mich denn niemand von diesem aufrührerischen Priester befreien? Was wird er noch verlangen? Ich will nur noch weg hier, lehne mich aber an meine Kirchenbank, um flüchtig eine Frau zu umarmen und ein verlegenes Lächeln mit ihr zu tauschen. Reicht das etwa nicht? Nein, es reicht nicht. Ich gehe durch die Kirche und umarme tatsächlich sämtliche anderen Pilger. Die Übrigen tun es mir gleich. Erst dann gestattet man uns, den Leib Christi zu empfangen.

Eine Aufgabe bleibt den Freiwilligen noch. Sie müssen auf Spanisch, Englisch, Französisch, Italienisch, Portugiesisch und Polnisch den heiligen Jakob bitten, dass wir unsere Stärken entdecken und in den Dienst anderer stellen.

»Amen«, sagen wir schließlich am Ende des ersten Gebetes – zu leise.

»¡Más alto!« (Lauter!), ruft der unermüdliche Priester, damit wir bloß nicht wieder in Trägheit verfallen.

Danach tönt unser Amen beträchtlich lauter. Pater Augusto wirkt trotzdem noch irgendwie enttäuscht. Eine bestimmte Nationalität hat er an diesem Abend in seiner Gemeinde vermisst.

»*Deutsch? Deutsch?* Wo sind sie denn?«

Keine Antwort.

»Schlafen die Deutschen alle?«

Das kann sein. Oder aber sie sind bloß Touristen und haben sich die Messe erspart.

Sonntag, 11. Juli 2010 und Montag, 12. Juli 2010

Ich wandere 46 Kilometer von Triacastela über Sarria nach Portomarín und ... Spanien bestreitet in Johannesburg in Südafrika das WM-Endspiel gegen Holland

Mir reicht's allmählich. Ich habe genug. Na schön, ich gehe weiter, klar. Muss ich ja. Wie könnte ich Blanca unter die Augen treten, wenn ich als Wanderin genauso versage wie als Radfahrerin? Aber ich bin total ausgebrannt. So fühle ich mich, seit ich gestern, am Tag nach Spaniens WM-Sieg, Sarria hinter mir gelassen habe. Ganz Spanien, von der königlichen Familie bis zum Camino, hüllt sich in Rot und Gelb. Genugtuung allenthalben. Auch ich habe eine Spanienflagge, erstanden in O Cebreiro, sie flattert von meinem Rucksack, um meine Anerkennung zum Ausdruck zu bringen. In Wahrheit bin ich furchtbar enttäuscht. Nicht nur die WM ist in Sarria zu Ende gegangen, sondern mit ihr in vielfacher Hinsicht auch mein Camino.

Nach all dem Nervenkitzel, den glücklichen und unglücklichen Momenten, den dramatischen und komischen Augenblicken des Turniers war das Endspiel Spanien gegen Holland am Abend alles andere als ein Höhepunkt. Das sind WM-Endspiele selten, aber diese Begegnung litt zusätzlich unter der eigenwilligen Auslegung der Regeln durch den englischen Schiedsrichter. Nach zwanzig langweiligen Minuten, in denen sich beide Teams größte Mühe gaben, bloß keinen Fehler zu machen, leistete sich Hollands Nigel de Jong einen wirklich kolossalen, indem er dem Spanier Xabi Alonso einen Tritt gegen die Brust verpasste. Das war mit einiger Wahrscheinlichkeit das schlimmste Foul bei einer WM, seit 1982 der Franzose Battiston durch eine unsaubere Kung-Fu-Attacke des deutschen Torhüters Schumacher zu Fall gebracht wurde. Ich fiel vor lauter Aufregung von dem Hocker, auf dem ich seit meiner Ankunft in Triacastela um 16 Uhr saß. Ein Pilger aus Barcelona am Nebentisch namens Juan fing mich auf, und wir schlossen für die Dauer des Spiels Freundschaft. Er und seine Freunde hatten eine Flasche Cava auf dem Fensterbrett bereitgestellt, um zu feiern, wenn die Spanier, diese ewigen Verlierer, endlich doch einmal den Sieg davontrugen.

Dieses Foul sicherte den Spaniern die hundertprozentige Unterstützung aller Pilger in Sarria. Uns stand der Mund offen, als wir de Jongs bösen Tritt sahen und wir darauf warteten, dass ihm der Platzverweis erteilt werde. Mit angehaltenem Atem sahen wir, wie Schiedsrichter Webb nur mit einer gelben Karte wedelte. Die Niederlande durften mit elf Mann weiterspielen. Wenn die Holländer nun die Weltmeisterschaft gewinnen, so dachte ich, würde das noch mehr der Gerechtigkeit spotten als der andere große Fauxpas dieses Turniers, Frank Lampards nicht anerkanntes Tor gegen Deutschland. Nigel de Jong mag zwar um das Urteil des Schiedsrichters herumgekommen sein, doch er und Harald Schumacher sollten sich schon einmal überlegen, was sie an jenem unentrinnbaren Tag sagen werden, an dem über ihr Leben gerichtet wird. Da brauchen sie eine gute Ausrede.

Richtig genießen konnte ich das Match nach dieser Szene nicht mehr, und so erging es auch den anderen. Die Anspannung war einfach zu hoch, zu viel stand auf dem Spiel. Wir sahen einem freudlosen Abnutzungskrieg zu, und bald war klar: Das erste Tor würde sicherlich das einzige bleiben und das Spiel entscheiden. Und niemand wollte, dass es ein Holländer schoss.

»Lo que necesitamos ahorita«, zitierte ich einen Satz, den ich in einer Zeitung gelesen hatte, »es un cabezazo de oro.« (Was wir jetzt brauchen, ist ein goldener Kopfstoß.)

Die Männer aus Barcelona wandten gleichzeitig die Köpfe und starrten mich an.

»Habt ihr das gehört?«, sagte einer schließlich. »Sie spricht wie eine Katalanin!«

In der angespannten Atmosphäre war es mir zu kompliziert, zu erläutern, dass ich einen Kommentar zu Puyols Tor gegen Deutschland zitiert hatte. Ich hoffte, mit meinem Einwurf den Spaniern das verdiente Glück zu bringen. Und so geschah es. Spanien schoss ein goldenes Tor, wenn es auch kein Kopfball war und der Schütze nicht Puyol hieß. In der Verlängerung kam Spaniens Spielmacher Andrés Iniesta, der ganz allein im Strafraum stand, an den Ball. Ich wagte kaum hinzuschauen – doch Iniesta erlöste Sarria und ganz Spanien aus der unerträglichen Spannung. Er traf ins Tor.

Ein gerechter Sieg. Der Cava aus Barcelona war rasch entkorkt, und Juan reichte mir feierlich ein Glas. Ich hatte eigentlich genug getrunken, aber ich konnte nicht ablehnen, schließlich erlebte ich zum ersten Mal hautnah – abgesehen von der Fußballweltmeisterschaft 1966 in England –, dass ein Land Fußballweltmeister wurde. Erwachsene Pilger, ich eingeschlossen, vergossen Tränen. Ich musste an meinen holländischen Freund Bob denken. Der arme Bob. Vier Abende zuvor hatte ich mit ihm und Christina und ihren Söhnen Puyols *cabezazo de oro* in Villafranca gesehen. Sie hatten nun alle mindestens einen Tag Vorsprung, vielleicht hatten sie das Endspiel in Portomarín gesehen. Unsere amerikanischen Freunde, diese Fußball-Parvenüs, waren sicherlich aus dem Häuschen – Bob aber eher nicht. Bestimmt war er genauso erbost über die Entscheidung des Schiedsrichters Howard Webb wie wir. Nur aus einem anderen Grund – ich wagte es gar nicht laut zu sagen, aber ... für mich sah Iniestas Tor nach einem Abseits aus. War es nicht abseits? Wenigstens ein kleines bisschen?

Das unrühmliche Foul war nicht die einzige denkwürdige Szene des Endspiels. Vor Millionen, wenn nicht Milliarden Fernsehzuschauern bezauberte der tapfere spanische Torwart Iker Casillas die ganze Welt, als er bei einem Interview nach dem Spiel die spanische Sportjournalistin Sara Carbonero küsste. Ganz Sarria beklatschte und bejubelte diese ebenso romantische wie kühne Geste und schloss die verlegen dreinblickende Journalistin ins Herz. Spanien war in sich selbst verliebt, und die ganze Welt (abgesehen von Holland) liebte Spanien. Und ich hatte das Glück, gerade in diesem Moment in Spanien zu sein. Zumindest empfand ich es als Glück.

Ich hatte vergessen, dass in Sarria Pilgertouristen zu Hunderten (gefühlt eher zu Tausenden) ihren Camino beginnen. Daher war die Herberge bereits belegt, als ich am Sonntagnachmittag dort ankam. Ich nahm mir also im Café Escalinata ein Zimmer direkt über dem Hocker, auf dem ich dann das Spiel verfolgte. Mein »Gelbes Buch« hatte mich gewarnt, dass das Rinnsal der Pilger, die in Roncesvalles starten, entlang des Camino ständig anschwillt, bis es in Galicien zu einem reißenden Strom wird. Warum aber ist von all den vielen Orten, an denen Pilger ihren Camino beginnen, der Zulauf ausgerechnet in Sarria so groß? Die simple Erklärung ist, dass die Pilger die *compostela*, die Anerkennung für ihren *credencial* mit den *sellos*, nur unter einer Bedingung erhalten: Ganz gleich, von wo und wie ein Pilger gestartet ist, die letzten hundert Kilometer muss er zu Fuß und ohne fremde Hilfe zurückgelegt haben. Sarria liegt hundertvierzehn Kilometer von Santiago entfernt, wer also die fünf Etappen von hier aus marschiert, der wird als Pilger anerkannt und erhält seine *compostela*. Und da dies ganz Spanien und die halbe Welt wissen, fallen die Leute scharenweise in Sarria ein.

Während meiner einsamen zwei Tage hinter Sahagún sehnte ich mich nach Gesellschaft und verließ sogar den Weg durch den *páramo*, um welche zu finden. Aber dies hier kommt mir nicht mehr wie eine Pilgerwanderung vor. Richtige Pilger, das sind Leute wie Alison und Ian, die ihre Wanderung in England begonnen haben, Christian, der von Rom aus aufgebrochen ist, oder Britte, achtundsechzig, die sich in Paris aufs Fahrrad geschwungen hat – sie alle sind auf dem Weg der Wanderer unterwegs, ebenso Mara, die auf ihrem Pferd Secret in Zürich losgeritten ist, die Franzosen mit den Behindertenrikschas in Triacastela sowie all die Normalsterblichen, die ihren Camino in Saint-Jean-Pied-de-Port beginnen, ja sogar jene, die erst in Burgos oder León dazustoßen.

Gestern musste ich bereits fünf Kilometer hinter Sarria in Barbadelo in der Santiago geweihten Kirche Schlange stehen, um mir meinen *sello* abzuholen. Schlange stehen! Normalerweise schlendere ich zu dem Tisch, wo Stempel und Stempelkissen bereitliegen, und drehe den *sello* erst einmal in den Fingern hin und her, damit der Abdruck in meinem *credencial* nicht auf dem Kopf steht. Für solche Mätzchen ist jetzt keine Zeit. Das große Rennen nach Santiago hat begonnen. Erst nachdem ich mich durch ein Rudel christlicher Pfadfinder aus Belgien zum Ausgang durchgekämpft habe, kann ich den *sello* in Ruhe betrachten. Es zeigt den heiligen Jakob, wie er auf einem Pferd durch die Lüfte reitet, mit gezücktem Schwert und wehendem Banner in seiner umstrittenen Pose als Matamoros (Maurentöter). Aber wieso eigentlich umstritten? Santiago wusste, was er tat. Wie wäre er sonst durch diese Menschenmassen von Sarria nach Santiago gekommen?

Ganz ohne fliegendes Pferd, nicht einmal mit einem normalen, das auf den Namen Secret hörte, kämpfte ich mich wie ein Stier in Pamplona die nächsten acht Kilometer durch den Mahlstrom bis Ferreiros. In einem Café namens Casa Cruceiro machte ich Rast, um eine Suppe zu essen und mich ein wenig von den Menschenmassen zu erholen.

»Auf Pilgerreise soll man nicht mit der Menge wandern. Einsamkeit ist vonnöten, um nicht von der Selbsterforschung abgelenkt zu werden ... Vermeide Eile und Unruhe, nimm es als spirituelle Übung.«

Pater Augusto hatte mir diesen Text nach der Messe in Triacastela gegeben. Er hatte mich gebeten, die englische Übersetzung des Gebets zu verbessern, und ich hatte die Gelegenheit ergriffen, ihm eine Frage zu stellen.

»Entschuldigen Sie, *señor*. Ich treffe hier viele Pilger, die sagen, dass der Camino sie verändert. Aber bei mir kann ich keine solche Wirkung feststellen.«

Er schwieg einen Augenblick, und ich dachte schon, er würde mir jetzt seinen Rettungsplan für Pilger präsentieren, die kurz vor Santiago zu scheitern drohen. Aber er schaute mich einfach nur an.

»Ähm ... haben Sie das denn schon erlebt, dass der Camino das Leben von Menschen verändert?«, stammelte ich.

»¡Sí! Viele Pilger schreiben mir später und teilen mir mit, wie sehr der Camino ihnen geholfen hat, ihr Leben zu ändern.«

»Ich habe das Gefühl, ich weiß genau, was ich ändern müsste, aber es tut sich gar nichts beim Wandern.«

»Aber Sie haben angefangen, darüber nachzudenken?«

»Ja. Wenigstens glaube ich das ...«

»Nun, dann haben Sie doch schon einen Anfang gemacht.«

»Wirklich?«

»¡Sí! Und schreiben Sie mir!«

Was sollte ich ihm denn schreiben? Dass ich keinen klaren Gedanken mehr fassen konnte angesichts der lärmenden Scharen von Späteinsteigern, die voller »Eile und Unruhe« einherstapften? Dass meine kleinen Fortschritte nun meiner aufkeimenden griesgrämigen Menschenfeindlichkeit zum Opfer fallen? Nein, das könnte ich ihm nicht schreiben, das wäre wirklich armselig. Wenn ich den Grundsätzen des Camino nicht folgen konnte, während ich noch auf ihm unterwegs war, wie sollte ich es dann erst im Alltagsleben schaffen? Ich musste mir mehr Mühe geben, auch die Leute zu akzeptieren, die von Sarria aus losliefen: »Wenn ich mit Menschen- und Engelszungen rede, Liebe aber nicht habe, so bin ich ein tönendes Erz ...«

Es fiel mir nicht leicht, kein tönendes Erz zu sein und meine Mitmenschen in Sarria zu mögen. Auch wenn mich ihre rosaweißen Sportschuhe, ihre kleinen orangen Rucksäcke mit den Tigger-Figuren und die iPod-Kabel in ihren Ohren nervten, ich musste mir Mühe geben. Ein paar Kilometer vor Portomarín sah ich meine Gelegenheit. Zwischen den Steinmäuerchen, die in ganz Galicien die Wege von den Feldern und Wiesen trennen, machte ich eine Gruppe katholischer Jugendlicher aus. Es waren Hunderte. Mir war mehr danach, sie zu zählen, als mit ihnen zu reden. Sie zu lieben wurde zusätzlich durch den Gedanken an die vielen Betten erschwert, die sie in Beschlag nehmen würden. Wenn sie vor mir in der Herberge ankamen, würde ich mir ein teures Hotelzimmer nehmen müssen. Um der Gerechtigkeit willen muss ich aber auch sagen, dass ich während des ganzen Camino nicht gespart hatte und sie jetzt nicht für die Höhe meiner Kreditkartenabrechnung verantwortlich machen konnte. Also beschloss ich, kurz Pilgerfreundschaft zu schließen, um sie dann rasch zu überholen und vor ihnen in Portomarín anzukommen.

Als ich zu der zügig voranschreitenden Truppe aufgeschlossen hatte, erkannte ich, dass es sich keineswegs um einen eintönigen Zug austauschbarer Klone, sondern um lauter Individuen handelte. Sie trugen bunte Halstücher, die sie nach Altersgruppen unterschieden. Ich kam mir unter ihnen wie ein Kuckuckskind vor. Teenager marschierten Schulter an Schulter mit Älteren. Schließlich machte ich auch den Priester aus, der diesen belgischen Pilgerzug nach Santiago führte. Die beste Gelegenheit, dachte ich, etwas über die Messe herauszufinden, das ich mich schon immer gefragt hatte. Außerdem würde es mir viel leichter fallen, die Pilger zu lieben, wenn sie mir zu etwas nutze waren.

»Entschuldigen Sie, könnten Sie mir etwas erklären, was ich nie verstanden habe?«, wandte ich mich an den Priester.

»Bitte. Ich hoffe, ich kann Ihnen helfen«, antwortete er bescheiden.

»Oh, ganz bestimmt. Was heißt es denn eigentlich, dass Jesus unter uns weilt, wie immer in der Messe gesagt wird? Das habe ich mich schon immer gefragt, aber nie verstanden. Wo genau ist er denn?«

Es war gar nicht so einfach, mit dem kräftig ausschreitenden Priester Schritt zu halten und dabei noch zu reden. Ich hüpfte auf und ab wie die Tigger-Figuren an den Rucksäcken und hoffte, er würde mich nicht abhängen, ehe ich meine Antwort erhalten hatte.

»Jesus sagt: ›Wo zwei oder drei in meinem Namen versammelt sind – da bin ich mitten unter ihnen!‹«

»Und glauben Sie daran, dass er jetzt in diesem Augenblick unter uns weilt?«

»Gewiss. Wir glauben, dass Christus hier und jetzt bei uns, mitten unter uns ist.«

»Wie ein Geist oder so?«

»In gewissem Sinne, ja.«

Ich schloss aus seinem Lächeln, dass das nicht unbedingt dem entsprach, was er im Priesterseminar gelernt hatte.

»Sie merken sicherlich, dass ich daran nicht so recht glauben kann, obwohl mich die Frage sehr beschäftigt ... haben Sie Christus je direkt erfahren? Haben Sie je seine Nähe gespürt?«

»Einmal, während einer Gruppensitzung, hatte ich tatsächlich das Gefühl, dass uns Christus nahe ist. Und ich bin mir sicher, dass er in diesem Augenblick unter uns war.«

»Ich habe so etwas nie empfunden, nicht ein einziges Mal. Ich denke immer, das Gefühl, das Sie da beschreiben, entstammt der Liebe, die wir füreinander empfinden. Dass Sie es so weit entwickelt haben, ist Ihr eigenes Verdienst. Ich würde damit nichts Göttliches verbinden.«

So sicher, wie ich vorgab, war ich mir meiner Sache in diesem Augenblick aber nicht. All die jungen Menschen hier fühlten sich von der Liebe zu Jesus inspiriert. Spielte es da wirklich eine Rolle, ob ich diese Liebe für göttlich hielt?

»Wie heißt du?«, wollte der Priester unvermittelt wissen.

»Anne. Und du?«

»Jürgen. Schön, dich kennenzulernen, Anne«, sagte er und gab mir die Hand.

»Freut mich ebenfalls, Jürgen.«

Und dann beschleunigte ich meine Schritte, um vor ihm ein Bett in Portomarín zu ergattern.

Aber das brachte mir nichts. Jürgens Truppe hatte bereits Zimmer in der privaten Albergue Ferramenteiro vorgebucht. Ich konnte mich glücklich schätzen, um vier Uhr nachmittags den letzten freien Schlafplatz von hundertsechzig zu bekommen. Wenn ich geahnt hätte, wie nahe ich der Obdachlosigkeit war, hätte ich die schwindelerregende Brücke nach Portomarín nicht so zögerlich überquert. Mit einer Hand drückte ich mir meinen geliebten Panamahut auf den Kopf, damit er nicht in den Miño geweht wurde, der tief unter mir floss. Aymeric Picaud hat in seinem lateinischen »Liber peregrinationis« (Pilgerführer) von 1130 die Namen der Baumeister angeführt: Andrés, Rotgerio, Alvito, Fortus, Arnaldo, Esteban und Pedro Peregrino. Doch die Betonbrücke, über die ich schritt, war nicht mehr die von Pedro Peregrino und seinen Kollegen erbaute »Ponte del Min«. Diese Brücke war 1956 zusammen mit dem mittelalterlichen Portomarín nach dem Bau der Talsperre bei Belasar überflutet worden. Die Neustadt zieht sich nun in ordentlichen grau-weißen Terrassen am anderen Ufer hinauf. Nachdem ich in siebenstündigem Marsch die vier Wegstunden (22,5 Kilometer) ab Sarria hinter mich gebracht hatte, erklomm ich auf dem Weg in die Stadt eine steinerne Treppe, die steil genug war, um allen, die die schwindelerregende Flussüberquerung heil überstanden hatten, den Rest zu geben. Portomarín wollte meine Ernsthaftigkeit als Pilgerin offenbar wirklich auf die Probe stellen. Doch die eigentliche Herausforderung erwartete mich erst innerhalb der hübsch restaurierten Gässchen der Stadt.

Die Kirche San Nicolás, erbaut vom Johanniterorden, steht wie ein aus Legosteinen gefertigter Quader mitten auf dem Hauptplatz der Stadt. Man hatte das Gotteshaus seinerzeit Stein für Stein abgetragen, bevor es im nassen Grab des Stausees versank, und es anschließend hier wieder aufgebaut. Mit ihren vier Wehrtürmen, die die grünen Fensterrahmen, weiß gekalkten Wände und die eleganten Kolonnaden der umgebenden Restaurants und Läden überragen, wirkt die Kirche etwas bedrohlich. Trotz der düsteren Architektur erwartet man nicht unbedingt, dass auch der Innenraum unfreundlich wirken könnte, aber ich hätte vielleicht doch etwas ahnen sollen. Schon als ich durch die schwere Metallpforte trat, regte sich in mir ein Fluchtinstinkt. Vorne im Bereich der ersten Bankreihen war ein seltsames Ritual im Gange, das ich nicht gleich deuten konnte. Eine kleine Gruppe Pilger kniete demütig vor einem Priester, der in ein schwarzes, bodenlanges Gewand gekleidet war und über ihren Köpfen ein mit Silber beschlagenes Holzkruzifix schwenkte. Mein Herz begann zu rasen und meine

Knie zitterten, als würde ich noch einmal den Miño überqueren. Trotzdem schritt ich wie magisch angezogen auf die makabre Gruppe zu. Ich glitt in eine Kirchenbank und fragte flüsternd die Frau vor mir, was vor sich ging.

»Eine lateinische Messe«, flüsterte sie zurück.

»Etwa die Abendmesse für die Pilger?«, fragte ich leise, erschrocken bei dem Gedanken, dass die Reformen von Papst Johannes dem XXIII. Portomarín vielleicht nicht erreicht hatten.

»Nein. Das haben wir vorab arrangiert. Der Priester ist auf unsere spezielle Bitte hin hier.«

Ich wollte mich schon zum Gehen wenden, als sich die Frau umwandte und mir sagte, dass die Messe vorbei sei und der Priester nun einen Heilsegen für die Wunden der Versammelten sprechen würde.

»Du kannst ihn auch empfangen, wenn du möchtest«, bot sie an.

»Oh ja, gerne!«, antwortete ich. Vielleicht bekam eine Prise Katholizismus meinen nagellosen Zehen und strapazierten Achillessehnen doch besser als mein puritanischer Anglikanismus.

Der Priester, der sehr verkniffen wirkte, ließ mich in den Kreis ein, hielt mir mit ausgestrecktem Arm das Holzkreuz entgegen und murmelte einige unverständliche Worte, ohne mich eines Blickes zu würdigen. Ich verspürte zwar keine unmittelbare Linderung meiner Leiden, doch vielleicht dauerte das ja ein wenig. Bei der nächsten Runde Einzelsegnungen stellte sich bei mir aber doch eine sehr unmittelbare und deutliche Reaktion ein. Ich bereute zutiefst, mich auf dieses esoterische Ritual eingelassen zu haben, als ich sah, wie ein Pilger nach dem anderen den silbernen Jesus an dem Kruzifix küsste, den der Priester ihnen an die Lippen hielt. Ich musste unbedingt von den Knien hochkommen, bevor ich etwas tat, das ich als einen heuchlerischen Akt von Duckmäusertum empfunden hätte. Außerdem war es Zeit fürs Abendessen.

Meiner Statistenrolle in der lateinischen Messe entflohen, rannte ich über den Platz und landete im Restaurant Arenas Parrillada. Als ich mir an der Bar ein Bier holte, blitzte eine Kamera auf. Zwei Frauen in der entgegengesetzten Ecke des Raums hantierten wie zufällig mit einem Fotoapparat herum, den sie auf die Tischplatte gestellt hatten. Fing ich an zu spinnen oder hatten sie mich etwa eben fotografiert? Fragen konnte ich sie wohl kaum, ohne eingebildet und aggressiv zu wirken.

Wer glauben Sie denn, wer Sie sind?, hätten sie vielleicht geantwortet. Warum sollten wir Sie fotografieren?

Statt sie also anzusprechen, suchte ich mir einen Platz hinter einer Säule und vertiefte mich in die Speisekarte. Doch als ich dann zum Tresen ging, um meine Bestellung aufzugeben, blitzte es erneut. Nun hatten sie schon zwei Fotos von mir mit einem vermutlich verblüfften Gesichtsausdruck. Wozu brauchten sie bloß mein Konterfei auf dem Kaminsims? Ich aß meinen Flan und floh zum zweiten Mal innerhalb einer Stunde über den Platz, aber diesmal *in* die Kirche, um an der in Spanisch gehaltenen Messe für alle teilzunehmen. Jürgen hörte die Tür quietschen und winkte mir über die Köpfe der Gläubigen hinweg zu.

»¡Ultrey-ey-ey-a! ¡Ultrey-ey-ey-a! ¡Y Suseya en el camino a Compostela!«, sangen sie zu den Klängen von Gitarren, deren Saiten die belgischen Pfadfinder schlugen.

Zum ersten Mal seit Trinidad, als ich noch unsichtbar auf einem Fahrrad unterwegs war, vernahm ich diesen Ruf der Ermutigung.

Auf dem Rückweg zum Hotel blieb ich vor dem Schaufenster eines Buchladens unter den Arkaden stehen. »Bueno, me largo« stand dort in einem verstaubten Winkel halb verdeckt von »Das Sakrileg«, als ob Dan Brown sich dafür rächen wollte, dass Hans ihn seinerzeit vom Spitzenplatz der deutschen Bestsellerliste verdrängt hatte.

Rache! Rache für 2006!, dachte ich, die ich Parallelen zur WM entdeckte, wo ich auch ging und stand.

Ich spähte nach dem Untertitel: »El Camino de Santiago, el camino más importante de mi vida«. Hans hatte die, wie er schrieb, »wichtigste Reise meines Lebens« ohne jedes Zeichen von Ungeduld angesichts der großen Aufmerksamkeit, die er auf sich zog, bewältigt, und ich fragte mich nun, was wohl die seltsame SMS zu bedeuten hatte, die er mir am Tag meiner Abreise aus England geschickt hatte:

»Trink immer genug Wasser. Nimm regelmäßig deine Vitamine und zieh jeden Tag frische Socken an! Sei nicht zu kritisch mit den Deutschen, sie sind auch nur Pilger wie du, mein Herz! ;–) luv Hans«

Ich hatte keine Ahnung, was er damit meinte, zumal er um meine besondere Beziehung zu und meine Neigung für Deutschland wusste. Hatte er etwa geahnt, dass ich ganz gewöhnlicher Mensch plötzlich im Rampenlicht stehen und darunter leiden würde? Hatte er versucht, mich zu warnen?

Ich war mir nicht ganz sicher, ob die beiden Pilgerinnen mich fotografiert hatten. Alles, was ich gesehen hatte, war das Blitzlicht. Doch Hans hatte recht – wir sind alle Pilger. Es wurde Zeit, mich darauf zu besinnen, welcher Natur diese Reise war, und die Grundsätze, die ich nun schon so lange hegte, auch einmal anzuwenden. *Verstehen*, einer der vier Pfeiler von Bobs Camino, schien mir in diesem Augenblick als wichtigste Tugend. Vielleicht, so überlegte ich, waren diese beiden deutschen Frauen nur zu schüchtern gewesen, mich um ein Foto zu bitten? Ich beschloss, die beiden *paparazzi* bei der nächsten sich bietenden Gelegenheit zu grüßen, nahm davon jedoch wieder Abstand, als ich mir überlegte, was sie wahrscheinlich antworten würden: Wer zum Teufel bist du?

Es wäre einfach zu demütigend.

Dienstag, 13. Juli 2010

Ich wandere 29 Kilometer von Portomarín nach Pontecampaña

Die große Armee der Späteinsteiger aus Sarria ist in Galicien einmarschiert. Wir, die Wanderer, die wir schon seit weit mehr als einer Woche und hundert Kilometern unsere Seelen suchen, haben das Gefühl, unser angestammtes Land sei von einer Besatzungsmacht überrannt worden. Als ich mich heute Morgen an den bleichgesichtigen Eindringlingen vorbei in Richtung Portomarín kämpfte, gedachte ich der Leiden der amerikanischen Ureinwohner und gab mir selbst den Namen Kleiner Gelber Pfeil. Ein paar Halbwüchsige wagten es sogar, mir geradewegs in die Augen zu blicken und ohne jede Scham die heiligen Worte auszustoßen: »¡Buen Camino!«

»Pah! Das war er mal!«, murmelte ich und hastete griesgrämig an ihnen vorbei.

Doch neben moderner Technik und lautem, rätselhaftem Geschwätz haben sie noch etwas mitgebracht, etwas Bezauberndes: Kinder. Sie sind auf dem Camino eine Seltenheit. Nur einmal, in Fonfría beim Frühstück, habe ich einen pausbäckigen kleinen Jungen gesehen, der im Eingangsbereich der Albergue a Reboleira atemlos auf und ab wetzte. Er war ganz aufgeregt, weil seine Mutter ihn mit auf den abenteuerlichen Weg nach Santiago nahm. Wenn sie nicht bald losgehen, dachte ich damals, wird er für diesen großen Tag gar keine Energie mehr übrig haben.

»Vamos a Triacastela. Vamos a Triacastela« (Wir gehen nach Triacastela), wiederholte er, als gäbe es nirgendwo auf der Welt ein heiligeres Ziel.

Heute Vormittag habe ich diesen Jungen wiedergesehen, als all die Pilger aus Portomarín an der gleichen Stelle Pause machten. Ich stellte mich in die Schlange am Tresen des Café Gonza in Gonzar und entdeckte ihn in der anderen Schlange, der vor den Toiletten. Aus dem Camino nach Santiago war offenbar die Warteschlange nach Santiago geworden. Er saß auf einem Stuhl in einer Nische neben der WC-Tür, zu müde, um selbstständig zu stehen. Seine Wange lag auf den angezogenen Knien. Als zwei Frauen sich hinten anstellten, heiterte sich seine Miene angesichts der Aussicht, sie mit seinem heutigen Ziel zu beeindrucken, sogleich auf.

»¡Vamos a Palas de Rei! ¡Vamos a Palas de Rei!«, sagte er stolz.

Ich trug mein mit Omelette belegtes Baguette von der Größe eines Bumerang an einen Tisch am Fenster und wühlte dann in meinem dicht gepackten Rucksack. Ja, die Baseballkappe mit dem Brasilienlogo war noch da. Seit León hatte ich sie nicht mehr getragen, aber nun brauchte ich die Plakette mit der Jakobsmuschel, die ich in Mansilla de las Mulas darangeheftet hatte.

»¡Hola! ¿Como te llamas?« (Hallo! Wie heißt du?), fragte ich den Jungen, als er auf dem Weg zu seiner Mutter vorbeitrottete.

»Ignacio.«

»Hallo, Ignacio. Hier, schenke ich dir!«, sagte ich und gab ihm die Plakette.

»¡Gracias!«

»¡De nada!« (Gern geschehen!)

Seltsam. Ich erwärmte mich doch nicht etwa langsam für die »Sarrianer«, oder? Nicht im Geringsten – er und seine Mutter waren in Fonfría gestartet, also lief dieser Zehnjährige einhundertundsiebenundvierzig Kilometer bis nach Santiago. Ignacio war sozusagen einer von uns.

Genau wie Ignacio und alle anderen Pilger ging auch ich heute nach Palas de Rei, doch schon in Castromayor, nur zwei Kilometer hinter Gonzar, überlegte ich es mir anders. Ich stellte meinen Rucksack auf einer Steinmauer neben einem Café ab und ließ die »Sarrianer« an mir vorbeiziehen. Eine Gruppe von dreizehn, dann elf, dann fünf, alle in weißen Trainingsanzügen und mit geschnitzten Wanderstöcken und Wasserflaschen ausgerüstet. Ich wusste, dass ich unfair war, fühlte mich aber gerechtfertigt, als ich das einzige Gepäckstück eines speziellen Pilgers sah – eine über die Schulter geworfene spanische Fahne.

Eine aufgeregte Frau trat mit einem *cortado* aus dem Café und kam die Treppe herunter.

»Catalina! Hallo! Sieh dir das an! Ich halte das nicht aus, du?«

»Der reinste Zirkus. Gestern Abend habe ich mich in einem Lokal versteckt und in einer ruhigen Herberge neben der Brücke übernachtet. Ich habe mich abseits gehalten.«

»In Palas wird es genauso zugehen. Wenn es mir zu voll ist, gehe ich vielleicht bis in den nächsten Ort.«

Catalina erwog, das Gleiche zu tun, und starrte traurig den nicht enden wollenden Menschenstrom an. Ich fühlte mich dadurch bestätigt, dass diese äußerst warmherzige Pilgerin über die Störung *unseres* Camino ebenso aufgebracht war wie ich. Allerdings reagierten wir darauf sehr unterschiedlich. Ich konnte nicht umhin anzuerkennen, dass die Enttäuschung meiner italienischen Freundin eher an die heilige Bernadette erinnerte, während meine … na ja … eher von John McEnroe inspiriert war.

»Ciao, Bella!«, verabschiedete sich Catalina, kippte ihren schwarzen Kaffee in einem Schluck hinunter und reihte sich nach unserem Boxenstopp gekonnt wieder in eine Lücke des Grand Prix von Santiago ein.

Ich war also nicht die einzige Pilgerin, die sich in Portomarín in einem Restaurant versteckt hatte. Ich bestellte ebenfalls einen *cortado*, und in jedem Café, auf das ich von nun an stieß, ebenfalls. So kam ich zwar langsamer voran, aber da die schöne Landschaft nicht mehr schön und der Camino nicht mehr der Camino war, musste ich in regelmäßigen Abständen Zuflucht vor dieser neuen Realität suchen.

Die von Fetthenne und Moos überwucherten Steinmauern zwischen Feldern voller wiederkäuender brauner Kühe hatten Ziegelfabriken und Massentierhaltungen Platz gemacht. Der Steinplattenweg unter windgebeugten Eichen und Kastanienbäumen war zu einem Kiespfad entlang der Hauptstraße nach Palas de Rei geworden. Bei gelegentlichen Umleitungen durch Kiefernalleen erhaschte man verlockende Blicke auf die landschaftliche Schönheit, die bei Eirexe endlich wieder hergestellt war. Die verbleibenden sieben Kilometer verliefen zwar auch noch auf einem asphaltierten Gehweg neben der Straße, doch jetzt waren die Hügel hinter den Maisfeldern deutlich zu erkennen. Jenseits der Straße wiegte sich etwas im Wind, das mir bekannt vorkam. Ganz sicher war ich mir nicht, aber es sah doch sehr nach Weizen aus.

In Palas de Rei wimmelte es vor lauter Pilgern, die alle von Portomarín gekommen waren. Sie waren überall – tranken Bier *al fresco*, lagerten auf dem Rasen vor der Kirche oder sperrten ihre Fahrräder an Geländer. Ich folgte dem gelben Pfeil eine Steintreppe hinunter und ging bis zu einem archetypischen galicischen *hórreo* vor einem Wellblechschuppen. Er thronte inmitten eines Gartens voller Bohnen und Rosen auf Betonstelzen über mir. Ich stellte meinen Rucksack auf einem Stapel kaputter Ziegel ab, richtete darauf meine Kamera aus und lief los, um unter den Holzlatten und dem Ziegeldach des *hórreo* ein Selbstporträt aufzunehmen. Robert Mapplethorpe kann weiter in Frieden ruhen – mein Selbstporträt kann es nicht im Entferntesten mit seinem Genie aufnehmen: Der *hórreo* saß total schief im Bild und machte den Eindruck, als würde er

gleich seinen Inhalt über meinem stecknadelgroßen Kopf aus-
schütten. Ich stellte gerade mühevoll meine Kamera auf dem
behelfsmäßigen Stativ um, als eine Frau, wie von einer Kanone
in Palas abgeschossen, mit einem dumpfen Aufprall neben mir
landete.

»Komm, ich mache das Foto«, bot sie an.

Ich lächelte in die Kamera, sie lächelte mich an und ihr Ehemann lächelte sie an.

»In Ordnung so?«, fragte die Pilgerin.

»Oh ja, vielen Dank! Wunderbar! Sie hätten das erste sehen
sollen!«

Ich stand gerade, der *hórreo* war im Lot und der Himmel
blau. Perfekt.

Die beiden waren aus Valencia und arbeiteten bei der Polizei.
Sie hatten vor, noch bis ins fünfzehn Kilometer entfernte Melide zu gehen. Aber sie wollten seltsamerweise nicht erkannt
werden, weder heute noch zu einem anderen Zeitpunkt.

»Viele Leute in Spanien hassen uns«, erklärte Carmen.

»Aber ihr seid doch so nett!«, rief ich verständnislos.

»Wir sind bei der Polizei«, erklärte Andrés. »Und die Polizei
ist nun mal nach wie vor nicht sehr beliebt.«

»Das ist doch lächerlich! Franco lebt schließlich nicht mehr,
oder? Heutzutage ist die Polizei doch ganz anders.«

»Ja, wir wissen das, aber die Menschen können nicht vergessen.«

»Wir erzählen nicht jedem auf dem Camino, dass wir Polizisten sind«, warf Carmen ein, die ein Tempo vorlegte, als gelte es,
einen flüchtigen Kriminellen einzuholen.

»Aber man wird doch ständig nach seinem Beruf gefragt,
was sagt ihr dann?«, fragte ich.

»Ich sage, ich bin Lehrerin und Andrés Automechaniker.«

»Schrecklich, dass ihr so lügen müsst. Ich muss vielleicht
heute bis in die Nacht hinein wandern, aber jetzt, wo ihr da
seid, habe ich keine Angst davor.«

»Danke.«

»Ich meine das ganz ernst.«

Andrés und Carmen waren so stark, dass ich wusste, sie würden mich zur Not auch auf einer schnell zusammengebauten

Trage nach Melide schleppen, falls alle Herbergen unterwegs voll waren. Die Erste, neben der winzigen Kirche San Xulián, war tatsächlich ausgebucht, doch als ich wieder herauskam, waren Carmen und Andrés noch da. Sie hatten nicht die Absicht, mich zurückzulassen, selbst wenn das bedeutete, erst um Mitternacht in Melide einzutreffen. Ihr Gemeinsinn gab mir neuen Schwung für den Weg durch den Wald und über einen nahezu ausgetrockneten Fluss nach Pontecampaña. Meine Polizeieskorte wartete draußen vor der Albergue Casa Domingo geduldig auf meine Bestätigung, ich hätte ein Bett für die Nacht. Dann verabschiedeten sie sich und taten meinen Dank für ihre Unterstützung mit einer Handbewegung ab. Ich sah ihnen nach, wie sie in Richtung Melide davonmarschierten, und fragte mich, warum sie unter falscher Identität wanderten. Eine Lehrerin und ein Automechaniker? Warum sagten sie nicht einfach allen die Wahrheit? Nämlich, dass sie Engel waren? Geglaubt hätte ihnen das jeder – sogar ich.

Vor neun Jahren muss ich an diesem Steinbau vorbeigelaufen sein, ohne ihn auch nur zu registrieren. Doch jetzt hat man das traditionelle galicische Bauernhaus mit viel Phantasie in die Herberge Casa Domingo verwandelt. Rosafarbene Petunien und leuchtend orange Ringelblumen wachsen aus einem Trog neben dem Eingang, unter dem *hórreo* dahinter blühen türkisfarbene Hortensien. An den Latten des *hórreo* hängen dekorativ ein paar Sensen, und auch ein Pferdekarren erinnert daran, wie schwer früher die Arbeit der Bauern war, die jetzt als *hospitaleros* die Herberge betreiben. Ich verfrachte meine Klamotten in die Zinnwannen, die jetzt als Waschbecken dienen, und dann rühre ich mich für den Rest des Tages nicht mehr aus dem Innenhof weg, der inzwischen als Biergarten dient.

Abendessen gibt es um 20 Uhr im imposanten Hauptraum der Herberge. Glasierte Auflaufformen mit Bergen von Hühnchen, Kartoffeln und gedünstetem Gemüse werden feierlich aus der Küche hereingetragen. Das köstliche Essen scheint fast zu üppig, denn wir sitzen nur zu fünft an einer kleinen Ecke der langen Tafel. Ich versuche für die dreiköpfige Familie aus Madrid Patriques Französisch ins Spanische zu übersetzen. Der zehnjährige Jon kriegt vor Bewunderung große Augen, weil ich scheinbar mit drei Sprachen jongliere. Er weiß aber nicht, dass ich fast alles, was der Franzose sagt, aus seinen Gesten errate. Nur hin und wieder verstehe ich wirklich ein Wort. Herrlich, auf dem Camino Kindern zu begegnen – sie sind so leicht zu beeindrucken!

»Jon«, sage ich.

»¿Si?«

»Ich bin so froh, dass wir hier sitzen. Weißt du, warum?«

»Nein, wieso?«

»Ich habe mich besorgt gefragt, wie wir von da oben an unser Essen kommen sollen. Schau!«

Er folgt meinem Blick zu den antiken Stühlen, die hoch an der Wand an Haken hängen, und grinst mich in jener unbestimmten Weise an, mit der Kinder signalisieren, dass sie dich für kindischer halten, als sie es selbst sind.

Fünf Spätankömmlinge verpassen das Abendessen, finden aber in unserem abgeschiedenen Idyll noch Zuflucht vor dem überlaufenen Palas de Rei. Drei stammen aus Sevilla, wo die anderen beiden herkommen, weiß ich nicht. Um zehn Uhr gehe ich an den schlafenden *madrileños* und *sevillanos* vorbei zu Bett Nummer 10 am Ende des makellos sauberen ehemaligen Schweinestalls. Ich nehme die Zahnbürste von meinem Kissen, bleibe aber stehen, als einer der Neuankömmlinge mich vom Nebenbett anspricht.

»Entschuldige, bist du Anne?«

»Ja, die bin ich. Bist du aus Deutschland?«

»Ja. Aus Dresden.«

»Entschuldigung, ich habe es mitbekommen. Ich kenne dich auch«, gesteht eine Stimme aus Hamburg.

Nein, denke ich, nicht zum ersten Mal. *Ihr kennt mich nicht. Ihr wisst bloß, wie ich heiße.*

A Coruña

Pontecampaña – Santiago de Compostela

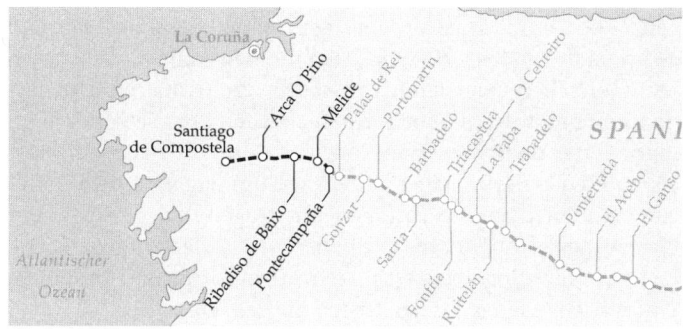

Mittwoch, 14. Juli 2010
**Pontecampaña – Ribadiso de Baixo |
21,5 Kilometer**

Donnerstag, 15. Juli 2010
**Ribadiso de Baixo – Arca O Pino |
21,5 Kilometer**

Freitag, 16. Juli 2010
**Arca O Pino – Santiago de Compostela |
20,3 Kilometer**

Samstag, 17. Juli 2010
Kathedrale von Santiago de Compostela

Mittwoch, 14. Juli 2010

Ich wandere 21,5 Kilometer von Pontecampaña nach Ribadiso de Baixo

Die Verpflegung auf dem Camino ist von Unterkunft zu Unterkunft verschieden. Einige städtische und klösterliche Herbergen bieten ein Frühstück, aber kein Abendessen an, während es anderswo beides gibt. Im Allgemeinen kann der Pilger in kommerziellen Quartieren, die häufig auch andere Gäste aufnehmen und sowohl über Zimmer als auch über Schlafsäle verfügen, eher damit rechnen, beide Mahlzeiten zu bekommen. Die großen Unterschiede erklären, warum Pilger so viele fröhliche Stunden in Cafés verbringen, und tragen zu der gespannten Erwartung bei, mit der man dem nächsten Essen entgegensieht. Dass ich allerdings heute um zehn Uhr vormittags in Melide Tintenfisch essen würde, hätte ich nie gedacht.

Die Herberge Casa Domingo in Pontecampaña nimmt ihren Betrieb erst um neun Uhr auf. Vor neun Jahren hätte ich geschlafen, bis Croissants und Kaffee serviert wurden. Doch diese Zeiten sind vorbei, und ich verlasse den Schlafsaal heute Morgen um 6 Uhr 45 mit leerem Magen. Schwarze Wolken hängen über der dunstigen Landschaft, und dass es bei Sonnenaufgang kalt und dunkel bleibt, lässt nichts Gutes ahnen. Aus dem mit Felsplatten und Baumwurzeln durchsetzten Pfad ist ein Bach geworden. Es ist eine Erleichterung, von dem gefährlich schlüpfrigen Weg durch den Eichenwald auf die Pflasterstraße nach Leboreiro zu kommen. Pilger, die in Palas de Rei losgegangen sind, hetzen an mir vorbei, als ich während eines plötzlichen heftigen Schauers unter einer Eiche meinen Regenumhang hervorkrame.

Das Café in Leboreiro ist brechend voll – lauter fröstelnde Pilger mit verkniffenen Gesichtern und zerknitterten Umhängen, von denen das Wasser rinnt. Ich esse am Tresen meinen Kuchen im Stehen, bis die drei *sevillanos* aus Pontecampaña an ihrem langen Tisch zusammenrutschen, damit ich Platz finde. Sie gehören einer Gruppe an, die zunehmend meine schwächelnde Abwehr überwindet – den »Sarrianern«. Aber sie zählen auch zur Kategorie »Die flüchtige Begegnung«; das sind Pilger, mit denen ich mich rasch verbunden fühle, denen ich aber selten begegne. Wir diskutieren die Massenbewegung, die in Sarria ihren Anfang genommen hat, und sie geben zu, dass sie für heute Abend in Arzúa gebucht haben. Ich tue gleichgültig und ziehe Wims zerfledderte Herbergsliste aus der Tasche. Drei Kilometer vor Arzúa liegt ein anderer Ort, Ribadiso de Baixo. Dort werde ich heute Nacht schlafen.

Nur ein paar Schritte von dem Café entfernt ist eine von zwei Engeln flankierte Maria mit dem Jesuskind aus dem 14. Jahrhundert in das steinerne Tympanon der kleinen Kirche Santa María gehauen. Jesus sitzt nicht wie meist auf dem Schoß seiner Mutter, sondern er steht, als könnte er es kaum erwarten loszugehen. Er weiß so gut wie ich, dass wir gerade die Grenze nach Lugo passiert und die letzte Provinz des Camino betreten haben – A Coruña, zu der Santiago de Compostela gehört. Eine Hinweistafel für Touristen vor der Kirche informiert, dass wir nur noch achtundfünfzig Kilometer vor uns haben, und ermahnt uns: »Genießen Sie jede Etappe und vergessen Sie nicht, sich die Stempel zu holen, damit Sie in Santiago de Compostela ihr *obsequio* (Geschenk) abholen können. Gute Reise!« Der Hinweis, wir sollten unsere Pässe stempeln lassen, kommt ein bisschen spät. Aber die »Sarrianer« sind vielleicht froh darüber, immer wieder daran erinnert zu werden, wie es auf dem Camino läuft. Wir anderen wissen ja längst Bescheid.

Die eigentümlich gepflasterte mittelalterliche Route verläuft zwischen efeubewachsenen Steinmauern und über zwei alte Brücken in Disicabo und Furelos, einem Dorf mit Häusern aus grob behauenen Steinen mit roten Dächern, das sich wohl seit Jahrhunderten nicht verändert hat. Die Wiesen und Eichenwälder jenseits der Mauern sind von wilder Heide und Farn überwuchert, die es jedoch nicht ganz schaffen, das sichere Anzeichen moderner Urbanisierung zu verbergen – ein Gewerbegebiet in Fertigbauweise. Klar, der Camino ist bald zu Ende, aber muss die richtige Welt sich jetzt schon aufdrängen? Die traditionellen verglasten Balkone von Melide lassen mich diese Befürchtungen erst einmal vergessen, und ich schlendere auf der Suche nach etwas Nahrhafterem als dem Kuchen von heute Morgen durch die malerische galicische Stadt.

Mein »Gelbes Buch« empfiehlt mit Nachdruck, in Melide *pulpo* (Tintenfisch) zu probieren, und zwar am besten den »scharfen Tintenfisch in Wein, serviert auf einem Holzbrett, mit Brot und jener anderen Köstlichkeit, die Galicien zu bieten hat: seinem Weißwein, dem ribeiro«, den die Pulpería Ezequiel anbietet. Wein um zehn Uhr morgens ist zu dekadent, wenn man auf einer spirituellen Suche ist, aber den gut gewürzten Kraken will ich unbedingt kosten. Ich bin nicht die einzige Pilgerin hier, die auf diesen Gedanken gekommen ist – in der *pulpería* wimmelt es von Jugendlichen, die ihren *pulpo* mit Limonade und Sprudelwasser hinunterspülen. Und genau das werde auch ich bestellen, Sprudel und einen Teller *pulpo*.

Mein Plan ist schon gescheitert, sobald sich die Kellnerin meiner langen Bank nähert.

»Äh, pulpo«, sage ich, als gäbe es eine Alternative.

»¿Cuál tamaño?«

Wie groß? Woher soll ich wissen, wie groß die verfügbaren Oktopusse sind? Wie groß muss ein Tintenfisch für eine Person sein? Ich wirke offenbar vollkommen überfordert, denn die zurückhaltende Kellnerin kommt mir zur Hilfe. Sie deutet auf die Wand hinter dem Tresen, und ich drehe mich um und studiere die drei verschieden großen Holzbretter.

»Aha, gracias. Eine kleine Portion bitte, und ...«

Ich schaffe es nicht, mein Getränk zu bestellen, denn sie verschwindet sofort hinter dem Tresen, um mit einer grünen Flasche kühlem *ribeiro* zurückzukommen. Die Tauperlen, die an der Flasche herunterlaufen, haben etwas Unwiderstehliches. Ohne mein Zögern zu bemerken, entkorkt die Kellnerin die Flasche und schenkt mir großzügig den Keramikbecher voll. Es ist erst zehn nach zehn, doch sie geht seelenruhig davon, als sei das völlig normal. Ich probiere einen kleinen Schluck, denn schließlich hat es Tradition, zum *pulpo* einen *ribeiro* zu trinken. So steht es in meinem »Gelben Buch«. Schon bevor die Kellnerin mit einem ansehnlichen Berg kleingeschnittenem *pulpo* zurückkommt, habe ich den ersten Becher geleert. Großzügig schenke ich mir, Galicien im Herzen, einen zweiten ein. Das

Dressing mit Olivenöl und Paprika kleistert die gummiartigen *pulpo*-Scheiben an meinen Zähnen fest. Dem muss ich mit noch mehr Wein abhelfen. Tatsächlich ist der *ribeiro* meine einzige Möglichkeit, dem extrem austrocknenden Effekt des *pulpo* entgegenzuwirken, also fülle ich am Ende der Mahlzeit nochmals mein Glas, um meinen Mund erneut zu befeuchten. Die Flasche ist fast leer, und dabei ist es erst 10 Uhr 50 am Vormittag.

Auf dem Fernsehschirm oben an der Wand hinter den spanischen Jugendlichen küsst Iker Casillas noch einmal Sara Carbonero, die Journalistin, die ihn nach dem WM-Finale interviewt hat. »Der Kuss zwischen Iker und Sara ist um die ganze Welt gegangen«, verkündet der Text unter dem Kuss, der zu einem Symbol geworden ist, das Gustav Klimts weniger lebensechte Darstellung inzwischen an Popularität überbietet. Es ist beispielhaft für die nationale Euphorie: zwei ekstatische Fremde vereint in der Liebe zu ihrem siegreichen Spanien. Niemand wird je müde, sich das anzusehen, und die Jugendlichen johlen, als sie den gut aussehenden Torwart die verlegene Reporterin zum millionsten Mal innerhalb von drei Tagen umarmen sehen.

»War das nicht super?«, sage ich zu einem Mädchen auf der Bank vor mir.

»¡Precioso!« (Hinreißend!)

»Die Journalistin war so verlegen.«

Nicht zum ersten Mal starrt mich jemand an, als sei ich E. T.

»Sie ist seine Freundin«, informiert mich die Jugendliche.

»Wer?«, frage ich. Kurzzeitig habe ich den Überblick über die Charaktere in dieser Geschichte verloren.

»Sara. Die Journalistin. Sie ist die Freundin von Iker!«

»Wie bitte? Sie sind seit diesem Kuss ein Paar? Das ist ja unglaublich!«

»Nein, nein! Sie waren schon Wochen vor der WM zusammen. Sie sind verlobt!«, lacht sie.

Ich habe diesen Kuss, der um die Welt geht, falsch verstanden. Und zwar wahrscheinlich als einziger Mensch auf diesem Planeten.

Die Jugendlichen streifen ihre hautengen Beinwärmer über, und marschieren, die rosafarbenen und blauen Tagesrucksäcke geschultert, in ihren krachneuen Turnschuhen weiter Richtung Santiago. Obwohl ich sie für Sarrianer halte, winke ich großherzig zum Abschied. Meine schmähliche Kleingeistigkeit den Eindringlingen gegenüber hat an Kraft verloren. Als wahre Pilgerin dürfte ich sowieso keine solch elitäre Einstellung haben. Der Camino ist für jeden da, wo immer er auch losgeht, und es gibt Platz genug für alle. Nicht jeder hat genug Zeit, Geld oder Energie, um zwei Monate lang ab Saint-Jean-Pied-de-Port zu wandern. Wer sich entschließt, eine kostbare Woche seines Lebens zu opfern, um einhundertvierzehn Kilometer durch Galicien zu marschieren, anstatt am Strand zu liegen, ist doch kein Tourist, oder? Auch das sind richtige Pilger. Seit Iker Sara geküsst hat, habe ich mich benommen, als sei nicht nur die WM zu Ende, sondern auch mein Camino. Ist er aber nicht. Zwar habe ich drei Tage gebraucht, um mir meine Kleinlichkeit von der Seele zu laufen, aber unverbesserlich bin ich nicht. Mir bleiben noch zwei Tage Zeit, um Abbitte zu leisten und einem von Pater Augustos Mottos gerecht zu werden: »Wenn wir die Zahl der Tage in unserem Leben schon nicht ändern können, so sollen diese Tage wenigstens von Liebe und Leben erfüllt sein.« Ich kann mir nicht vorstellen, dass der freundliche Priester von Triacastela die »Sarrianer« davon ausschließen würde.

Jemand legt mir die Hand auf die Schulter, und als ich mich taumelig umdrehe, sehe ich hinter mir die drei *sevillanos*. Gern würde ich so tun, als gehörte die Weinflasche jemand anderem, aber das geht nicht – sie steht direkt vor meiner Nase, und die Einheimischen neben mir sind schon gegangen. Dreist imitiere ich Matthew Upsons Verhalten gegenüber Miroslav Klose und tue, als sähe ich die Flasche zum ersten Mal.

»Wir haben dich gesehen und wollten Hallo sagen«, erklärt Fernando herzlich.

»Setzt euch! Hier ist es super!«, antworte ich, etwas zu laut.

»Wir haben gerade an der Straße *pulpo* gegessen, wir wussten nichts von diesem Lokal«, fügt Miriam hinzu.

»Wie schade! Wenn ihr hier gewesen wärt, hätte ich das nicht alles allein getrunken. Wir hätten uns die Flasche geteilt. Seht nur!«

Warum, warum bloß habe ich sie auf das Restchen *ribeiro* am Boden der grünen Flasche aufmerksam gemacht? Werde ich die hohe Kunst des Mundhaltens nie lernen?

»Wir haben zu unserem Coca-Cola getrunken«, sagt Nadia.

Es kann doch wohl nicht sein, dass ich zwei Tage vor Santiago am Camino scheitere? Ich folge den hehren *sevillanos* über die Straße zur Kirche San Roque. Die letzten Tropfen *ribeiro* bleiben, wo sie sind, es kann also niemand behaupten, dass ich, Anne Butterfield, eines Morgens in Galicien auf dem Camino nach Santiago de Compostela eine ganze Flasche Weißwein ausgetrunken habe.

Donnerstag, 15. Juli 2010

Ich wandere 21,5 Kilometer von Ribadiso de Baixo nach Arca O Pino

»Es ist Zeit zum Aufstehen. Es ist sieben Uhr. Es ist Zeit zum Aufstehen. Es ist sieben Uhr.« Meine Weckansage umzustellen, lohnt sich nun nicht mehr, denn schon morgen werde ich sie zum letzten Mal hören. Zum letzten Mal in meinem Leben! Außer mir bekommt niemand den tadelnden Tonfall der herrischen Frau in meinem Handy mit, weil alle anderen den Schlafsaal schon verlassen haben. Ich stehe zwar in letzter Zeit selbst früh auf, aber für das »Rasen auf Blasen« habe ich immer noch kein Verständnis. Nicht einmal hier in Galicien, wo das Pilgeraufkommen am größten ist, besteht die Notwendigkeit, um 5 Uhr morgens loszueilen. An der gesamten Strecke sind seit 2001 so viele blitzsaubere private Herbergen entstanden, dass immer ein Bett zu haben ist, in welcher Provinz auch immer.

Ich weiß, dass ich gestern Vormittag nicht vier Becher *ribeiro* hätte trinken sollen. Am Vormittag! Aber die mittelalterlichen Pilger haben bestimmt auch Wein zum Frühstück getrunken. Das erklärt, warum sie Wunder erlebten und den heiligen Jakob auf einem weißen Pferd über den Himmel reiten sahen. Mir ist gestern Nachmittag auf dem Weg nach Ribadiso weder das eine noch das andere widerfahren, also habe ich wahrscheinlich weit weniger getrunken als Laffi oder von Harff. Von Vach, der risikoscheue deutsche Mönch, hat dem bösen Geist vermutlich widerstanden, bis er am Ziel war. Hans-Peter Kerkeling wählte den gleichen Ansatz, nachdem er in León zu Sprudelwasser bekehrt worden war. Deutsche können so, so ... diszipliniert sein! Doch als ich nun in Melide unter den rötlich braunen Balkonen mit ihren grün und blau eingefassten Verglasungen einherschritt und die Straße hinaus nach Ribadiso zu finden versuchte, dachte ich, dass ich mich damit nicht als unwürdig für den Camino erwiesen haben konnte. Das hier war mein einziger *despiste* gewesen, wie meine sevillanischen Freunde sagen würden, ein kleiner Ausrutscher. Außerdem sind wir Pilger. Wir fügen uns in unsere Umgebung ein, essen, trinken und gehen zur Messe wie die Ortsansässigen, so, als würden auch wir hier leben. Wir zählen kurzzeitig zu den Einwohnern der Gemeinden, die wir durchwandern, nicht zu den Touristen, die auf einer parallel verlaufenden Straße vom Auto aus die Landschaft bewundern.

Trotzdem, ich habe nicht vor, mir heute noch einmal einen *despiste* zu erlauben. Um 7 Uhr 30 verlasse ich bei dreizehn Grad das Idyll der Herberge von Ribadiso, durch deren Grundstück der Fluss Iso fließt. Lange Nebelbänder hängen in den Tälern hinter den fernen Eichen. Die kühle Luft und die grüne Landschaft Galiciens erscheinen mir vertraut, fast wähne ich mich in England. Pinkfarbene Rosen und Wein an den Hausmauern erinnern an meine eigenen Versuche als Gärtnerin in einem kleinen Hinterhof in Liverpool, und ich frage mich, ob dies ein Übergangstag ist. Denken auch all die anderen Pilger heute an ihr Zuhause?

Mais- und Kohlpflanzungen reichen bis zum Ortsrand der drei Kilometer hinter Ribadiso an der Straße gelegenen Käsestadt Arzúa. Mit dem nüchternen Design der hohen Mietshäuser, den eisernen Balkonbrüstungen und den Holzhäusern auf Stelzen kann ich mich mühelos identifizieren. Der Camino windet sich durch eine unspektakuläre, halb urbane Landschaft, in der es an großartiger Architektur ebenso fehlt wie an magischen Zeremonien und aufwallenden Emotionen. Er führt zurück in die Realität, zwingt mich zu akzeptieren, dass es Zeit wird, nach Hause zu fahren. Wie, fragt er, wirst du im richtigen Leben Pilgerin bleiben? Das Dutzend Pilger, das mir grüppchenweise in das Café Ultreia folgt, scheint ähnlich nachdenklicher Stimmung. Hegen sie wie ich die Befürchtung, die Lektionen des Camino nicht recht in ihr künftiges Leben integrieren zu können? Ein Faltblatt, das ich gestern beim Verlassen von Melide in der Kirche San Pedro mitgenommen habe, will schonungslos wissen: »Was ist das Wichtigste, das Sie auf dem Camino erlebt haben?«

Pater Augusto hatte ganz klar formuliert, worauf es nach unserer Heimkehr ankommt: »Seien Sie glücklich! Das müssen Sie schon Ihrer Familie zuliebe. Fangen Sie bei der grundlegenden Sache an!«

Ich grinse beim Gedanken daran, wie er diese Worte ins Kirchenschiff geschleudert hat, kurz nachdem er sich erkundigt hatte, ob denn alle Deutschen schliefen. Aber er hat recht! Ich darf meine letzten zwei Tage nicht damit vertun, mich nach meinem normalen Leben zu sehnen und gleichzeitig zu wünschen, der Camino möge nie enden. Die Frage auf dem Faltblatt zu beantworten, ist weitaus interessanter. Ich bestelle noch einen Kaffee und verfolge aus dem Augenwinkel die Bilder im Fernsehen: Demonstrationen pro und kontra die Legalisierung gleichgeschlechtlicher Ehen in Argentinien. Demonstrationen wären auf dem Camino undenkbar. Wofür, wogegen sollten wir auch demonstrieren? Mehr gelbe Pfeile bitte? Ich höre zwar nicht, was Präsidentin Kirchner sagt, doch sie sieht mir zu fortschrittlich aus, um gegen das Gesetz zu sein.

Ist die wichtigste Lehre, die ich von meinem Camino mitnehme, dass es hier keine Konflikte gibt? Ist es die Toleranz, von der unsere Gastgeber durchdrungen sind? Ist es die Tatsache, dass wir, wenn wir unbeirrt in die richtige Richtung gehen, unser Ziel trotz aller Rückschläge und Flauten erreichen werden? Ist es die Tatsache, dass innere Entschlossenheit und äußere Hilfe stärker sind als jeder Rückschlag? Dass es darauf ankommt, unsere persönlichen Bedürfnisse wahrzunehmen und unser Leben entsprechend zu gestalten? Unsere Fehler gnadenlos zu registrieren und rechtzeitig zu korrigieren? Sich auf das Positive zu konzentrieren und »glücklich« zu sein? Oder sind all diese Elemente gleich wichtig? »Wenn Sie sich Compostela nähern«, fragt das Faltblatt aus San Pedro, »welche Gefühle erfüllen dann Ihr Herz?«

Je näher ich Santiago bin, desto stärker habe ich das Gefühl, dass die Lehren des Camino nicht überraschend sind. Es sind die Lehren jeder Weltreligion, jeder Moral. Es gilt, die positiven menschlichen Tugenden – Güte, Freundlichkeit, Großzügigkeit – zu entwickeln und die negativen zu eliminieren. Ist es das? Habe ich vierzig Tage und vierzig Nächte gebraucht, um zu dieser bereits weltweit etablierten Schlussfolgerung zu kommen? Sieht fast so aus. Doch, wie Goethe sagte: »Alles Gescheite ist schon einmal gedacht worden, man muss nur versuchen, es noch einmal zu denken.«

Im Unterschied zu den verschiedenen Philosophien des Lebens jedoch weist der Camino seine Anhänger nicht an, bestimmte Tugenden zu kultivieren, sondern er stellt sie ihnen vielmehr tagtäglich vor Augen und gibt ihnen Gelegenheit, sie unmittelbar zu praktizieren. Wir haben das Glück, die Freundlichkeit anderer zu erleben. Wir erfahren, wie gut ihr positives Handeln tut. Wir wissen, dass uns immer jemand helfen wird, wenn wir der Hilfe bedürfen. Allerdings wird es für uns eine große Herausforderung sein, auch nach dem Camino tugendhaft zu leben.

Als Pilger vollbringen wir täglich körperliche Höchstleistungen und schöpfen tief aus unserem geistigen Vermögen. Wir können es uns nicht leisten, diese Disziplin zu vernachlässigen, wenn wir Santiago erreichen wollen. Daheim Pilger zu bleiben heißt, genauso diszipliniert zu bleiben, wie ich es hier habe sein müssen. Zu viele *despistes* werde ich mir auch dort nicht erlauben können.

Weiter unten an der Hauptstraße wirbt ein Schild für *»Queixos«* anstelle der spanischen *»Quesos«* (Käse). Wir sind in Galicien, und der Pfad bringt uns ganz sacht, damit wir ja keine Bruchlandung erleiden, auf den Boden der Tatsachen zurück. Die steilen Anstiege der *montes* von Astorga bis Manjarín und von Ruitelán bis zum Alto de Poio liegen hinter uns. Die zwei kleinen Hügel hinter Sarria und Pontecampaña bemerkt der an viel größere Herausforderungen gewöhnte Pilger kaum. Von Pontecampaña an verläuft der Pfad fast eben auf einer Höhe von vierhundert Metern über dem Meeresspiegel. Mühelos bewegen wir uns heute entlang der Calle de los Dolores, der Straße der Schmerzen, auf Arca O Pino zu, fort von Arzúa.

Ich werde von einer Gruppe Radfahrer, die mich auf der schmalen, gewundenen Straße zwischen den Maisfeldern überholen, fast in eine Brombeerhecke geschubst.

»*España!* Weltmeister!«, rufen die Radler denjenigen wandernden Pilgern zu, deren Rucksäcke die spanische Flagge ziert.

»Und wir? Die Engländer? Was sind wir?«, brülle ich.

»Nada! Ihr seid nichts!«, brüllen sie zurück.

»Ha, das stimmt! Wir sind Schrott!«

»Kein Problem, du bist jetzt Spanierin!«

»¡Si! ¡Soy Española ahora!« (Ich bin jetzt Spanierin!)

»¡Buen Camino!«

»¡Buen Camino! ¡Adiós!«

Sie werden schon heute in Santiago ankommen, auf uns Wanderer hingegen warten hinter Arzúa noch zwanzig Kilometer bis Arca O Pino, eine beachtliche Strecke. Ein riesiger Mandelbaum, blühende Ligusterbüsche und Apfelbäume stehen in der Hecke, dann purpurfarbene Schmetterlingssträucher und Holunderbüsche. Der Mandelbaum ist das einzige Überbleibsel des alten Camino, von da an ist die Flora englischer als in England. Der Pfad führt mich durch einen Mischwald mit Eichen und Birken, den Hang zu einem plätschernden Bach hinab zieht sich Farnkraut, mein Schatten verliert sich zwischen den tanzenden Lichtflecken und flirrenden Blättern. Auf dem Pfad kann man die Stiefelabdrücke Hunderter Pilger erkennen, die auf dem Weg nach Santiago sind. Jenseits des Waldes hängt im ungepflegten Garten eines weißen Betonhauses die Wäsche einer Familie an der Leine. Darunter stehen das Sommerzelt eines Kindes, eine Rutsche und ein Planschbecken, das allerdings nicht mit Wasser gefüllt ist, sondern mit Spielzeug.

»Also wirklich!«, höre ich im Geiste Christina sagen. »Das hier ist der Camino! Die sollten ihren Garten besser in Ordnung halten!«

»Aber wir wohnen hier!«, höre ich die Kinder zurückgeben.

Die Pilger, die vor mir das nächste Waldstück erreichen, wohnen ganz bestimmt nicht hier. Als ich sie fast eingeholt habe, gehe ich langsamer, um den Strauß näher zu begutachten, den die Frau in der Hand hält. Die Pilger beten fast unhörbar leise. Sie tun gut daran, denn der Strauß besteht aus Giftpflanzen, Fingerhut und Farn. Ausnahmsweise einmal halte ich es mit dem vorsichtigen von Vach – dieses heikle florale Arrangement würde ich nur mit Astronautenhandschuhen anfassen.

Ich überhole »die betenden Botaniker« und schlendere weiter zum nächsten Dorf, A Calle, wo hinter einer Mauer auf einem Kiesplatz das steinerne Haus von Tía (Tante) Dolores steht. Die roten Plastiktische unter den Platanen und die Werbung für Mahon-Bier über der Tür locken mich aus dem Sonnenschein in die kühle Dunkelheit von Tía Dolores' guter Stube. Ich quetsche mich hinter den einzigen Tisch in dem kleinen Raum, in dem sich Obstkisten an der Wand stapeln, und bestelle ein *bocadillo de tortilla*. Tía Dolores legt auch noch ein Stück *queixo* aus der Vitrine auf meinen Teller und plaudert mit mir, während ich esse.

»Der Camino«, sagt sie, »ist seit dem heiligen Jahr 1999 so populär, dass in Galicien weitere Herbergen gebaut wurden.«

Ich höre ihr zu, doch dann nimmt ihr Kleid immer mehr meine Aufmerksamkeit in Anspruch. Tía Dolores' Kittelschürze ähnelt dem Gewand der »Pulpo- und Ribeiro-Kellnerin« gestern in Melide – das gleiche seltsame Kleidungsstück, das in meiner Kindheit alle Frauen der Familie trugen. Ich hatte damals befürchtet, mich auch so anziehen zu müssen, wenn ich erwachsen werde, doch glücklicherweise wurde ich nie erwachsen.

Tía Dolores trippelt in ihrer unverwechselbaren Kluft hinter den Tresen, um mir einen Kaffee zu machen, und ich lehne mich gegen die Wand und schließe die Augen. Dieses Kleid ... der blühende Liguster heute Morgen in einer Hecke ... Eine Szene von vor fast fünfzig Jahren steigt vor meinem geistigen Auge auf und ist bald fast so real wie Tía Dolores ...

Ich bin fünf Jahre alt und spähe über das Gartentor hinüber zu den Häusern auf der anderen Straßenseite. Meine Freundin

Janet trägt einen hübschen Haarreif und wirbelt in ihrem besten Kleid aufgeregt auf der Straße herum.

»Janet! Janet!«, rufe ich. »Wo gehst du hin?«

»Zum Erntedankfest. Willst du mit?«, fragt sie und kommt über die Straße gesprungen.

»Was ist das, ein Erntedankfest?«, frage ich.

»Hm, weiß auch nicht. So wie Sonntagsschule, aber was Besonderes. Nur heute. Frag deine Mama, ob du mitkommen kannst.«

»Ich trau mich nicht. Aber wenn deine Mama meine Mama fragt, darf ich vielleicht mit.«

Meine Mutter steht in ihrer Kittelschürze neben mir an der Ligusterhecke. Nervös lecke ich mir die Lippen und warte auf das Ergebnis unseres schlauen Plans.

»Ja, sie darf mit, danke«, sagt meine Mutter zu Mrs Tetley, während Janet und ich einander mit hochgezogenen Augenbrauen ansehen und die Luft anhalten.

»Aber benimm dich«, sagt meine Mutter zu mir. »Und was sagst du zu Mrs Tetley?«

»Danke, Mrs Tetley.« Inzwischen platze ich fast vor Aufregung.

Das Erntedankfest in der Methodistenkirche war meine erste Begegnung mit dem Christentum. Die sorgfältig arrangierten, farbenfrohen Früchte, Gemüse und Blumen verliehen der Kirche die Atmosphäre eines märchenhaften Marktes, die mich sogleich in ihren Bann zog. Ich wusste, dass es ein besonderer Anlass war, weil Janet es mir erzählt hatte, aber trotzdem üben Kirchen seitdem auf mich eine unwiderstehliche Anziehungskraft aus.

Zum Singen war ich zu aufgeregt, doch ich hielt stolz das Gesangbuch in der Hand und lauschte der Gemeinde, die Gott für den Schnee im Winter dankte und für die Wärme, die das Korn reifen lässt. Anschließend rannte ich nach Hause und flehte meine Mutter an, von nun an zur Sonntagsschule gehen zu dürfen. Sie erlaubte es.

Ich trete aus Tía Dolores' Garten auf den Weg zwischen den wogenden Wiesen. Nachdem ich mich vergewissert habe, dass niemand in der Nähe ist, singe ich das Erntedanklied, das mich in meiner Kindheit Christin werden ließ:

> »Wir pflügen, und wir streuen den Samen auf das Land,
> doch Wachstum und Gedeihen steht in des Himmels
> Hand,
> er tut mit leisem Wehen sich still und heimlich auf.
> La la-la la la la-la ...«

Wann werde ich *endlich* alle Zeilen eines Liedes im Kopf haben? Aber den Refrain kenne ich genau, und so singe ich begeistert weiter.

> »Alle gute Gabe kommt her von Gott dem Herrn,
> drum dankt ihm, dankt, drum dankt ihm, dankt und
> hofft auf ihn.«

Auf einen hölzernen Pfeil, der in einen Birkenwald und nach Santiago weist, hat jemand mit Kreide gekritzelt: »Danke für die Erinnerung! Ich hatte es fast vergessen.« So ging es mir auch. Aber das ist nicht meine Schuld. Die wichtigste Lektion des Camino ist seit heute Morgen unbemerkt in mir gekeimt und setzt jetzt Frucht an. Der Camino ist ein Weg, der die Pilger zurückführt zu jenen ewigen Werten, die wir schon unser Leben lang kennen. Zu jenen Werten, die, mit den Worten des englischen Philosophen Alain de Botton, das sind, was »wir wissen müssten, aber in entscheidenden Momenten zu vergessen schaffen«. Diese gemeinsamen Prinzipien gibt es nicht nur im Christentum, aber ich habe sie hier wiederentdeckt, auf dem Camino, auf einer *christlichen* Wallfahrt. Die Wahrheit war die ganze Zeit da, *in meiner eigenen Tradition*, von der ich mich abgewendet hatte, als ich bei ihr keine Antworten auf meine Fragen finden konnte. Vielleicht hatte ich nur die falschen Fragen gestellt.

Der Camino hat mich nicht nur nach Santiago geführt, sondern auch zu den Wurzeln meiner eigenen Spiritualität. *Darum* also ließ Pater Augusto bei der nervenaufreibenden Messe in Triacastela das Ende der Geschichte offen. Jesus blickte seinen beiden begriffsstutzigen Jüngern auf der Straße nach Emmaus direkt ins Auge. Er war die ganze Zeit da, sprach von Angesicht zu Angesicht mit ihnen, und trotzdem erkannten sie ihn nicht. Nein, sie blieben dummerweise *traurig stehen*. Was für Idioten.

Freitag, 16. Juli 2010

Ich wandere 20,3 Kilometer von Arca O Pino nach Santiago de Compostela, wo ich dem heiligen Jakob eine Umarmung bringe

Hans hat auf mein Stimmungstief irgendwann diese Woche mit dem Spruch eines angeblichen Landsmanns von mir geantwortet:

> ### Pilgerschaft
> Der Ort, wo dich das Leben lehrt
> Sie macht dich klein und doch ganz groß
> Stets vorwärts gehts, kein Blick zurück
> Der einz'ge Weg zur Tiefe deines Herzens
> Darum ... geh weiter!
>
> Gedicht von Richard M. Warding, Second Earl of Surstham (1812–1890)

So, so. »Darum ... geh weiter!« klingt für mich allerdings überhaupt nicht nach englischem Adel des 19. Jahrhunderts ...

Seit ich in Logroño vernünftigerweise das Fahrrad stehen ließ, habe ich gewusst, dass ich »weitergehen« würde. Nachdem der kritische Punkt überwunden war, hätte mich nur noch ein wirklich dramatisches Ereignis wie eine schwere Verletzung oder ein Todesfall in der Familie zum Aufgeben bringen können. Aus einer bloßen Laune heraus abzubrechen, wäre für mich eine allzu kleinmütige Niederlage gewesen. Jetzt, da ich aus berufener Quelle erfahre, dass der Weg dich »klein und doch ganz groß« macht, kann ich mit Fug und Recht behaupten, dass zumindest so gesehen meine Reise eine echte Pilgerschaft gewesen ist.

»Warum tun wir uns das alle an?«, hatte ich leise vor mich hingemurmelt, als ich in Ribadiso die Augen schloss.

»Um Distanz zwischen mein altes und mein neues Leben zu bringen«, hatte die Pilgerin im Nachbarbett geantwortet. Und im Nachdenken darüber war ich eingeschlafen.

Als ich gestern Abend in dem kleinen Dorf Arca O Pino ankam, traf ich in der modernen Albergue Porta de Santiago meine drei Freunde aus Sevilla. Ich gab ihnen keine Chance, den *pulpo* und *ribeiro* in Melide zu erwähnen.

»Hallo!«, sagte ich und fuhr, ehe jemand den Mund aufmachen konnte, sogleich fort: »Macht ihr den Weg aus einem bestimmten Grund?«

»Ich habe ein Gelübde abgelegt«, sagte Fernando.

»Was für ein Gelübde?«

»Ich habe Gott um etwas gebeten und versprochen, dafür nach Santiago zu gehen.«

An seinem ernsten Gesichtsausdruck merkte ich, dass Fernando nicht etwa darum gebeten hat, in der spanischen Lotterie, *El Gordo*, zu gewinnen.

»Und jetzt bist du hier! Hat Gott dir also gegeben, worum du gebeten hattest?«

»Sí.«

»Darf ich fragen, was du von Gott gedacht hättest, wenn er dir nicht geholfen hätte?«

»Dass er gute Gründe dafür hatte.«

Wieder einmal fragte ich mich, wozu man Gott um etwas bittet, wenn er vorab schon entschieden hat, was gut für uns ist. Überlegt Er es sich manchmal anders, wenn gewöhnliche Sterbliche ihm eine überzeugende Alternative präsentieren? Wäre Er dann nicht eher ein kapriziöser Gott aus der griechischen Mythologie als der Gott der Liebe? Meiner Gottesvorstellung, das war klar, fehlte es an dem direkten Draht, den Fernando offenbar hatte. Doch unsere widersprüchlichen Ansichten bestätigten nur Saint-Exupérys Behauptung: »Wir sind alle Pilger, wir wandern auf verschiedenen Wegen zum gemeinsamen Ziel.«

Die unterschwellig erwartungsvolle Atmosphäre herrschte gestern Abend in Arca nicht nur in der *albergue*, sondern auch draußen im Supermarkt, in der Bar Regueiro und im Restaurant Galaico. Die Pilger strömten in die Kirche, wo sechs Priester, einige davon selbst Pilger, den Gottesdienst abhielten. Eine Gruppe von Pfadfindern in der ersten Reihe begleitete die Gemeinde auf der Gitarre. Ich stand hinter Fernando, Miriam und Nadja, beneidete sie um ihren scheinbar unerschütterlichen Glauben und fragte mich wie stets bei Gottesdiensten, wie sie ihn sich hatten bewahren können. Die Priester verteilten sich in der Kirche, um den Pilgern vor ihrer morgigen Begegnung mit dem heiligen Jakob ein letztes Mal die Beichte abzunehmen.

»Was kannst du denn schon Böses getan haben?«, fragte ich Miriam beim Verlassen der Kirche.

»Jeder von uns hat vor Kurzem irgendeinen Fehler gemacht«, erklärte sie.

»Ich nicht! Ich bin Pilgerin!«, scherzte ich.

Heute Morgen um 6 Uhr 30 stelle ich meine Füße fest auf den Boden und ziehe meinen Rucksack unter dem Stockbett hervor. Gerade als ich den Hüftgurt schließe, höre ich ein leises Rauschen, wie von Wind in den Bäumen. Ich blicke aus dem schmalen, hohen Glasfenster hinter meinem Bett und sehe den Regen herabstürzen. Der Plastikumhang aus Nájera tritt erst zum dritten Mal auf diesem Camino in Aktion, zweimal davon in Galicien.

Auch zehn Kilometer weiter schüttet es noch in Strömen, als ich aus einer Allee tropfender, den schlammigen Pfad beschirmender Platanen trete. Am Flughafen zu meiner Linken landen bereits Flugzeuge, hohe Scheinwerfer neben dem Pfad weisen ihnen den Weg zur Landebahn. Wenn ich nicht langsamer gehe, werde ich vor der Ankunft des Fluges aus England da sein, der meine Schwester und eine Freundin bringt. Dann muss ich auf der Plaza del Obradoiro auf *sie* warten, als wären *sie* die Pilger und ich die Touristin. Und was der Camino von Touristen hält, wissen wir bereits. Damit mein großer Auftritt bloß nicht durch zu frühes Ankommen Schaden nimmt, halte ich mich unnötig lang in der Casa de Amanero auf, einem tadellosen *hostal* in Vilamaior, und widme mich der Tätigkeit, die Hans und ich 2001 bis zur Perfektion betrieben haben – ich trödle herum.

Zu diesem Zweck inspiziere ich zum Beispiel die Berge von »Glücksmünzen«, die auf den zahlreichen Vorsprüngen der steinernen Wände des Speisesaals abgelegt wurden. Ich gebe mich der kindlichen Vorstellung hin, meinen Kaffee mit dem Münzhaufen bei meinem linken Knie zu bezahlen. Ich weiß, dass von mir ein Beitrag zu der Sammlung erwartet wird, nicht, dass ich etwas stehle, doch ein kleiner Diebstahl entspräche so ganz der leichtfertigen Stimmung, die ich heute empfinde. Ich bin nur zehn Kilometer von meinem Ziel entfernt. Wie ich gehofft habe, wächst meine Aufregung, aber die Angst, enttäuscht zu werden, verschwindet trotzdem nicht. Es ist aufregend gewesen, den anstrengenden Camino durchzustehen und zu erobern. Es hat sehr viel Spaß gemacht! Es ist ein Privileg gewesen, diesen Fußweg zu gehen, und jetzt ist er so gut wie zu Ende. Wie lässt sich Enttäuschung vermeiden, wenn ein Ziel erreicht ist?

Die Welt draußen rückt immer näher. Ich schiebe das Unvermeidliche mit einem weiteren Kaffee hinaus und öffne mein Exemplar der *Voz de Galicia*. *La Voz* bringt den Wortlaut der scharfen Debatten, die sich in Argentinien die verschiedenen politischen Fraktionen im Kampf um die Zukunft des Landes liefern. Ich lag mit meiner Einschätzung gestern in Arzúa richtig, Präsidentin Kirchner steht für Integration und Toleranz. Nicht richtig beurteilt hatte ich allerdings die Verbissenheit der reaktionären Kräfte. Monseñor Jorge Bergoglio, der höchste Vertreter der katholischen Kirche Argentiniens, hat das vorgeschlagene Gesetz zur gleichgeschlechtlichen Ehe »einen Rückschlag für die Menschheit« genannt, »das bösartige Werk eines schlauen Teufels, der darauf aus ist, Gottes Ebenbild zu zerstören«. Der Geist des Camino scheint in Präsidentin Kirchner durchaus lebendig zu sein, aber was die Kirchenobersten angeht ... ob sie in letzter Zeit in Erwägung gezogen haben, auf Pilgerschaft zu gehen?

Eine breite Straße draußen vor der Casa Amanero führt in steilem Anstieg zu einer Reihe Häuser. Pilger marschieren oder trotten oder schlendern dahin, allein, paarweise oder in Gruppen, still oder im Gespräch und lachend. An ihrem Gang, ihrem Gepäckvolumen und dem Dreck an ihren Schuhen kann man leicht erkennen, ob sie Kurzzeit- oder Langzeitpilger sind. An vielen Rucksäcken, einschließlich meinem, hängen spanische Flaggen, die unseren Stolz auf unseren eigenen und den Erfolg des Landes zeigen. Zwei australische Frauen mit riesigen Rucksäcken torkeln stöhnend und ächzend den kurzen Anstieg hinauf.

»Dem Mistbuch zufolge soll es hier hügelig sein!«

»Hügelig nennen die das?«

»Ja, aber nach dem Monte del Gozo geht es nur noch bergab«, versichere ich ihnen und flitze an ihnen vorbei.

Als ein Müllwagen mich zwingt, mich an eine gestutzte Buchsbaumhecke zu drücken, weiß ich, dass die Pilgerreise ihrem Ende zugeht. Ein Pfad aus Schiefersteinen durch einen Nadelwald ist die letzte Zuflucht vor der Urbanität, denn anschließend betreten wir die Teerstraße zum Monte del Gozo, dem Freudenberg. Die mittelalterlichen Pilger haben auf diesem kleinen Hügel, überwältigt vom ersten Blick auf Santiago, buchstäblich Freudenschreie ausgestoßen. Lozano erzählt uns, dass sogar von Vach, der mürrische Deutsche, beeindruckt war: »Von einem Gipfel aus, am Fuß eines in einem Steinhaufen steckenden Kreuzes, bewundern die Pilger die Schönheit dieser Stadt.«

Santiago de Compostela ist tatsächlich schön, aber nicht von hier aus betrachtet. Ein paar Pilger stehen auf dem Hügel herum, aber keiner von ihnen stößt Freudenschreie aus. Ich versuche angestrengt, die Türme der Kathedrale im Tal unten auszumachen, sehe aber nur die für spanische Vorstädte typischen rötlichen und weißen Wohnblocks. Absurderweise hat auch der Besuch von Papst Johannes Paul II., der so viele moderne Pilger auf den Camino gelockt hat, mit dazu beigetragen, dass sich dieser historische Berg in ein kitschiges Picknickareal verwandelt hat. Ein steinerner, bunkerähnlicher Kasten auf dem Gipfel erinnert an die wenigen Schritte, die er hier getan hat. Das naive Relief an einer Seite, das den Einzug des Papstes in Santiago zeigt, regt mich immerhin dazu an, den Hügel hinab auf mein Ziel zuzumarschieren.

Dass der Monte del Gozo für heutige Pilger alles andere als ein besonderes Erlebnis ist, spielt keine Rolle. Es hat unseren

Camino weder aufgewertet noch verdorben. Auf die Erinnerungen, die wir seit Saint-Jean-Pied-de-Port (oder Sarria) gesammelt haben, hat das keinen Einfluss. Die wackelige Fußgängerbrücke am Fuß des Hügels besteht noch aus den gleichen schwankenden Planken wie vor neun Jahren. Ich blicke über das Geländer auf den Verkehr, der auf der A 9 nach Pontevedra und La Coruña rauscht, und denke daran, wie *gewöhnlich* mir dieser Zugang nach Santiago 2001 erschienen ist. Schwer vorstellbar, dass die Kathedrale in greifbarer Nähe liegt. Tut sie aber.

Durch immer schmalere Straßen gelange ich auf die mit Kopfstein gepflasterte, sehr galicische Rúa de San Pedro. Funkelnde Glasbalkone über mir lenken mich von einem ersten Blick auf die Türme der Kathedrale ab, die am Ende der Straße über die roten Dächer lugen. Ich eile steil bergab in die noch schmalere Rúa das Casas Reais und laufe fast jemandem in die Arme, der mir bekannt vorkommt. Ein hochgewachsener, ganz in Grau gekleideter junger Mann geht geradewegs auf mich zu. Es ist Bob, der »Jungkontrolleur«, der immer um zwei Uhr Schluss macht.

»Bob! Hallo, Bob!«

»Hallo«, sagt er ruhig.

»Wo gehst du hin?«

»Zum Busbahnhof, nachsehen, wann der Bus zum Flughafen fährt.«

»Du fliegst nach Hause?«

»Ja, morgen, nach Amsterdam.«

»Ich freue mich so, dich zu treffen! Du siehst prima aus. Komm, ich mache ein Foto von dir, gib mir deine Kamera.«

»Ich habe keine.«

»Was? Dann stell dich da hin, und ich fotografiere dich mit meiner. Du musst deiner Mutter zeigen, wie gut du auf dem Camino ausgesehen hast.«

Er strotzt vor Gesundheit. Wir sehen alle schlanker, gesünder und glücklicher aus als vor zwei Monaten, aber Bob schafft es, ein langweiliges Foto von mir und einigen Recyclingcontainern zu machen. Darum hat er wohl keinen Fotoapparat, dafür interessiert er sich nicht. Ich weiß aber, was ihn interessieren wird.

»Bob, es tut mir leid, wie hast du das verkraftet, als ...«

»Es lag am Schiedsrichter. Er hat das Spiel verpatzt. Er hatte es nicht unter Kontrolle. Es war seine Schuld.«

»Aber Bob, dieses Foul, du musst doch zugeben ...«

Ich verstumme. Er ist Niederländer. Er ist mein Freund. Er ist immer noch wütend. Ich werde es nicht mehr erwähnen. Aber dieses Foul, das muss man wirklich zugeben ...

Wir verabreden, abends nach einander Ausschau zu halten, und marschieren in getrennten Richtungen davon. Es ist erst 13 Uhr, Bob hat also noch Zeit, seine Busfahrkarte zu kaufen, bevor er um 14 Uhr Feierabend macht. Die Straße führt auf die Plaza de Cervantes, wo Hunderte von Touristen im Freien an Tischen sitzen und anderen Pilgern auf der Rúa da Acibechería zusehen. Ich folge den Pilgern (die inzwischen den Einkaufsbummlern zahlenmäßig unterlegen sind) auf die Plaza de la Inmaculada, wo die Nordfassade der Kathedrale zur Linken ins Blickfeld kommt. Eine riesige Pilgerschar schiebt sich durch die Tür, ich hingegen bin für den Besuch noch nicht bereit. Unter einem dunklen Bogenvorsprung der Kirchenmauer begrüßt uns am Ende unserer Reise ein Dudelsackpfeifer mit keltischen Weisen. Ich bleibe vor dem Eingangsbogen stehen und blicke die Treppen hinunter ins Dunkel. Im Licht am Ende des Tunnels erkenne ich Jane, meine Schwester, und meine Freundin Liz, die hoffnungsvoll jeden Pilger anblicken, der von der untersten Stufe auf die Plaza del Obradoiro tritt. Ich bin schon halb unten, als sie mich entdecken und die Treppe heraufgerannt kommen.

»Toll, dass du es noch einmal geschafft hast! Ganz alleine! Alles Liebe und auf dein Wohl, peregrina! X. Dein Freund Hans«

Ganz alleine? Nicht ganz, Hans. Das erkläre ich später.

Zur mittäglichen Pilgermesse in der Kathedrale bin ich zu spät gekommen. Aber für die beiden anderen Rituale, die formell die Pilgerreise abschließen, habe ich heute noch Zeit.

»¡Llévale, romerico, a Santiago un abrazo!« (Bring, Pilger, Sankt Jakob eine Umarmung!), hatten wir in León gesungen, und das musste ich jetzt erledigen.

Ein heiliges Jahr ist für den Camino immer dann, wenn der Jakobstag (25. Juli) auf einen Sonntag fällt, aber weil dieses Ereignis noch mehr Pilger und Touristen in die ohnehin beliebte Stadt zieht, ist es heute nicht so einfach wie 2001, den heiligen Jakob zu umarmen. Von unserem Cafétisch auf der Plaza de la Quintana aus haben Jane und ich zugesehen, wie die Schlange sich durch die Puerta Santa schob. Diese Tür an der Rückseite der Kathedrale wird nur im heiligen Jahr geöffnet, und zwar als einziger Zugang zur Statue und zum Grab des heiligen Jakob. Angesichts der Besuchermassen ist es nicht möglich, wie vor neun Jahren durch die Kathedrale zu schlendern und unvermittelt auf den heiligen Jakob zu stoßen.

»Vom Ende der Schlange dauert es vierzig Minuten bis zur Tür«, sagt Jane, »und fünfzehn Minuten von *da* aus«, fügt sie hinzu und deutet auf die Mitte der Schlange.

Wir warten, bis das Ende der Schlange »da« angelangt ist, und laufen dann über den Platz, um uns einzureihen.

In einem schmalen, dunklen Korridor hinter dem Altar blickt die Santiago-Statue aus dem 13. Jahrhundert das lange Kirchenschiff hinunter bis zur zweiten Skulptur am Pórtico de la Gloria (Ruhmestor). Der dortige Santiago grüßt die Pilger, die von der Plaza de Obradoiro hereinkommen. Ich lehne mich an den knubbeligen Metallmantel des Apostels und schließe die Hand um eine Jakobsmuschel an seinem Schulterblatt. Als ich über seine Schulter durch die Kirche blicke, bemerke ich den *botafumeiro*, der aufreizend still über den Altartreppen von der Kuppel herabhängt.

Bitte lass ihn morgen schwingen. *Bitte!*, wünsche ich mir, bevor ich durch das Schiff und unter dem Ruhmestor durchgehe, um mir meine *compostela* zu holen.

Ich erklimme die steilen Steinstufen im dunklen Stiegenhaus der Casa del Deán an der Rúa do Vilar. Ausgerüstet mit meiner kostbaren Sammlung unterschiedlichster *sellos* stelle ich mich in die Schlange der Pilger, die ihrer *compostela* aufgeregt näher und näher rücken. Ich bin bereit zu gestehen, dass ich von Burgos nach Villafría wegen mangelnden Weitblicks den roten Bus der Linie 8 genommen habe. Doch die resolute

Angestellte hinter dem Schreibtisch stellt mir überhaupt keine Fragen. Sie will nicht einmal wissen, wie um alles in der Welt ich am ersten Tag sechzig Kilometer von Saint-Jean-Pied-de-Port nach La Trinidad wandern konnte, sondern breitet einfach nur meine beiden *credenciales* aus, um zu überprüfen, ob die Reihenfolge meiner vierundachtzig *sellos* plausibel ist. Dann trägt sie meine Daten in ihren Computer ein und überreicht mir meine *compostela*. Das braun-weiße, in Lateinisch verfasste Dokument besagt, dass ich, Dnam Annam Butterfield, am 16. Juli des Annus Sanktus 2010, in Santiago de Compostela eingetroffen bin.

Samstag, 17. Juli 2010

In der Kathedrale von Santiago de Compostela

Unter den Tausenden von Touristen, die unablässig von Norden, Westen und Süden durch die Kathedralentüren drängen, sind die Pilger schwer auszumachen. Es ist elf Uhr morgens und schon jetzt sind für die Pilgermesse am Mittag nur noch Stehplätze zu bekommen. Das Stimmengewirr ist ohrenbetäubend, und Kirchendiener mühen sich vergeblich, uns ruhig zu halten.

»Pssst«, zischen sie bei jedem dritten Schritt durch den Raum.

In ihrer Nähe verstummen die ertappten Sünder dann so lange, bis die Wärter weitergehen, worauf sie ihre Gespräche vergnügt wieder aufnehmen.

Die Kirche hat ihre eigene Methode, die ungeduldige Gemeinde zu unterhalten. Ein Priester tritt ans Mikrofon und beschwört die widerstrebenden Schäfchen stur, zu singen. Zunächst singen wir falsch, aber er schmettert geduldig den Refrain und betont unermüdlich die unvorhersehbaren Tonhöhen- und Tempomodulationen, um sich anschließend unsere zaghaften, oftmals wiederholten Versuche anzuhören. Als wir die sperrige Melodie schließlich beherrschen, ist er begeistert und lässt uns den Refrain immer und immer wieder, lauter und lauter singen, bis wir dauerhaft mit ihm Schritt halten können.

»Caminaré en la presencia del Señor en el país de la vida.«
(Ich werde in der Gegenwart Gottes im Land des Lebens wandeln.)

»Der Camino«, sagt der Priester, »ist Gerechtigkeit, Liebe, Solidarität und Frieden.«

Eng anliegende rote Kopfbedeckungen, die sich durch die dichte Menge schieben, sind das erste Anzeichen des Einzugs von Priestern und Bischöfen. Sie nehmen die reservierten Plätze beiderseits des Altars und unter einem gewissen Pilger namens heiliger Jakob ein. Von seiner funkelnden Nische im Hauptaltar beobachtet der edelsteingeschmückte Apostel den feierlichen Klerus. Von weiter oben überblickt Santiago Matamoros das Ganze. Die Sinneseindrücke sind so überwältigend, dass ich die Begrüßung nur halb mitbekomme. Ein Priester verkündet, »viele Pilger« aus »vielen Ländern« – Spanien, Frankreich, Deutschland, Holland – seien in den vergangenen vierundzwanzig Stunden aus Saint-Jean-Pied-de-Port, Roncesvalles, Pamplona, Ponferrada und O Cebreiro eingetroffen. Hat die Angestellte in der Casa del Deán gestern vergessen »Return« zu drücken, als sie meine Ankunft aufnahm? Dass die englischen Pilger unterschlagen werden, verstimmt mich ein wenig, doch ich tröste mich rasch mit dem Gedanken, dass ich zu den »vielen Pilgern aus Saint-Jean-Pied-de-Port« zähle.

»Was bedeutet uns das heilige Jahr? Welche Bedeutung haben diese Feierlichkeiten?«, fragt der Priester in der Predigt. »Es ist eine Gelegenheit, die uns das Schicksal bietet, unser Leben zu ändern«, fährt er fort. »Es ist eine Chance, zu einem spirituellen Leben zurückzufinden und es mit unserem äußeren Leben in Einklang zu bringen. Lasst uns Verantwortung für andere ebenso übernehmen wie für uns selbst, und für eine humanere und gerechtere Gesellschaft arbeiten, in der jeder Mensch all seine Möglichkeiten entfalten kann. Wir müssen handeln und nicht bloß zuhören!«

Dem stimme ich zu, muss mir aber eingestehen, dass die Kluft zwischen meinem spirituellen und meinem äußeren Leben gerade durch eine bohrende Unruhe vergrößert wird. Bewegt sich der *botafumeiro* heute oder nicht? Die acht *tiraboleiros*, Männer, deren Aufgabe es ist, das größte Kathedralen-

Räuchergefäß der Welt zum dramatischen Abschluss der Messe über dem Querschiff in Schwingung zu versetzen, sind nirgends zu entdecken. Ist der heutige 17. Juli nah genug am Jakobstag, um als besondere, dieses atemberaubenden Anblicks würdige Gelegenheit zu gelten?

»Mit dieser Messe und dem Empfang der Sakramente ist die Pilgerreise zu Ende«, verkündet der Priester.

Oh nein! Der *botafumeiro* wird nicht schwingen. Das schwere Silberbehältnis hängt genauso reglos wie gestern.

»Diese Kathedrale ist berühmt für ...«, fährt der Priester fort. »Solche äußeren Zeichen brauchen wir als Symbol unseres Innenlebens.«

Die *tiraboleiros* springen irgendwo in der Menge auf und entrollen schnell die acht gesicherten Zugseile. Ein Kranz rostroter Roben hebt und senkt sich bei jedem Anziehen und Lockerlassen der Seile, und der riesige *botafumeiro* nimmt Fahrt auf. Er schwingt in einem weiten Bogen über dem Querschiff, und die entzückten Gemeindemitglieder schnappen nach Luft und applaudieren. Anschließend breitet sich eine schwingende Weihrauchspur in der Kathedrale aus, von der Plaza de la Inmaculada bis zur Plaza de las Platerías.

»Pilgerschaft: Der Ort, wo dich das Leben lehrt ...«

Der Camino hat seinen Pilgern gezeigt, wie man an diesem Ort lebt. In seiner Welt zu leben, wenn auch nur für kurze Zeit, löst das Gefühl aus, das ich jetzt empfinde. Ich habe es in León im Gesichtsausdruck des Engels Gabriel wahrgenommen. Ich bin in Ruitelán zu seiner Melodie aufgewacht. Ich erkenne es jetzt im wunderbaren Schwingen des *botafumeiro*. Es ist das einzige Wort auf der Karte, die Shelagh 2001 Hans gegeben hat. Es ist *alegría!* Freude!

> »There is a love in me raging
> Alegría! A joyous, magical feeling.«
> (In mir bebt die Liebe
> Alegría! Ein magisches Glücksgefühl.)

Der Camino verlangt, dass wir wieder fortgehen und in unserem Alltagsleben eben diese Freude suchen. Es ist unsere Pflicht, sagt er, dafür zu sorgen, dass wir das Leben leben, das wir leben wollen – jeder Einzelne das Leben, das richtig für ihn ist.

Worauf warten wir? Wie ein Priester in Burgos einmal zu mir gesagt hat:

»¡No pensarlo! ¡Fuera!«

Die Legende vom heiligen Jakob

Der Camino nach Santiago de Compostela zählt mit der Reise nach Rom und nach Jerusalem zu den drei wichtigsten Wallfahrten des Christentums. Ihm liegt der Glaube zugrunde, der heilige Jakob, Bruder von Johannes dem Evangelisten, habe nach dem Tode und der Auferstehung Jesu in Spanien gepredigt. Der heilige Jakob erwies sich als nicht besonders geschickt darin, das Evangelium zu verbreiten, und hatte nach zwei Jahren missionarischer Arbeit bei seiner Rückkehr nach Jerusalem wenige Erfolge vorzuweisen. Weitaus Schlimmeres als sein angebliches Versagen in Spanien erwartete ihn jedoch in Palästina, wo König Herodes Agrippa den Apostel im Jahr 44 enthaupten ließ. Der heilige Jakob, einer der drei Auserwählten, die Zeugen von Christi Verklärung wurden, war damit der erste der zwölf Jünger, der für seinen Glauben den Märtyrertod starb.

Das Martyrium des heiligen Jakob ist in den Berichten der Apostel nachzulesen, nicht jedoch die bunte Geschichte seiner anschließenden Überführung nach Spanien. Der mündlichen Überlieferung zufolge brachten zwei Anhänger des heiligen Jakob seinen kopflosen Leichnam nach Jaffa an der palästinensischen Küste, wo ein steinernes Boot auf sie wartete. Es segelte, wundersam geführt durch die Vorsehung, nach Padrón an der spanischen Nordwestküste, wo die beiden treuen Gefährten ihre heilige Fracht entluden. Ein Pferd, das zu diesem Zeitpunkt am Strand entlanggaloppierte, erschrak so, dass es geradewegs ins Meer rannte und seinen Reiter mitnahm. Pferd und Reiter überstanden ihr ungeplantes Bad zwar unbeschadet, wurden aber überzogen mit den Schalen der Muscheln, die dort am Meeresgrund lebten. Bis zum heutigen Tag gilt seitdem die Jakobsmuschel als Symbol des Camino.

Die Überreste des heiligen Jakob wurden an Land gebracht und zwanzig Kilometer landeinwärts begraben. Sie lagen ungestört und vergessen in der Erde, bis sie dort im Jahr 820 der fromme Eremit Pelayo, im Traum von einem Sternenkranz geführt, entdeckte. Damals konnte das christliche Spanien eine Inspirationsfigur gut gebrauchen, um das Volk gegen die nordafrikanischen Mauren zu einen, die das Land besetzt hielten. Und so identifizierten die Kirchenoberen den Leichnam sofort als den des heiligen Jakob. König Alfons II., genannt der Keusche, eilte von Oviedo herbei, um den Bau der ersten Basilika über dem Grab zu organisieren und den heiligen Jakob zum Schutzpatron Spaniens zu erklären. Jakob, in Spanien als Santiago bekannt, und die Stadt Compostela (Sternenfeld), die um sein Grab herum aus dem Boden wuchs, wurden zum Magneten für Millionen europäische Pilger, deren Fußstapfen jenen Weg formten, den man Camino nennt.

Glossar

Gelegentlich stoßen Sie im Test auf spanische Wörter oder Sätze, die nicht ins Deutsche übersetzt wurden. Namensbestandteile wie zum Beispiel Puente (Brücke) oder Calle (Straße) sind nicht kursiv gedruckt, andere, von den Pilgern häufig verwendete Ausdrücke wie *credencial* (Pilgerausweis) oder *hospitalero* (Herbergsvater/-mutter) stehen im Text kursiv. Sie sind in unten stehender Liste zu finden. Auch Vokabular aus dem Französischen, Italienischen und Lateinischen hat sich eingeschlichen und wird nachfolgend erläutert.

Spanische Vokabeln

adiós – Auf Wiedersehen
aficionado/a – begeisterte/r
  Anhänger/in, Fan
albergue – Herberge, Pension,
  kleines Hotel
alegría – Freude
alto – Hügel
(la) Anunciación – die Verkündigung von Mariä Schwan-
  gerschaft durch den Engel
  Gabriel
armería – Waffenladen
arroyo – Bach, Bachbett
bodega – Vorratskammer,
  Lagerschuppen, Weinkeller
bocadillo – belegtes Brötchen
botafumeiro – Weihrauchfass
¡Buen Camino! – Guten
  Camino! Guten Weg!
bueno – gut, in Ordnung
¡Buenos días! – Guten Tag!
  Guten Morgen!

café con leche – Milchkaffee
calabaza – Kürbis (auch ge-
  trockneter Kürbis als Gefäß)
calle – Straße
camino – Weg, Pfad, Straße
(el) Camino – (der) Jakobsweg
camisería – Hemdengeschäft
canal – Kanal
cántigas – religiöse Lieder
capote de paseo – Festtags-
  umhang der Stierkämpfer
casa – Haus
casi – fast
cigüeña – Storch
¡claro! – na klar!
comedor – Esszimmer,
  Speisesaal
compañero/a – Gefährte/
  Gefährtin
(la) compostela – Urkunde,
  die Pilgern in Santiago überreicht wird

corral – (Innen-)Hof, Gehege

cortado – Kaffee mit wenig Milch

credencial – Pilgerausweis, in dem die *sellos* gesammelt werden

cruz – Kreuz

cuesta – Abhang

despiste – Ausrutscher; Kopflosigkeit

distinto – anders, unterschiedlich, verschieden

el – der

España – Spanien

flamenco – spanische Musik- und Tanzrichtung

flan – Karamellpudding

El Gordo – Der Große (Spanische Lotterie)

gracias – danke

grapa – Grappa

hermana – Schwester

hola – hallo

hombre – Mann

hórreo – Getreidespeicher

hospedería – Gasthaus

hospital – mittelalterlicher Terminus für »Herberge, Schutzort«

hospitalero/a – Herbergsvater/ -mutter

hostal – kleines Hotel

hostería – Gasthaus

iglesia – Kirche

inglés/esa – englisch, Engländer/-in

la – die

madrileño/a – Mann/Frau aus Madrid

(el) Matamoros – Gemälde oder Skulptur des heiligen Jakob als »Maurentöter«

menú del día – Tagesmenü

mercado – Markt

mesón – Gasthaus

mono – Affe

monte – Berg

muchas gracias – vielen Dank

mudéjar – Mudejarstil

(el) Mundial – Fußballweltmeisterschaft

¡No pensarlo! ¡Fuera! – Nicht nachdenken! Raus!

norte – Norden

país – Land

parador – Luxushotel in historischem Gebäude

páramo – Brache, karges Land, Hochebene, Heide

pasante – vorbeigehend, auf der Durchreise

paseo – Promenade, Spazierweg

pelegrino/a – Pilger/in

El Peregrino Pasante – Marcelino Lobato Castrillo, Original am Jakobsweg

pensión – Pension

peregrino/a – Pilger/in

(la) Piedad – Pietà

plátanos del paseo – Platanen an einem Platz oder einer Promenade

plato – Zahnkranz am Fahrrad

plaza – Dorf-/Stadtplatz
porta – Luke
portada – Fassade, Portal
pórtico – Säulenhalle, Säulengang
posada – Raststätte, Gasthof, Pension
príncipe – Prinz
puente – Brücke
puerta – Tür, Tor
puerto – Bergpass, Hafen
pulpería – Tintenfisch-Lokal
pulpo – Oktopus, Tintenfisch
qué – was / wie (!?)
¡qué alegría! – Wie herrlich! / Welche Freude!
queixo – Käse (Galicia)
refugio – Zufluchtsort, Schutzhütte, Herberge
retablo – Retabel, Altaraufsatz
retablo mayor – Hauptaltar
ribeiro – Weißwein aus Galicien
río – Fluss
rollo – Steinsäule/ Zylinder
rúa – Straße (Galicia)
Santiago – der heilige Jakob
santo/a – heilig
Santo/a – der/die Heilige

sello – Symbol des jeweiligen Ortes am Camino, das in die *credencial* gestempelt wird
señor – Herr
señora – Frau
señorita – junge Dame / Fräulein
sevillano/a – Mann/Frau aus Sevilla
sí – ja
sierra – Gebirgskette
taberna – Taverne
tempranillo – Traubensorte
tiraboleiro – Mann, der in der Kathedrale von Santiago den botafumeiro zum Schwingen bringt
todo – alles
torta – Kuchen, Torte
tortilla – Omelette
¡Ultreya e suseya! – Grußwort der Pilger, etwa: Vorwärts, immer weiter und aufwärts!
ventas – Ausverkauf
viacrucis – Kreuzweg, Leidensweg, Qual
vino tinto – Rotwein
voz – Stimme

Französische Vokabeln

à bicyclette – mit dem Fahrrad (reisend)

accueil – Willkommen / Empfang

aire – Raststätte an französischen Autobahnen

à pied – zu Fuß (reisend)

bonhomie – überschwängliche Freundlichkeit

bonjour – hallo / guten Tag

carnet de pèlerin – Pilgerausweis

col – Bergpass

coup de grâce – Todesstoß

en masse – alle zusammen

ennui – Langeweile

en route – unterwegs

en suite – Hotelzimmer mit eigenem Bad

fleur-de-lys – Lilie (Heraldik)

heure – Stunde

je ne sais quoi – ich weiß nicht

joie de vivre – Lebensfreude

monde – Welt

pain au chocolat – Gebäck aus Croissantteig mit Schokoladenfüllung

porte – Tür / Tor

rigueur – Strenge

route – Straße, Weg

rue – Straße

Saint-Jacques – der heilige Jakob

sympathique – sympathisch

temps perdu – verlorene Zeit

volte-face – Kehrtwendung

Italienische Vokabeln

al fresco – im Freien

ciao bella – hallo Schöne

cognoscenti – Kenner

confraternita – Bruderschaft (Gruppe, die sich einer bestimmten Sache widmet)

paparazzi – Pressefotografen, die Berühmtheiten verfolgen

Pietà – Pietà

San Jacopo / Giacomo – der heilige Jakob

Lateinische Vokabeln

Dnam – Abkürzung für Dominam, Akkusativ von Domina, Frau

gravitas – Ernsthaftigkeit

incognito – in Verkleidung, unerkannt

lingua franca – Sprache, die als Kommunikationsmedium verschiedener Nationalitäten verwendet wird

memento mori – Erinnerung an die Unausweichlichkeit des Todes

verbatim – wortwörtlich

Quellenangaben

Meine Wanderführer

Lozano, Millán Bravo: *Praktischer Pilgerführer: Der Jakobsweg*. Übersetzt von Guillermo Raebel. Edition Everest, Madrid, 1998.

Wesson, David (Hrsg.): *Pilgrim Guides to Spain. 1. The Camino Francés 2001*. The Confraternity of Saint James (Jakobus-Gesellschaft), London 2001.

Bisset, William (Hrsg.): *Pilgrim Guides to Spain. 1. Camino Francés. Saint-Jean-Pied-de-Port to Santiago de Compostela. Holy Year 2010*. The Confraternity of Saint James (Jakobus-Gesellschaft), London 2010.

Belletristik

Das altfranzösische Rolandslied. Übersetzt von Wolf Steinsieck. Reclam, Stuttgart 1999.

Coelho, Paulo: *Der Alchimist*. Übersetzt von Cordula Swoboda Herzog, Diogenes, Zürich 1996.

Rulfo, Juan: *Pedro Páramo*. Übersetzt von Dagmar Ploetz. Carl Hanser Verlag, München 2008.

Shakespeare, William: Hamlet. Übersetzt von Frank Günther. Deutscher Taschenbuch Verlag, München 1999.

Sachbücher

Berger, John: *Das Leben der Bilder oder die Kunst des Sehens*. Übersetzt von Stephen Tree. Wagenbach, Berlin 1982.

Coelho, Paulo: *Auf dem Jakobsweg. Tagebuch einer Pilgerreise nach Santiago de Compostela*. Übersetzt von Maralde Meyer-Minnemann. Diogenes, Zürich 1991.

Kapuściński, Ryszard: *Meine Reisen mit Herodot*. Übersetzt von Martin Pollack. Die Andere Bibliothek/Eichborn, Frankfurt am Main 2005.

Kerkeling, Hape: *Bueno, me largo: el Camino de Santiago, el Camino más importante de mi Vida*. Übersetzt von Olga Martín. Suma de Letras, Spain 2009.

Kerkeling, Hape: *Ich bin dann mal weg: meine Reise auf dem Jakobsweg*. Piper Verlag, München 2006.

Kerkeling, Hape: *I'm off then: Losing and Finding Myself on the Camino de Santiago*. Übersetzt von Shelley Frisch. Simon & Schuster, USA 2009.

Lynch, John / Barrett, Louise: *Walking with Cavemen: Eye-to-Eye with your Ancestors*. Hodder Headline, UK 2002.

MacLaine, Shirley: *Der Jakobsweg: Eine spirituelle Reise*. Übersetzt von Tatjana Kruse. Goldmann, München 2001.

Melczer, William: *The Pilgrim's Guide to Santiago de Compostela*. Italica Press, USA 1993.

Picaud, Aymeric: *Codex Calixtinus* (auch *Liber Sancti Jacobi*, Jakobsbuch), Buch V: Pilgerführer. Um 1130/40.

Raju, Alison: *The Way of St James*. Cicerone Press, UK 1999.

Rupp, Joyce: *Walk in a Relaxed Manner: Life Lessons from the Camino*. Orbis Books, USA 2005.

Solnit, Rebecca: Wanderlust: A History of Walking. Verso, UK 2001.

Stringer, Chris: *The Origin of our Species*. Penguin Books, UK 2011.

Pilgerbroschüren vom spanischen Teil des Camino

Blessing and Prayer for the Pilgrim. Ausgelegt in der Basilika San Isidoro, León.

Guide to the Cathedral. Ausgelegt in der Kathedrale Santo Domingo de la Calzada, La Rioja.

Himno del Peregrino. (Pilgerhymne). Ausgelegt in der Real Basílica San Isidoro, León.

Iglesia de San Pedro, Melide. (Peterskirche, Melide). Ausgelegt in der Kirche San Pedro, Melide.

Les Refuges sur le Camino Francès. Ausgelegt von der Association Les Amis du Chemin de Saint-Jacques (Gesellschaft der Freunde des Jakobswegs), Pyrénées-Atlantiques.

Oracíon Matinal del Peregrino. (Morgengebet für Pilger). Ausgelegt von den Marianischen Brüdern, Herberge in Trinidad de Arre, Navarra.

The Camino de Santiago. The Human and Spiritual Dimension. Geschrieben und ausgelegt von Pater Augusto Losada López. Pfarrei von Santiago Peregrino de Triacastela, Lugo, Galicia.

The Cize Pass. Ausgelegt von der Association Les Amis du Chemin de Saint-Jacques (Gesellschaft der Freunde des Jakobswegs), Pyrénées-Atlantiques.

The Liturgy of the Hours, Monday II Vespers. Ausgelegt im Benediktinerkloster San Salvador del Monte Irago, Kirche Santa María, Rabanal del Camino, León.

The Ways of St. James in Galicia. The Original Way. Ausgelegt von Xunta de Galicia, Consellería de Cultura, Comunicación e Turismo, (Regionalregierung Galicien, Ministerium für Kultur, Kommunikation und Tourismus) S. A. De Xestión de Plan Xacobeo, Galicia.

Un profil du chemin depuis Saint-Jean-Pied-de-Port en 34 sections. (Höhenprofil der Strecke ab Saint-Jean-Pied-de-Port in 34 Etappen). Ausgelegt von der Association Les Amis du Chemin de Saint-Jacques (Gesellschaft der Freunde des Jakobswegs), Pyrénées-Atlantiques.

Zeitschriften

The Guardian (Leitfaden zum World Cup 2010), 5. Juni 2010.

Le Monde, 9. Juni 2010.

Qué Es La Rioja, 14. Juni 2010.

El Norte de Castilla, 28. Juni 2010.

El País, 13. Juni 2010.

El País, 10. Juli 2010.

La Voz de Galicia (Blanco, Patricia: »Sin saberlo, se volvío famosa«), 10. Juli 2010.

La Voz de Galicia, 15. Juli 2010.

Internet

www.bbc.co.uk

»QI: Fact of the Day«. Homepage, 2010–2011

»BBC News Magazine«

Botton, Alain de: »A Point of View: In defence of the nanny state«,
    4. Februar 2011.

www.luminarium.org

Jokinen, Anniina: »Luminarium: Anthology of English Literature«,
    1996–2009.

www.nytimes.com

Landler, Mark: »The Saturday Profile. A Pilgrimage Tale
    (Not Chaucer's) Amuses and Inspires«, 8. März 2008.

Liedtext

Cirque du Soleil: *Alegría* (aus ihrem Musical »Extravaganza«). Musik:
    René Dupéré; Liedtext: Claude Amesse, Franco Dragone, Manuel
    Tadros; Gesang: Francesca Gagnon, 1992.

Dank

Mein größter Dank geht an meine Schwester Jane Butterfield, die mit Bravour und Professionalität die ihr unerwartet zugefallene Rolle der Cheflektorin ausfüllte. Ihre Begeisterung für die Schönheiten des Camino hat wesentlich dazu beigetragen, dass ich sie in Worte fassen konnte.

An allernächster Stelle danke ich meiner unendlich geduldigen Freundin und Assistenzlektorin Liz MacGarvey. Gemeinsam mit Jane kämpfte sie unermüdlich gegen meinen Drang, noch einmal »Krieg und Frieden« zu schreiben. Mit vereinten Kräften haben sie mich zur Vernunft gebracht.

An entscheidenden Stellen sprangen mir Helen Valentine, Hilary Hinds und Jackie Stacey mit praktischen Hinweisen und ebenso klugen wie freundschaftlichen Ratschlägen zur Seite.

Thomas Wollermann und Katharina Förs, meine engagierten und flinken Übersetzer, arbeiteten mit Humor und Liebe zum Detail, die für mich ebenso wichtig waren wie ihre einfühlsame Übertragung.

Bettina Feldweg vom Piper Verlag hat sich unermüdlich für mich eingesetzt, seit sie im Oktober 2010 meine ersten Textproben gelesen hat. Ohne sie wäre dieses Buch nie entstanden. Vielen Dank, Bettina.

Margret Woitynek, meine Lektorin bei Piper, vollbrachte die schier unglaubliche Leistung, mich davon zu überzeugen, den Text in allerletzter Minute doch noch einmal zu straffen. Der Zuspruch und das diplomatische Geschick, die sie dabei an den Tag legte, waren auf dieser letzten Etappe entscheidend.

Und schließlich möchte ich Hans-Peter Kerkeling, meinem Freund und Pilgergefährten dafür danken, dass er mich als Autorin sah und mich auch überzeugte, es als solche zu versuchen. Damit hat er den Grundstein für dieses Abenteuer gelegt. Zweimal war ich mit ihm »auf dem Weg der Wanderer« unterwegs – einmal leibhaftig im Jahr 2001, und noch einmal in Gedanken im Jahr 2010.

Unterwegs
mit leichtem Gepäck

Gregor Sieböck
Der Weltenwanderer
Zu Fuß um die halbe Welt

Drei Jahre streift Gregor Sieböck
auf Pilgerwegen durch Europa,
durch die Weite Lateinamerikas und
die Wildnis Neuseelands. »Eine
Hommage an das langsame Reisen.«
GEO

Andreas Altmann
34 Tage, 33 Nächte
Von Paris nach Berlin
zu Fuß und ohne Geld

Einzigartiges Reisetagebuch und
fesselnde Bestandsaufnahme
unserer Gesellschaft. Ausgezeich-
net mit dem Johann-Gottfried-
Seume-Literaturpreis.

Michael Obert
Die Ränder der Welt
Patagonien, Timbuktu, Bhutan & Co.

Michael Obert eröffnet den Blick
auf die magischen Orte außerhalb
unseres Gesichtskreises.
»Ein begabter, ein leidenschaft-
licher, ein großer Erzähler.«
Frankfurter Rundschau

MALIK ■ NATIONAL GEOGRAPHIC

10/1068/03/3s

Frauen entdecken die Welt

Benka Pulko
Kickstart
Als Frau solo mit dem Motorrad
um die Welt

2000 Tage, 180 000 Kilometer und
75 Länder. Mit Witz und Leidenschaft
berichtet Benka Pulko von ihrer
Weltumrundung – der längsten
Solo-Motorradreise einer Frau.

Sara Wheeler
**Unterwegs in einem
schmalen Land**
Eine Frau bereist die extremen
Landschaften Chiles

Eine unerschrockene Frau auf
einer sechsmonatigen Tour entlang
der Anden bis nach Feuerland.

Karin Muller
Entlang der Inka-Straße
Eine Frau bereist ein ehemaliges
Weltreich

Zu Fuß erkundet die aben-
teuerlustige Backpackerin Karen
Muller die alten Inka-Routen
von Ecuador bis Chile.

MALIK ■ **NATIONAL
GEOGRAPHIC**

10/1039/03/3s

Abenteuer vor
der eigenen Haustür

Andreas Kieling
Ein deutscher Wandersommer
1400 Kilometer durch unsere
wilde Heimat

Nach Expeditionen in die ganze Welt
unternimmt Deutschlands bekann-
tester Tierfilmer seine emotionalste
Reise: vom Dreiländereck entlang
des Grünen Bands bis an die Ostsee.

Dieter Kreutzkamp
Mitten durch Deutschland
Auf dem ehemaligen Grenzweg
von der Ostsee bis nach Bayern

Eine Entdeckungsreise durch
die unberührtesten Regionen
Deutschlands, von Travemünde
entlang der einstigen inner-
deutschen Grenze bis nach Bayern.

Carmen Rohrbach
Am grünen Fluss
Isar – Abenteuer und Natur pur

»Ein gleichermaßen informatives
und poetisches Buch, in dem es
Carmen Rohrbach gelingt, ihre
Begeisterung und Faszination für
›ihren‹ Fluss weiterzugeben.«
Süddeutsche Zeitung

10/1065/03/3s